漬物学

その化学と製造技術

■ 前田安彦

Food Technology

Pickles

■ 幸書房

はじめに

　漬物に関する学術書は少なく東京都農業試験場長だった小川敏男氏の『最新漬物製造技術』（食品研究社），『漬物製造学』（光琳）の2冊を見るだけである．そして漬物の科学的研究の後れていた頃の出版であって，漬物製造技術については詳細を極めていたが科学的解説は少なかった．著者は1993年，「漬物の化学と製造技術の体系化」で日本栄養・食糧学会大会において表彰を受けた．それまでの前田研究室出身者との共同研究による「呈味成分数値化による漬物の品質管理」，「ダイコン，たくあんの含硫香気の研究」，「たくあんの黄色色素形成」など一連の仕事が評価されたものと思われた．その後，滋賀に誕生した日本発酵機構余呉研究所において，ここでも共同研究者と日本の漬物30種類の成分分析，試作を行い，それぞれの問題点を科学的に解明していった．併せて発酵研究所に在籍したため乳酸発酵漬物の科学の一端を知ることができた．まだ漬物の科学的解明というのはおこがましいが，『漬物製造学』に現在までの科学を加えた学術書の発行の可能性は感じられた．

　今回，幸書房から漬物関連の書籍を出すに当たって，現在までの漬物製造の実際，明らかになった科学を加え，書名を『漬物学—その化学と製造技術』とすることにした．本書は，これまで後れていた漬物の実際と科学を組み合せた新しい「漬物学」の一里塚的著作としてお読みいただきたい．

　本書の構成は全4章から成る．第1章は「漬物の歴史と系譜」について述べた．そこでは現在の漬物新製品といっても，6世紀の中国の『斉民要術』，10世紀のわが国の『延喜式』の2書の範囲内から出ていないことがお分かりいただけるであろう．併せて漬物自体については全く機能性解明の実験が行われていない健康・薬食効果について生鮮野菜のそれを通じて解説した．

残念ながら漬物の機能性は，美しい漬物による食欲増進と，たくあんという最も硬い食品を嚙むことによる集中力の持続だけが証明されていて，その他は今後の実験に待つことになる．

　第2章は「漬物工業の品質管理」で，ようやく漬物工業研究室で食塩の定量が可能になり，調味料メーカーからの調味処方提供による漬物製造を脱却しつつある現状から見て，使用資材の目的別分類により調味処方を自社で作成する方法を「漬物の呈味成分数値化」を通じて解説している．この章における窒素系旨味資材の分析値は実際の漬物製造に役立つであろう．

　第3章は「漬物製造各論」であって，それぞれの漬物について著者が漬物工場において製造を通じて得た経験を逃げることなく解説した．とくに粕漬，ワサビ漬，鉄砲漬やキムチ，水産物漬物の全資材の数字を挙げての調味処方は本書をもって初めとする．

　第4章は，市販品としては歴史の浅い漬物で重要な新製品の開発を系統立てて解説した．併せて今，全国に展開する「村おこし・一村一品運動」の漬物加工について，これまでの経験を踏まえて説明した．一村一品運動は農村の和だけでなく利益につながることが農村活性化と思い執筆した．

　世に出ている加工食品の製造学の本を読むと中途半端で，最後のところで説明がぼけていて実際に製造できないものが多い．これまでの漬物製造の本でも，調味液の配合は書いてあるが投入する野菜量が欠落しているものが大多数であった．また調味処方に適量，少々とか，ショウガ5片のような表現が多かった．

　本書はこの点に関してすべて逃げないで数字で示してある．調味処方に従って配合し，野菜を投入すれば必ず市販の製品の品位を持つものが作れる．この点が本書の最大の特徴である．

　なお，本書の最大の欠点は『漬物学』を名乗りながら文献紹介の不備な点であろう．漬物研究者が少ない上に学会誌への論文掲載が少ない．漬物研究者が自治体の研究所，試験場，指導所などに多く大学に少ないことも理由の1つになろうが，発表の場が試験場紀要などに偏っていることが文献を集めにくい原因になっている．もとより，このような理由が通るわけはなく，責

めは著者にあることは明らかである．この点に関しては別にこれらの研究をまとめる考えを持っているので，ご容赦願いたい．

謝　辞：

　本書の出版にあたり，長年にわたりご指導を賜っている東京大学名誉教授・藤巻正生，松浦文雄の両先生に感謝致します．また，共同研究者の宇田靖宇都宮大学教授，研究の相当部分を滋賀県余呉町の日本発酵機構余呉研究所で実施したが，その機会を作っていただいた東京農業大学・小泉武夫教授に深謝致します．併せて，滋賀の共同研究者として精力的に実験に協力された前余呉研究所・現滋賀県工業技術センターの岡田俊樹氏および，遅筆の著者を励まし本書を完成させて下さった幸書房・夏野雅博氏に厚くお礼申し上げます．そして JAS 漬物の合成着色料から天然着色料への切替えの意向を受けて実験の場を提供していただき，本書での発表を許可された理研ビタミン㈱堺美保社長，化学式に関して助言をいただいた㈱カネカ・勝見郁男氏に感謝致します．

2002 年 10 月

前　田　安　彦

漬物分析値および調味処方などについて：

　資材の分析値について，食酢に関してはミツカン本社研究所の，魚醬（魚醬油）に関しては理研ビタミン㈱，マルキン忠勇㈱の提供を受けた．また，天然調味料に関しては漬物企業の研究所から使用中のものの提供を受け著者側で分析したが，1 点については味の素㈱の提供を受けた．ここに記して感謝申し上げる．漬物に関しては，すべて著者が市場で購入し分析を行った．

　分析値のうち，グルタミン酸は本来はそのまま示すべきであるが，漬物調味においてはそのナトリウム塩（グル曹）を常に添加しているので，あえてグルタミン酸の値を 1.27 倍してグル曹の値で示した．分析表で「—」で示してあるものは，漬物の分析が長期間に渡ったため，当時，重要と考えず分析しなかった項目である．不備な点をお詫び申し上げる．また「＋」は微量の存在を示している．

漬物の調味処方は，大部分のものは漬物業界の伝統的単位の4斗（1丁）樽1本（70kg）を基準に示した．今でも「1丁分いくらの調味液」の言葉が残っている．そして，すべての調味処方は新漬では「調味液と塩漬野菜」，古漬では「調味液と脱塩・圧搾原料あるいは脱塩・水切り原料」の合計値の製造総量で示してある．この製造総量に各成分の自社規格値を乗じて調味処方を作成すればよい．

　なお，醬油，酸分解アミノ酸液，食酢，酢酸，焼酎，アルコール，みりんなどの液体は「mL」で示した．これを「g換算」するには，酸分解アミノ酸液1.23，醬油1.185，みりん・魚醬1.16，アルコール0.8の比重を乗じて求める．食酢・酢酸は比重1である．25%焼酎は比重0.97，35%焼酎0.96であるが，この2つは比重1として大差ない．70%ソルビット液は重量で示した．天然調味料は種類が多く，その成分もまちまちである．調味処方においては，添加すると効果的な漬物について，特にことわらない限り，食塩とグル曹含量の最も少ないアジメート粉末を使い，その食塩とグル曹量は計算しなかった（**表2.2.7**参照）．

　加えて，1つお断りしておきたいことは，高酸度食酢はかつて酢酸10%のものが多かったので，調味処方はその値で計算してある．最近，15%含有が主流になっているので，面倒でも換算していただきたい．

目　　次

第1章　漬物概論 …………………………………………………… 1

1.1　漬物の歴史 ……………………………………………………… 1
 1.1.1　中国6世紀までの漬物の歴史 …………………………… 1
 1.1.2　日本10世紀までの漬物の歴史 ………………………… 2
  1)　塩　　　漬 ……………………………………………… 2
  2)　醬　　　漬 ……………………………………………… 3
  3)　糟　　　漬 ……………………………………………… 3
  4)　菹（にらぎ） …………………………………………… 3
  5)　須須保利（すずほり） ………………………………… 4
  6)　搗（つき） ……………………………………………… 4
  7)　荏裏（えづつみ） ……………………………………… 4
 1.1.3　漬物工業の時代を迎えるまで …………………………… 5
 1.1.4　漬物の系譜 ………………………………………………… 6
1.2　漬物と食塩 ……………………………………………………… 9
1.3　現代食生活における漬物の位置づけと健康，薬食，機能性 ……… 12
 1.3.1　「食生活の疲れ」をいやして食欲増進 ………………… 13
 1.3.2　漬物のもつ食物繊維の消化系機能調整作用 …………… 14
 1.3.3　梅漬物の抗菌性で病原菌を抑制 ………………………… 15
 1.3.4　ネギ属漬物の抗菌性 ……………………………………… 17
 1.3.5　ネギ属漬物の血小板凝集阻害物質 ……………………… 18
 1.3.6　トウガラシの成分カプサイシンの機能性 ……………… 21
 1.3.7　たくあんを嚙んで集中力を …………………………… 23
 1.3.8　ショウガのジンゲロールの制ガン性 …………………… 23

1.3.9　その他の漬物の機能性 ………………………………………… 23
　1.4　「漬かる」を基礎とした漬物の分類と生産量 …………………… 24
　　1.4.1　漬物が「漬かる」ということ ………………………………… 24
　　1.4.2　分類 1：野菜風味主体の漬物 ………………………………… 25
　　1.4.3　分類 2：野菜風味に発酵味の加わった漬物 ………………… 26
　　1.4.4　分類 3：調味料の味が主体の漬物 …………………………… 26
　　1.4.5　漬物の生産量 …………………………………………………… 26

第 2 章　漬物工業における品質管理 ……………………… 31

　2.1　野菜の品種と塩蔵原料の自社規格による管理 …………………… 31
　　2.1.1　野菜の品種 ……………………………………………………… 32
　　2.1.2　塩蔵の方法 ……………………………………………………… 33
　　　1)　キュウリ（胡瓜）………………………………………………… 33
　　　2)　ナス（茄子）……………………………………………………… 33
　　　3)　ダイコン（大根）………………………………………………… 34
　　　4)　ヤマゴボウ（山牛蒡）…………………………………………… 34
　　　5)　赤ジソ（赤紫蘇）の葉（もみ）………………………………… 34
　　　6)　ニンニク（大蒜）………………………………………………… 35
　　　7)　シロウリ（越瓜）………………………………………………… 35
　　　8)　ショウガ（生姜）………………………………………………… 35
　　　9)　ラッキョウ（辣韭）……………………………………………… 35
　　　10)　葉トウガラシ（葉唐辛子）……………………………………… 36
　　　11)　ナタマメ（鉈豆）………………………………………………… 36
　　　12)　キノコ（茸）……………………………………………………… 36
　　　13)　シソ（紫蘇）の実 ……………………………………………… 37
　　　14)　カリカリ小梅 …………………………………………………… 37
　　　15)　そ　の　他 ……………………………………………………… 37
　　2.1.3　低温低塩塩蔵（低温下漬）……………………………………… 38
　　2.1.4　塩蔵関係の規格，塩蔵品購入時の受入れの規格 …………… 38

目　次

- 2.2　自社使用資材の認識と重要成分の一覧表化 …………………… 40
  - 2.2.1　資材の目的別分類 ………………………… 41
  - 2.2.2　調味資材とその特徴 ………………………… 43
    1) 味覚資材 ………………………………… 43
    2) 呈味資材 ………………………………… 46
    3) コク味資材 ……………………………… 48
    4) 甘味資材 ………………………………… 50
    5) 酸味資材 ………………………………… 53
    6) 整味資材 ………………………………… 54
    7) 美化資材 ………………………………… 54
    8) 防腐資材 ………………………………… 56
    9) 包装資材 ………………………………… 57
- 2.3　調味の自社規格の作成と製造総量感覚の入った調味処方の作成法 ……………………… 57
  - 2.3.1　自社製造漬物の殺菌の有無の決定 ……………… 58
  - 2.3.2　調味関係自社規格の作成 ………………………… 60
  - 2.3.3　調味処方の作成例 ………………………………… 60
    1) 福神漬の調味処方 ………………………… 61
    2) 甘酢ラッキョウの調味処方 ……………… 65
  - 2.3.4　時間感覚の入った工程フローシートの作成とそれに基づく調味処方例 ……………… 66
- 2.4　漬物工業の海外シフトとその品質管理 …………………… 67
  - 2.4.1　海外完成品はどこまで国内製品に対抗可能か ……… 67
  - 2.4.2　海外完成品の漬物の種類による完成までの必要年数 …… 71
    1) 資材，色調の単純な製品 ………………… 71
    2) 醤油・酸分解アミノ酸液を使う製品 …… 71
    3) 微妙な変色で完成一歩手前で停滞する製品 …… 72
  - 2.4.3　海外塩蔵原料の過剰生産と余剰原料 ……………… 73
    1) 梅干・梅漬余剰原料の製品開発 ………… 74
    2) 砂糖しぼりカクトゥギの開発 …………… 74

3）白菜漬に代り得る刻み菜漬の開発 …………………………………… 74
2.5　漬物の品質劣化 ……………………………………………………………… 75
　2.5.1　漬物の品質劣化の種類 ………………………………………………… 78
　2.5.2　食品の変敗制御法 ……………………………………………………… 78
　　　1）加 熱 殺 菌 …………………………………………………………… 78
　　　2）薬　　　剤 …………………………………………………………… 79
　　　3）低 温 処 理 …………………………………………………………… 81
　　　4）貧　栄　養 …………………………………………………………… 81
　　　5）そ　の　他 …………………………………………………………… 82
2.6　漬物の変色 …………………………………………………………………… 83
　2.6.1　クロロフィルの黄緑化 ………………………………………………… 84
　2.6.2　カロテノイドの安定性 ………………………………………………… 84
　2.6.3　アントシアニンの変色 ………………………………………………… 84
　2.6.4　非酵素的褐変 …………………………………………………………… 85
　2.6.5　酵素的褐変 ……………………………………………………………… 85
　2.6.6　ダイコンの黄変 ………………………………………………………… 85
　2.6.7　漬物の香気酸化 ………………………………………………………… 86
2.7　漬物工業における HACCP ………………………………………………… 86
　2.7.1　HACCP の実際 ………………………………………………………… 87

第3章　漬物製造各論 ……………………………………………………………… 97

3.1　調 味 浅 漬 ………………………………………………………………… 97
　3.1.1　日本人とのかかわり …………………………………………………… 97
　3.1.2　調味浅漬各論 …………………………………………………………… 98
　　　1）ナス調味浅漬 ………………………………………………………… 98
　　　2）砂糖しぼりダイコン ………………………………………………… 101
　　　3）千　枚　漬 …………………………………………………………… 105
　　　4）グリーンボール漬 …………………………………………………… 110
　　　5）メロン調味浅漬 ……………………………………………………… 110

6)　カブ・キュウリの調味浅漬 …………………………………… 110
　　　7)　野菜刻み調味浅漬 ……………………………………………… 111
　　　8)　濃厚調味浅漬 …………………………………………………… 111
　3.1.3　調味浅漬ルネッサンス—浅漬の素 ………………………………… 112
　3.1.4　特記すべき科学—ダイコン漬の辛味成分の変化 ……………… 114
3.2　菜　　漬 ………………………………………………………………… 116
　3.2.1　日本人とのかかわり ………………………………………………… 116
　3.2.2　菜漬各論 ……………………………………………………………… 117
　　　1)　野 沢 菜 漬 ……………………………………………………… 117
　　　2)　広 島 菜 漬 ……………………………………………………… 120
　　　3)　高 　菜 　漬 ……………………………………………………… 123
　　　4)　おみ(近江)漬 …………………………………………………… 132
　　　5)　カラシ菜漬 ……………………………………………………… 135
　　　6)　菜 の 花 漬 ……………………………………………………… 136
　　　7)　白 　菜 　漬 ……………………………………………………… 137
　　　8)　その他の菜漬 …………………………………………………… 140
　3.2.3　菜漬ルネッサンス—野沢菜漬の葉緑素・
　　　　　　グリーンの確保 ……………………………………………… 141
　3.2.4　特記すべき科学—日本3大菜漬の辛味成分 …………………… 145
3.3　調味漬 1：醬油漬 …………………………………………………… 146
　3.3.1　日本人とのかかわり ………………………………………………… 146
　3.3.2　醬油漬各論 …………………………………………………………… 148
　　　1)　福 　神 　漬 ……………………………………………………… 149
　　　2)　キュウリ刻み醬油漬 …………………………………………… 151
　　　3)　キュウリ1本漬 ………………………………………………… 153
　　　4)　ナス1本漬 ……………………………………………………… 154
　　　5)　シソの実漬 ……………………………………………………… 158
　　　6)　調味キムチ ……………………………………………………… 160
　　　7)　ヤマゴボウ醬油漬 ……………………………………………… 163
　　　8)　ニンニク漬 ……………………………………………………… 164

9) キノコ漬・山菜漬 ………………………………………… 168
　3.3.3　調味漬ルネッサンス—山クラゲ ……………………………… 181
　3.3.4　特記すべき科学—食品分析から調味処方を考える ………… 182
　　　1) 現在の売れ筋商品の嗜好傾向を知る …………………… 183
　　　2) 自社呈味成分規格の設定と基本調味処方の作成 ……… 183
　　　3) 調味処方の修正方法 ……………………………………… 185
　　　4) 分析値の読み方 …………………………………………… 185
3.4　調味漬2：酢漬 ……………………………………………………… 186
　3.4.1　酢漬各論 …………………………………………………… 186
　　　1) ラッキョウ漬 ……………………………………………… 186
　　　2) 紅ショウガ ………………………………………………… 189
　　　3) 甘酢ショウガ（ガリ） …………………………………… 190
　　　4) 新ショウガ ………………………………………………… 191
　　　5) さくら漬 …………………………………………………… 195
　　　6) しば漬風調味酢漬 ………………………………………… 196
3.5　調味漬3：粕漬・味噌漬 …………………………………………… 199
　3.5.1　奈　良　漬 ………………………………………………… 199
　　　1) 市販奈良漬の分析値 ……………………………………… 200
　　　2) 奈良漬製造法 ……………………………………………… 202
　3.5.2　ワ　サ　ビ　漬 …………………………………………… 205
　　　1) 市販ワサビ漬の分析値 …………………………………… 205
　　　2) ワサビ漬製造法 …………………………………………… 206
　　　3) ワサビ漬の容器 …………………………………………… 208
　3.5.3　山　海　漬 ………………………………………………… 208
　　　1) 市販山海漬の分析値 ……………………………………… 209
　　　2) 山海漬製造法 ……………………………………………… 210
3.6　梅干・梅漬 …………………………………………………………… 212
　3.6.1　日本人とのかかわり ……………………………………… 212
　3.6.2　梅　　　干 ………………………………………………… 213
　　　1) 梅干製造法 ………………………………………………… 213

3.6.3	調味梅干	215
	1) 各種梅干の分析値	216
	2) 調味梅干製造法	216
3.6.4	かつお梅	219
	1) かつお梅の分析値	219
	2) かつお梅製造法	220
3.6.5	梅漬・調味梅漬	220
	1) ドブ漬梅	220
	2) カリカリ梅	221
3.6.6	梅肉エキス	224
3.6.7	梅干・梅漬ルネッサンス―アルゼンチン梅干・中国梅干	225
3.7	たくあん	226
3.7.1	日本人とのかかわり	226
3.7.2	たくあんの種類と注意点	228
	1) 種類	229
	2) ダイコン品種選定の重要性	229
	3) たくあん生産量の推移	230
	4) 製造工程	230
3.7.3	乾燥(干し)たくあん	232
	1) 乾燥	232
	2) ぬか漬	233
	3) 低温下漬	234
	4) 市販乾燥たくあんの分析値	234
	5) 調味	237
	6) 脱気, 包装, 加熱殺菌	238
	7) 変則乾燥たくあん	239
3.7.4	塩押したくあん	239
	1) 塩押し	239
	2) ぬか漬	241

3) 圧　　搾 ……………………………………… 241
　　　4) 市販塩押したくあんの分析値 ……………… 241
　　　5) 調　　味 ……………………………………… 241
　　　6) 脱気，包装，加熱殺菌 ……………………… 241
　　　7) 変則塩押したくあん ………………………… 241
　3.7.5 早漬たくあん ……………………………………… 243
　3.7.6 べったら漬 ………………………………………… 244
　　　1) 市販べったら漬の分析値 …………………… 245
　　　2) べったら漬製造法 …………………………… 245
　3.7.7 たくあん正負の構造 ……………………………… 248
　3.7.8 たくあんルネッサンス─天然着色料 …………… 250
　　　1) 天然色素の色調と代表的色素名 …………… 250
　　　2) 天然着色料の取扱い方法 …………………… 250
　　　3) 天然着色料の漬物への添加 ………………… 253
　3.7.9 特記すべき科学─ダイコンの黄変反応 ………… 255
3.8 キ　ム　チ ……………………………………………… 259
　3.8.1 日本人とのかかわり ……………………………… 259
　3.8.2 韓国漬物の種類 …………………………………… 260
　　　1) ペチュキムチ系漬物 ………………………… 261
　　　2) カクトゥギ系漬物 …………………………… 264
　　　3) トンチミー系漬物 …………………………… 266
　　　4) その他のキムチ ……………………………… 269
　3.8.3 日本キムチの発展・進化の経路 ………………… 269
　　　1) タレキムチ …………………………………… 269
　　　2) 野菜数種の薬味とタレの併用キムチ ……… 270
　　　3) 前記 2)に生イカなどの魚介類の入ったキムチ ……… 270
　3.8.4 市販キムチの分析値 ……………………………… 270
　3.8.5 キムチ製造法 ……………………………………… 272
　　　1) 材料と副材料 ………………………………… 272
　　　2) キムチ製造法 ………………………………… 276

- 3.8.6　韓国産輸入キムチの問題点 …………………………… 279
- 3.8.7　21世紀キムチの展望 ………………………………… 281
  - 1)　韓国家庭漬本格キムチ ……………………………… 282
  - 2)　ポサムキムチ ………………………………………… 282
  - 3)　ジャン(醬)キムチ …………………………………… 282
- 3.8.8　キムチルネッサンス―組立てキムチ ………………… 286
- 3.8.9　特記すべき科学―辛味の系統 ………………………… 288
- 3.9　鉄砲漬 ………………………………………………………… 289
  - 3.9.1　鉄砲漬の製品分析値 …………………………………… 290
  - 3.9.2　鉄砲漬製造法 …………………………………………… 292
- 3.10　味噌漬 ………………………………………………………… 293
  - 3.10.1　味噌漬の製品分析値 ………………………………… 294
  - 3.10.2　味噌漬製造法 ………………………………………… 294
    - 1)　野菜脱塩の度合い …………………………………… 294
    - 2)　味噌床の調味 ………………………………………… 295
    - 3)　化粧味噌の選択 ……………………………………… 296
    - 4)　加熱殺菌 ……………………………………………… 296
  - 3.10.3　その他の味噌漬 ……………………………………… 296
- 3.11　たまり漬 ……………………………………………………… 298
- 3.12　発酵漬物 ……………………………………………………… 299
  - 3.12.1　日本人とのかかわり ………………………………… 299
  - 3.12.2　すぐき (酸茎) ………………………………………… 301
    - 1)　すぐきの製品分析値 ………………………………… 301
    - 2)　すぐき製造法 ………………………………………… 301
    - 3)　すぐき風漬物の開発 ………………………………… 304
  - 3.12.3　生しば漬 ……………………………………………… 305
    - 1)　しば漬製造法 ………………………………………… 305
    - 2)　しば漬の調味漬化 …………………………………… 305
  - 3.12.4　ぬかみそ漬 …………………………………………… 306
  - 3.12.5　ピクルス ……………………………………………… 308

1) ピクルス用キュウリ ……………………………………………… 309
　　　2) ピクルスの分析値 ………………………………………………… 309
　　　3) ピクルス製造法 …………………………………………………… 311
　　3.12.6 サワークラウト ……………………………………………………… 312
　　　1) サワークラウト製造法 …………………………………………… 313
　　　2) サワークラウトジュース ………………………………………… 313
　　3.12.7 特記すべき科学─乳酸発酵漬物の菌交代 ………………………… 313
　3.13 水産物漬物 ……………………………………………………………… 315
　　3.13.1 魚の粕漬・味噌漬・麹漬 …………………………………………… 315
　　　1) 魚粕漬などの分析値 ……………………………………………… 316
　　　2) 魚粕漬などの製造法 ……………………………………………… 316
　　3.13.2 サケのはさみ漬 ……………………………………………………… 319
　　　1) サケのはさみ漬の分析値と配合 ………………………………… 319
　　　2) サケのはさみ漬製造法 …………………………………………… 321
　　3.13.3 かぶらずし …………………………………………………………… 323
　　　1) かぶらずしの製品分析値 ………………………………………… 323
　　　2) かぶらずし製造法 ………………………………………………… 324
　　3.13.4 新しい水産物漬物 …………………………………………………… 326
　　　1) ニシンべったら漬 ………………………………………………… 326
　　　2) 組立てかぶらずし ………………………………………………… 326
　　3.13.5 すしの話 ……………………………………………………………… 327
　　　1) 米飯と魚介類のすし ……………………………………………… 327
　　　2) 米麹と魚介類のすし ……………………………………………… 327
　　　3) 米麹と魚介類と生ぐさ臭マスキング剤のすし ………………… 327
　　　4) 早ずし ……………………………………………………………… 328

第4章　漬物工業における新製品開発 ……………………………… 329

　4.1 売れる漬物新製品の開発 ……………………………………………… 329
　　4.1.1 開発を考える前に …………………………………………………… 330

4.1.2 製造工程の改変による新製品 ………………………………… 332
  1) 切断形態・方法の変化 …………………………………………… 332
  2) 冷蔵庫・チラーによる低温下漬がもたらす脱塩の回避 ……… 334
  3) 乳酸発酵の導入 …………………………………………………… 335
  4) 菜漬の辛味の混合 ………………………………………………… 336
  5) 野沢菜漬,カラシ菜漬のノリ,その他の増粘漬物 …………… 336
  6) 生(なま)感覚の導入 ……………………………………………… 337
  7) 包装形態,量目の変化 …………………………………………… 337
  8) 圧搾率の上昇 ……………………………………………………… 338
  9) 超 浅 漬 …………………………………………………………… 338
4.1.3 使用資材で変化をつける新製品 …………………………… 339
  1) 着色の変化 ………………………………………………………… 339
  2) 味覚の向上,濃厚化 ……………………………………………… 339
  3) かつお節の添加 …………………………………………………… 340
  4) 高 級 資 材 ………………………………………………………… 341
  5) 健 康 資 材 ………………………………………………………… 341
  6) 水産物との混合 …………………………………………………… 341
  7) 食塩の選択 ………………………………………………………… 341
4.1.4 新しい野菜を使った新製品 ………………………………… 342
  1) 各地の在来野菜 …………………………………………………… 342
  2) 認知野菜との混合 ………………………………………………… 342
4.1.5 健康を織り込んだ漬物新製品 ……………………………… 343
4.1.6 新製品開発のまとめ ………………………………………… 343
4.2 漬物既存製品の能力開発 ………………………………………… 344
 4.2.1 「自社のその製品はその分野で国内最高製品」
     といえるか ……………………………………………………… 344
 4.2.2 使用資材の洗い直し …………………………………………… 345
4.3 村おこし・一村一品運動の漬物加工 …………………………… 346
 4.3.1 村おこし・一村一品運動の農産加工では
     どのようなものをつくるか ………………………………… 347

- 4.3.2 漬物を選択して，さて何をつくるか ……………………… 348
  - 1) 塩蔵野菜の製造 ……………………………………………… 348
  - 2) 調味浅漬の製造 ……………………………………………… 348
  - 3) 菜漬の製造 …………………………………………………… 349
  - 4) 調味漬の製造 ………………………………………………… 349
  - 5) 土産用漬物の製造 …………………………………………… 350
- 4.3.3 営業許可と環境保全条例 ……………………………………… 350
- 4.3.4 売上げ目標金額と設備 ………………………………………… 350
  - 1) 売上金額 500万円 …………………………………………… 351
  - 2) 売上金額 2 000万円 ………………………………………… 351
  - 3) 売上金額 1億円 ……………………………………………… 352
- 4.3.5 製造技術の習得方法 …………………………………………… 352
- 4.3.6 加工が始まって発生する問題点 ……………………………… 353
  - 1) 販売の困難 …………………………………………………… 353
  - 2) 製造の難しさ ………………………………………………… 353
  - 3) 他地域の原料の購入，純正食品という2つの問題 ……… 354
  - 4) 指導者の活力が漬物工業のオーナーに並べるか ………… 354

漬物関連の文献 ………………………………………………………… 355

前田安彦関連漬物資料一覧 …………………………………………… 357

索　　引 ………………………………………………………………… 363

調味処方作成のための資材成分値（別添付録）

第1章　漬物概論

1.1　漬物の歴史

　漬物の歴史は，他の食品と同様に形として残らないので，古文書により推定するしか方法がない．しかし，中国における3世紀以降の記録，わが国の8世紀以降の記録を調べ，さらに現在の世界各地に存在する漬物を見るとき，その系譜はかなり判然となってくる．そして，漬物は中国の古文書に記載されたものが，わずかに手を加えられただけで，現在の漬物として存在していることに驚かされる．さらに日本における変遷を見るとき，漬物自体は古文書からの変化は少なく，むしろ漬物工業の発展した昭和中期以降に大きく転換のあったことが分かる．

1.1.1　中国6世紀までの漬物の歴史

　紀元前3世紀の中国最古の辞書『爾雅(じが)』，2世紀の2番目の辞書である許慎(きょしん)の『説文解字(せつもんかいじ)』，および3世紀中頃の辞書である劉熙(りゅうき)の『釈名(しゃくみょう)』，また紀元前3世紀の周代の礼法書の「三礼」の1つ『儀礼(ぎらい)』などの中国古文書にはいずれも，塩蔵品を示す言葉が見られ，漬物の存在を裏付けている．しかし，いずれも製造法の記載はなく，それが明らかになるのは6世紀中頃に出た賈思勰(かしきょう)の『斉民要術(せいみんようじゅつ)』以降になる．

　『斉民要術』には漬物を専門に解説した「菹・蔵生菜の法」という項目があって，菘(ウキナ・小松菜のこと)，蕪菁(カブ)，蜀芥(タカナ)の鹹菹(塩漬)法，湯菹(炒め漬)法，藏菹(丸漬)法，菘根蘿蔔菹(ダイコン酢漬)法，瓜芥菹(ウリカラシ漬)法など30余種の製造法をみることができる．また蔬菜(そさい)の項目でウリ類，蓼葉(タデ)の中には醬蔵(ひしお漬)が，梅・杏(アンズ)の中に梅干が，そして「八和の韲(やかてのつきあえ)」の項でニンニク・ショウガ，

橘皮，白梅（ほしうめ），栗，粳米の飯，塩，酢の8種を臼でついて和え物をつくり，この中に魚・肉などを入れた日本の梅肉とかつお節を練り合せた「ねり梅」を思わせるものが出てくる．『斉民要術』で興味深いのは，酢漬を「発酵酢漬」と「調味酢漬」の2つに判然と分けている点である．古さからいくと烏梅汁（梅酢）にウリ，ミョウガを漬けた「調味酢漬」の酢漬菜，次に野菜に発酵源として穀物を加えて塩漬し，乳酸を生成させた醃酢菜の葅，すなわち「発酵漬物」が出てくる．また，この醃酢菜が醸造酢発見以前の酸味料として料理に使われたことも書かれている．

1.1.2 日本10世紀までの漬物の歴史

最初のものは平城宮跡から発掘された8世紀の天平年間に木簡に書かれた須須保利，葅，滓漬の文字である．さらに天平11年（739）の『写経司解』にある「菁一圍別塩三合」，「瓜一百果別塩二升」の文章，このほか，この天平から神護景雲を経て宝亀（780年頃）に至る奈良時代には，『食物雑物納帳』，『食料下充帳』などにも多くの漬物がみられる．当時から漬物は食塩がなければできず，塩が「藻塩焼く」から長門（山口県）あたりでつくられた煎塩鉄釜に変わろうとする時代で，貴重品で高価らしく「漬瓜一果」，「漬菜二合」などの単位で僧侶以下舎人以上とか，経師以下雑仕以上と，階級に応じて区別して支給したことが書いてある．

奈良時代の多くの漬物を総合的に示したのが，醍醐天皇の延喜5年（905）に編集が始まり，25年目の延長8年（930）に進献された『延喜式』である．『延喜式』には，塩漬，醤漬，糟漬，葅，須須保利，搗，荏裹の7種類が記載されている．

『延喜式』に記載された漬物のそれぞれの配合を次に示す．

1) 塩　　漬

塩漬はワラビ，アザミ，イタドリ，セリ，ウリ，ナス，山蘭（ヤマアララギ．香辛料にするコブシの実），生薑（クレノハジカミ．ショウガ），ミョウガ，水葱（ミズアオイ）が漬けられ，野菜1石当たり塩4合から6升という幅広い範囲で使われている．

2) 醬　漬

　醬漬は醬，未醬，滓醬のような「ひしお」すなわち現在のたまり，あるいは味噌類似のものに野菜・山菜を漬けたもので，ウリ，冬瓜（トウガン），ナスが出ていて，ウリ9斗に塩，醬，滓醬各1斗9升8合の配合と記載されている．この醬漬は，タイ，アユ，アワビなどの水産物の漬込みが初期の頃行われ，野菜はかなり遅れ，現在の味噌漬の主力であるダイコンは，平安中期以降で後冷泉天皇（1045年即位）の頃の藤原明衡日記に「香疾大根（かばやきダイコン）」というのが見られるまで出てこない．

3) 糟　漬

　糟漬は，汁糟にウリ，トウガン，ナス，ショウガなどを漬けている．ウリ9斗に塩1斗9升8合，汁糟1斗9升8合，滓醬2斗7升，醬2斗7升を使うとある．醬と糟の差異は判然としないが，汁糟は麴汁あるいは甘酒のしぼり糟と思われ，醬は蛋白分解物の味，糟はでんぷん糖化物の味が想像される．糟は甘酒から推量して酒粕との考えもあり，酒粕については山上憶良が詠っているが，当時の酒は支那甘酒の発酵の系統で，現在の酒粕の出現はかなり後になる．

4) 菹（にらぎ）

　菹というのは中国の『釈名』，正倉院の『雑物納帳』にも文字として見られ，当時「菹・葅」の字を分解して「草」もしくは「爻」すなわち肉を阻した，腐らないようにした意味でそれぞれの漬物を表していた．しかし『延喜式』の菹は「にらぎ」と読まれ，独特の漬物をさす．この菹は現存しない漬物で，漬け方は楡の木の皮の粉づくり，次いで漬込みの2工程に分かれる．楡の木の皮をはいで，長さ1尺5寸，幅4寸くらいの大きさにして軒につるして乾燥し，臼に入れて杵で砕いて粗粉とし，さらに臼で細粉にする．この寸法の楡の木の皮1000枚で細粉2石が取れたという．漬込みは菘菹（こまつなにらぎ）の例で，菘3石に塩2斗4升，楡粉7斗5升の割合で漬ける．菘の他にタデ，カブなど主として野菜を漬けているが，楡の皮自体を食べたりカニやタイを漬けることもあった．カニの記録は万葉集巻16の3886に長歌があって，葦蟹と楡の皮で塩辛をつくって賞味したことが，粉の製法から始まって長々と詠み込んである．楡の皮が今の楡と同じものか，いかなる理

由で使われたか，香辛料的役割があったかどうか不明で，実験を行って菹を復元した川上行蔵氏によれば，楡の皮に香気はないという．ただ，これが中国から来たことは確かで，『斉民要術』で楡は漬物に使ってはいないが，楡子醬，楡醸酒があって，それを裏づけている．もし，現在の楡の木の皮と同じものとして，香気のない粉を使って漬物をつくるところは現在のたくあんの漬床（つけどこ）に白ふすまやトウモロコシの皮を使うことがあるのに似ている．

5) 須須保利（すずほり）

須須保利も現存しない漬物である．穀物や大豆を臼（うす）でひいた粉と食塩で床（とこ）をつくり，カブ，葉菜類を漬けたもので，『斉民要術』に酢菹（ぬか漬）というぬかを使った漬物があるので，それに似て，ぬかみそ漬の前身のような漬物と想像できる．カブ1石に塩6升，米5升とある．粟（アワ）の粉を使った須須保利もあって黄菜と呼ばれ，カブ5斗に塩3升，粟5升で漬け込むと黄色い須須保利になる．須須保利の名称の由来は不明だが，『古事記』で応神天皇に酒を献上した人の名が須須許理（すずこり）と出ているので，この辺に起源があるとも思われる．須須保利は天平の木簡にも見られ，『延喜式』をさかのぼること200年前にすでに知られていたらしい．

6) 擣（つき）

擣も須須保利同様に現存しない．ただ，『万葉集』にも出てくるし，中国『斉民要術』にも細切り菹である「キザミ」，それの発達した梅のヌタである擣韲（つきあえ），そして完成された形の八和の韲などが出ているので重要な食品だったと思われる．「蒜擣」，「韭擣」，「菁根擣」，「多々羅比売花擣」などの種類がある．多々羅比売花擣は花のペースト，そのほかは野菜をすりつぶし，よく擣いてカメに漬け込んだ野菜の塩辛を想像させる．現在の漬物でみると「ねり梅」がこの擣に近いのではないか．

7) 荏裏（えづつみ）

荏裏は，エゴマ（荏）の葉にウリなどを包んで醬油漬にしたもので，エゴマは平安期中頃の油脂原料として多用されていたので葉も食べられたのであろう．朝鮮半島では，エゴマは重要な醬油漬のケンニップジャンアチの原料として今でも食べられている．現在，日光にある「日光巻」はエゴマの葉に長いトウガラシを包んで醬油漬にしたもので，製法からみて延喜式漬物「荏

表1.1.1 斉民要術・延喜式・現代漬物の関係

斉民要術	延喜式	現　代
鹹　漬	塩　漬	塩　漬
越瓜・胡瓜醤漬	醤　漬	醤油漬・味噌漬
瓜漬酒	糟　漬	奈良漬
楡子醤・楡醸酒	荏	ぬかみそ漬
酢　菹	須須保利	たくあん
八和の䪩	搗	ねり梅
蓼　菹	荏　裏	シソ巻トウガラシ
蔵梅瓜		酢　漬
白　梅		梅　干

裏」の流れをくむ唯一の漬物として貴重である．

『延喜式』記載の漬物はすべて『斉民要術』にある．中国からわが国への漬物の渡来は文献上明らかである．『斉民要術』，『延喜式』，現代漬物の関係を**表1.1.1**に示す．

1.1.3　漬物工業の時代を迎えるまで

『延喜式』以降の漬物では，粟と食塩で漬けた須須保利から，玄米を精米するようになって生じた米ぬかを粟の代りに使う「たくあん」が誕生したと思われる．品川東海寺の沢庵和尚の墓は丸い沢庵石の形をしている．将軍家光が東海寺を訪ねダイコン漬を食べて，今後，これを「沢庵」と名付けよと言ったという話もあるところから，この和尚の時代には「たくあん」も出回り出していて，普及に功績があったと考えられる．

江戸時代に入ると，料亭，飯屋，居酒屋の普及もあって漬物業を営む店も増え，とくに武士が茶を，縁起をかついで飲まないことが一部でみられたので，桜の花漬がその代替となり（今でも結婚式に桜湯が出る），それを扱う香煎屋が現れ，そこでも種々の漬物が現れてきた．

天保7年（1836）に発刊された小田原屋主人なる人の書いた『四季漬物塩嘉言』は，漬物を単独に取り上げた最初の図書であって，64品目の漬物の漬け方の書かれた貴重な文献である．たくあん，梅干，浅漬，菜漬，味噌漬，奈良漬，麴漬がみられ，野菜では守口ダイコン，ラッキョウ，ショウガやニンジン，ゴボウも漬けられている．またナシ，カキ，キンカンの粕漬，塩

漬や，柚青漬といって，ユズを寒天でくるんで灰をまぶして壺に貯えると，もぎ立てのように保存できるという記載もある．

現代漬物には，業界用語の感もあるが野菜の味が残る「お新香」感覚の新漬と，野菜を高塩で漬けて貯え，加工時に流水塩抜き（脱塩工程という）し，圧搾して調味液に浸す調味料の味主体の古漬があるが，この『漬物塩嘉言』には新漬のほか，古漬が出ていることは特記すべき事項である．百味加薬漬，べっこう漬，菜豆青漬の製法に「塩出し」しの言葉があることでそれが分かる．古く『正倉院文書』の漬物も高塩だが塩抜き，脱塩の記録がなく，現代漬物の半分を占める古漬技法は江戸末期に意図的に完成したと思われる．これが明治に上野池の端の香煎屋「酒悦」の福神漬につながっていく．塩蔵野菜を脱塩する漬物はヨーロッパ，中国，朝鮮半島にもほとんどなく，日本固有のものといえよう．

漬物の市販品は江戸期にさかのぼるが，第2次世界大戦末までは梅干，たくあん，べったら漬，福神漬，古高菜漬ぐらいのもので，食品工業の形にはなっていなかった．戦争が終わり，日本の家庭環境，家族構成が変わり，親が漬物の漬け方を子に教えることがなくなり，市販漬物が興隆してくる．そして，プラスチック包装，加熱殺菌，低温利用や調味料の発達，流通経路の確立で低塩美味の漬物がつくられ，漬物工業は食品工業の一分野を構成するに至った．

戦後，幾多の新製品が開発され，発酵漬物の切捨てもあって，明るく，美しい漬物の全盛期が1970年頃から徐々に訪れ，従来の高塩塩蔵，脱塩の工程を踏まない低塩低温塩蔵の古漬も現れ，漬物の体質も大きく変化した．とくに脱塩回避の「塩蔵浅漬」の端緒をつくった岩下食品の「新生姜」の開発は漬物分類に新しい1頁を開くものとして記憶に残したい．

1.1.4 漬物の系譜

中国から渡来した漬物ではあるが，現在の両国の漬物を比較すると全く性格は異なる．これは，『延喜式』の10世紀頃は漬物が渡来して日が浅く，食塩も高価で研究が遅れ，日本的同化が進んでいなかったためで，その後，現在までの間に完全に日本的漬物に変革されたと判断される．もちろん，この

間に中国側の変化も加わる．

　中国漬物の最大の特徴は乳酸発酵漬物の酸保存型である．この型の漬物は現在，日本国内では長野県木曽の「スンキ」，京都の「すぐき」，「発酵しば漬」が主たるもので，全体から見れば漬物生産量の，たかだか0.1％を占めるにすぎない．『斉民要術』の漬物には酸保存型と食塩保存型の単純な塩漬がみられる．これが1500年の間に中国では酸保存型が発達し，わが国では食塩保存，すなわち浸透圧保存型のみが環境，嗜好に合って発達した．酸保存型を伝える漬物が，木曽山中および伝統継承に熱心な京都に存在していることは閉鎖社会だから残ったとみられよう．『斉民要術』，『延喜式』がなければ，現存する漬物で中国と日本を結びつけるのは難しい．

　次に，世界における漬物の伝播を知るために，現存する漬物を中国，日本，韓国，ヨーロッパの4つのブロックに分け，相互の共通点を調べてみよう．

　中国とヨーロッパの共通点は，①酸保存型が主力である．中国の酸菜（スァンツァイ），泡菜（パオツァイ）に対しピクルス，サワークラウトがヨーロッパにある．②両者とも日本ほど歯切れを重視しない．ヨーロッパでも，ピクルスの歯切れについての論文は多いが，歯切れの感覚が異質で，日本漬物の歯切れの研究には役立たない．③中国において食酢発見以前は，乳酸発酵漬物が酸味料に使われていた伝統から，中国料理の材料に漬物を使う例が多い．そしてヨーロッパでも，サワークラウトを料理に使ったアルザス風シュークルートなど，その伝播を思わせるものが多い．

　中国と韓国の共通点は，①米ぬかを使用しない．中国は『斉民要術』の時代は米ぬかを使っていたが，現在は全くみられない．韓国においても，ほぼ同様である．②香辛料を多用する．③強い重石をかけない．中国の泡菜はカメに野菜を詰めるだけであるし，韓国の白菜キムチは立塩漬で，食塩水の中に白菜を沈めて漬ける．④ヨーロッパと同様，韓国もキムチを「キムチチゲ」のように料理に多用する．

　日本と韓国の共通点は，①酸性漬物が少ない．日本人の嗜好は酸味だけの酢漬は要求しない．酢漬が多くつくられているが，「ラッキョウ甘酢漬」，「ショウガ甘酢漬（ガリ）」のように酸味と甘味の組合せ，「しば漬風調味酢漬」，「ダイコンさくら漬」のように酸味に旨味（グルタミン酸ナトリウムの

味)の組合せのものの2種で,甘い漬物,旨味の漬物を酸っぱくつくったと見ることもできる.単純酸味は香辛性の強いショウガを使った紅ショウガ1例を見るにすぎず,これも近頃はグルタミン酸ナトリウム(以下,グル曹と略す)の添加がある.韓国に至っては,キムチ漬込み時に暖冬が続いて白菜に酸味がでれば,中流以上の家庭では廃棄して漬け直していたし,「キムチシジマ」(キムチ静かにせよ)という乳酸発酵遅延剤が発売されたこともある.韓国には甘酢漬も調味酢漬もなく,「シヘクキムチ」が唯一のものとして知られている.ただ,韓国も1970年代後半の食酢,すし,ワカメ酢の物の普及や,日本向け輸出キムチの乳酸発酵による容器膨張・変敗防止技術の理由づけのための「発酵熟成」なる用語使用などにより,以前より若干,酸味のキムチも食べるようにはなってきている.②歯切れを重視する.ヨーロッパ・中国の歯切れとは異なる共通認識の感覚の歯切れを日・韓はもっている.ヨーロッパのサワークラウトの缶詰の歯切れは全く歯切れとはいえないが,ドイツ料理のソーセージの添え物には十分使える.韓国でベトナム戦争当時,派遣兵のために送ったキムチ缶詰は3か月の保存に耐える加熱処理条件として,歯切れの確保に努めるなど苦労があった.また,日本人には硬すぎるチョンガキムチ,ピヌル(うろこ)キムチのダイコンの硬さを韓国人が好むことは,歯切れ重視の証である.

中国・日本,日本・ヨーロッパにはそれぞれ共通点はなく,韓国・ヨーロッパも料理使用以外の接点はない.

ここで,わが国の漬物を単独で見てみると,3つの特徴が挙げられる.①第1には米ぬかの使用であって,須須保利,菹の両漬物は現在そのままの形は見るよしもないが,その後発型の米ぬかを使ったぬかみそ漬,たくあんとして続いている.米ぬかは,『斉民要術』にその発酵によって酸をつくらせた酢菹の記載されていること,天平6年(734),『尾張国正税帳』には「自陸奥国進上御馬肆匹糠米弐斛壱斗玖升参合」の記録のあるところから,大豆,粟,米の粉,楡の木の皮とともに,あるいは一部代替として,漬物に使われたことは想像に難くない.しかし,精米の進んでいないこと,食塩が高価なことから当時の漬物は上流階級の保存食とみられ,馬糧の米ぬかに抵抗もあったので普及には至らなかったのかもしれない.いずれにせよ,使ってみれ

ば米ぬかは粟や米の粉よりもでんぷんが少ないため発酵も遅く，酸敗は少ないので，その優秀性は『延喜式』より歳月を経ないで認められたであろう．
②第2は酸味嫌い．酸生成の少ない漬物が当時の嗜好だったという想像は酢漬の来歴，系譜を考えれば理解できる．純粋の酢漬は現在でも重視されないが，記録も天平から延喜の間に消失している．天平宝字2年の『食料下充帳』に「酢漬冬瓜」なるものがあり，同じ頃に酢糟漬のナスがある．しかし，『延喜式』にはこれら酢漬の記載は消えている．『斉民要術』は，乳酸発酵によりつくられた醃酢菜の菹と，醸造酢を加えた酢漬菜の菹の2つに分けていることはすでに述べたが，天平に現れる酢漬は後者であって発酵型の醃酢菜は古文書にはついぞ現れない．文書に発酵型が現れるのは，元禄8年(1695)の『本朝食鑑』の「すぐき」の記載が最初である．③江戸時代末期からの「塩出し」，すなわち塩蔵品の脱塩工程をもつ漬物の存在である．

漬物の世界における系譜を図1.1.1に示す．

1.2 漬物と食塩

日本人は1日に食塩を12〜13g摂っている．厚生労働省のいう理想の10gよりやや多いが，昭和10年(1935)の調査の秋田県34g，大阪府25g，昭和

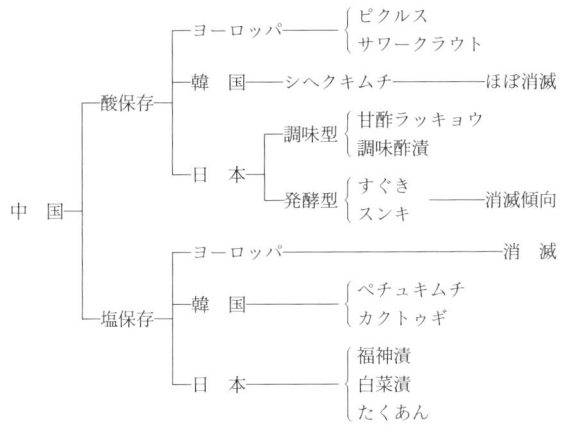

図1.1.1 漬物の系譜

40年（1965）の秋田県23g，大阪府14gからみて改善はされている．食塩は日本人の半数にとって高血圧の原因になり，残り半分は影響なしというが，自分がどちらに属するか医学的に判断しにくいので，食塩は控える方がよい．そして，この秋田の食塩過剰摂取には漬物がその大きな要因になっているとされていた．

　現在はどうであろうか．調査によると，1日の食塩摂取量13gの内訳は，醤油3.5g（26%），味噌2g（15%），塩乾魚1.5g（12%），そして漬物1g（8%）となっている．醤油からは，たとえばラーメンを汁まで飲めば1杯から，店頭で食べて8g，インスタント麺で6gの食塩が体内に入る．

　日本人は戦後，労働量が低下して食塩嗜好(しこう)が徐々に変わり，現在では高塩ではのどを通らなくなってきている．醤油，味噌は汁の形で摂ることが多い

表1.2.1　漬物の食塩含有量と，食塩1gで食べられる量の目安

品　名	（%） 食塩1g相当(g)	量	品　名	（%） 食塩1g相当(g)	量
甘　酢 ラッキョウ	1.5 67	大玉5個	奈　良　漬	3.0 35	大4切れ
甘　酢 ショウガ	1.5 67	大玉5個	干し たくあん	3.0 35	4切れ
白　菜　漬	2.0 50	小鉢山盛り	塩押し たくあん	3.0 35	3切れ
白菜キムチ	2.2 45	小鉢山盛り	福　神　漬	3.5 28	1/4袋
野沢菜漬	2.2 45	中株半分	古漬高菜	4.0 25	小鉢半分
ナス浅漬	2.3 43	中型1個	キュウリ 刻み醤油漬	4.0 25	1/5袋
べったら漬	2.5 40	厚切り3切れ	味　噌　漬	5.5 18	厚切り3切れ

品　名	（%）	1個重量(g)	1個食塩量(g)
カリカリ小梅	8	2	0.2
調味梅干	8	15	1.2
カリカリ梅	10	8	0.8
かつお梅	10	10	1.0
小梅干	15	3	0.5
本格梅干	18	20	3.6

ので，希釈されて大量の食塩が体内に入ってしまうが，漬物は希釈されずに口中に入るので，のどを通過するときに抵抗が起こる．このため，白菜漬の食塩が20年前の4%から現在の2%，たくあんが5%から3%に減少した．**表1.2.1**に漬物の食塩含有量と1g食塩相当分で食べられる重量の目安を示す．調査による漬物由来の食塩が1g，全摂取食塩の8%という事実，**表1.2.1**の漬物の食塩含有量の実態をみると，かつて漬物が秋田の食塩過剰摂取の要因とされたことは，はるかに遠のき，また1gで意外にたくさんの量が食べられることが理解されよう．

　日本人の食生活は，油脂過剰，濃厚調味で「食生活の疲れ」を重く感じるようになっている．昔はご馳走で，「ハレの日」のみ食べていたステーキ，酢豚，シチュー，すき焼き，豚カツは，今やすべて「コテコテ料理」の「常在ご馳走」になっている．この反動で，消費者は飲む酒類を，吟醸酒，「スーパードライ」，「一番搾り」に代表される軽快なビール，減圧蒸留・熟成カットの焼酎，そしてフレッシュ・アンド・フルーティのヌーボータイプの若ワインに切り替えている．ひとりウイスキーのみが重厚なシングルモルト系のPRに終始して，この15年間に消費量が半減してしまった．

　食塩1gで小鉢1杯50gの白菜漬が食べられることは，この「食生活の疲れ」をいやす上でも喜ばしい．漬物は低塩化に加えて，すべて明るく，美しい外観になった．低塩での漬物製造は食塩の防腐性が減ってすぐ傷むので，冷蔵庫重視の低温製造になった．低温の積極的利用で漬物は乳酸発酵が抑えられるようになり，葉緑素の緑などの原色や新鮮な香りが保てるようになり，明るさと「フレッシュ・アンド・フルーティ」をもたらした．変色は酵素反応や化学的反応であるので，低温でそれが抑えられることにより，消費者の嫌う着色料の使用が激減し，また野菜素材の味の確保により調味料の使用量を減らした．さらに，低温による微生物抑制は，漬物の袋の中に入っている注入液も菌がいないので全く透明（細菌数10^6でかすかに濁る）になり，漬物の美しさをいっそう引き立てた．

　低塩は健康性に加えて低温製造を導入し，漬物の新鮮感を野菜香気の保持，変色・退色の防止と注入液の清澄性により増し，さらに野菜の風味を効果的に漬物に移行した．加えて，食品添加物の使用量を抑制したのである．

1.3 現代食生活における漬物の位置づけと健康,薬食,機能性

　漬物が戦前のように高塩であったら考えられなかったが,前述のように極めて低塩になった現在,考えられることは野菜供給源として健康,薬食,機能性にどう働くかということである.

　現代食生活上,米飯でみても,釜飯,チャーハン,五目中華丼など濃厚味のものも含む主食や,先味重視で濃厚調味,油脂過剰の副食に対して,漬物は酒類と並んで前二者によって引き起こされる「食生活の疲れ」をいやす食品,さらに進めれば「常在ご馳走」によって食欲の減退した中高年者の食欲を励起する食品と位置づけられる.そして,この酒類と漬物の2つは副食と対極的位置にあるので,あえて名称を付ければ,「陪食（ばいしょく）」とでもいえるものと考えて大きな間違いではない.主食,副食に対する「陪食」は今後の日本人の食生活にとって大きな位置を占めよう.

　21世紀は,日本人が活動的な状態で生存できる期間の「健康寿命」の確保に重点の置かれる世紀になる.そのためには健康寿命を短縮する生活習慣病対策が重要で,運動と食生活の改善がポイントである.漬物のもつ食物繊維とダイコン,漬菜（つけな）などのアブラナ科植物やニンニク,ラッキョウなどのネギ類のもつ「硫黄化合物」が大きく脚光を浴びることとなる.

　機能性食品,薬膳,健康食品,薬食などの言葉が,生活習慣病の恐ろしさが人々に理解されるとともに重視されるようになった.しかし,機能性食品は厚生省認可の特定保健用食品に位置づけされ,食物繊維やミネラルなどその食品の関与成分と購入者の要求の合致が必要で,必ずしも一般的でない.薬膳も間違った解釈がなされていて,その人のもつ人体の陰陽と食品の陰陽,すなわち熱,温,平,涼,寒を合わせないと効果がない.日本の薬膳料理店のように,単一メニューで多くの人が好みの薬酒を飲み,薬膳料理の卓を囲むのでは珍しさを追うだけで終わってしまい,効果は疑問である.健康食品でもサメのスクアレン,大豆のレシチンなど生体からの抽出物を販売するものは,さらに十分な知識がなければ危険を伴う.抽出型であるから,①抽出時に溶剤を使うことが多く,その溶剤のわずかの汚染でも恒常的に摂ると人体に悪影響が出やすい.②抽出されて純粋といえるものが多く,量的に

大量摂取が可能であり，人類がこれまで未経験の量が体に入ることが考えられ，影響が全く不明で危険．③純品は酸化されたり分解しやすい．γ線を純粋なグルタミン酸，ビタミンなどに照射すると直ちに分解するが，種々の成分の複合した肉やイモのような食品自体への照射では全く壊れない．生体には保護作用があるが，抽出物は保護されず酸化物，分解物の安全性は未検討で安全の保証はない．

　こうしてみると効能がある野菜を食べる，さらに一歩進んで食塩の浸透圧で脱水濃縮された漬物を摂ることが良いことが分かる．高濃度ではないが種々の効能をもった食品も，根気よく食べる．これが薬食であって，漬物工業にはこのじわじわと湧いてくる効能を活かし，薬食に徹して日本人の健康を守る義務が存在する．

1.3.1　「食生活の疲れ」をいやして食欲増進

　古く菅原通済，大仏(おさらぎ)次郎，獅子文六のような食通といわれた文士から，近くは日本に本格的フランス料理を移入定着させた辻静雄に至るまで，一様に究極の食事として「漬物で白い飯が食いたい」と語っている．前述した酒，漬物の「陪食」論は別に新しいことではない．

　緑，黄，白の3色対比の白菜漬，4回の冷蔵工程を経て仕上がる野沢菜漬，調味・包装後ただちに冷凍する広島菜漬(ひろしまなづけ)・新高菜漬(しんたかなづけ)の美しいグリーン，新鮮な穫りたてナスを使い，皮は紫赤色，中は真っ白のナスの浅漬と明るい外観の調味浅漬，菜漬群はすべて食欲増進につながる．

　たとえば，野沢菜漬，ナス浅漬，そして千枚漬の緑・紫赤・純白の3色を小皿に盛って病院食に出したときの患者の食欲増進度はいかばかりだろうか．この3点の合計が50gあっても，体内に入る食塩量は1g，それで患者の回復は著しいはずである．この食欲増進が大きな健康上の効能であるので，漬物工業技術者は主として新漬，そして古漬までこの目的に合うよう，低塩，明るさ，美しさ，フレッシュ・アンド・フルーティに加えて注入液の清澄性をキー・ワードに漬物を製造する必要がある．

1.3.2 漬物のもつ食物繊維の消化系機能調整作用

　発ガン物質の最近の研究では，2段階説が有力である．細胞DNAと結合して遺伝子に傷害を与え正常細胞をガン初期細胞に変えるイニシエーター（始動物質）と，イニシエーターによって出来た体眠中のガン初期細胞を刺激してガン細胞に変えるプロモーター（促進物質）があり，この2段階の関与物質によってガンになる．発ガン抑制とは，このイニシエーターとプロモーターの物質を抑え込むことを指す．外食産業で「漬物」からサラダへの切替えが行われてから，日本人の大腸ガンが増えたとの説がある．大腸ガン防止をはじめ，人間の消化系機能調整には，食物繊維が著効をもつことが知られている．しかし，ラッキョウの甘酢漬の大粒を5〜6個（75g）で食物繊維が5gも摂れ，食塩はわずか1gしか体内に入らないという事実はあまり知られていない．漬物の食物繊維含量を**表1.3.1**に示す．

　食物繊維の効能の第1は，大腸ガンなどの消化器のガンの抑制である．これは3つに分けられる．1つ目は，食べた有害物質を吸着して排泄すること．有害タール色素をネズミに与えるとき，ゴボウ繊維を加えてやるとその1群はガンが出来ず，加えなかった1群はすべてガンになったという有名な実験がある．油脂は，加工食品にするとすぐに酸化して過酸化物をつくるし，新しい油脂でも，体内に入ると活性酸素によって酸化され同様に過酸化物になる．この過酸化油脂を，食物繊維は吸着して排泄してしまう．2つ目は食物繊維を多量に摂取すると，腸を刺激して活発に働き排泄速度を速める．すなわち，有害物質が腸壁粘膜に触れる時間を短くする．ネズミの耳に有害タール色素を毎日塗布すると，皮膚ガンの発生することは，周知の事実である．

表1.3.1　漬物の食物繊維含量

品　名	食物繊維量(%)	品　名	食物繊維量(%)
ゴボウ醤油漬	10.0	キュウリ1本漬	2.7
ラッキョウ甘酢漬	6.6	広島菜漬	2.7
干したくあん	4.3	ナス浅漬	2.3
高菜漬	3.9	野沢菜漬	2.2
ナス1本漬	3.7	白菜漬	1.3
福神漬	2.9	キュウリ浅漬	0.9
塩押したくあん	2.8		

（農水省・東京農林水産消費技術センター分析）

大腸ガンが最も発生しやすく，宿便になる S 字結腸と直腸を，食物繊維は便を速やかに通過させる．3 つ目は，食物繊維は腸内細菌のビフィズス菌の発育を助け，有害なウエルシュ菌の発育を抑えることである．大腸ガンの最も強いプロモーターは，腸内における油脂の消化の巧拙で，それがうまく行かないと出来る物質である．油脂を摂るかぎり食物繊維により，良い腸内細菌群にしておく必要がある．油脂の消化を助けるために胆のうから胆汁酸が出て，食物繊維によって良化した腸内細菌の助けにより，油脂を正常に分解する．ところが，食物繊維が少なくウエルシュ菌が多くなると，油脂を消化する胆汁酸の働きが悪くなり，発ガン物質 3-メチルクロロアントラセン類似化合物ができ，大腸を刺激するとともに腸壁から入って全身に回って，臓器にガンをつくる．食物繊維は胆汁酸の共同作業者のビフィズス菌を育成する．このビフィズス菌の育成は食物繊維のほか，オリゴ糖，グルコン酸にもその働きのあることが知られている．

　食物繊維の効能にはこのほか，便秘の予防，糖尿病の血糖値の急激上昇の抑制，血液中のコレステロールの上昇抑制による動脈硬化防止の働きもある．食物繊維の必要量は 1 日 20〜30g といわれているが，日本人は 12g しか摂っていないので，食欲増進のナス浅漬，新高菜漬を食べたり，納豆に刻み高菜漬やおみ漬を混ぜて食べるというように，食物繊維を常に摂る努力が必要である．

1.3.3　梅漬物の抗菌性で病原菌を抑制

　コレラや O 157 が話題になると，梅干が売れる．梅は完熟すると，大小を問わず 5〜6％のクエン酸，リンゴ酸を含む．この有機酸が胃および腸内の pH を下げ，とくに普段アルカリ側を保つ腸内 pH を下げて病原菌を抑制する．野菜・果物を通じて梅干は最大の酸含量で，ライムの 4％，レモンの 3％，ルバーブの 2％を上回り最大の効果を示す．加えて，梅には青酸と糖の結合したそのままの形では無害の青酸配糖体アミグダリンが含まれ，梅が成熟すると β-グルコシダーゼという配糖体分解酵素が働いて青酸が遊離してくる．その量は胚乳・核で 1〜2mg/100g，果肉で 10〜50ppm である．この果肉の微量の遊離青酸が微妙に有害菌に働くことは分かっている．アンズ

(杏) の核 (杏仁) が薬用として使われ，杏林大学・杏林製薬の名前があるのはその青酸の効果に発していて，梅の核の青酸は強すぎるのでアンズの核を用いるのである．梅・梅干の核や果肉の青酸は漬物や梅酒のように加工すると日単位，あるいは月単位で減少し，数か月でほぼ消失するので青酸の効果は古い梅干では少ない．ただ梅，梅干の青酸の研究例は少なく，青酸は猛毒であるので核は食べない方がよい．核を食べてアミグダリンが胃・腸に入ったとき，β-グルコシダーゼが存在しているかどうかの研究はまだない．存在していれば，胃・腸でアミグダリンが分解して青酸を遊離して危険である．明治以来の食用経験から β-グルコシダーゼは胃・腸に存在していないと考えられるが，この証明がないので，梅・梅干の青酸の菌抑制の効果は表立って議論されない．研究の待たれるところである．図 1.3.1 に梅・梅漬物の青酸の動向を図示しておく．

梅の果肉を煮詰めた梅肉エキスも強い抗菌性を示す．これは，濃縮された有機酸，煮詰めによって生成する褐変物質フルフラールの1種ムメフラール，微量青酸の働きという．

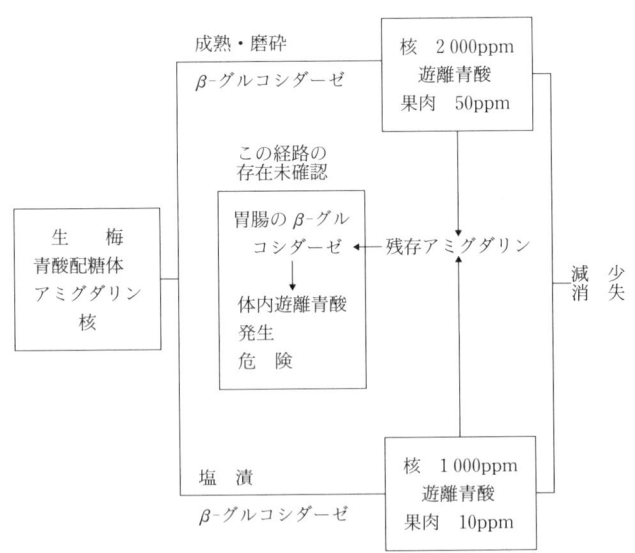

図 1.3.1　梅の青酸関連図

1.3.4 ネギ属漬物の抗菌性

　ニンニクの抗菌性は強い．ヨーロッパでは，村の入口にニンニクを吊るしておくとドラキュラが来ないといわれているが，ドラキュラ，すなわち悪疫の流行の防止の象徴として使われたのであろう．ニンニクは，S-アリルシステインスルホキシドという含硫アミノ酸をもち，傷をつけたり磨砕すると，細胞中の C-S リアーゼという酵素が働いてスルフェン酸に分解される．このスルフェン酸は，2分子が脱水縮合してジアリルチオスルフィネート（別名アリシン）をつくり強い抗菌性を示す．アリシンは，カビ，細菌細胞のSH 酵素蛋白質と反応し，その酵素としての機能を失わせると説明されている．ネギ属野菜はニンニクがアリル，タマネギがプロピル，ラッキョウがメチル基をもつ S-アルキルシステインスルホキシドを含む．アリル基が最強，ついでプロピル，メチルの順に，大抵の微生物を薄い濃度で完全に抑制する．S-アルキルシステインスルホキシドというアミノ酸は別名アリイン，メチルアリインなどと呼ばれることもある．

　漬物におけるニンニクの効果は，キムチのように生をすりおろしたものでは最も強い．しかし，無臭ニンニクというものがあって，この効果はどうかという疑問は誰でも感じよう．無臭ニンニクのつくり方は，① フマル酸液にニンニクを浸す，② 酵母 *Saccharomyces cerevisiae garlic* を使い発酵させる，③ ニンニクを 90℃の熱湯 4 分間の浸漬で C-S リアーゼを失活させるなどの方法がある．著者は，③の方法を推奨し，ニンニク漬の製造ではすべてこの処理の無臭ニンニクがつくられている．90℃の熱湯 4 分間浸漬の条件は，C-S リアーゼの完全失活の条件でないので，アリシンは半量程度生成する．したがって，正しくは「一部無臭化ニンニク」であって，抗菌性，加えて次項で述べる血栓防止効果も残っている．

　ネギ属野菜を摂取すると，このほか強壮剤，利尿薬，寄生虫駆除，胃液分泌，胃腸のぜん動の促進，さらに糖尿病対応などに，そのもっている含硫アミノ酸 S-アルキルシステインスルホキシドおよび，その分解物のチオスルフィネート，ジスルフィド，アホエンなど，それぞれの段階で効能を発揮する．

　とくによく知られているのは，ビタミン B_1（チアミン）とアリシンの結合で生成するアリチアミンで，ビタミン B_1 分解酵素（アノイリナーゼ）が働き

にくく安定化し，B_1のもつあらゆる効果が強く表に出てくる．アリチアミンは昭和20年代の発見で，某大手製薬会社のドル箱的製品として50年にわたって君臨していることは特記できよう．ニンニク漬と豚肉の組合せは，このアリチアミンの効果のモデルケースである．

もう1つ，胃ガンの原因の一部がピロリ菌由来といわれている現在，ニンニク漬のピロリ菌に対する抗菌性は胃ガン抑制にもつながると考えられる．**表1.3.2**に各種ネギ属より生成するジスルフィドのメチル，n-プロピル，アリル基の割合を示す．アミノ酸S-アルキルシステインスルホキシドのアルキル基の内容を表していて，抗菌性の強さ，また血栓防止の効力などの指標になる．

1.3.5　ネギ属漬物の血小板凝集阻害物質

ネギ属野菜はアミノ酸のアルキルシステインスルホキシドをもつことを**表1.3.2**で示した．これらはすべて強い抗菌性を示すが，これとは別に，タマネギでは刻むときに催涙性を示す．メチル基CH_3，プロピル基CH_3-CH_2-CH_2，アリル基CH_2=CH-CH_2のほかにタマネギは，プロペニル基CH_3-CH=CHをもつ．そして，プロペニル基のように含硫アミノ酸のスルホキシ

表1.3.2　各種ネギ属より生成するアルキル基の割合(%)

種　類	メチル	n-プロピル	アリル
ニンニク (Calit. Early)	12	1	87
ニンニク (Calit. Late)	19	<1	80
ニンニク	21	4	74
ニラネギ	28	67	5
ニラ	91	<1	9
アサツキ	21	75	4
ラッキョウ	93	5	2
ネギ	17	75	9
タマネギ (Aust. Brown 5)	4	92	4
タマネギ (Crystal Grand)	1	96	3
タマネギ	9	87	4
タマネギ	17	77	6

(川岸舜朗：化学と生物，**31**(11)，741-745(1993))

ド基 S→O に直結する炭素が二重結合をもつと必ず催涙性を示す（図 **1.3.2** 参照）．

この催涙性物質と他のスルフェン酸との 2 次的反応で出来た α-スルフィニルジスルフィドは血小板凝集阻害能をもつ．

一方，抗菌性を示すメチル基，プロピル基，アリル基をもつアミノ酸 S-アルキルシステインスルホキシドから生成するスルフェン酸も同様の血小板凝集阻害を行う．

油脂を構成する脂肪酸のうちリノール酸，リノレン酸，アラキドン酸の 3 つは栄養学的に重要で，必須脂肪酸といわれてきた．その中のアラキドン酸は，トロンボキサン A_2 というものになって血小板を血管壁に粘着させる．このことは血管内の微細な傷の修復物質として重要であるが，多くなると詰まってしまう．

この詰まってしまう血栓の原因物質トロンボキサン A_2 の生成を阻害することが血栓防止になり，その阻害物質の 1 つが前述のタマネギの催涙性物質由来の α-スルフィニルジスルフィドであり，これから述べるチオスルフィネートから 2 次的に生成する臭気物質も同様の効能を示す（図 **1.3.3** 参照）．

ニンニクを例に説明してみよう．含硫アミノ酸 S-アリルシステインスルホキシド（アリイン）は，植物組織を磨砕することによって細胞内の酵素シ

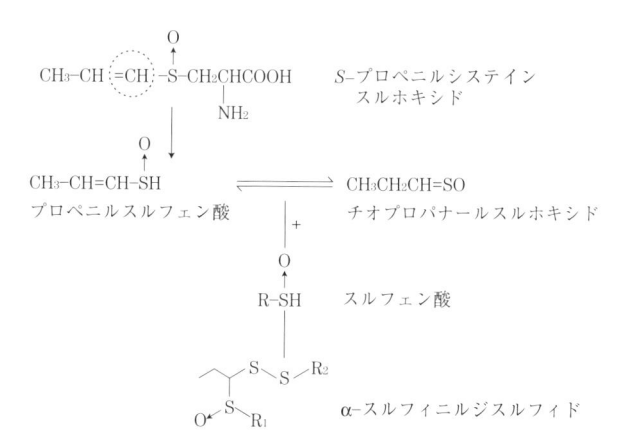

図 **1.3.2**　タマネギの催涙性物質の生成

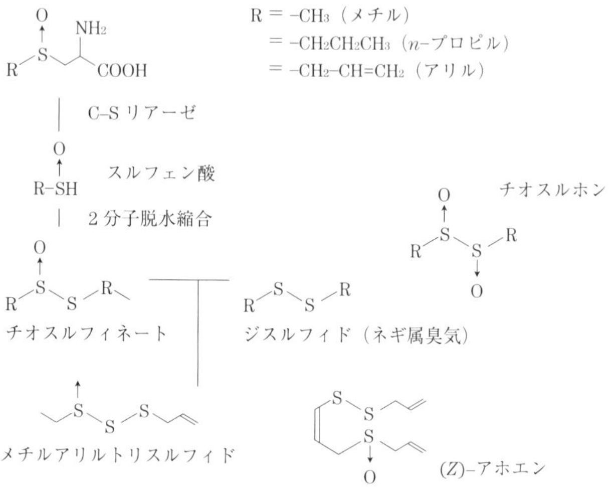

図 1.3.3 ネギ属（一部ニンニク）の臭気物質

　ステインスルホキシドリアーゼ（C-S リアーゼ）が働き，アリルスルフェン酸に分解，この2分子が脱水縮合してアリルチオスルフィネート（アリシン）を生成する．このアリシンが前述の強い抗菌性その他のニンニクの機能性を示す．アリシンはさらに不均化反応でジアリルジスルフィド，ジアリルチオスルホンを生成する．と同時に，アリシンの不均化反応時に多くの含硫化合物もつくられる．これらは強い臭気をもつとともに血小板凝集阻害能をもつことが分かってきた．なかでも強い活性を示したのが，メチルアリルトリスルフィドと（Z）-アホエンであった．アホはスペイン語のニンニク，エンは二重結合を意味する．

　ネギ属，アブラナ科植物のダイコン，白菜，漬菜類，ワサビは漬物原材料の主流をなす．そして，これらはすべて「硫黄化合物」をもつ．硫黄化合物（含硫化合物ともいう）は生活習慣病に重要な役割を示す．動脈硬化の原因となるコレステロールの肝臓での生成を阻害し，糖尿病にはビタミン B_1 とアリシンの結合したアリチアミンが膵臓細胞の活性化，インシュリン分泌促進に役立つ．前述のピロリ菌抑制による胃ガン予防以外にも，大腸ガン，皮膚ガン，肺ガン，乳ガンの抑制をするなど，硫黄化合物の効果は大きい．

　硫黄化合物を含まない漬物原材料は梅，ウリ類，ナス，ゴボウくらいであ

り，漬物の原材料の機能性，薬食，健康効果の大きいことは判然としている．

1.3.6 トウガラシの成分カプサイシンの機能性

　トウガラシの機能性は，食欲増進，減塩効果，体脂肪燃焼による減量効果の3つが主たるものである．

　食欲増進は辛味の刺激であり，木村修一氏のラットを使った実験でも餌の摂取量がカプサイシンを添加した群の方が，しない群より多く，食欲増進効果の存在が分かった．減塩効果は，漬物製造で大いに利用されている．漬物は厚生労働省の食塩摂取量1日10g以下が望ましいとの勧告以来，大きく減塩した．そのとき困ったのは，製造時の変敗が増えたことと，古漬を中心に「低塩味ボケ」がみられ，著しく嗜好性を下げたことであった．変敗防止は大型冷蔵庫の導入で解決，低塩味ボケも，①グル曹の食塩代替効果，②トウガラシ添加による味のまとまり，刺激による味覚改良効果で解決した．激辛という言葉が食品や調理で使われたが，この背景には食品の低塩化が影響していよう．

　カプサイシンの減量効果は，①カプサイシンにより副腎髄質から分泌されるアドレナリンの脂肪分解作用および代謝亢進，②カプサイシン摂取で直ちに起こる熱産生と熱放散の両面からエネルギー消費を行う，で説明される．

　このほか，神戸女子大学の岩井和夫氏はトウガラシの機能として，①血管拡張・収縮，②唾液分泌促進，③胃酸分泌促進，④腸管ぜん動運動亢進，⑤循環器コレステロール値低下，⑥ガン細胞の増殖抑制，⑦神経痛の痛みの軽減を挙げている．

　以上のうち，エネルギー代謝亢進，脂質代謝亢進による減量効果はラットの実験で証明されたが，実験に使ったカプサイシン量が餌の0.014%という量であるところに問題がある．0.014%のカプサイシン量は世界で最も多くトウガラシを食べている国の1つであるタイの摂取%であるという．岩井和夫氏はラットにカプサイシン0.014%を含む高脂肪食を10日間与えて脂肪組織重量に有意な低下を見ているが，これをヒトに換算すると1日の摂取食事量を1.5kgとして，その0.014%のカプサイシン量は0.21gに当たる．表3.8.4のGovindarajanの分析によると，日本人の一般に言うトウガラシの栃

木三鷹,鷹の爪はカプサイシン含量が0.3%なので70gに相当する（鷹の爪140本分）．また,キムチは韓国産トウガラシを1%添加して作り,韓国産トウガラシのカプサイシン含量はほぼ0.06%なので350gに相当し,キムチとして35kgになる．

このラットへの0.014%のカプサイシン投与量には種々見解があって,京都大学の伏木亨氏によると鷹の爪40本/日に当たるといい,鷹の爪40本は約20gであるし,静岡県立大学の渡辺達夫氏によると,1日のトウガラシ摂取量は,メキシコ人15g,韓国人8g,タイ人5g,インド人2.5g,アメリカ人0.05〜0.5gであるという．いずれも1日のヒトの摂取食事量を1.5kgとしてカプサイシン0.014%の0.21g,鷹の爪のカプサイシン含量0.3%相当の70gと大きな差異がある．

しかし,いずれにせよ日本人が普通にトウガラシを食べていたのでは,この実験結果を見る限り減量効果は期待できそうもない．

2001年の京都の日本農芸化学会大会で京都大学の矢澤進氏は辛味のないトウガラシの機能性を発表した．矢澤氏は,このトウガラシの存在を1989年の園芸学会誌に報告し,「CH-19甘」と命名している．このトウガラシに含まれる物質の化学構造が,カプサイシンが酸アミド構造（NHCO）に対し,エステル構造（OCO）をしていることだけが異なっている（図1.3.4参照）．

矢澤氏はこの物質をカプシエイトと名づけた．そして,マウスにおける実験で体脂肪蓄積抑制,エネルギー代謝効果についてカプサイシンと同等の値が得られたという．カプサイシンの体脂肪蓄積抑制の実験に合わせると激辛の鷹の爪40本を必要とするともいわれ,ピーマンの感覚で食べられる「CH-19甘」に期待をかけた方がよさそうである．

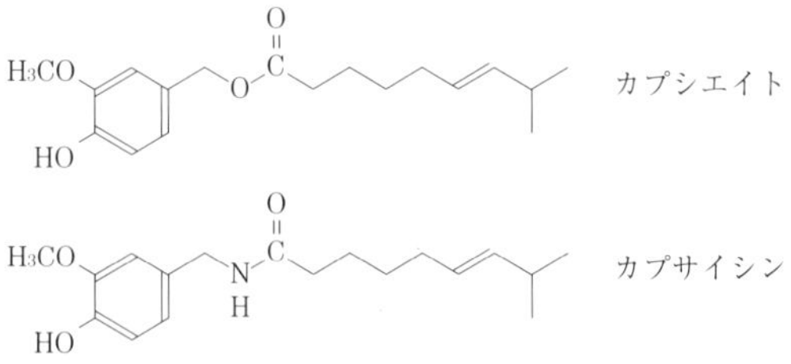

図 1.3.4　カプシエイトとカプサイシンの構造の比較

1.3.7　たくあんを噛んで集中力を

ガムを噛む行為は実験的に健康効果があると証明されている．ものを噛むと脳の活動性が上昇，集中力が持続する．このほか噛む効果は口腔衛生効果，口臭除去から糖尿病由来の口腔疾患を防ぎ，精神安定に役立つ．そして究極の効果は，知能の発達に連動していることである．同志社大学の西岡一氏は食物に発ガン性があっても唾液(だえき)が抑制するので，唾液を出すため30回のそしゃくを，という．また，そしゃくは歯と歯の噛合(かみあわ)せをよくするとともに胃の負担を軽くする．日本大学医学部の赤坂守人氏は「噛むエネルギーによる食物分類」を発表して，最も噛む効果が出るのは「たくあん」としている．

1.3.8　ショウガのジンゲロールの制ガン性

ショウガは3世紀以前に日本に入り，『正倉院文書』にも天平宝字2年(758)にその塩漬が出てくる．ショウガは日本最古のスパイスで，発汗，解熱，健胃作用の効果から薬用にもされた．このショウガに大腸ガンを抑える効果のあることが，岐阜大学の森秀樹氏により明らかにされた．ショウガの主成分ジンゲロールが食事量の0.02%含まれると，生体の遺伝子が発ガン物質にさらされる初期の段階で発ガン物質を解毒するという．ショウガ中のジンゲロール含量は1〜3%といわれていて，日本人の1日の食事量は1.5kgであるので，ショウガ1日10〜30gで効果を出す（**図1.3.5**参照）．

1.3.9　その他の漬物の機能性

2001年の日本農芸化学会大会ではγ-アミノ酪酸（GABA，ギャバ）を直

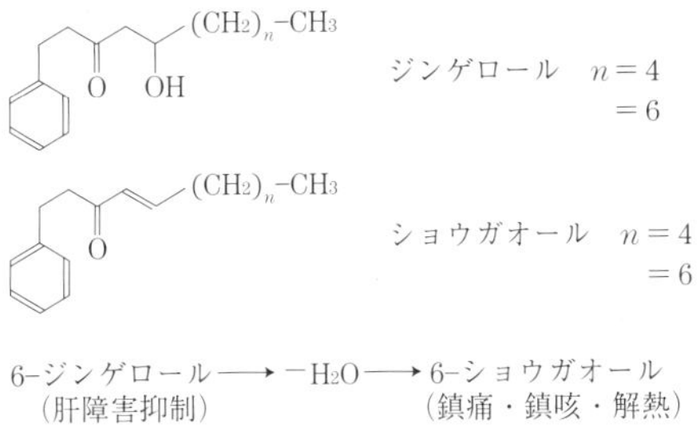
(CH2)n–CH3
O
OH
ジンゲロール　n＝4
＝6
(CH2)n–CH3
O
ショウガオール　n＝4
＝6
6–ジンゲロール ⟶ −H2O ⟶ 6–ショウガオール
（肝障害抑制）
（鎮痛・鎮咳・解熱）

図1.3.5　ジンゲロールの化学構造と薬効

接，漬物中に蓄積させる発表が2題あった．GABAは血圧上昇抑制作用，腎肝機能改善，精神安定，利尿作用ありとされ，以前から漬物にグルタミン酸ナトリウム（以下，グル曹）を大量添加するとGABAの大量蓄積のあることは知られていた．フジッコの奥平武則氏は，ぬか漬にGABAが多いことから，その乳酸菌を選別して *Lactobacillus plantarum* をGABA非生産性の酵母と混合培養すると，グル曹存在下で大量のGABAに変換することを見出した．そこで，米ぬか抽出液に上記乳酸菌を生育させた「米ぬか発酵エキス」を開発し，自然発症性高血圧ラット（SHR）に投与して顕著な血圧低下作用を確認し，高GABAぬか漬の作製を検討中という．またファーマフーズの東口伸二氏は，キムチにGABAの多いことからGABA生産の乳酸菌 *Lactobacillus hilgardii* を分離し，グル曹を含む液体培地で3％の収量でGABAを得ている．そしてこの菌を使って，蛋白素材（水産物，塩辛），麹（こうじ），発酵温度の種々の組合せで製造条件を検討し，GABA含量が高く風味のよいキムチを得たとしている．GABAについてはこのほか，新潟県食品研究所・片山食品のグループ，栃木食品工業指導所も好結果を得ている．

その他，多くの漬物の機能性，薬食・健康性の研究，漬物用資材の酒粕，味噌などについて同様の研究があるが，これを一覧表にして**表1.3.3**に示す．

1.4 「漬かる」を基礎とした漬物の分類と生産量

1.4.1 漬物が「漬かる」ということ

動植物の細胞は，細胞膜に囲まれて安定した組織構造になっている．これが食塩，砂糖，アルコールなどの溶液に触れるとその浸透圧で組織構造が攻撃を受け，細胞膜の防圧機構が破壊され，内からも外からも通ずる膜に変わる．この細胞膜の壊れたところから細胞内に食塩が入る現象を「漬かる」という．細胞膜破壊が3〜4割の場合は浅漬，7割以上でよく漬かった状態になる．なお，この細胞膜破壊は浸透圧以外にも，木曾山中のスンキ，中国の北京酸菜（スァンツァイ）などの無塩漬物で行われるブランチング（湯通し），家畜用無塩乳酸発酵漬物ともいうべきサイレージで行われる強圧，そして，まだ漬物はつくられていないが，野菜の冷凍がある．

表 1.3.3 漬物の健康性，機能性，薬食一覧

効　能	関連成分	漬　物　名
ガン予防	食物繊維，ジンゲロール，アリシン，β-カロチン，ポリフェノール，アントシアニン，ビタミンC，ビタミンE，β-カルボリン化合物	干したくあん，ヤマゴボウ漬，ゴボウ漬，ショウガ漬，ニンニク漬，ワインラッキョウ，味噌漬，ナス漬，広島菜漬，野沢菜漬
糖尿病対策	食物繊維，カプサイシン，β-カルボリン化合物，イヌリン	干したくあん，キムチ，ヤマゴボウ漬，ゴボウ漬
血栓・動脈硬化防止	S-アリルシステインスルホキシド，メチルアリルトリスルフィド，アホエン，フコステロール	ニンニク漬，キムチ，ワカメ漬
疲労回復	ジスルフィド，青酸，ムメフラール	ニンニク漬，梅干，梅肉エキス
骨粗鬆症	カルシウム	野沢菜漬，広島菜漬，高菜漬，カリカリ梅，ワカメ漬
整　腸	食物繊維，乳酸菌	干したくあん，ゴボウ漬，すぐき，ぬかみそ漬
胃潰瘍防止	カプサイシン，ビタミンU（メチルメチオニンスルホニウム塩）	キムチ，キャベツ漬，サワークラウト
肥満防止	カプサイシン	キムチ
貧血予防	鉄分	小松菜漬
高血圧抑制	カリウム，γ-アミノ酪酸(GABA)，亜鉛，レニン-アンギオテンシン変換酵素	ワカメ漬，キムチ，ぬかみそ漬，ワサビ漬，山海漬
ボケ防止	抗酸化物質，嚙む物質	たくあん
催眠効果	ラックシン，ラクチュコピクリン	山クラゲ漬
利尿作用	イソクエルシトリン	ピクルス，キュウリ浅漬
免疫力強化	インターフェロン，β-グルカン	すぐき，キノコ漬
活性酸素抑制	メラノイジン	奈良漬

1.4.2　分類1：野菜風味主体の漬物

破壊された細胞膜を通って食塩が細胞内に入り込み，中の糖，遊離アミノ

酸，AMP（核酸関連物質），有機酸，香辛性成分，水と混和して内部で一種のスープを形成し，野菜の歯応えとスープの味を楽しむ1群の漬物がある．「野菜風味主体の漬物」に分類され，浅漬，菜漬がこれに当たる．業界用語の「新漬」，俗にいう「お新香」である．この分類には果物を使った梅漬，梅干も含まれる．

1.4.3　分類2：野菜風味に発酵味の加わった漬物

すぐき，しば漬やぬかみそ漬のような乳酸菌の関与する乳酸発酵漬物や，たくあんのような酵母の関与するアルコール発酵漬物は，前述のスープの糖分が微生物の発酵により味と香気が変化して，スープ内容物が複雑になったもの．日本では「伝統漬物」のイメージの強い漬物だが，たくあん以外は微々たる量である．しかし，ヨーロッパや中国ではこの種の漬物全盛で，サワークラウト，ピクルス，泡菜（パオツァイ），酸菜もよく食べられるうえに，料理の酸味料として，アルザス風シュークルートのようにも使われる．

1.4.4　分類3：調味料の味が主体の漬物

福神漬や甘酢ショウガ（ガリ）のように野菜の出盛り期に強い食塩で細胞膜を壊し，塩度20%の高塩スープの状態で長く塩蔵したのち，需要に応じて流水で高塩スープを流してしまい，その水を圧搾して除き，残った野菜組織に外部から醤油や甘酢調味液をしみ込ませた漬物は，野菜の風味より調味料の味が漬物の味覚になっている．この種の漬物は調味漬と呼ばれ，業界用語で「古漬」という．味噌床や粕床に同様の塩を除いた野菜組織を漬けた味噌漬，粕漬もこの分類に入る．調味液や床の味覚資材の配合で種々の漬物ができ，その配合の巧拙が，味覚の出来を支配する．**図 1.4.1** に「漬かる」を基礎にした漬物分類，そして**図 1.4.2** にそれぞれの工程図を示す．

1.4.5　漬物の生産量

漬物の生産量は，食品需給研究センターから比較的早い時期に統計値として発表される．平成3年（1991）から平成13年（2001）の11年間の生産量統計を**表 1.4.1** に示す．ぬか漬類の衰退とキムチの目を見張る増加がわかる．

1.4 「漬かる」を基礎とした漬物の分類と生産量

10年間の米飯の減少がありながらの漬物生産量の横這いは，漬物業界の種々の努力の結果である．

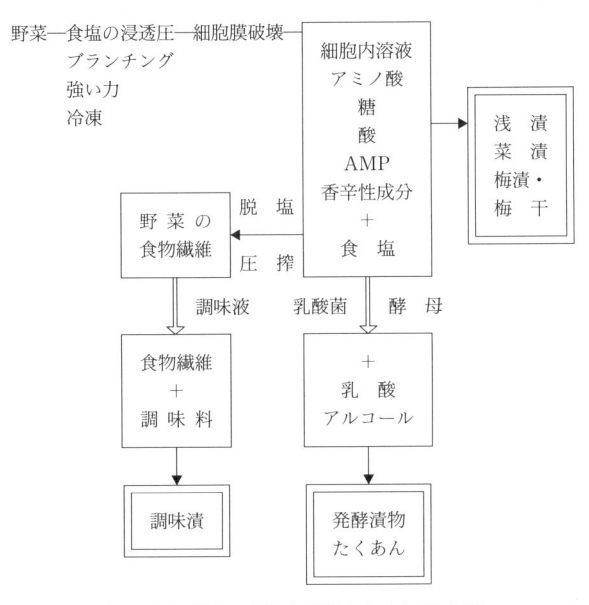

図 1.4.1 「漬かる」を基礎とした漬物分類

〈浅漬・菜漬・(乳酸発酵漬物)〉

野菜 → 塩漬(3%) → (乳酸発酵) → 調味 → 分包 → 製品

〈たくあん〉

ダイコン → 塩漬/乾燥 → ぬか漬 → 脱塩 → 軽圧搾 → 調味液浸漬 → 分包 → 密封 → 加熱処理 → 製品

〈調味漬〉

野菜 → 塩蔵 → 切断 → 脱塩 → 圧搾 → 調味液浸漬 → 分包 → 密封 → 加熱処理 → 製品

図 1.4.2 漬物の製造工程図

表 1.4.1 漬物の

区分　　統計年(平成)	塩漬類	増減率	梅干梅漬	増減率	他塩漬*	増減率
3年	192 899	7.6	43 400	6.3	149 499	7.9
4	223 312	15.8	37 883	−12.7	185 429	24.0
5	223 701	0.2	35 767	−5.6	187 934	1.4
6	189 080	−15.5	37 555	5.0	151 525	−19.4
7	193 348	2.3	37 113	−1.2	156 235	3.1
8	209 767	8.5	41 053	10.6	168 714	8.0
9	187 966	−10.4	43 538	6.1	144 428	−14.4
10	186 742	−0.7	47 083	8.1	139 659	−3.3
11	177 660	−4.9	47 509	0.9	130 151	−6.8
12	166 080	−6.5	43 351	−8.8	122 729	−5.7
13	165 621	−0.3	42 223	−2.6	122 729	0.0

区分　　統計年(平成)	新漬類	増減率	ぬか漬	増減率	醬油漬	増減率
3年	326 822	2.0	210 157	−1.5	294 024	1.2
4	289 707	−11.4	161 985	−22.9	264 885	−9.9
5	278 119	−4.0	157 739	−2.6	269 856	1.9
6	297 462	7.0	141 650	−10.2	294 171	9.0
7	306 189	2.9	131 679	−7.0	295 631	0.5
8	308 251	0.7	123 969	−5.9	309 840	4.8
9	296 229	−3.9	113 448	−8.5	328 869	6.1
10	260 871	−11.9	104 331	−8.0	394 054	19.8
11	240 670	−7.7	94 477	−9.4	457 972	16.2
12	224 596	−6.7	95 695	1.3	525 587	14.8
13	218 331	−2.8	91 017	−4.9	542 785	3.3

区分　　統計年(平成)	粕漬類	増減率	奈良漬	増減率	ワサビ漬	増減率
3年	46 670	0.5	29 189	1.0	11 286	−0.2
4	45 129	−3.3	29 805	2.1	9 995	−11.4
5	42 221	−6.4	28 316	−5.0	9 076	−9.2
6	44 800	6.1	30 888	9.1	9 119	0.5
7	44 941	0.3	30 415	−1.5	8 703	−4.6
8	46 252	2.9	31 327	3.0	8 702	0.0
9	45 890	−0.8	31 852	1.7	8 831	1.5
10	42 938	−6.4	28 792	−9.6	8 758	−0.8
11	39 230	−8.6	25 940	−9.9	8 404	−4.0
12	39 512	−0.7	26 021	0.3	9 177	9.2
13	35 902	−9.1	24 030	−7.7	8 197	−10.7

＊ 他塩漬：野沢菜，広島菜，高菜の塩漬，しば漬，山菜塩漬，キノコ塩漬，桜花漬，桜

1.4 「漬かる」を基礎とした漬物の分類と生産量

生産統計 (単位:t, %)

酢漬類	増減率	ラッキョウ	増減率	ショウガ	増減率	他酢漬	増減率
78 934	−0.2	18 085	−5.1	49 744	2.1	11 105	−2.0
81 333	3.0	21 373	18.2	49 787	0.1	10 173	−8.4
80 020	−1.6	20 753	−2.9	48 891	−1.8	19 376	2.0
78 991	−1.3	22 115	6.6	48 085	−1.6	8 791	−15.3
84 339	6.8	27 051	22.3	47 150	−1.9	10 128	15.2
83 188	−1.4	27 016	−0.1	46 144	−2.2	10 028	−1.0
82 354	−1.0	24 706	−8.6	47 592	3.1	10 056	0.3
93 777	13.9	28 949	17.2	54 559	14.6	10 269	2.1
96 823	3.2	31 914	10.2	55 645	2.0	9 264	−9.8
99 747	3.0	34 132	6.9	56 082	2.6	8 533	−7.9
106 540	6.8	37 838	10.9	60 553	8.0	8 150	−4.5

福神漬	増減率	野菜刻み漬	増減率	キムチ	増減率	他醬油漬	増減率
58 154	4.0	108 485	−0.1	85 024	1.9	42 361	−0.4
57 050	−1.9	98 248	−9.4	73 721	−13.3	35 866	−15.3
56 765	−0.5	101 097	2.9	75 195	2.0	36 799	2.6
55 544	−2.2	106 152	5.0	93 228	24.0	39 246	6.6
56 281	1.3	110 236	3.8	93 304	0.1	35 810	−8.8
59 317	5.4	116 576	5.8	100 154	7.3	33 793	−5.6
58 194	−1.9	119 947	2.9	120 560	20.4	30 168	−10.7
59 653	2.5	124 661	3.9	180 147	49.4	29 593	−1.9
62 647	6.0	119 079	−4.5	249 292	38.4	26 954	−8.9
64 733	3.3	109 027	−8.4	320 048	28.4	31 779	17.9
62 838	−2.9	96 539	−11.5	320 048	0.0	30 827	−3.0

他粕漬	増減率	味噌漬類	増減率	他漬物類	増減率	合計
6 195	−0.6	14 426	0.8	36 480	−0.2	1 200 412
5 329	−14.0	14 375	−0.4	35 746	−2.0	1 116 472
4 829	−9.4	11 787	−18.0	33 959	−5.0	1 097 407
4 792	−0.8	11 995	1.8	32 181	−5.2	1 090 330
5 823	21.5	12 128	1.1	28 583	−11.2	1 096 838
6 223	6.9	12 517	3.2	25 102	−12.2	1 118 886
5 207	−16.3	11 719	−6.4	21 059	−16.1	1 087 534
5 388	3.5	11 455	−2.3	19 107	−9.3	1 113 275
4 886	−9.3	10 957	−4.3	17 177	−10.1	1 134 966
4 314	−11.7	10 313	−5.8	14 426	−16.0	1 175 964
3 674	−14.8	10 544	2.2	13 188	−8.6	1 183 928

の葉塩漬. (食品需給研究センター調べ)

第2章　漬物工業における品質管理

　漬物工業の品質管理は，自動車，家電などのQC感覚とは若干異なる．食品工業は本来，天然物を相手にしているため一定品質のものがつくりにくい体質をもっている．漬物は，さらに季節により成分値が変わったり，形が不揃いの野菜を主原料にしているため均一性を厳守する困難さは，関連する要素の多さからいって，小麦粉の選択でほぼ決まる同じ食品のパン，さらに自動車の比ではない．ISO 9000S が相当年月を経過しているのに，登録件数10 000の大部分が自動車，家電に偏り，食品は400，漬物に至ってはわずか18（平成14年7月現在）という事実がこれを示している．

　それにしても漬物工業の品質管理態勢も，ISO 9000S 登録18という事実は品質管理の困難さからみて刮目(かつもく)すべきことであり，HACCP（危害分析・重要管理点方式）も，本来の衛生管理から，漬物では品質管理を含んだHA-QC-CCPの形を取ってはいるが，多くの工場で導入していることも含めて，また消費者保護の立場からも以前に比べて大きく変わって良い方向に進んでいることは確かである（ISO 14000は5社）．

　このことは，漬物工業はこれから品質管理能力の差で実力的に分化することが明らかになったわけで，これなくして業界内で生き残ることは不可能といえよう．品質管理は漬物では要素が多いので，漬物製造の基本事項を理解して初めて完成する．

　本章は漬物製造の基本事項を述べるべきところであるが，重要性を考慮して，種々の基本事項を，品質管理を中心に据えて解説していく．

2.1　野菜の品種と塩蔵原料の自社規格による管理

　漬物工業は，野菜の契約栽培あるいは市場購入，その塩蔵，あるいは国内

塩蔵野菜や海外塩蔵野菜の購入を経て，この塩蔵原料に手を加え，1度あるいは2度の調味を加え，包装，あるいは場合によっては加熱殺菌をするなど非常に多くの工程があって，各工程におけるわずかの狂いが製品ロットごとに違う品質のものをつくり出してしまう．そして漬物工業では，品質のバラツキは不可抗力とされていたが，企業間格差が進むとともにJAS製品を出荷する企業を中心に管理は進み，一定品質の製品づくりが可能になってきた．ただ，種々の工程において最後まで残るのは野菜の品質で，多くの企業がこれで苦労している．逆にいえば，野菜の品質管理ができれば，漬物の品質管理は終了というほど重要である．

2.1.1 野菜の品種

漬物用野菜は，主力となる10種類と，ときに使われる約15種類の合計，約25種類があり，数ある野菜の種類からみると想像以上に少ない．もちろん，この中には漬菜として1つに括っている1群もあるが，いずれにせよ消費者が漬物用野菜と認知しているものの中で決まり，認知外の野菜は，ネギ，トマト，ニンジンなど，たまに業者が手がけても成功することはない．したがって，野菜の種類の勉強はあまり難しくないが，最近は野菜の旬をみて漬物をつくるという感覚がなくなり，どの種類の漬物も周年供給の必要が出て来て，漬物工業技術者は，たとえば漬菜では抽薹（とう立ち）を避けて緯度，高度で栽培地を移動するなど，栽培学の知識も要求されている．加えて，海外塩蔵原料や生原料の輸入もあって海外に適した品種，栽培法の研究など仕事も広がっている．

これらの知識は農文協の『野菜園芸大百科』全15巻など学術書を読めば得られるが，7 000頁の大冊なので，漬物工業では不可能である．そこで考えられるのは種苗会社の会報で，タキイ種苗の『園芸新知識・野菜編』やサカタのタネの『園芸通信』などを購読することである．春秋の種苗カタログと毎月1冊の雑誌が送られてくるので，相当の勉強になる．あとは，漬物工業技術者は野菜に深い関心をもつことである．

品種の重要性はキュウリならキュウリ間，ダイコンならダイコン間でどのような漬物をつくるかで適種が決まってくる．たとえばキュウリでは，刻み

漬は歯切れの強い「四葉系」，1本漬は長さが適当でややふっくらとした「ときわ系」を選ぶ．ダイコンでは，干したくあん用は「干し理想」，「阿波晩生」，塩押したくあん用は「八州」，「秋まさり」，「白秋」，刻み物でも，さくら漬，ユズダイコンは「三浦」，「都」，「おふくろ」というように品種が限定され，これを間違えると良い製品にならない．

2.1.2 塩蔵の方法

　野菜の適種選択がうまくいったら塩蔵に入るが，塩蔵4原則というポイントがある．それは①適期収穫，②迅速漬込み，③迅速水揚げ，④塩度20%で，この4点を守らないと良い塩蔵品は得られない．これは国内だけの問題ではなく，中国，タイなどで塩蔵原料をつくるときも全く同じで，現地技術者に周知徹底させる必要がある．

　　※塩度20%ということは野菜の重量の20%の食塩を散布することではない．これは $20÷(100+20)=0.17$ で17%の塩度にしかならない．野菜は水分90〜96%でほぼ水100%とみられるからである．$x÷(100+x)=0.2$，$x=25$ すなわち，野菜の25%の食塩を散布して，はじめて20%塩度になる．海外の食塩には純度80〜90%というもの，苦味の強いものなどがあるので，その注意も重要である．

1）キュウリ（胡瓜）

　1次漬：キュウリを漬込タンク（大型コンクリート漬込槽）に入れながら食塩（原料の15%）を振りまく（上部の方をだんだん増やす）．終わったら重石をする．1次漬の歩留り約70%，1次漬の最終塩度10%以上．

　2次漬：1次漬の3，4日後に2次漬をする．別のタンクに入れ替えながら1次漬原料の15%の食塩を振りまく．終わったら重石をする．2次漬の歩留り約55%（1次漬の80%），最終塩度20%以上．

　　※重石は漬込容器が小さければ多く，大きくなるに従って減らすことができる．4斗樽（70L）で野菜重量の80%重，6尺タンク（2×2×2m，8kL）で50%重，大きな9尺タンク（3×3×4m，36kL）で30%重が目安である．

2）ナス（茄子）

　1次漬：ナスに水をかけながら転動機に入れ，ナス重量の15%の食塩，

0.3％の焼きミョウバン（無水硫酸アルミニウムカリウム，$AlK(SO_4)_2$）を混ぜたものを加え，3分間転動し漬込タンクに移し重石をする．1次漬の歩留り65％，最終塩度10％．

※転動機はコンクリートミキサー様の機械で，これに食塩・焼きミョウバンの混合物と表皮を水で濡らしたナスを入れて回転させる工程を転動という．

2次漬：1次漬の4日後に2次漬をする．他のタンクに入れ替えながら1次漬原料の15％の食塩をまき重石をする．最終塩度20％以上，歩留り50％．

3) ダイコン（大根）

ここでは，さくら漬原料の塩蔵法を記す．福神漬やダイコンキムチの原料は，たくあん用の塩押しダイコンを使う．このことについては，たくあんの項で述べる．

1次漬：三浦ダイコン，都ダイコンなどを洗浄し，原料の15％の食塩をまく．ダイコンが大きいので斜めに3つ切りにすることもある．重石をする．歩留り70％，最終塩度10％．

2次漬：強い重石をした1次漬を4〜5日後に2次漬する．別のタンクに入れ替えながら1次漬原料の15％の食塩をまき，重石をする．最終塩度20％以上，歩留り60％．

4) ヤマゴボウ（山牛蒡）

普通のゴボウも，ほぼこれに準ずる．1回漬とする．洗浄機できれいに水洗し，漬込み予定のタンクに30cmの深さに水を入れておいたところに投入し，原料の30％の食塩をまく．食塩散布法は，タンクの下部3分の1は25％，中3分の1は35％，上3分の1は40％とする．重石をする．アク抜きに時間がかかるので，漬込み3か月後から使う．1か月後に使いたいときは，原料に対し3/1000のクエン酸と1/1000の焼きミョウバンを加える．このものは酸が入っていて軟化しやすいので，6か月以内に使い切る．

5) 赤ジソ（赤紫蘇）の葉（もみ）

1回漬とする．塩度20％の塩水に1％のクエン酸を溶かす．収穫した赤ジソの葉を水洗し，10％の食塩を加えてよくもむ．この場合，撹拌機を使ってもよい．このもんだ赤ジソの葉を，先に用意した食塩水に入れて数分置いて取り出し，漬込タンクに入れながら原料の20％の食塩をまく．重石をする．

最終塩度20%以上．千枚漬シソの場合は50枚を1束として上記食塩水に浸してから，タンクに30％の食塩をまきながら重ねていく．

6) ニンニク（大蒜）

1回漬のあと，食塩水を3回入れ替える．調製したニンニクを95℃の湯の中に4分間程度浸漬する．浸漬後，ニンニクを取り出して漬込容器に入れ，ひたひたになる量の25％食塩水を注ぐ．この量は普通，ニンニクの重量の80％．重石をする．15日後に塩水を捨て，新しい25％食塩水を注ぐ．さらに2回，15日ごとに25％食塩水を入れ替えて完成する．

7) シロウリ（越瓜）

1次漬：奈良漬用は2つ割り，鉄砲漬用はドリルで開孔し，いずれも中の種子とズ（ワタ）を取り出し，奈良漬用は割った方の窪（くぼ）みに，鉄砲漬用は孔の中に食塩をすり込み，奈良漬用は切り口を上にしてタンクに並べながら，原料の15％の食塩を振りまく．重石をする．鉄砲漬用は重石を強くする．

2次漬：1次漬の4日後に2次漬をする．形が崩れないように並べて，1次漬ウリの15％の食塩を振りまく．最終塩度20％以上，奈良漬用の歩留り50％，鉄砲漬用の歩留り45％．

8) ショウガ（生姜）

すし用の甘酢ショウガ（ガリ），紅ショウガ用のイモショウガ（ショウガの塊茎の通称．ただし，軟白栽培した小ショウガの徒長塊茎である新ショウガを除く）の塩蔵法を記す（新ショウガの塩蔵は3.4.1項を参照）．

1回漬とする．よく洗浄し，タンクに入れ，差し水注入用の円筒を立てた後に，原料の20％の食塩，1％のクエン酸を混ぜて散布，塩漬する．ここで円筒からショウガの30％の梅酢を注入し，落としぶたをして重石をする．そのままか，あるいは上面に潰した梅干をまいて貯える．梅酢の代りにクエン酸4％，食塩22％の食塩水を使ってもよい．最終塩度18％，酸1％，最終歩留り80％．

9) ラッキョウ（辣韮）

1回漬とする．葉茎を適宜切り落として，洗浄機できれいに水洗する．水洗した原料ラッキョウをタンクに入れながら，原料の15％の食塩を振りまく．ここで，漬込タンクの上部に水が来るまで差し水して重石をする．最終

塩度10％．この状態で放置すると発酵して泡が多く出る．発酵が終わったら冷暗所に貯えるか，塩度を16％まで上げる．塩蔵品販売の場合は普通，漬込み後1か月で両切りする．両切りには必ず小刀を使う．機械切りはまだ完成していない．小玉，大玉は太鼓切り，中玉はやや長めの，通称「田舎切り」にする．

※両切りはラッキョウの中心軸に直角に球茎の上部を切り，次いで細根の上部で切る．太鼓切りは両切りするときに，球茎の長さをあたかも太鼓の形に見えるように切る．田舎切りは両切りするときに，球茎の長さを球茎直径の3倍くらいに切る．

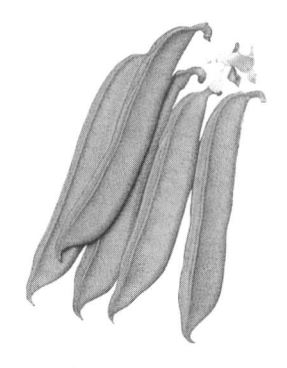

写真2.1.1 ナタマメ
（写真提供：タキイ種苗）

10） 葉トウガラシ（葉唐辛子）

佃煮原料にする．1回漬である．塩度20％の食塩水をつくり，原料をその中に投入してはタンクに移し，原料の30％の食塩を振りまく．タンクに入れた原料はよく踏む．重石をする．最終塩度20％以上．

11） ナタマメ（鉈豆）

1回漬である．タンクに，ナタマメのサヤの硬さにより水量を調節して，底から30～50cmの深さに20％の食塩水を入れる．原料をタンクに入れながら，原料の30％の食塩を振りまく．重石をする．最終塩度20％以上，歩留りは80％．ナタマメを**写真2.1.1**に示す．

12） キノコ（茸）

キノコで漬物加工によく使われるのは，エノキタケ，シメジ，チタケ，フクロタケである．キノコは原料をそのまま調味液に浸して出荷することは，出盛り期でもやらない．簡単には，ブランチングして調味液浸漬する方法があるが，普通は塩蔵する．塩蔵は生と湯通し後の塩蔵があるが，一般には後者である．1回漬である．キノコを調製し沸騰水に10分浸漬して水洗し，キノコの30％の食塩で漬け込み，一番上に蓋塩をして貯える．最終塩度25％以上，キノコと食塩の混ざり合った感じの漬上がりになる．歩留りは，エノキタケ64～67％，シメジ75～77％である．

13) シソ（紫蘇）の実

シソの実の生命は新鮮さにあるので，穂先のまだ花のうちの若サヤを穫る．脱穀機で穫ってはならない．1回漬である．塩度20％以上の塩水をつくる．原料に塩水と原料の35％の食塩を振りながらよく混ぜてタンクに入れる．タンクに入れた原料はよく踏む．重石をする．最終塩度20％以上．歩留り120％．

14) カリカリ小梅

1回漬とする．小梅を5月20日頃の未熟のうちに穫り，よく洗い，漬込容器中の原料と同量の10％食塩水の中に投入し，重石をする．48時間後に小梅の0.6％の消石灰と2％の食塩を加える．以後，漬込み7日目までは毎日，小梅の2％，8日目から毎日4％の食塩を7日間加えていく．最終塩度20％を越す2週間で終わる．収穫期を過ぎた小梅は決して硬くならない．消石灰を加えるのは，小梅のペクチンをペクチン酸カルシウムにして硬度を保持するため，また毎日の食塩の追加は「追塩」といって，食塩を1度に多量に加えてその浸透圧で脱水収縮するのを防ぐためである．要は，だましだまし塩を加えるわけで，これで，ふっくらとしたカリカリ小梅が漬け上がる．

15) そ の 他

以上，主要な野菜・果実の塩蔵方法を述べた．このほか，福神漬に使われるレンコンは，根の節の最末端にある「ミチ」という直径1.5cm以下の細い部分を塩度20％以上になるように漬けるとか，ショウガと並んで，脱塩後も野菜の風味が残って古漬原料として面白い使い方ができる青トウガラシも，レンコン同様に塩度20％以上で漬けるなど，少量ではあるが重要なものもある．このほか，ワラビ，ゼンマイ，フキ，各種野生タケノコやウワミズザクラの実（杏仁子），マタタビなどの1群の山菜も，ウドン・ソバの具，おひたし，釜飯の素などによく使われる．どれも，塩度20％以上で塩蔵すればよいが，ワラビ，ゼンマイのように茎の下部から硬化が早く進み，収穫期と迅速漬込みが重要とされるもの，また各種タケノコやミズは塩度20％以上で漬けても食塩が平均に散布されていない低塩部分があると，そこから腐敗溶解するという，とくに注意を要するものもある．最近，韓国から入るパプリカやピーマンには赤，黄，橙色など美しいものがあるが，浮力が強く，

そのままで漬けると，落としぶたと重石がひっくり返り，逆さになって沈んでしまうこともある．この場合は，2つに割って漬けるか，漬込容器の壁面いっぱいの特注落としぶたをつくって徐々に沈めていく．

2.1.3 低温低塩塩蔵（低温下漬）

昭和50年代に開発された塩蔵方法で，古漬の欠点である脱塩による風味の流失をカバーしようというもので，これにより「塩蔵浅漬」という漬物の新分野が開けた．

代表的な製品は，小ショウガを軟化栽培した「新ショウガ」，「野菜ショウガ」などと呼ばれる調味酢漬の原料である．新ショウガは軟化栽培，収穫，よく洗浄した原料を，食塩6％に仕上がるよう大樽もしくはナベトロ（0.8×1.8×0.8 m の 1 t 容の FRP もしくはエナメルコートの金属製容器）に漬け，直ちに冷蔵庫に収納する．漬上がり後はそのまま，あるいは冷蔵コンテナなどで運び，同様に冷蔵庫に貯える．この方法の利点は，製品製造にあたって脱塩が回避できるので，古漬でありながら新漬感覚の野菜風味の強く残る製品が得られることである．現在，新ショウガのほかでは鉄砲漬のシロウリ，カリカリ小梅，干したくあん，あるいは塩押したくあんで実用化されており，同様の考えに基づいて野沢菜漬では低温による葉緑素の確保に成功し，美しいグリーンの菜漬出荷が行われている．

低温低塩塩蔵の注意点は，低塩であるために低温下乳酸発酵により組織が低温障害を受けることがあり，キュウリ，ナス，ダイコンなどで外観はしっかりしているのに歯切れが完全劣化したものを見ることがある．いずれにせよ，後述する広島菜漬、高菜漬の冷凍と並んで，重要な塩蔵法が開発されたことは間違いない．

2.1.4 塩蔵関係の規格，塩蔵品購入時の受入れの規格

塩蔵品は，契約栽培して自社の漬込タンクに漬ける場合と，産地の塩蔵品取扱い業者が漬け込んだものを購入する場合とがある．そして後者はとくに，遠く中国，タイ，ロシアなどで塩蔵したものを輸入することがある．浅漬原料も近ごろでは，海外から生鮮野菜や塩水漬野菜を輸入することが増えている．

2.1 野菜の品種と塩蔵原料の自社規格による管理

表 2.1.1　塩蔵関係確認項目と要設定規格

野菜を購入し自社塩蔵の場合	塩蔵原料購入の場合
1. 契約した品種に間違いないかの確認 2. 栽培日数の概略と寸法，等級の規格設定 3. 収穫から漬込みまでの許容時間の設定 4. 漬込み方法の規格化 5. 使用食塩量の確認 6. 漬込み後，加工までの最低塩蔵日数 7. 塩蔵品の管理塩度——室温・低温・冷凍 8. 在庫量管理	1. 契約した品種に間違いないかの確認 2. 受入規格の設定——寸法，塩度，品質 3. 受入れ時の塩度確認 4. 受入重量の確認 5. 塩蔵品の管理温度——室温・低温・冷凍 6. 在庫量管理

　いずれにせよ，このすべてについて規格をつくって管理することとなる．生野菜では，栽培地，注文した適種が入っているかどうか，栽培日数とサイズ，病気・虫害の有無，外観が重要であって，サイズを測る物差しなども工夫しておく必要がある．**表 2.1.1** に塩蔵関係確認項目と設定すべき規格を示す．自社塩蔵で重要なものは4番目の漬込み方法の規格化で，ヤマゴボウの場合の例を**表 2.1.2** に示す．加工時期に応じて漬込み方法の変動があればそれを併記し，さらに歩留りと最終塩度を設定する．6番目の漬込み後，加工までの最低塩蔵日数も大切で，ヤマゴボウでは早すぎると製品に大量のアクが出るし，ダイコンでは辛味が残り，生の感じが出る．

　塩蔵品購入の場合では，2番目の受入規格の設定が重要で，寸法，歯切れ，色調，異臭の有無などの品質，歩留り，そして保存性に重要な塩度を規格化

表 2.1.2　ヤマゴボウの漬込み方法

漬込み後6か月以降使用予定
1. 洗浄機できれいに水洗する． 2. 塩漬予定タンクに30cmの水を入れる． 3. 水洗した原料をタンクに入れながら食塩散布 4. 食塩の使用量，原料重量の35% 5. 重石，原料重量の30%(小型タンクでは50%) 6. 歩留り80%，最終塩度20%以上
漬込み後3～6か月までに使用予定
原料重量の0.3%クエン酸，0.1%焼きミョウバン添加．以下，上と同じ．

表 2.1.3　ヤマゴボウ受入れ時の寸法・等級

規　格	名　称	長　さ	太　さ
1級品	上	20cm以上	0.9～1.5cm
2級品	細	15cm以上	0.7～0.9cm
3級品	太	20cm以上	1.5～2.3cm
格　外	クズ	10cm以上	0.5cm以上

しておく．表 2.1.3 にヤマゴボウの寸法と等級の例を示す．ヤマゴボウは野菜購入時にこの規格でやっているが，塩蔵品もこれに準じて等級を決め，小袋数本詰，巾着(きんちゃく)，業務用大袋など，それぞれの等級に応じた製品にする．

2.2 自社使用資材の認識と重要成分の一覧表化

漬物工業の特色の 1 つに添加物業者の製造法指導がある．添加物業者は，全国的展開をしている大手も多く，新しい製造法，原料野菜の出来の良否などの情報も多くもっており漬物製造業者にとって便利な存在であるが，数多くの添加物業者と取引すると，同種の資材が数多く在庫するようになる．そして同一の漬物製造についても，製造ロットが異なると同種の資材で違った名称のものを使わざるを得なくなり，その成分の差がひびいて，完成品がロットごとに異なった味覚を示すということが起こる．また，同一目的の数種の資材が在庫しているため二重使用しやすく，コスト高にもなり，味が濃厚化して味覚バランスが崩壊することもある．

とくに新製品開発時にこの味の濃厚化をしてしまうと，製品は美味になり取引は成功するが，消費者に濃い味が飽きられるので消費は長続きせず，それではと味を淡白化すればバイヤーから「品質を落とした」とクレームがつき，進退きわまることとなる．

また，調味処方表を大手添加物業者から提供されて漬物をつくると，そこそこの味覚は保てるが，仮に不要資材が処方に含まれていても分からずコスト高になったり，今の消費者が望む「食品の安全性」についても，その資材が何のために使われているかが不明で安全性に対する説明もできず，責任ももてないことになる．調味処方表の提供を受けて製造している漬物業者は，数でいえば全体の 80％以上と思われ，JAS 製品を出すにしても，使用可能資材がどれなのか判然とせず，問題を起こす危険もある．

これを防ぐには，各資材について使用目的に対する有効成分含量，すなわち個々の資材の特徴を熟知し，それらを駆使できるようにすることが必要である．とくに多用する資材については，有効な成分を一覧表にして，調味室の壁に貼っておくくらいのことはしておきたい．

また，使用目的に常識的には沿っていると思われる資材でも，実は役に立たないという例もある．このあたりを間違えると，出来た漬物の味は全く違ってしまう．みりん・醬油によく起こる．みりんを使う目的はアルコールの整味効果であり，併せて上品な甘味付与であるが，市

表 2.2.1 各種みりん成分含量
(重量/容量%)

種類	直糖	アルコール	食塩	比重
本みりん	40.3	14.4	0	1.16
本みりん	41.3	14.0	0	1.16
塩みりん	30.9	9.5	1.8	1.21
塩みりん	19.4	8.3	2.8	1.21
新みりん	37.5	0.4	0.06	1.26
新みりん	32.5	0.9	0.09	1.22

販みりん製品にはアルコールを含まないものもある．**表 2.2.1** にみりんの分析値を示す．塩みりんは飲用不適で免税だが，アルコール1%を製品に含ませようとして使うと12%添加となり，食塩は製品では0.3%上昇する．食塩2%前後の浅漬では当然，味にひびく．新みりんに至っては，ほとんどアルコールを含まない．

醬油でも同様の間違いが通用している．白醬油というと色が白い醬油と理解されるが，実は淡白な旨味（うまみ）と甘味付与を目的として開発され，煮物，吸い物，茶碗蒸しなどに使われるもので，その特級はJASでは全窒素0.4%以上0.7%未満と上限も設けられ，糖分は14.4%以上と，こちらには下限がある．あまり旨くしてはならず甘味は十分に，という醬油である．白醬油には漬物の旨味を強くする要素は少ない．**表 2.2.2** に各種醬油の呈味成分分析値を示す．濃口（こいくち），淡口（うすくち）醬油などでは，旨味の指標の全窒素の高い製品を求めたい．大手製品の淡口醬油のなかにも，全窒素0.5%というものが売られている．これも味覚の向上には役立たない．

資材の有効成分に関しては，内容表示あるいは添加物業者のカタログを調べるとともに，醬油，酸分解アミノ酸液，天然調味料の最重要成分のグルタミン酸ナトリウム（以下，グル曹と略す），食塩の%は記載されていないことが多いので，添加物業者に質問して正しい回答を得ておく．添加物業者も企業秘密で明らかにしたくない面もあると思うが，漬物製品の品質安定に関する成分だけは正しく回答してやってほしい．

2.2.1 資材の目的別分類

漬物製造資材は大別すると，加工資材と包装資材になる．このほか，イン

表 2.2.2　各種醬油の呈味成分分析値　　　　　（容量%）

社名・種類	キッコーマン 濃口	キッコーマン 淡口	マルキン 淡口	キッコーマン 減塩	キノエネ 白	正金 再仕込
屈糖値	36	35	34	32	36	40
食塩(%)	17.2	19.0	18.0	8.4	17.0	14.1
全窒素(%)	1.40	1.20	1.15	1.34	0.40	1.85
グル曹(%)	1.17	1.07	0.90	1.35	1.16	1.65
全糖(%)	—	—	—	—	15.0	2.1
pH	4.7	4.9	4.7	4.9	4.8	4.7
遊離アミノ酸 (mg/100mL)						
アスパラギン酸	244	385	369	517	76	506
スレオニン	232	184	180	267	110	349
セリン	315	244	242	361	83	495
グル曹	1 170	1 068	902	1 354	1 160	1 654
プロリン	579	409	442	674	229	1 088
グリシン	189	147	132	214	49	291
アラニン	479	221	222	360	64	656
バリン	346	271	270	396	77	506
メチオニン	85	69	71	100	22	118
イソロイシン	311	243	248	354	64	444
ロイシン	486	388	402	557	113	702
チロシン	94	72	91	119	32	167
フェニルアラニン	315	252	267	365	85	484
ヒスチジン	119	104	69	133	36	110
リジン	305	251	253	347	69	470
アルギニン	276	211	227	340	98	344
合計	5 545	4 519	4 387	6 458	2 367	8 384

　ナーボックス，アウトボックスの外装資材があるが，これは段ボール箱であって，強度と，積み上げたときに印刷された文字が美しく揃って並ぶ，すなわち印刷場所のズレがないかの2つを問題にすればよい．

　包装資材は，プラスチックフィルムの種類や接着剤の良否が品質に大きく影響する．とくに海外での製品加工が増えている現在，その失敗の最大の原因はこの点にあるので，厳重な注意が必要である．

　加工資材は大別すると調味資材，美化資材，防腐資材の3つになり，さらに**表 2.2.3** のように分類される．

表 2.2.3 資材の分類

	名　　称	有効な成分	備　　考
調味資材 味覚資材	醬油, 味液, 味噌	食塩, 全窒素, グル曹, 糖	
調味資材 呈味資材	グル曹	全窒素, グル曹	
調味資材 コク味資材	天然調味料	食塩, 全窒素, グル曹	
調味資材 甘味資材	混合甘味料	甘味度	ステビア, サッカリン
調味資材 酸味資材	食酢	酢酸含有量	有機酸
調味資材 整味資材	各種みりん	アルコール, 糖	アルコール, 焼酎
美化資材 合成着色料	混合色素	色素配合率	
美化資材 天然着色料		色価	
美化資材 漂白剤			
美化資材 酸化防止剤			
美化資材 糊料	配合増粘剤	ガムの種類	
美化資材 香料	シソオイル	有効成分の含量	ユズオイル
美化資材 ソルビット			
防腐資材 合成保存料			
防腐資材 天然保存料			
防腐資材 食酢	食酢	酢酸含有量	

2.2.2　調味資材とその特徴

表 2.2.3 のように調味資材は 6 つに小分類される．そして漬物は，その種類によって浅漬・菜漬で 2〜4 種，酢漬 3〜4 種，醬油漬 4〜6 種の調味資材を組み合せて調味する．コストの高低もこの組合せに影響し，安価な浅漬・菜漬ではグル曹だけでも味はつくれる．

1)　味覚資材

味覚資材は，調味漬物の味の基礎をつくるものであって，醬油，酸分解アミノ酸液，魚醬，味噌がこれにあたる．

　漬物製造で醬油を考える場合は濃口醬油，たまり醬油，再仕込醬油は色調の褐色が強く使いにくく，白醬油はこれも旨味不足で喜ばれず，特殊な場合を除いては淡口醬油が，また低塩製品で醬油の香りを出したいときは減塩醬油が使われる．

　それでも，醬油は旨味の指標の全窒素量が低い割には，淡口醬油でも食塩量が高いのが悩みで，醬油に代って，全窒素の高い酸分解アミノ酸液が使われることが多い．このため，両者を合せて便宜上，醬油類と呼ぶこととする．

漬物の中で醬油漬は，名称に醬油をうたっているので，福神漬，野菜刻み醬油漬，シソの実漬のJASでは全窒素0.3％以上，その他の醬油漬0.2％以上と醬油類の使用量の下限を設けて規制はしている．

漬物製造における味覚資材の使用は，食塩に対する全窒素量の大小ということに限らず酸分解アミノ酸液を使う漬物が多く，醬油を使う漬物はキュウリ刻み醬油漬，キュウリ1本漬，たまりラッキョウ，鉄砲漬くらいで，それも淡口醬油が使われる．最近では，鉄砲漬も酸分解アミノ酸液との併用が増えている．その最大の理由は，現代漬物が明るさを要求され，強い褐色の濃口醬油が敬遠されるためである．表2.2.4に醬油と酸分解アミノ酸液の特性評価を示す．醬油は，味覚の低さ，色調の濃さのほかに浸透性が悪く，使いにくい．浸透性の悪さとは，たとえば福神漬を醬油単用，酸分解アミノ酸液単用でつくった場合，その復元量（圧搾野菜が調味液を吸って膨れること）は醬油が悪いということである．理由は醬油醸造では，大豆，小麦のヘミセルロースが分解されず醬油の細胞内浸透を妨害するためで，マルキン忠勇の塚田陽一氏がヘミセルロースを除いて浸透性をよくした醬油を開発したが，まだ発売はされていない．ただ，この醬油の浸透性の悪さは，たまりラッキョウを醬油でつくると浸透が悪く，両端が褐色に染まって長くそのままでいて美しく，酸分解アミノ酸液使用では，ラッキョウがたちまち全体が褐色に染まって美観を損ねるという逆の使用法も存在する．

醬油の持ち味は香気である．キュウリ刻み醬油漬，そのシェアが全国の80％を占めるのでそれが通称になっている東海漬物製造の「キューちゃん」は香りを売り物にする唯一の漬物で，日産20万袋と全漬物中で単品売上げ日本一を示すほど人気が高い．

酸分解アミノ酸液は醬油と異なり，味の素，新進，武田薬品，マルキン忠勇など，大手数社の独占的製造になっている．表2.2.5に酸分解アミノ酸液

表2.2.4 醬油と酸分解アミノ酸液の使用特性評価

	香 気	色 調	味 覚	味覚/食塩	浸透性
淡 口 醬 油	◎	△	△	△	△
淡口アミノ酸液	△	○	◎	◎	○

2.2 自社使用資材の認識と重要成分の一覧表化

表 2.2.5 各種酸分解アミノ酸液呈味成分分析値 　　（容量%）

社名・商品名	味の素 味蔵	味の素 淡口味液	新進 アミシン	武田薬品 アミノ酸GL	マルキン忠勇 極淡アミノ酸
屈糖値	35	44	40	37	—
食　塩(%)	18.9	20.8	16.9	16.6	18.2
全窒素(%)	1.73	3.0	2.4	1.8	2.0
グル曹(%)	2.18	3.77	5.41	2.90	3.22
pH	4.8	5.1	4.9	4.8	5.0
遊離アミノ酸 (mg/100mL)					
アスパラギン酸	1 085	1 845	790	579	765
スレオニン	399	606	425	275	354
セリン	584	872	792	454	660
グル曹	2 182	3 771	5 411	2 895	3 221
プロリン	1 788	2 157	3 232	1 762	2 169
グリシン	847	725	479	1 654	336
アラニン	756	977	984	1 592	1 082
バリン	344	490	389	250	276
メチオニン	45	60	155	113	172
イソロイシン	172	232	194	115	148
ロイシン	289	395	601	446	698
チロシン	37	59	75	49	81
フェニルアラニン	358	514	537	317	412
ヒスチジン	212	310	267	134	193
リジン	582	856	239	144	194
アルギニン	663	888	413	218	255
合　計	10 343	14 757	14 983	10 997	11 016

の分析値を示す．酸分解アミノ酸液のなかでは，味の素の「味蔵」が最も色調が淡く，次いで味の素の「新淡口味液」，新進の「アミシン」が淡い色調である．

　酸分解アミノ酸液は，漬物製造では極めて有用であるが，漬物を海外で生産するとなると，良質のものの入手に苦労する．

　味噌は，ごくまれにその浸出液が調味漬に使われることはあるが，そのほかは味噌漬専用である．味噌は味噌汁にしたとき，味がしつこくなく適度の旨味をもたせるため，大豆の蛋白利用率を抑えている．逆にいえば，味噌汁以外では旨くない．蛋白利用率を上げた味噌漬専用味噌の発売が待たれるところだが，現在はこの味覚不足を，味噌と酸分解アミノ酸液の混合の漬床を

つくり味を補うことで済ませている．味噌漬は，最終の出荷時に化粧味噌という出荷用味噌床を使うことが多い．この場合，普通の淡色辛味噌，赤色辛味噌の食塩12％では塩度が高すぎる．化粧味噌には，麴歩合（こうじぶあい）が高く食塩含量5〜7％の江戸甘味噌や，嘗味噌（なめみそ）の1種，塩分5％の金山寺味噌を使って調製することが望ましい．

　魚醬にはパティス，ニョクマムやアンチョビーソースとして，東南アジア，イギリスの醬油系調味料があり，日本でも秋田のショッツル，石川のイシリが知られていた．これまで漬物に使われることは少なかったが，2001年7月に批准されたキムチのコーデックス国際規格（FAO/WHO合同食品規格委員会による食品の貿易円滑化のための国際規格）の原案に，ニュアンスとして「穀物の醬油でなく水産物発酵醬油を使用する」というのがあり，にわかに注目されてきた．韓国キムチは，アミ，イシモチ，イワシ，イカなどの塩辛をそのまま，あるいは水希釈ろ過液を薬念（ヤンニョン＝薬味）の調味料として使い，必ずしも魚醬を使っているわけではないが，韓国側の意見を入れて魚醬使用（正式には水産発酵物）が盛り込まれた経緯がある．規格原案が出来たのと時を同じくして，日本の魚醬工業でも良質のものがつくれるようになり，三菱ガス化学の「マリナージ」，理研ビタミンの「シーベストT蝦醬」，「シーベストスーパー」，「シーベストDS」，マルキン忠勇の「びーみ」などが売り出されている．とくに理研ビタミンのシーベストDSは，北海道産のホッケ，タラなどの白身魚類を原料としていて，東南アジア産の魚醬のような臭みがなく，さらに膜ろ過により脱色しているので明るい淡色で風味も軽快で浅漬にも使いやすい．**表 2.2.6** に魚醬の分析値を示す．

2)　呈味資材

　呈味資材は味覚の根源をなすもので，グル曹と，イノシン酸・グアニル酸という2つの核酸系調味料をさす．しかし，野菜には核酸系調味料を分解するホスファターゼがあって，浅漬，菜漬はもちろん，塩蔵原料を使う古漬（ふるづけ）でも，漬物に添加すれば，たちまち分解して無効にしてしまう．古漬では，製造時に85℃，20分の加熱処理を工程のどこかで行えばホスファターゼが失活するので，添加は可能となる．また浅漬・菜漬の新漬（しんづけ）でも，茶葉抽出物がホスファターゼを阻害するので実験室的には添加可能である．惣菜風（そうざい）の漬物

2.2 自社使用資材の認識と重要成分の一覧表化

表 2.2.6　魚醬分析値

社名・商品名	理研ビタミン シーベストスーパー	理研ビタミン シーベスト T 蝦醬	三菱ガス化学 マリナージ M-18	マルキン忠勇 びーみ
食　塩 (%)	16.1	24.3	18.1	17.0
全窒素 (%)	2.3	1.4	2.2	2.4
遊離アミノ酸 (mg/100mL)				
アスパラギン酸	825	519	453	809
スレオニン	533	370	550	508
セリン	29	346	407	578
グル曹	1 586	1 031	1 288	1 703
プロリン	218	352	126	196
グリシン	304	501	269	421
アラニン	665	460	544	890
バリン	693	412	791	727
メチオニン	372	203	321	262
イソロイシン	573	346	562	574
ロイシン	986	513	636	1 024
チロシン	172	48	115	＋
フェニルアラニン	579	340	579	94
ヒスチジン	229	143	647	841
リジン	1 031	567	1 020	956
アルギニン	11	185	487	699
合　計	8 806	6 336	8 795	10 282
タウリン	241	340	172	256

が増加しているので，漬物と核酸系調味料は見直してよいテーマである．グル曹は強烈な旨味を示し，浅漬，菜漬の新漬，梅漬物をはじめ，古漬のしば漬風調味酢漬，さくら漬，たくあんなど，醬油類を使わなくても十分な味をつくれる．

　窒素系調味料は，グル曹＞味蔵（脱色酸分解アミノ酸液）＞酸分解アミノ酸液＞淡口醬油の順に明るい色調の漬物をつくれる．醬油漬で，醬油類を減らしてグル曹を増やす調味技術は，製品の色調を明るくして売上げに貢献する．グル曹は，調味処方作成時に全窒素を求める必要があるならば，全窒素含量は 7.48% である．またアミノ酸分析で，グルタミン酸で分析値が出ているときは 1.27 倍するとグル曹になる．

　グル曹使用上の留意点は，調味液の pH が低くなると一定量以上使うと不

溶解部分が出て液が濁ってくることである．20°Cで4%酢酸の食酢にグル曹は0.8%溶けるが，実際には調味酢漬の酸0.8%の製品にグル曹1.5%を添加すると，冬期は結晶が晶出する．食塩，酸，グル曹，気温の四者が関与するので，理論でなく経験的に解決すべき問題であろう．

3) コク味資材

食品に，コク味，複雑味，先味・後味の強化などを与える資材がコク味資材で，天然調味料がこれにあたり，グル曹にこれを加えることにより，総合的味覚を改善する．この天然調味料も，食生活の多様化で内容が大きく変わり，以前の植物蛋白加水分解物（HVP），動物蛋白加水分解物（HAP）が中心の時代から，動植物エキス，酵母エキス系の開発，さらに酵素分解のEVP，EAPや魚醬タイプの発酵調味料など，ペプチド系調味料ともいえるものの認知を経て安定期に入った．そして実際には，これらの配合型が市場に流れている．したがって，天然調味料は調味料メーカーの説明によれば，①グル曹やイノシン酸で旨味増強，②HVP，HAPで呈味の幅を広げ，③酵母エキス，畜産エキス，水産エキスで風味，コク味の付与，そして，④植物エキスおよび麹のもつ酵素を利用した発酵風酵素分解調味料で風味を改良するのが望ましいという．さらに，ペプチド系調味料，コク味研究で解明されたグルタチオンのコク味増強機能を利用したグルタチオン高含有酵母エキスなどが加わり，天然調味料を完全に理解するのは困難である．それでも今の最先端のキー・ワードは，グルタチオン，麹の2つにしぼれそうである．

漬物工業での天然調味料使用は，畜肉加工，惣菜などと異なり，香りにクセのあるものは使いにくいので，依然としてグル曹を主体にHVP配合型やかつお節，およびカツオ抽出エキスの組合せが大部分である．漬物工業の品質管理の力からみて，多様化した天然調味料全体を考えてしまうと，非常に多くの天然調味料を購入しなければならず，使い分けが不能になり種々の天然調味料を一括して同じものとして使ってしまい，品質むらが出ることをおそれる．**表2.2.7**に，漬物の大手企業が実際に使っている天然調味料を入手し，分析した呈味成分分析値を示す．天然調味料といっても，成分差が相当あることが分かると思う．

漬物製造における天然調味料の使用概念を述べれば，①HVP配合型調味

表 2.2.7　各種天然調味料呈味成分分析値

社名・商品名	味の素 アミリッチ BK	味の素 プロアミ TF	味の素 アジメート粉末	理研ビタミン ペレックス 4000	協和発酵 AM協和 KB	旭フーズ エキストラート
形　態	粉末	粉末	粉末	粉末	粉末	顆粒
食　塩(%)	24.0	26.5	7.3	27.5	25.0	9.5
全窒素(%)	5.6	5.3	5.7	5.8	5.1	6.0
グル曹(%)	38.7	33.4	7.3	14.3	39.7	45.8
遊離アミノ酸 (mg/100g)						
アスパラギン酸	1 615	524	3 030	1 570	4 365	807
スレオニン	537	179	665	580	176	411
セリン	683	252	811	990	249	611
グル曹	38 730	33 445	7 277	14 250	39 680	45 807
プロリン	2 582	653	1 070	1 600	+	2 089
グリシン	1 297	5 266	788	3 445	261	3 934
アラニン	1 146	319	6 690	1 860	7 950	1 099
バリン	465	158	652	540	139	358
メチオニン	61	1 680	1 900	205	38	108
イソロイシン	162	69	619	300	86	121
ロイシン	270	139	1 710	755	209	275
チロシン	43	36	272	155	29	90
フェニルアラニン	378	195	734	530	114	261
ヒスチジン	282	88	400	335	73	100
リジン	834	218	2 920	890	264	478
アルギニン	885	283	1 050	1 550	258	909
合　計	49 970	43 504	30 588	29 555	53 891	57 458
実質天然調味料	37.3	40.1	85.4	58.2	35.3	44.7

料を1種，多くてもこれにかつお節・カツオ抽出型調味料を加えた2種に限定する．②天然調味料を100として，これから食塩，グル曹含量を差し引いた値が実質天然調味料になる．表 2.2.7 を見てみると，味の素製品で「アジメート粉末」85.4%，「プロアミ TF」40.1% が実質の天然調味料になる．③漬物への添加量は実質天然調味料の高いアジメート粉末で 0.1～0.2%，低いプロアミ TF で 0.5%，そしてカツオ系 0.5% である．

　天然調味料は使用量がわずかなため，成分値に影響しないと思われがちであるが，実際には 1% も添加すると，天然調味料を変えることで，食塩が最

大27.5％，最小7.3％，グル曹が最大45.8％，最小7.3％であるから，その差から食塩0.2％，グル曹0.4％の違いが生じるので，調味浅漬では大幅な味覚差が出てしまう．

天然調味料を種々の漬物に使った経験からは，醬油漬，調味酢漬，調味梅干で著効が期待できる半面，福神漬，つぼ漬，はりはり漬，甘酢ラッキョウ，各種たくあんなどの甘味漬物では効果が表面に出にくい．

なお，天然調味料は種々の効果のあるものが研究されているが，野菜にイカ，サケなどの水産物を加えてつくる漬物の出す素晴らしい美味は，いまだ調味料では出すことができない．水産物入りの本格キムチ，サケのはさみ漬がこの例で，食品衛生に注意してつくられれば最も素晴らしい漬物といえる．

4) 甘味資材

甘味資材は，福神漬，甘酢ラッキョウ，甘酢ショウガ，たくあんのように積極的に使われるほか，隠し味，そして味覚強化，塩味緩和に使われ，いずれも重要である．「糖ばなれ」という言葉があるが，これは和菓子，ジャムの話で漬物ではない．漬物には砂糖とブドウ糖果糖液糖（異性化液糖）が使われ，補助的に水あめ，ステビア，サッカリンが併用される．

漬物の甘味料の使用方針は，重味（甘味の重厚感）・コク味を出したいときは砂糖，軽快をねらうときは液糖を使うが，砂糖でもショ糖純度が低いほど重い．可溶性無機成分，有機非糖分の多い中白糖・三温糖が，純度の高い上ザラ糖・グラニュー糖などより重い．液糖にはブドウ糖果糖液糖，砂糖混合ブドウ糖果糖液糖，クロマト分離技術で得られる高果糖異性化液糖がある．液糖それぞれの砂糖に対する甘味度は，高果糖がやや高く，砂糖混合がこれに次ぎ，ブドウ糖果糖はやや低いが，これらの甘味度は砂糖100に対し110から90の間にあるので，工場使用時は同等甘味度として扱っている．液糖も砂糖の添加度が20～50％のものであれば，砂糖が多いほど複雑味は増す．

水あめはでんぷんに酸または酵素を作用させ，部分加水分解したもので，分解度をDE（固形分中のブドウ糖に換算した直接還元糖の％）で示している．酸で分解した酸糖化水あめは，DE 45～35で甘味度は砂糖の半分以下である．水あめは，したがって増粘効果，保湿性を目的に使うことが多く，甘味への期待は少ない．甘味資材より美化資材として，糖アルコールのソルビトール

（ソルビット）と並んで賞用される．「浅漬の素」は，浸透圧を強くすれば早く漬かる．ただし，高塩，高甘味は避けたいので，浸透圧を強くするため水あめの1種のデキストリンや麦芽糖が使われる．

　砂糖以外では，砂糖に対する甘味度が問題で，使い分け時の甘味度を間違えると製品の均一性が狂ってくる．一般的に漬物に使われている甘味料の甘味度を**表 2.2.8**に示す．甘味漬物では砂糖換算で製造総量に対して何％含ませるかの常識的な線があって，これを間違えると評価が下がることが多い．福神漬，甘酢ラッキョウで25～30％，つぼ漬20％，甘酢ショウガ（ガリ），たくあん，はりはり漬で10～15％，千枚漬で8～12％である．意外に甘味の強いのが奈良漬で20～32％，そして味噌漬，たまり漬やワサビ漬，山海漬で12～20％と甘味漬物並みの強さが喜ばれる．最近では，新タイプの調味浅漬にも「砂糖しぼりダイコン」やその刻み漬のように8～16％と高いものもある．調味浅漬ではダイコン，赤カブ，カブは甘味度の高さに耐えられるが，白菜，野沢菜などの葉菜は甘さに弱く2％が限界，キムチでも4％までである．ナス，キュウリも比較的甘くしにくく浅漬では2％までで，味噌漬のときのように多くは加えられない．

　機能性甘味料といって整腸，非う蝕（虫歯予防），低カロリーの効果のあるものが漬物にも少しずつ使われ始めた．

(1) オリゴ糖

　オリゴ糖は，難消化性で腸内ビフィズス菌の増殖因子として，グルコン酸，食物繊維とともに評価されている．オリゴ糖の市場規模は約3万t，ただし3分の1は菓子，パンの物性改良に使われるイソマルトオリゴ糖（140円/kg）で，残り2万tが機能性オリゴ糖となる．安価なフラクトオリゴ糖（390円/kg，甘味度30～60/ショ糖100），ガラクトオリゴ糖（500円/kg，甘味度35），乳果オリゴ糖（500円/kg，甘味度80）が主なもの．漬物業界では，

表 2.2.8　甘味料の甘味度

砂　　糖	100	水　あ　め	30
異性化液糖	100	17％カンゾウ製品	4 000
ブ ド ウ 糖	60	50％ステビア	10 000
ハ チ ミ ツ	70	サッカリン	20 000
70％ソルビット液	40		

注入液も使える釜飯の素，雑炊の素で使われるほか，甘酢ラッキョウに将来性はある．使用上の注意としては，種類によって甘味度の幅が大きいので購入前にそれを確認すること，整腸作用の期待される最小有効量は2～3g，そして消化不良による下痢をしない最大無作用量は，体重60kgのヒトで18～36gということを認識しておく必要がある．

(2) 糖アルコール

糖アルコールでは，美化資材のソルビトール（130円/kg，甘味度60）が15万tで最もよく使われている．機能性糖アルコールは，非褐変性，非う蝕性，低カロリー性であるが，大量摂取による下痢はオリゴ糖と同じで注意を要する．マルチトール（2.5万t，600円/kg，甘味度80）は，高純度水あめに水素添加した糖アルコールで，還元率75％以上をマルチトール，75％未満を還元水あめ（8.3万t，150円，甘味度10～60）としている．キシリトールは，著者もほとんどの漬物で砂糖と同じ甘味度として添加実験を行い，爽快な製品を得ており，とくに千枚漬で好結果だった．ただ，価格が800円/kgと高いところが難点で，需要はまだ6 500tと低迷している．エリスリトール（8 000t，800円/kg，甘味度80）は，唯一のノンカロリー糖アルコールであるが，アサヒ飲料の「オープラス」の下痢問題が新聞で取り上げられたので，使用はしばらく待ちたい．糖アルコールの漬物への使用は，美化資材のソルビトールと非う蝕性のキシリトールの使用の2つである．キシリトール使用のたくあんを，子どものときから毎日，数十回噛む習慣をつければ，キシリトールガムを噛むのと同等に虫歯予防になり，食物繊維が体中に入り，知能の発達も考えられるが．

(3) ステビア

ステビアは，たくあん，甘酢ラッキョウ，調味梅干でよく使われ，たくあんでは脱水されないので，砂糖を使った時のように重量が減らない，褐変しないとの理由，また調味梅干では発酵しないとの理由から使われている．ただ，甘味度がロットごとに異なる，青くさい，安全性にまだ疑問がある，などから，調味梅干以外では使用は避けたい．ステビアは単なる抽出品，レバウディオサイドA高純度品，糖転換品の3種類があるので，購入時に，その分類，砂糖に対する甘味度を聞いておく必要がある．それでもときどき疑

問の製品があるので,正確を期するには,購入時に聞いた甘味度から計算して,砂糖5%,10%溶液とステビアの砂糖換算5%,10%溶液を並べて官能検査して,甘味度を確認しておきたい.このとき,浅漬,たくあん,ラッキョウ漬,べったら漬への添加の場合は食塩3%,味噌漬,たまり漬への添加の場合は食塩6%を砂糖,ステビアの両液に溶かしておくと,より正確度は増す.

(4) サッカリン

サッカリンは,アメリカにおいて5年周期で安全宣言が出る.実際には,口から100入ったサッカリンは100がそのまま排泄されるので,分解物の有害性を考慮しなくてすむので全く無害とみられる.ただ,嫌う人の多い現状からみて,使わないですむ製品の福神漬,甘酢ラッキョウ,たくあん,奈良漬,山海漬などには,絶対使わないことである.唯一許されるのは,砂糖の使用ではすぐ変質してしまう甘酢ショウガ(ガリ)だけである.甘味度は砂糖の200倍であるので,砂糖15%相当分の製造総量の0.075%,すなわち甘酢ショウガのショウガ・注入液の合計1t当たり750gを使う.

甘味料は,市販品の製造メーカーによって大幅に甘味度が違うこともあるし,複合甘味料という扱いにくいものもある.いずれについても,砂糖に対する甘味度は十分に確認しておく必要がある.また複合甘味料でサッカリンを併用しているものは,必ず表示しなければならない.みりんも甘味資材の1つだが,これは含まれるアルコールを重視して整味資材に入れる.

5) 酸味資材

酸味資材は酢漬調味の主体であるが,食酢・氷酢酸の防腐効果,味のまとめ効果もあって,調味漬,たくあんでも重要な資材である.ただ,菜漬に対しては多用すると酸が葉緑素を分解してフェオフィチンにして,美しい緑色が黄褐色になってしまう.

酸は,清涼感を出すクエン酸,リンゴ酸,味のまとめ効果の食酢,氷酢酸,乳酸の,使用目的による区別,食酢,氷酢酸の変敗防止効果,コハク酸の旨味効果あたりを覚えることと,酸の種類によって厳密には酸味の強度が違うが,クエン酸,リンゴ酸,氷酢酸,乳酸は,同じ強度とみなして使って影響はない.ただし,アスコルビン酸,グルコン酸は酸味の強さが3分の1しか

ないので，この使用はその点を考慮する．

品質管理上問題になるのは食酢で，米酢，粕酢は酢酸が 4.5%，りんご酢，ワインビネガーは 5% と極めて弱く，高酸度食酢というアルコール酢で酢酸 10〜15% である．使用する食酢の種類で酢酸含有量に 2〜3 倍の差があるので，購入時に酢酸含有量を購入先に聞いておきたい．また，全糖も 0.1〜7% と非常に幅があって，米酢の中には酢酸含有量より全糖の方が高いものもある．酢漬の中には製造総量に対し酸を 1% 添加する例もあって，それを全部，食酢で充当すると添加量は 22% で，この全糖は製造総量当たり 1.6% にもなる．これも品質管理上，影響がないとはいえない．なお，酢漬の JAS 製品では食酢あるいは梅酢を必ず使用したうえで，その他の酸味料を使ってもよいことになっているので注意されたい．

表 2.2.9 に食酢の分析値を示す．

6) 整味資材

漬物の調味は，味覚・呈味・コク味・甘味・酸味の各資材で概略の味がつくれるが，これを完成するのが整味資材である．整味資材はアルコールを指し，この添加で漬物の味覚は抜群に向上する．このことは，干したくあんの味覚が最高となるのが，熟成によって生成したアルコールの量が最大となったときであるという事実が証明している．アルコールの添加量は，甘い福神漬やつぼ漬で 1〜1.5%，たくあんで 1%，醤油漬や調味浅漬で 0.5% がよく，これ以上ではアルコール臭がでる．みりんについては，前述したのでそれを参照されたい．新みりんはアルコールを含まないので，整味資材にはならない．

最近，赤ワインのポリフェノールによる血栓防止や白ワインの抗菌性を評価して，ワインラッキョウ，ワイン小梅などが市販されている．免税の塩ワインもみられる．ワインは天然物であるので，ロットごとの品質むらが大きい．ときどき品質チェックすることが，品質管理上は望ましい．

7) 美化資材

新漬を除いた漬物原料の野菜塩蔵品は，美しいものではない．そのため，漬物を販売するには若干の化粧が必要になる．これまで調味資材の説明をしてきたが，販売という点にしぼれば，この美化資材がはるかに重要である．

2.2 自社使用資材の認識と重要成分の一覧表化

表 2.2.9 食酢の種類と分析値

品名・種類	米酢	純米酢	純玄米酢	粕酢	りんご酢	ワインビネガー	醸造酢
	米酢	米酢	米酢	穀物酢	りんご酢	ぶどう酢	醸造酢
原材料表示	米,アルコール,食塩	米	米	酒かす,アルコール,食塩,カラメル色素	りんご果汁,アルコール,食塩	ぶどう果汁,アルコール	アルコール
一般分析値 (g/100mL)							
酸　度(酢酸換算)	4.50	4.52	4.51	4.60	5.08	5.03	15.05*
不揮発酸(乳酸換算)	0.32	0.48	0.56	0.27	0.36	0.35	0.0
全　糖	7.13	6.93	2.27	1.15	2.41	1.30	0.09
全窒素	0.05	0.07	0.14	0.03	0.01	0.01	0.01
無塩可溶性固形分	9.25	9.31	4.02	1.56	2.94	1.62	0.20
有機酸分析値 (mg/100mL)							
グルコン酸	370.0	688.0	332.0	174.0	138.0	51.2	0.9
ピログルタミン酸	11.2	22.6	71.5	15.6	2.9	9.5	0.5
乳　酸	3.4	12.8	114.4	3.8	3.9	20.4	0.1
酢　酸	—	—	—	—	—	—	—
リンゴ酸	2.3	16.5	4.4	1.2	214.4	47.0	0.0
クエン酸	5.4	16.8	0.0	0.0	3.5	2.4	3.4
コハク酸	1.8	48.0	15.8	4.4	5.5	23.4	3.6
酒石酸	2.6	0.0	3.5	0.0	0.0	149.0	0.0
遊離アミノ酸 (mg/100mL)							
アスパラギン酸	3.1	3.5	35.9	9.3	4.8	1.1	0.6
スレオニン	1.5	2.3	19.0	3.7	0.2	0.5	0.5
セリン	2.0	2.9	24.6	4.7	0.3	0.4	0.5
グルタミン酸	5.1	9.6	46.3	8.4	1.0	1.2	1.1
プロリン	0.0	2.8	19.1	2.7	0.0	1.0	0.0
グリシン	1.2	3.1	26.2	4.5	0.2	0.4	0.3
アラニン	3.1	7.8	54.5	11.0	1.4	0.9	0.9
バリン	2.2	3.6	40.1	6.3	0.3	0.7	0.7
シスチン	0.0	0.1	3.7	0.1	0.0	0.0	0.0
メチオニン	0.5	1.0	9.3	1.7	0.0	0.1	0.2
イソロイシン	1.9	2.7	23.1	4.4	0.3	0.5	0.7
ロイシン	5.6	7.8	41.6	7.7	0.4	1.1	0.8
チロシン	4.0	5.4	29.0	4.5	0.2	0.3	0.2
フェニルアラニン	3.4	5.5	27.2	4.3	0.3	0.7	0.5
ヒスチジン	2.0	2.4	9.1	1.4	0.3	0.3	0.1
リジン	4.9	8.3	26.2	5.5	0.5	1.3	1.7
アルギニン	16.5	17.6	57.2	6.8	0.7	0.8	2.7
合　計	57.0	86.4	492.1	86.4	10.9	10.3	11.3

* アルコール酢は酢酸含有量 10～15% である．本書の調味処方はすべて 10% のアルコール酢を使っている．

そして，自社使用の美化資材がどのような性格のものか十分に把握しておかないと，資材の若干の変更で製品の外観が大きく異なり，売行きに響いてくる．

美化資材には，合成着色料，天然着色料，漂白剤の直接資材と，製品の変色を防ぐ酸化防止剤，金属封鎖剤，コーティング剤，糊料の間接資材があり，さらに製品のテリを良くする水あめのような甘味資材兼テリ出し剤もある．開封したとき良い香りを出す香料も，広義の美化資材に入る．

合成着色料については，平成15年に予定されているJAS法の全面見直しで，「天然着色料により代替できる合成着色料は削除する」内容が出てくる可能性がある．合成着色料を嫌う消費者も一部にあるが，少量の使用で効果的な色調をつくることでは天然着色料の及ぶところではない．合成着色料の使用量は，最小の甘酢ショウガ（ガリ）の0.0005％（製造総量1t当たり5g）や，さくら漬の0.001％（製造総量1t当たり10g）から，最大の福神漬・紅ショウガの0.04％（製造総量1t当たり400g）まで幅はあるが，概して少量で色がつく．天然着色料については第3章3.7.8項「たくあんルネッサンス」のところで詳述するので参照されたい

糊料には，天然糊料と合成糊料があるが，漬物で主として使われるのは微生物系のキサンタンガム，植物系のタマリンドガム，海藻系のカラギーナンである．キムチタレの作製に重要であるほか，「かつお梅」，「みそかつおニンニク」などでも少量使われる．

糖アルコールのソルビトールは，最近の外観重視で見直されている．ソルビトールの対製造総量の3〜5％使用は，製品のテリだけでなく，山のように皿に盛ったときの乾燥を防ぎ，形が崩れず，しっかりした漬物に見える．

香料はシソとユズ，そして辛味のアリルイソチオシアナート，ごくまれに砂糖フレーバーが使われる．水溶性のエッセンスと油溶性のオイルがあるので，含量も含めて香料会社によく使用法を問い合せたい．

8）防腐資材

包装し加熱殺菌可能な漬物での防腐資材の使用は，極力避けたい．しかし，殺菌不可能な業務用石油缶製品はソルビン酸カリウムの使用はやむを得ないし，トレー製品，袋詰めしても普通は殺菌をしないショウガ製品，梅干，梅

漬では，まず初発菌数抑制に努力した後，食酢，氷酢酸，チアミンラウリル硫酸塩などを添加する．食酢，氷酢酸は安全な防腐資材だが酸味・酸臭が嫌われることもある．この場合は，例えばミツカンで出しているような醸造酢にブドウ糖，食塩，香料を加えて酸味・酸臭を抑えた調味酢 MZV を試してもよいと思う．MZV は酸度 5％，食塩 2.1％，pH 4.8 で，漬物では製造総量の 3％を添加する．また，チアミンラウリル硫酸塩はビタミン B_1 製剤であるので，微生物抑制効果の出る製造総量の 0.02％では B_1 の異臭が出る．この場合はアルコール 0.5～1％を併用し異臭の出ない範囲の量を使用する．

9) 包装資材

プラスチック包装の研究も進んだので，資材業者に漬物の種類を示して最適のものを販売してもらえば，簡単で失敗はない．しかし今後，漬物の海外生産をするとなると，現地でつくった完成品を入れる包装資材が悪くて失敗する例は極めて多い．一応の常識はもつ必要がある．

漬物包装資材は，①ヒートシール性，②ガスバリヤー性，③強度が要求される．そして，1種類のプラスチックですべてを満たすことは困難なので，2種あるいは3種のフィルムを接着剤で貼り合せる，いわゆるラミネートが行われる．現在，主に使われているのは，最内層はヒートシールのしやすい PE（ポリエチレン），OPP（2軸延伸ポリプロピレン・レトルト用）が，中間層はガスバリヤー性，すなわち酸素を遮断する力の強い PVDC（塩化ビニリデン），PVA（エチレン・ビニルアルコール共重合フィルム＝エバール）が，最外層は強度と印刷適性のよい Ny（ポリアミド＝ナイロン），PET（ポリエチレンテレフタレート＝テトロン）である．賞用されているのは，外層から Ny/PVA/PE とか K（塩化ビニリデン）コート Ny/PE である．海外で完成品製造時に困るのは，資材は大丈夫だが，ラミネートするときの接着剤の異臭の問題である．

2.3　調味の自社規格の作成と製造総量感覚の入った調味処方の作成法

調味は漬物の美味・不味を決定するので，いかに外観がよくても食べてみ

て不味では2度と買ってくれないから，たいへん重要である．概論的にいえば，新漬（野菜の風味の強い漬物）・古漬（塩蔵原料を脱塩・圧搾するので，野菜の風味は流失し調味料の味が中心になる漬物）を問わず，① 低塩，② 味の濃淡，③ 外観の美しさ，④ 加熱殺菌しないものでは保存性，⑤ コストの5つを考慮して味をつくる．

そして実際の調味方針は，著者が各種漬物をそれぞれ数多く分析した結果を参考にして，実際に完成品をつくり試食して，それらをまとめた呈味成分数値化の表が出来ているので，それを使えば一定水準以上のものをつくることができる．**表 2.3.1** に主な新漬の，**表 2.3.2** に主な古漬の呈味成分数値を示す．

2.3.1　自社製造漬物の殺菌の有無の決定

漬物の品質管理の重要項目の1つに，変敗および，それに伴う食中毒がある．変敗があってはならないし，ましてや食中毒の発生は漬物工業の信頼を失い，業界全体の浮沈にかかわってくる．そしてこの問題では，製造漬物の加熱殺菌の有無が一番大きな要因となる．加熱殺菌をした漬物は，殺菌機の温度管理・殺菌時間の不備，殺菌槽内での袋の重なりがないかぎりは，少なくとも3か月間の賞味期限は保証されるし，それ以降で変敗するとしても色調の褐変，香気の酸化であって，腐敗の発生は考えられない．

腐敗は，加熱殺菌をしない製品に発生する．それはさらに食中毒のおそれもあるので，新しい衛生管理 HACCP の対象漬物ともいえる．具体的に品

表 2.3.1　主要新漬の呈味成分数値化　　　　(%)

成分 新漬	固形物	食塩	グル曹	全糖	アルコール	酸	pH
白菜漬	45	2.3	0.3	1	0.5	0.1	4.8
野沢菜漬	60	2.5	1.0	1	0.5	0.1	5.2
広島菜漬	65	2.2	0.5	1	0.5	0.1	5.5
ナス漬	45	2.5	0.4	1	0.5	—	5.0
砂糖しぼり ダイコン	80	2.5	0.4	12	1.0	0.1	5.2
キムチ	80	2.5	1.2	3	1.0	0.4	4.6
	トウガラシ 1.0%，ニンニク 0.5%						

表 2.3.2 主要古漬の呈味成分数値化　　　　(％)

成分＼古漬	固形物	食塩	醬油*	アミノ酸液*	グル曹	酸	全糖	アルコール*
キュウリ醬油漬	75	4.0	25	—	1.5	0.2	—	0.5
キュウリ1本漬	65	3.5	4	—	0.7	0.2	3	0.5
福神漬	70	4.5	3.3	6.7	1.2	0.2	30	1.0
ダイコン調味キムチ	85	4.0	—	5	1.5	0.4	3	1.0
シソの実漬	65	8.0	—	15	2.0	0.2	3	0.5
ヤマゴボウ醬油漬	70	5.0	—	6	1.0	0.2	3	0.5
甘酢ラッキョウ	50	2.0	—	—	0.2	1.0	30	—
紅ショウガ	50	6.0	—	—	0.1	1.0	—	—
新ショウガ	50	5.0	—	—	0.8	0.9	—	1.0
甘酢ショウガ	60	2.0	—	—	0.1	0.9	15	—
はりはり漬	70	4.5	—	10	1.2	1.0	15	1.0
さくら漬	55	5.0	—	—	1.5	1.0	—	—
しば漬風調味酢漬	80	4.5	10	—	1.0	0.8	3	0.5
たくあん	90	3.5	—	—	0.6	0.2	15	1.0
つぼ漬	75	5.0	—	10	1.5	0.8	10	1.0
べったら漬	85	3.0	—	—	0.05	0.1	12	0.5
古高菜漬	75	4.0	10	10	2.0	0.5	—	1.0

＊ 醬油，アミノ酸液，アルコールは容量％．

目を挙げれば白菜漬，キムチ，新高菜，野沢菜漬，広島菜漬，新ショウガ，ガリ，ナス・キュウリ・キャベツの調味浅漬，千枚漬，砂糖しぼりダイコンなどの調味浅漬，調味梅干，カリカリ梅，サケのはさみ漬，ニシン漬，かぶらずし，業務用石油缶製品，および非殺菌トレー製品の17種類，これにノンボイルたくあんのように意図的に殺菌しない製品が加わる．

　自社で漬物製品をつくるとき，まず加熱殺菌の有無を第1に考え，それから流通経路，消費期限（D+5まで）か賞味期限かのいずれを採るかを決め，最後にそれによった調味処方と前処理などを決定する．

　※漬物の流通では賞味推奨期限が5日まで（D+5と表記）の消費期限と6日以上の賞味期限の表示が義務づけられている．

2.3.2　調味関係自社規格の作成

　加熱殺菌の有無が決まったら，自社製造の漬物の外観・包装形態を考えての「調味液と野菜の配合量と，それに伴う合計値の製造総量の決定」が調味第1規格であり，次いで，調味第2規格の，① 食塩，② 全窒素，③ 醬油・アミノ酸液・魚醬などの醬油類，④ グル曹，⑤ 天然調味料，⑥ 甘味度，⑦ 酸の量と配合割合，⑧ アルコール，⑨ 着色料，⑩ 香料・香辛料，⑪ 保存料の使用有無と量を決定する．

2.3.3　調味処方の作成例

　調味処方は**表 2.3.1** の新漬，**表 2.3.2** の古漬の「呈味成分数値化」の表を見て作成すればよい．野菜と調味液，そしてその合計値の製造総量を決定しないで，調味液の処方だけをもっている企業があるが，投入野菜量を決めていないとか，おおよその量を覚えている程度では，一定の品質のものを常につくることは不可能で，品質管理上最低のこととなる．

　調味処方作成で最も簡単なのは新漬で，**表 2.3.1** があればすぐにつくれる．次にやさしいのは，甘酢ラッキョウ，ヤマゴボウ醬油漬のように，脱塩後水切りしただけで圧搾工程のない漬物で，後述するがこれも**表 2.3.2** を見てすぐにつくれる．難しいのは，塩蔵原料を流水脱塩して水ぶくれになってしまうダイコン，ナス，キュウリで，これは圧搾して水を除く必要があり，かつこれも調味液に投入すると復元して量が増すので，塩蔵原料製造時の歩留り，塩蔵原料重量に対して脱塩後，何パーセントまで水切り，圧搾するかが復元に影響する．普通は，圧搾40%（1tの塩蔵キュウリを流水脱塩して圧搾し400kgまで圧す）が行われているが，しば漬風調味酢漬のように圧搾30%もあるし，キュウリ1本漬のように強く圧すと割れるものでは圧搾70%という例もある．なお脱塩は，① たくあん，味噌漬，奈良漬原料，② シソの実，③ ヤマゴボウ，④ 鉄砲漬のシロウリ，⑤ 紅ショウガ・新ショウガ原料と完全に脱塩が困難なラッキョウ以外は，品質管理上は食塩ゼロまでの完全脱塩が望ましい．塩漬キュウリの洗浄・脱塩の例を**写真 2.3.1** に示す．

　この圧搾・復元のある古漬よりさらに調味処方作成の難しいのは，味噌漬，たまり漬，鉄砲漬の2段調味や奈良漬の3〜4段調味である．このへんはか

なり経験の領域に入ってしまう．

1) 福神漬の調味処方

ここで古漬の中で最も調味資材を多用し，かつダイコン，ナスなどの圧搾野菜を使って調味液浸漬して，復元後の配合を自社規格とする面倒な福神漬を例に挙げて，調味処方の作成を説明してみよう．福神漬には日本農林規格（JAS）がある．もし自社がこのJAS認定工場であるなら，自社規格にさきがけて優先決定しておく必要がある．福神漬のJASは全窒素分0.3％以上，屈折糖度計示度30度以上，内容重量300g超では，7種類以上の野菜を使い，固形物に占めるダイコンが重量で80％未満，内容重量300g以下では，5種類以上の野菜を使い，かつダイコンが85％未満，そして内容重量に対する固形物の割合が75％（300g以下では70％）以上あること，とある．

(a) 塩漬キュウリの洗浄装置
(手前はバブリング，奥はシャワーとブラシ)

(b) 切断された圧搾前の脱塩キュウリ

写真 2.3.1 塩漬キュウリの脱塩

(1) 圧搾野菜と調味液の配合量および製造総量の決定

福神漬はダイコン，ナス，レンコン，ナタマメ，シソの葉，ショウガ，白ゴマの7種の野菜が使われ，まれにシイタケ，シロウリが使われる．キュウリは古漬臭が強いので，使わない方がよい．これらのうち圧搾するのはダイコン，ナス，キュウリであり，ほかのものはザル上で水切りする．**表 2.3.3** に野菜の復元に関する表を示す．この表を参考にしてJASに見合う野菜配合割合，固形物割合になるよう配合してみよう．

① ダイコンの量

100kgを基準値としておき，ダイコンを復元後75％（規格では80％未満）

表 2.3.3 野菜の復元

	生野菜	塩蔵歩留り	脱塩圧搾 40%	復元後	復元率	対圧搾物復元割合
ダイコン	100	60	24	57	95%	2.4 倍
ナス	100	50	20	70	140%	3.5 倍
キュウリ	100	50	20	42.5	85%	2.1 倍

にするには 75kg 必要．これを圧搾原料に直すと，

$$塩蔵原料 = 75\text{kg} \times \frac{100}{95} = 78.9\text{kg}$$

$$40\%圧搾物 = 78.9\text{kg} \times \frac{40}{100} = 31.6\text{kg}$$

② ナスの量

ナスを復元後 12%（ナスを多くすると外観が黒ずんで嫌われるが味は良くなる）含ませるとして，

$$塩蔵原料 = 12\text{kg} \times \frac{100}{140} = 8.6\text{kg}$$

$$40\%圧搾物 = 8.6\text{kg} \times \frac{40}{100} = 3.4\text{kg}$$

③ その他の量

ナタマメ，レンコンは福神漬を特徴づけて重要である．レンコンは主根の最末端のミチという部分を使うと，径 1～1.5cm で美しい．ショウガは多用すると，塩蔵原料中唯一の風味の強いものであるので福神漬の味を支配してしまう．ナタマメ 4%，レンコン・シソの葉各 3%，ショウガ 2.5% が適量．したがって脱塩，水切り物 4kg，3kg，3kg，2.5kg が必要となる．白ゴマは 0.5% あれば十分で，炒ったものを 500g 使用する．

④ 復　元

復元後の漬物固体 100kg が製品の 80%（規格は 75% であるから安全をみて）になるための製造総量は，

$$100\text{kg} \times \frac{100}{80} = 125\text{kg}$$

となる．

このなかの圧搾・水切り原料の合計は 48kg，したがって調味液量は，

$$125\text{kg} - 48\text{kg} = 77\text{kg}$$

表 2.3.4 日本農林規格（JAS）に見合う配合割合

	配合	復元後	原計算値	復元後割合
圧搾ダイコン*	28.7kg	68.2kg	31.6kg	75%
圧搾ナス	3.1	10.9	3.4	
ナタマメ	3.6	3.6	4	
レンコン	2.7	2.7	3	25%
シソの葉	2.7	2.7	3	
ショウガ	2.3	2.3	2.5	
白ゴマ	0.5	0.5	0.5	
計	43.6	90.9	48	80%
調味液	70.0	22.6	77	20%
製造総量	113.6	—	—	—

＊ 厳密に計算するとこうなる．普通はダイコンを25kgにして，製造総量を110kgと切りのよい数字にする．

となる．

⑤ 調味液70kg当たりに換算

漬物の計算では古来から4斗樽1丁，すなわち70kgの調味液量が基礎になっている．このため77kgの調味液量を70kgに換算する．すなわち，野菜の量，調味液の量に70/77＝0.9を乗じる．

以上5つを整理すると，福神漬のJASに見合う配合割合の表がつくれる．それを表2.3.4に示す．

この表で重要なものは製造総量110kgという数字で，これが以下の調味処方の基礎となる．

(2) 福神漬の調味処方の作成

表2.3.2の呈味成分数値化の表の福神漬の項を見るなり，自社で市販福神漬を分析するなりして，調味規格を決定する．表2.3.4の製造総量が110kgであるとして，規格と各成分の必要量を表にする．その例を表2.3.5に示す．

① 全窒素の配分

醬油，アミノ酸液，グル曹，そして使えば天然調味料の四者で全窒素を配分する．福神漬は甘味が強いので，全窒素すなわち

表 2.3.5 福神漬の規格と各成分必要量

	決定した規格	110kg必要量
食塩	4.5%	4.95kg
醬油，アミノ酸	10容量%	11L
全窒素	0.35%	385g
グル曹	1.2%	1.32kg
糖	30%	33kg
酸	0.2%	220g
アルコール	1容量%	1.1L

旨味の重要性はやや低いが，それでも一定水準の添加量がないと味がもの足りない．福神漬の全窒素配分で重要なのは，ⓘ福神漬の色調が明るくつくれるかどうか．この点を考えると，窒素系調味料で色調が明るくできるのは，前述のようにグル曹＞味蔵（脱色酸分解アミノ酸液）＞酸分解アミノ酸液＞淡口醬油の順になる．濃口醬油は色調から使うのは論外で，白醬油は旨味がのらないから使いにくい．ⓘⓘ原材料に圧搾ダイコン，圧搾ナスを使っているので復元が速く，十分に野菜に調味液が吸い取られることが重要である．この点では味蔵・酸分解アミノ酸液が淡口醬油より優れている．

表 2.3.5 で福神漬製造総量 110kg では全窒素 385g であるから，以下の計算で配分する．

ⓐ 圧搾野菜の全窒素を求める．野菜では漬菜の葉緑素が構造式の中に窒素をもっていて 0.3% くらい，そのほかは低く，ダイコンでは 0.1〜0.2% である．計算は便宜上 0.15% とすると，

$$\text{圧搾野菜全窒素量 } 40kg \times 0.15\% = 60g$$

ⓑ 醬油，アミノ酸液，グル曹の全窒素を求める．この三者で作成した規格の 385g から圧搾野菜の 60g を引いた 325g を配分する．自社規格で醬油，アミノ酸類を 10 容量%，11L 使い，かつグル曹 1.2%，1.32kg にすることになっている．2，3 回仮定の量を決めて計算を繰り返し，おおむね規格に合った使用量を算出する．この場合グル曹からは醬油，アミノ酸液由来のグルタミン酸の量を差し引かねばならないし，以後の食塩の計算に醬油，アミノ酸液由来の食塩が関与するので**表 2.3.6** のように整理する．全窒素は 0.36% で JAS を上回っている．

② 糖の配分

糖は，製造総量 110kg に対し 30% であるので 33kg，これを砂糖 20kg，異性化液糖 13kg で配分する．この配分は，味覚のやや重いところをねらっている．美化資材のソルビットは，テリと皿に盛ったときの乾燥を防ぐために 3% ほど加えたい．

表 2.3.6 全窒素，グル曹，食塩の使用量の算出

	全窒素	グル曹	食塩
淡口醬油 4.0L	48g	48g	0.75kg
淡口味液 7.0L	210g	266g	1.46kg
グル曹 1 006g	75g	1 006g	
合　計	333g	1 320g	2.21kg

③ 酸の配分

福神漬のような醬油漬の酸は，清涼感より味覚のまとめ役の意味が大きい．酸0.2%で，配分220gをすべて氷酢酸として220mLを使う．

④　アルコールの添加量

鉄砲漬やたまり漬などの高価な漬物には，みりんを使う．しかし福神漬では，変性アルコールか焼酎でよい．110kgの製造総量で1%，1.1Lを25%焼酎を使い4.4L加える．

⑤　食塩の添加量

食塩は，製造総量110kgの4.5%，4.95kgが必要だが，醬油，アミノ酸液から2.21kgくるので，2.74kgを加える．

以上のほか，色素，香料などを加えてまとめると**表2.3.7**のようになる．

2)　甘酢ラッキョウの調味処方

古漬で最も面倒な福神漬の調味処方作成法について述べたが，圧搾のない甘酢ラッキョウなどはごく簡単である．ラッキョウは両端からしか食塩が抜

表2.3.7　福神漬の調味処方

		全窒素 (g)	グル曹 (g)	食塩 (kg)	糖 (kg)	酸 (g)
淡口醬油	4.0L (4.7kg)	48	48	0.75		
淡口味液	7.0L (8.6kg)	210	266	1.46		
グル曹	1 006g	75	1 006			
砂　糖	20kg				20	
異性化液糖	13kg				13	
氷酢酸	220mL					220
25%焼酎	4.4L (4.27kg)					
シソエッセンス	44mL					
黄色4号	15g					
ダイワレッドFN	29g					
ソルビット液	3.3kg					
食　塩	2.74kg			2.74		
水	12L					
(計)	70kg					
野　菜	40kg	60				
製造総量	110kg	393	1 320	4.95	33	220
最終成分		0.36%	1.2%	4.5%	30%	0.2%

〔その他の最終成分〕醬油類10%，アルコール1%，香料0.04%，色素0.04%．

表 2.3.8　甘酢ラッキョウの調味規格・調味処方

規格　脱塩4%ラッキョウ　　　　70kg
　　　調味液　　　　　　　　　70kg
　　　製造総量　　　　　　　　140kg
　　　食塩2%，糖25%，酸0.8%

調味処方		糖 (kg)	酸 (kg)	食塩 (kg)
砂　糖	20kg	20		
異性化液糖	15kg	15		
クエン酸	560g		0.56	
高酸度食酢	5.6L		0.56	
水	28.84L			
(計)	70kg			
4%脱塩ラッキョウ	70kg			2.8
製造総量	140kg	35	1.12	2.8
最終成分		25%	0.8%	2%

けないから，下部から水を噴き上げる脱塩槽を使って，中玉で流水24時間，大玉で36時間かけて食塩4〜6%まで脱塩する．能率よくやらないとラッキョウの皮の第1層が水に長くさらされて白茶けた感じになってしまう．

　規格と調味処方を**表2.3.8**に示す．これを試食し，特徴として酸味を増やしたければクエン酸を，もう少ししっかりした甘味にしたければ砂糖を増やす．また，ワインラッキョウがつくりたければ，水33.88Lのうちから少し除いて赤ワインに切り替え，少し除いておいた1Lくらいの水にブドウ色素140g，アカキャベツ色素280gを溶かして加えれば，美しい製品になる．また，たまりラッキョウがつくりたければ，**表2.3.8**の処方で甘酢ラッキョウをつくり，味がしみ込んだところで140kg当たり醤油2.8Lに金茶SN色素28gを溶かしたものを加えて，ゆるく撹拌すればよい．

2.3.4　時間感覚の入った工程フローシートの作成とそれに基づく調味処方例

　2段調味漬物として鉄砲漬を例に説明する．**図2.3.1**にフローシートを，**表2.3.9**に鉄砲漬の2段調味処方を示す．
　調味処方の作成方針は1段調味と同じだが，2段調味は自社調味規格（最

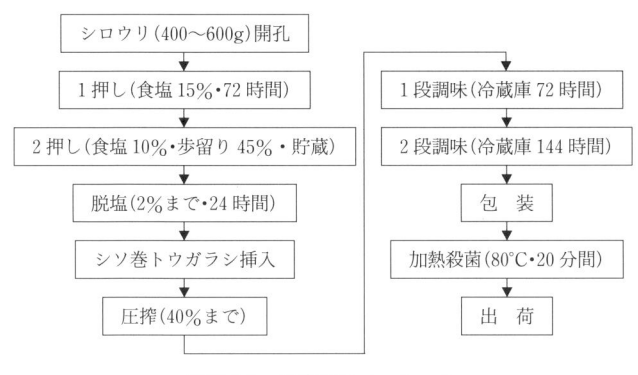

```
シロウリ(400〜600g)開孔
        ↓
1押し(食塩15%・72時間)         1段調味(冷蔵庫72時間)
        ↓                              ↓
2押し(食塩10%・歩留り45%・貯蔵)   2段調味(冷蔵庫144時間)
        ↓                              ↓
脱塩(2%まで・24時間)              包　装
        ↓                              ↓
シソ巻トウガラシ挿入              加熱殺菌(80℃・20分間)
        ↓                              ↓
圧搾(40%まで)                     出　荷
```

図 2.3.1　鉄砲漬フローシート

も美味と思われる各成分値）と最大浸透値（平衡に達したときの浸透量）の関係を考慮して，この両者を決定してからつくる．そして製造工程図の時間，調味処方に忠実に従って実際の製品を試作し，この試作を通して自分の構想との相違点を知り，これを反映させて調味処方を修正する．

2.4　漬物工業の海外シフトとその品質管理

　漬物工業の20世紀末から21世紀にかけての海外シフトは急である．従来は，キュウリ，ナス，シロウリ，ラッキョウ，ニンニク，ショウガ，ヤマゴボウ，搾菜(ザーサイ)，冷凍高菜，梅干などの塩蔵品が主体であったが，最近は甘酢ラッキョウ，梅干，キュウリ刻み醬油漬，かつおダイコン，味付け搾菜からゴボウ加工品，メンマ調理品と完成品の輸入が増えている．今後，さらに大手漬物企業の数社が，中国で合弁事業を行う予定になっていて，漬物原料だけでなく完成品の大量輸入が21世紀の大きな事業になる．

2.4.1　海外完成品はどこまで国内製品に対抗可能か

　海外で完成品をつくる場合，困惑するのは，① 現地採用従業員は日本人と異なり，食美感覚は全くない（中国人は醬油が古くなって黒変しても「味は同じ」で片付けてしまい，美しい食品を食べようという感覚は日本人より少ない）．食美感覚は，世界でも日本人だけがもつ異常感覚と理解して仕事にあ

表 2.3.9 鉄砲漬調味処方

塩蔵（1押し，2押しを通して）
  生シロウリ　　6 000kg
  食　塩　　　　1 800kg →上がり 2 700kg　歩留り 45%

1 段調味　漬込み 72 時間，冷蔵庫
  脱塩シロウリ　1 080kg（脱塩 2%，圧搾 40%）
  調味液　　　　270kg　製造総量 1 350kg

調味処方		食塩(kg)	グル曹(kg)	糖(kg)	酸(kg)
淡口醤油	70L(83kg)	13.2	0.84		
淡口味液	95L(117kg)	19.8	3.61		
グル曹	3.6kg		3.6		
砂　糖	27kg			27	
ソルビット液	30kg			12	
クエン酸	2kg				2
氷酢酸	2L				2
アルコール	6.75L(5.4kg)				
(計)	270kg				
シロウリ	1 080kg	21.6			
製造総量	1 350kg	54.6	8.05	39	4
最大浸透量		4.0%	0.6%	2.9%	0.3%

2 段調味　漬込み 144 時間，冷蔵庫
  1 段調味シロウリ　1 080kg
  調味液　　　　270kg　製造総量 1 350kg

調味処方		食塩(kg)	グル曹(kg)	糖(kg)	酸(kg)
淡口醤油	70L(83kg)	13.2	0.84		
淡口味液	95L(117kg)	19.8	3.61		
グル曹	3.6kg		3.6		
砂　糖	27kg			27	
ソルビット液	30kg			12	
クエン酸	2kg				2
氷酢酸	2L				2
アルコール	6.75L(5.4kg)				
(計)	270kg				
1 段調味シロウリ	1 080kg	43.2*	6.48*	31.32*	3.24*
製造総量	1 350kg	76.2	14.53	70.32	7.24
最大浸透量		5.6%	1.08%	5.2%	0.54%
実質浸透量(×0.8)**		4.5%	0.86%	4.2%	0.43%

  *　1 080kg×1 段調味最大浸透%．
  **　1 段調味，2 段調味を通じて，おおむね最大浸透量の 80% が野菜に浸透．

2.4 漬物工業の海外シフトとその品質管理

たれば，腹は立たない．②中国では，漬物製造資材は調味料，包装資材のすべてを免税で持ち込め，全部製品化して持ち帰るかぎりは課税の対象にもならないという制度はまだ残っているはずである．ただ，すべての資材を持ち込むのは大変なので一部は現地調達になるが，これが苦労する．資材別にみると淡口醬油，淡口酸分解アミノ酸液の良い色調のものの入手は困難（シンガポールキッコーマン，中国ワダカン，タイ味の素はあるが），天然調味料も入手困難．グル曹，砂糖はあるが，異性化液糖の入手もやや難しい．砂糖はときに臭気のあるものがある．食酢は最近は入手可能．みりんは難しいがアルコールは可能．ソルビット，着色料，糊料，香料も期待できない．有機酸はある．困るのはかつお節と白ゴマで，現地のゴマはほとんど砂が入っていると思ってよい．③後述するが，塩蔵原料のうちとくにダイコンと新高菜は，日本産原料と並べてみると，その違いに愕然とする．この２つは，日本人が当分の間，常駐して指導する必要がある．④製造上の注意事項は，日本人の感覚と異なる従業員が対象なので，当然の事項ですら行われない．なるべく理由の説明は避けて，すべてマニュアル化して文書で取り決めるのがよい．著者が，かつて海外での漬物完成品製造で経験した注意点を**表 2.4.1**に列記する．この表を参照しつつマニュアルを作成されたい．

調味梅干は，短期間で完成しよう．すでに強力な完成品が深圳から入っていることも，理由の１つである．中国梅干には白粉梅と青竹梅があるが，皮が軟らかな白粉梅より硬い青竹梅の方が，中国でつくるならつくりやすい．白粉梅は現状より乾燥を強くする必要がある．調味梅干で問題ありとすれば，調味では隠し味のステビアと保存効果のチアミンラウリル硫酸塩の入手，それと国産と同じように蜜が出せて，さらにこれが輸送中に安泰かということ．そして最後に青梅の時の虫や病気による傷，斑点に対する中国側の無関心をどう直せるかである．カリカリ梅や小梅も，酵母汚染対策ができれば調味梅干同様の問題処理でできるが，一抹の不安をもっている．大きく崩れるとすれば両者とも保存性の問題であり，国内生産の塩度より海外生産品は塩度を１％高くし，食酢，氷酢酸の積極的利用を奨めたい．

ニンニク製品も種々あるが，困難は少なそうである．「たまりニンニク」，「しば風味シソニンニク」，「みそかつおニンニク」，「南高梅ニンニク」など

表 2.4.1 海外工場漬物完成品のためのマニュアル作成の注意事項

調味資材	
醤油・アミノ酸液	使用期限を購入後3か月に制限.
砂糖・異性化液糖	液糖は使用期限を購入後6か月に制限. ともに量的管理責任者を置く.
食　酢	使用期限を購入後6か月に制限. 酢酸含量を求めておく.
みりん・焼酎・アルコール	みりんは使用期限を購入後6か月に制限. 焼酎は度数を決めておく. すべて量的管理責任者を置く.
食　塩	ニガリ, 夾雑物を避け品質調査を日本で行う.
包装資材	
ラミネートパウチ	異臭が発生して全体をだめにする. とくにラミネートの接着剤に注意. 海外産フィルムは要テスト.
各工程のチェック	
切断機	厳重に注意を促すとともに出口には長いマッフル.
異物除去工程	異物感覚はない. 除去のマニュアル化と異物発生記録.
脱　塩	最終塩度を決定, 屈折糖度計管理. 暑い地方では, 冷蔵庫脱塩および冷却水の使用.
圧　搾	暑い地方の圧搾は, 終了時には冷蔵庫中に使用調味液を準備し, 圧搾原料投入後, 直ちに撹拌機にかける.
調味液浸漬	撹拌済みナベトロは冷蔵庫.
包装機	怪我に注意. シール強度をときどきチェック.
加熱殺菌機	温度計・殺菌時間管理, 包装後ただちに投入.
塩蔵原料・原料野菜——食べられればよいとの感覚を修正することに重点.	
原料野菜	サイズ, 汚れ, 斑点, ス入り, 変色, 虫害に注意.
塩蔵原料	契約品種か. 適期収穫 (サイズ), 迅速漬込み (放置可能時間設定), 迅速水揚げ (差し水量), 食塩20%.
衛生対策・その他	
水	水質検査をして鉄をチェック. 透明度.
作業着	手首, 足首までの作業着, 完全に毛髪のかくれる帽子, ゴム手袋.
衛生上の注意	手洗いの励行, 日を決めて風呂に入れる. 汚れたまな板, 包丁に注意. 大腸菌汚染防止として, 洗浄後の原料は土間に置かない.
便　所	水洗式とし手洗いを励行.
冷蔵・冷凍庫	内部から扉が開く.
フォークリフト	バック時に音声.

2.4.2　海外完成品の漬物の種類による完成までの必要年数

　海外で漬物完成品をつくるといっても，漬物は種類が多く一律には考えられない．種類も大別して，加熱殺菌をしない調味浅漬，菜漬などの新漬と，加熱殺菌をする塩蔵原料を使う古漬を比べると，海外は遠距離輸送という問題があるので新漬は鮮度低下がみられて不利である．しかし，古漬の新ショウガなどの冷蔵コンテナ輸送に慣れているから，新漬感覚の製品でも古漬と同一視できるとか，広島菜漬，新高菜は，塩蔵，調味，冷凍で輸送コストをクリアすればこれも古漬と同一視できるなど，個々に対応を変えればよい．

　ここで，海外漬物完成品が国内産にほぼ匹敵する品質に到達するまでに，どのくらいの期間がかかるかを見てみよう．

1) **資材，色調の単純な製品**—製造開始後2年以内に完成

　調味資材に醤油類を使わない漬物の完成は早いとみる．ラッキョウでは，甘酢ラッキョウ，たまりラッキョウ，ピリ辛ラッキョウの3種は微妙な乳酸発酵の香りを残すことを考えなければ，砂糖，液糖，食酢，有機酸でつくれるので完成は早い．ただし，「たまりラッキョウ」に使う醤油の品質と，金茶色素を使わずクロシンやアカキャベツやカラメルなど天然着色料使用となると，両端からの着色という美化に苦労しそうだ．ショウガ製品のガリ，紅ショウガは難しくはない．ただし，国内価格が安いので，運賃ばかりかかって「水を運ぶ」ようなものである．新ショウガはムラサキイモ色素着色と保存料なしの製造の2点がネックになる．

2) **醤油・酸分解アミノ酸液を使う製品**—製造開始後5年以内に完成

　醤油の色調・香りの良質なものや，業務用としてもほとんど市販のない酸分解アミノ酸液が日本から持ち込めないと苦労する．持ち込めたとしても，海外の従業員に「淡口」の感覚がないので，褐変してしまって仕事にならない．日本からの持込み，従業員教育が重要である．福神漬はナタマメの入手，キュウリ1本漬は開孔・ゆるい圧搾に手こずる．キュウリ刻み醤油漬は生命となる香りのよい減塩醤油の入手，ヤマゴボウ醤油漬はアクの晶出，調味搾菜は醤油を使っての明るい色調，加えて酸化油脂の使用禁止と完成に意外に

手間取るであろうし，途中で妥協して輸入しても，安価な業務用は別にして，家庭用小袋やびん詰は競争にならないことをおそれる．常に国内産の同種製品を持ち込んでの「並列比較」が重要である．

　以上に注意して製造にあたれば，漬物の種類によっては国内産と比肩しうるものも生産できる．ただし，ちょっとした油断で失敗もあるし，最終完成品の素晴らしい出来に両国従業員が喜んでみても，日本国内で販売中に，袋の接着剤の劣化で強い異臭が出て，すべて廃棄という泣くに泣けないケースもあり得る．

3)　微妙な変色で完成一歩前で停滞する製品──製造開始後完成まで5年以上でも難しい

　ダイコン使用の干したくあん，塩押したくあん，ダイコンキムチ，かつおダイコン，はりはり漬，砂糖しぼりダイコン，緑色の野沢菜漬，広島菜漬，おみ漬，ナス調味浅漬のように美しい色調の製品を，海外で国内産以上に仕上げるのは無理である．

　まずダイコン関係であるが，干し，塩押しを通じてたくあん用の適種が少ないことが挙げられる．干したくあん用の「干し理想」，「西町理想」，「阿波晩生（あわばんせい）」，塩押したくあん用の「新八州（しんはっしゅう）」，「秋まさり」などの限定された品種を，たとえば中国で栽培するとなると，良品の得られる栽培地と品種の適応性のテストに時間がかかる．たくあん用ダイコンは栽培地を選ぶ．まず，このへんから手をつけていく必要がある．広い中国で，東北，天津，山東省，厦門（アモイ）と系統だっていない産地選択では成功は難しい．そのうえ，ダイコンの漬込みで，白い肌に灰色，褐色，黒色をいささかも出さないことは大変であるが，国内では農家と製造業者のチームワークで完成している．国内産の干しダイコン，塩押しダイコン，干したくあん，塩押したくあんと常に「並列比較」する必要がある．

　漬菜類も海外で，100点満点で70点の色調までの漬込みは可能であるが，これも高菜，カラシ菜あたりでは漬込み時の踏み込み，重石量などで葉緑素の緑に黒，黄，褐色が入ってしまう．今はほとんど無神経に購入している海外産漬菜類であるが，これも国内産の良品との「並列比較」を行い，海外産は不作時，緊急時対応という感覚を打破し，徹底して良品をつくるための指

導をするべきである．

ナスの調味浅漬の製造法も難しい．ダイコンの加工用の適種が少ないことは前述した．これに対しナスは浅漬用適種だけでも中ナスの「千両（せんりょう）」，「式部（しきぶ）」，長ナスの「筑陽（ちくよう）」，「黒陽（こくよう）」，小型長ナスの「真仙中長（しんせんちゅうなが）」，「羽黒（はぐろ）」，「仙台」，小ナスの「民田（みんでん）」，「窪田（くぼた）」，「十全（じゅうぜん）」，そして水ナスの「泉州（せんしゅう）」，「紫水（しすい）」と5系統もあって，こちらは逆に多すぎる難しさがある．ナスで一番大切なのは表皮の色調，次いでポリフェノール含量による褐変進行性，そして表皮の軟らかさである．

以上，ダイコン，漬菜，ナスは漬物企業個々の努力以外に，現地国での総合プロジェクト研究まで組まないかぎり完成は苦難に満ちたものになろう．ここでは「並列比較」の言葉を大切にしたい．

2.4.3 海外塩蔵原料の過剰生産と余剰原料

平成13年（2001）のわが国の漬物生産量は，118万5843tである．これに対し，2005年の国内生産量115万t，海外塩蔵原料生産は約40万tと推定している．内訳を**表 2.4.2**に示す．その結果，海外の余剰生産塩蔵品は17万tにのぼり，その年の推定漬物全生産量の約15％にあたる．海外での余剰塩蔵品など買わねばよいとの声も出るが，余剰生産は必ず誰かの手によって安易な漬物に変わり，漬物の名声を落とすとともに業界崩壊を招きかねな

表 2.4.2　2005年の余剰生産塩蔵品　　（t）

	国内生産量 (含海外完成品)	海外原料	余　剰
ラッキョウ	30 000	40 000	10 000
ショウガ	60 000	80 000	20 000
梅干・梅漬	50 000	50 000	30 000
キュウリ製品	70 000	50 000	10 000
キムチ	250 000	30 000	30 000
菜漬類（除白菜）	70 000	30 000	20 000
調味浅漬	250 000	40 000	30 000
たくあん （含砂糖しぼり）	100 000	20 000	20 000
その他	270 000	60 000	—
合　計	1 150 000	400 000	170 000

い．そうなってからでは遅いのである．人口漸減の21世紀，この余剰の吸収は大事業と思われるが，現在の日本人1人当たりの漬物摂取量（1日25g）から考えて，優れた新製品の開発があれば必ずしも困難とは思えない．

1) **梅干・梅漬余剰原料の製品開発**

梅干では，梅肉の利用が考えられる．すでに「南高梅ニンニク」の開発があって，経験のある分野である．梅肉野沢菜漬，梅肉ワサビ漬，梅肉ヤマゴボウなどの製品があり，さらに加糖梅肉がある．ねり梅（梅かつお），梅びしお，梅味噌もあって加糖梅肉は子どもの健康性に結びつくし，梅びしお，梅味噌は"ノリ佃煮（つくだに）"くらいの力を発揮しよう．またカリカリ梅や小梅も，甘露梅，糖漬梅（中華風）など子どもも食べる製品があって，これはカリカリ梅の最盛期の8000tに迫る力を持っていると考える．そして最強の製品は往時，関西で一世を風靡（ふうび）した梅漬「ドブ」の復活である．味覚を研究し，旨味，甘味の最適条件がいくつか決まれば，梅干より旨い，米飯上でつぶしての魅力の味が演出される．何よりの強みは，往時全盛を誇った製品だということである．

南高梅ニンニクの系統にも，近頃，雲南省で鱗片数が1個で重量5g，直径2.5～3.5cmに達するプチニンニクが見出された．これを使っての「南高梅プチニンニク」も，ヒット性は秘めている．

2) **砂糖しぼりカクトゥギの開発**

わが国では，ペチュキムチは強いが，がりがりしたカクトゥギは弱い．一方，砂糖しぼりダイコンも海外産は「並列比較」すると落ちる．これを使って砂糖しぼりカクトゥギの開発があれば，キムチはペチュキムチ，カクトゥギの2本立てになろう．

3) **白菜漬に代り得る刻み菜漬の開発**

正統派の漬菜の刻み漬は，山形青菜（セイサイ），ダイコン，ニンジンでつくった「おみ漬」が唯一のものである．野沢菜漬は，やや頂点に達して下降気味である．輸入広島菜漬，高菜漬で，もう1つ大型商材が欲しい．刻み菜漬は納豆によく合う．良い色調の海外産菜漬を育てて，この白菜に比べ食物繊維，ビタミンC，カロチン，カルシウムのすべてに勝る菜漬需要の喚起を期待したい．

以上の開発で，海外余剰原料の半分の8万tの消化が期待できる．

2.5 漬物の品質劣化

漬物の品質劣化の種類は多い．そのうえ，困ったことに，漬物工業技術者が悪いことに気づいていないで，品質が大幅に低下している例もある．また漬物は，昭和40年代初めから，漬物を美しく見せたり鮮度を大切にするため，思い切って乳酸発酵を切り捨てている．それからすでに25～30年を経過しているので，50歳以上の人は乳酸発酵をした白菜漬の旨さを知っているが，それ以下の年代の人には「腐っている」との一言で廃棄されるという，劣化の見解の相違すらみられている．

漬物に品質表示基準が設けられ，賞味期限，消費期限を記載する義務が生じたが，この賞味期限といっても，主として腐敗細菌による調味液の濁り，変色，腐敗による可食性の喪失を考えるが，酵素的，非酵素的褐変や酸化臭，酸敗臭など「漬物の鮮度」の低下も考えに入れる必要がある．

したがって，漬物の消費期限あるいは賞味期限は，納豆や豆腐，サラダなどと異なり，期限を過ぎて直ちに駄目，廃棄という品質になるわけではない．ただ賞味期限については原明弘氏の定義の，

賞味推奨期限	完全品質100で90まで
賞味推奨限界期限	〃　　　　80まで
可食限界期限	〃　　　　40まで

とするならば，賞味期限は漬物工業技術者の判断で推奨限界期限までに抑えたい．

最近，野菜の有機栽培が行われ，それ自体はよいことだが，未熟堆肥の使用などによる細菌の汚染は，漬物用野菜に増えている．たとえば白菜浅漬に，病原性大腸菌O157の汚染が不幸にして起これば，乳酸発酵によるバイオプリザベーションとのスピード勝負になり，O157が勝てば発病の可能性はあるし，海水が18℃以上になる6～9月の間に，魚介類を使ったまな板，包丁からキュウリ浅漬に腸炎ビブリオが汚染すれば，わずか3時間で発病菌数に到達する．このことを考えると，調味浅漬，菜漬の袋中の注入液の清澄は安全性の指標になるので，注入液の濁りが見えるような消費期限は新漬に限っては避けたい．**表2.5.1**に賞味期限影響因子と変敗様相を，**表2.5.2**に(社)

表 2.5.1 賞味期限影響因子と変敗様相

品名	食塩	殺菌	保存料	緑	変色	辛味	香気	バリヤー	清澄	酸敗	軟化	中毒	変敗様相
白菜漬	2.3%	×	×	○					○	○			変色・濁り・酸敗
野沢菜漬	2.5	×	○	○					○	○			変色・濁り
ナス浅漬	2.5	×	×		○				○				変色・褐変・酵母沈殿
サケはさみチ	2	×	△			○	○			○		○	酸敗・いずし中毒
白菜キムチ	2.5	×	×	○						○			酸敗・カビ
キュウリ浅漬	2.5	×	×	○	○			○			○	○	腸炎ビブリオ
袋・干したくあん	3.5	○	○		○			○			○		変色・酵母沈殿・軟化
袋・塩押したくあん	3.5	○	△							○	○		変色・酵母沈殿・軟化
べったら	3	○	×							○			変色・酸敗
調味梅干	12	×	×								○		酵母蔓延
カリカリ梅	10	×	×								○		酵母・軟化
かつお梅	12	×	×								○		酵母蔓延
福神漬	4.5	○	○		○					○			変色・酸化臭
キュウリ1本漬	3.5	○	○								○		軟化
ヤマゴボウ醤油漬	5	○	○				○	○	○				酸化臭・沈殿
甘酢ラッキョウ	2	×	○					○	○		○		酸化臭・軟化
新ショウガ	5	×	○						○				腐敗臭
甘酢ショウガ	2	×	○				○						異臭
味噌漬	5	○	○										変色・変香・酸欠（トレー）
奈良漬	3	×	×							○			軟化・アルコール分離
ワサビ漬	2	×	×			○				○			辛味消失

×は実施または添加せず．

2.5 漬物の品質劣化

表 2.5.2 農産物漬物の賞味期限の目安

区　分	品　　　名	容器包装	保存方法	賞味期限	備　　考
ぬか漬類	たくあん漬(干し)	袋	常温	2～4か月	
	たくあん漬(干し)	袋	冷蔵	3～6か月	
	たくあん漬(塩押し)	袋	常温	1～3か月	
	たくあん漬(塩押し)	袋	冷蔵	2～5か月	
	その他のぬか漬	袋	冷蔵	7～15日	浅漬タイプ
	その他のぬか漬	袋	常温	1～2か月	本漬
	その他のぬか漬	袋	冷蔵	2～5か月	本漬
醤油漬類	福神漬	袋	常温	4～6か月	
	福神漬	袋	冷蔵	5～8か月	
	その他の醤油漬	袋	常温	3～6か月	本漬
	その他の醤油漬	袋	冷蔵	7～20日	浅漬タイプ(含キムチ)
粕漬類	奈良漬	化粧だる箱	常温	2～4か月	贈答用
	奈良漬	袋	常温	2～3か月	
	刻み奈良漬	袋	常温	1～2か月	
	ワサビ漬	化粧だる箱	常温	15～25日	土産物包装(密封)
	ワサビ漬	化粧だる箱	冷蔵	20～30日	
	ワサビ漬	カップ	常温	7～20日	
	ワサビ漬	カップ	冷蔵	20～30日	
	山海漬	カップ	常温	7～20日	
	山海漬	カップ	冷蔵	20～30日	
	その他の粕漬	袋	冷蔵	10～30日	浅漬タイプ
酢漬類	ラッキョウ酢漬	袋	常温	4～6か月	
	ラッキョウ酢漬	袋	冷蔵	5～8か月	
	ショウガ酢漬	袋	常温	2～6か月	
	ショウガ酢漬	袋	冷蔵	5～8か月	
	その他の酢漬	袋	常温	10～30日	浅漬タイプ
	その他の酢漬	袋	常温	3～6か月	はりはり漬など本漬
塩漬類	梅漬	カップ, 袋	常温	10～12か月	
	梅干	カップ, 袋	常温	2～3年	塩分12%以上のもの
	調味梅漬	カップ, 袋	常温	3～6か月	
	調味梅干	カップ, 袋	常温	3～6か月	かつお梅は短期設定
	その他の塩漬	袋	冷蔵	7～15日	浅漬タイプ
味噌漬類	味噌漬	袋	常温	3～4か月	
	味噌漬	袋	冷蔵	4～6か月	
カラシ漬類	カラシ漬	袋	常温	1～2か月	
	カラシ漬	袋	冷蔵	2～3か月	
麹漬類	べったら漬	袋	冷蔵	1～2か月	
	その他の麹漬	袋	常温	2～4か月	長期は加熱殺菌したもの
	その他の麹漬	袋	冷蔵	7～15日	はさみ漬
	その他の麹漬	化粧だる箱	冷蔵	14～30日	かぶらずし
もろみ漬類	もろみ漬	袋	常温	2～4か月	
	もろみ漬	袋	冷蔵	4～6か月	

注）常温は直射日光を避け常温で保存した場合，また，冷蔵は10℃以下で保存した場合とする．

((社)全国漬物検査協会作成)

全国漬物検査協会の賞味期限の目安を示す．

2.5.1 漬物の品質劣化の種類

漬物の品質劣化には，前述のように種々のものがある．これを表 2.5.3 にまとめてみた．そして考えられる品質劣化の最大の問題の食中毒の菌名を表 2.5.4 に，また微生物変敗の現象と原因菌名を表 2.5.5 に示した．たとえば，黄色ブドウ球菌は濃厚生育すれば耐熱性の毒素をつくるが，漬物ではそのようなことの発生は考えられないので省略した．

2.5.2 食品の変敗制御法

漬物の変敗制御法も一般の食品制御法に準ずるが，たとえば 120℃ のレトルト殺菌は物性の歯切れが劣化するので，「山菜・とり釜飯の素」とか「キノコ・サケ雑炊の素」のような動物質の入ったもの以外では使いにくい．そして逆に，他の食品では考えられない，製品の調味液をほとんど無栄養にする「ショウガ甘酢漬（ガリ）」の貧栄養という特殊手段が使えるケースもある．

1）加熱殺菌

加熱殺菌は，完全殺菌と商業的殺菌に分けられる．完全殺菌はボツリヌス B 型菌胞子の殺菌条件で 120℃，4 分の達温が行われている．実は，この条件では缶詰のフラットサワー変敗に関与する *Bacillus coagulans, Bacillus stearothermophilus, Clostridium thermosacchalolyticum* などの芽胞は生存する．コンビニエンスストアで常時加温しているスープ缶詰で酸敗が起こり，問題になっている．

商業的殺菌は，牛乳殺菌，ビール殺菌，酸性食品（トマト加工品，ピクルス，サワークラウトなど）の 100℃ 以下の殺菌，すなわちパスツリゼーションに分類される．食品衛生法の「乳及び乳製品の成分規格等に関する省令（乳等省令）」，「食品，添加物の規格基準」で定められている加熱殺菌条件は表 2.5.6 のとおりである．漬物については記載されていない．漬物の加熱殺菌はしたがって，火入れと称する程度のものである．80℃・20 分の温水浴を基準として，大型 2kg では 85℃・35 分，また袋の重なりや，冷蔵庫から

2.5 漬物の品質劣化

表 2.5.3 漬物の品質劣化

区　分	原因および対象	現　象
微生物によるもの	腐敗細菌の増殖（すべての漬物）	調味液の濁り，沈殿，異臭，退色，変色，軟化，ネト，腐敗
	毒素産生菌の増殖など（浅漬，動物質混合漬物）	腸炎ビブリオ（下痢） 病原性大腸菌 ボツリヌス菌（昏睡）
	乳酸菌の増殖（主として浅漬）	調味液の濁り，発酵臭，軟化，酸敗，葉緑素の変色
酵素によるもの	ペクチナーゼ（すべての漬物）	軟化
	ポリフェノールの酵素的褐変（ナス浅漬，たくあんなど）	灰色化，褐変
化学的なもの	非酵素的褐変（福神漬，たくあんなど）	褐変，アルデヒド臭発生
	黄色変（たくあん）	黄色色素生成
	香気の酸化（ヤマゴボウの漬物）	石油のような臭気発生
	辛味の水による分解（ワサビ漬，カラシ漬）	アリルカラシ油のニトリル化
物理的なもの	高温乾燥による木質化（いぶりたくあん）	水分の過蒸発によるリグニンの割合の上昇
	冷凍変性（野沢菜漬）	組織，とくに表皮の欠損

表 2.5.4 漬物原料に関与する食中毒菌

原　料　名	菌　　名
野菜・果実類	ボツリヌスA型菌，セレウス菌，ウエルシュ菌，病原性大腸菌
香辛料（スパイス）	ボツリヌスB型菌，セレウス菌，ウエルシュ菌
魚　介　類	腸炎ビブリオ，ボツリヌスE型菌（いずし），サルモネラ，病原性大腸菌（キムチ（カクトゥギ）に用いるカキ）

出してすぐの殺菌機投入には注意する．**写真 2.5.1** に，たくあんの湯加熱殺菌の例を示す．

2) 薬　　剤

　漬物には，一般に合成保存料ソルビン酸カリウムが使われる．最近の食品

表2.5.5 漬物の変敗と原因菌

	現　象	原因菌	汚染経路
漬液の濁り	菌数 10^6/mL で濁り出す.	乳酸菌, 酵母, グラム陰性腐敗細菌	原材料
膨　張	濁りとともに密封した袋のふくれが起こる.	乳酸菌, *Saccharomyces*, *Hansenula*	原材料
退　色	膨張はせず, 袋の中の漬物の色素が退色する.	*Bacillus*, *Pseudomonas*, *Torulopsis*	原材料
ネ　ト	梅漬, 梅干の個装品や小容器詰に発生する.	耐塩性酵母, 乳酸菌	2次汚染
酸　欠	トレー詰製品のプラスチックフィルムが漬物に吸着される. 味噌漬に多発.	酵母, グラム陽性腐敗細菌	2次汚染

表2.5.6 「食品, 添加物等の規格基準」および「乳等省令」で定められている加熱殺菌条件

食　品	加熱殺菌条件
清涼飲料水　pH 4.0 未満のもの	65℃, 10 分
果　汁　pH 4.0 以上のもの	85℃, 30 分
非加熱食肉製品以外の食肉製品および鯨肉製品	63℃, 30 分
魚肉ハムおよび魚肉ソーセージ	80℃, 45 分
特殊包装かまぼこ	80℃, 20 分
その他魚肉ねり製品	75℃
包装豆腐	90℃, 40 分
豆汁または豆乳	100℃, 2 分
容器包装詰加圧加熱殺菌食品 (pH 5.5 を超え, かつ A_w = 0.94 以上のもの)	120℃, 4 分
牛乳, 特別牛乳など	62〜65℃, 30 分
アイスクリーム原料	68℃, 30 分
乳酸菌飲料原料, 乳飲料など	62℃, 30 分
無糖練乳	115℃, 15 分

写真 2.5.1 密封包装たくあんの加熱処理（80℃・20分）

衛生法の改正で，浅漬類にも使用可となった．ソルビン酸カリウムは，酸性になるほど溶けにくくなる．規定量の半分に抑えたい．温水にまずソルビン酸カリウムを溶かし，次いで調味料を加える調味液作製法があるが，ソルビン酸は揮発しやすいこと，あとで酸を加えてpHが変わると沈殿するなどの欠点がある．調味料のすべてを加えた調味液に，水に溶かしたソルビン酸カリウムをゆっくり撹拌しつつ加える．このほか，他目的の食酢，酢酸が梅干，カリカリ梅で，アルコールが調味浅漬，魚卵・野菜混合醬油漬で，グリシンが各種漬物で使われる．新しいものとしては，浅漬にキトサンが使われる．キトサンは，薬剤殺菌では一般的に効果が低い乳酸菌に効くところが特徴で，また凝集力による濁りの抑制効果がある．

3) **低温処理**

現在の低塩漬物で最も重視される変敗制御法である．微生物の生育抑制だけでなく，酵素による劣化，成分相互間反応，酸化反応などの化学的な変質もカバーする．大型冷蔵庫，チラー（水冷却循環装置）などの普及から，最近は氷温製造までと幅が広い．また流通も低温流通が主体となり，海外から，浅漬の冷蔵コンテナによる船舶，航空機による輸送まで行われている．

4) **貧　栄　養**

甘酢ショウガの業務用製品をつくるとき，調味液を食塩，サッカリン，氷酢酸，クエン酸と微量の色素で構成させるのが，これに当たる．微生物の栄養源を絶つ考え方である．甘酢ショウガの場合，0.1%のグル曹を加えるこ

とがあるが，このへんが限界である．

　非殺菌の業務用の石油缶に入った 10〜15kg の福神漬，キュウリ刻み醤油漬，さくら漬，ダイコンキムチなどの古漬にもこの考え方は生きていて，食塩量を嗜好に耐えるギリギリまで上げ，ソルビン酸カリウム，氷酢酸の防腐性を使った上で，調味液の旨味成分，甘味料を極力抑えるという製造法である．

5) そ の 他

(1) 乾　　燥

　天日，熱風，焙乾，ドラム乾燥，SD（噴霧乾燥），FD（凍結乾燥）などがあるが，漬物ではたくあんの天日乾燥，いぶりたくあんの焙乾，おむすび山・お茶漬ノリなどの具として，漬物の FD 乾燥があるが，保存より物性変化に重点がある．

(2) 浸　透　圧

　水分活性とほぼ同じ意味になる．漬物は，塩の浸透圧に基礎があるし，糖やアルコールの浸透圧は重視される．ただし，耐浸透圧性酵母も存在するので，これによる変質は避けられない．糖は 60％以上が必要である．

(3) pH 低　下

　酢酸が最高の抗菌力をもち，アジピン酸も抗菌性を示す．コハク酸は旨味，グルコン酸は腸内ビフィズス菌の生育促進効果があるが，いずれも酸味は弱い．

(4) 湿　潤　剤

　ソルビットは漬物の老化予防とテリ付与，湿潤性による外観向上に大きく関与する．賞味期限に関して有力な資材である．

(5) 酸化防止剤，脱酸素剤

　たくあんのエリソルビン酸，ナス浅漬のビタミン C は著効がある．このほか，酸化防止剤は，ヤマゴボウ漬のように精油の多い製品によい．脱酸素剤は 20 年の歴史があるが，初期のカビ・酵母防止から，生指向の風味・香味の劣化防止に目的が移っている．PL 法施行に伴う金属探知機の普及で，鉄粉がやや問題ありとされてアスコルビン酸などの有機系が使われ始めている．

(6) 包　　装

ガスバリヤー性のエバールをはさむことが酸化防止，ひいては変色を防いで賞味期限に良い影響を与える．最内層はヒートシール性，中層はガスバリヤー性，最外層は強度をもつ3層ラミネートはよく使われる．最近は，ガス選択透過性包材，酸素吸収性包材，超ハイバリヤー包材も開発されている．

(7) 環 境 浄 化

製造用水や施設内の空気の浄化が主であって，このことはこれからの大きな課題となる．紫外線・オゾンなどの物理的殺菌，すなわち冷殺菌が重要になる．とくにオゾン殺菌の進歩は著しく，環境浄化だけでなく，オゾン水による連続殺菌脱臭システムなど種々のものが使われている．しかし，これもまだ研究開発のノウハウの段階で，成功例はよく聞くが，データ公表は少ない．

以上のように種々の変敗制御法はあるが，これを個々に使っても弱く，最近の観念は制御積重ね法，ハードル・バリヤー法など，種々の制御法を併用することが普通になっている．すなわち，今まで述べた各項目を，十分に理解して自在に使える技術者がいるかどうかが成否を分ける．

2.6　漬物の変色

漬物は，25～30年前に乳酸発酵を切り捨ててまで，葉緑素の緑色を守った．漬物は，明るさが重視される食品になったのである．

漬物の色の悪化には，3つの要因がある．第1のものは，野菜に含まれる天然色素の分解変色や退色で，主たる色素の葉緑素（クロロフィル），アントシアニン，カロテノイドが関与する．天然着色料使用漬物の変・退色もこれに近い．第2のものは，無色，あるいは赤色などの地色の褐色化である．この褐変は，弱いと淡い灰色に，進むと黒色化する．これはさらに2つに細分化され，1つは糖とアミノ酸の存在で起こるアミノ-カルボニル反応で，加熱処理して酵素を失活させても起こるので，非酵素的褐変という．他の1つは野菜のもつポリフェノール，すなわちタンニン成分がポリフェノールオキ

シダーゼによって酸化されて起こる酵素的褐変である．第3のものは野菜を処理していると，無色のところに黄色や赤色の出てくる現象のことで，たくあんダイコン漬込み中の黄変，ダイコンやカブの塩漬中に出てくるロイコアントシアニンの酸によるアントシアン化での赤変や紫赤色変，そして，これはキムチ原料になるが，すりおろしニンニクの緑変である．このような発色の解明は，困難なものが多い．

2.6.1 クロロフィルの黄緑化

クロロフィル（葉緑素）は，生体中では蛋白質と弱く結合している．塩漬にすると遊離し，酸の存在でマグネシウムを離脱して，黄緑色のフェオフィチンになる．pH 6.5 以下で分解するが，pH 7〜8 で比較的安定し，硫酸マグネシウムを使うと，熱に安定な緑色ジュースがつくれる．

さらに，酸の存在下におくとフェオフィチンの側鎖のフィトールがとれて，フェオフォルビドになる．古高菜漬はこれも含み，光過敏症の皮膚炎を起こす．

2.6.2 カロテノイドの安定性

ニンジン，トマト，トウガラシなどのカロテノイドは，天然色素中で最も安定であり，レッドベル，イエローベルという赤や黄色のピーマンは，塩漬にすると変色しない．ただし，この色素は乾燥に弱く，また冷凍にも弱く酸化する．

2.6.3 アントシアニンの変色

ナス，ブドウの色素はアントシアニンで，天然界に多いが，pH のわずかな変化で変色して始末が悪い．鉄，マグネシウム，アルミニウムイオンなどと金属錯体を形成して安定化しているとの説があって，事実，鉄，アルミニウムを添加すると色止めになる．鉄は硫酸第一鉄 0.1% の添加で紫黒色，アルミニウムは焼きミョウバンの 0.3% の添加で赤紫色になる．

グレープジュース缶詰では，そのまま放置すると比色計の 515nm にピークをもつ色素が退色し，色は薄くなる．ビタミン C を加えておくと 500nm にピークが移り変色するが，色はさめない．漬物でも，ビタミン C 添加で

この例がみられる．

2.6.4 非酵素的褐変

アミノ酸と糖が存在すると，N-置換グリコシルアミノ化合物ができる．これがアマドリ転位という反応を起こし，不安定なエノール型を経てケト型となり，これに糖が1分子結合する．ここに出来たジケトースアミノ化合物は重要物質で，pHの影響でエノール化が起こるとともに，3-デオキシオソンと糖に分解する．3-デオキシオソンは，褐変中間体でその蓄積により褐変物質メラノイジンを形成する．1度，ケト型のN-置換グリコシルアミノ化合物ができると，次々と外から糖を取り入れて，ジケトースアミノ化合物を経て3-デオキシオソンを放出し，また新しい糖を求めていく．

酸性側では反応が遅い．低温では抑制され，温度が10℃上がれば3～5倍反応は進む．酸素は中間反応生成物の生成に関与し反応を促進するが，窒素気流中でも進む．鉄や銅イオンも促進する．

この反応は福神漬の褐変や味噌漬の褐変に関与するが，漬物工業で，誰も気づかずにこの迷惑をこうむっているのが醬油であって，本来醬油は赤いものであるが，褐変して黒くなったものを平気で使っていることが多い．

2.6.5 酵素的褐変

ポリフェノールカルボン酸とそのエステル，フラバノールを基本骨格とするカテキンやロイコシアニジン，カテキンやロイコシアニジンが会合または縮合した比較的分子量の高いものの三者を，酵素的褐変の基質と呼ぶ．

この成分に，酸素存在下で酸化酵素ポリフェノールオキシダーゼが働く．クロロゲン酸，カテキンのようなカテコール型ポリフェノールは，酵素によりキノンになり，それが酸化物に重合したり共存するとアミノ酸と反応を繰り返し，黒褐色の色素へ変化する．したがって酸素遮断と低温が抑制となる．たくあん，ゴボウから塩蔵中のラッキョウの変色までこれによって起こる．

2.6.6 ダイコンの黄変

ダイコンの塩蔵過程で起こる4-メチルチオ-3-ブテニルカラシ油配糖体が

ミロシナーゼにより分解され，辛味成分を生成する．漬込み期間中に辛味成分が水と接触して，メチルメルカプタン（メタンチオール）を放出しつつ，水溶性のピロリジン誘導体（TPC）に変化し，これが微生物により生成蓄積されアミノ酸のトリプトファンと脱水縮合してテトラヒドロ-β-カルボリン誘導体，β-カルボリン誘導体という2つの黄色色素をつくる．ミロシナーゼ以外は，非酵素的化学反応のため黄変は低温で抑えられる．

2.6.7　漬物の香気酸化

漬物のなかで香気の強いのは，ヤマゴボウ，ゴボウ，ワサビ，ショウガである．これを調味漬にすると，香気は揮発性の精油であるので，貯蔵中に袋中の調味液の溶存酸素で酸化して，ガソリン様の異臭になる．ヤマゴボウでは酸化防止剤が効果はあるが，できれば賞味期限を短くして対処したい．甘酢ラッキョウにレモンのスライスを入れる例があるが，このレモンは速やかに酸化して刺激臭になる．

このほか，このところ「ぬかみそフレーバー」が資材業者から発売されているが，消費期限内の2～3日で酸化して，無精香（ぶしょうこう）という不快なにおいになる．ただ，本当のぬかみそ漬の香気を消費者が知らないので，あまり苦情はない．

2.7　漬物工業における HACCP

HACCPは，わが国では1996年5月に特定食品の総合衛生管理製造過程の承認制度として発足し，乳業関連，食肉製品，魚肉ねり製品，容器詰加圧加熱殺菌食品で承認申請が行われ，承認件数が約1 000に達した．しかし，その後の雪印乳業，滝沢ハムの食中毒問題があってHACCP内容の見直しに重点が置かれ，その後の進展はない．以上4品目に加えて，清涼飲料水，惣菜（そうざい）関連の承認申請，承認まで行くかどうかというところで，事実上この制度は終止符が打たれるものと思われる．

したがって，漬物は業界内自主制度として定着させるか，あるいは一部製品についてHACCPの精神を取り入れた各企業の衛生管理の努力に負うこ

とになる．HACCPは鳴り物入りで導入が図られたが，一応，4食品の承認にとどまった．それだからといって，漬物企業がそれをみてHACCPは不要と思うのは間違いであり，とくに雪印乳業の事件以来のHACCP不信を，自社で受け入れてはならない．CCP（Critical Control Point System；重要管理点方式）の重要管理点にのみ目が行った失敗が，今回の事故の原因であるととらえ，厚生省のいう，総合衛生管理製造過程の概念を重視して考えて行く必要がある．

2.7.1 HACCPの実際

以下の前提条件から，HACCPに進むこと．

第1前提：GMP（Good Manufacturing Practice；適正製造基準）

HACCPの導入以前にGMPを整備し動いていること．製造面では，完全調味処方表，時間の入った工程フローシート，使用資材の重要成分の数値化．衛生面では，原材料の取扱いと貯蔵，工程の衛生と完成品の取扱い，異物対策，有害微生物の排除，廃棄物の処理，作業員の衛生，完成品の輸送と貯蔵．

第2前提：PP（Prerequisite Program；一般衛生管理プログラム）

食品の製造に用いる施設・設備の保守点検などの一般衛生管理の重要性．その実施要件がPP．

第3前提：SSOP（Standard Sanitation Operation Procedure；衛生標準作業手順）

衛生管理の前提となる衛生管理活動をむだなく進めるため，「いつ，どこで，誰が，何を，どうするか」を解説．

HACCP

危害リスト，CCPの選定とCCP整理表管理基準（CL＝Critical Limit）とモニタリング，改善措置，記録文書の管理．

以上，HACCPの漬物工業への適用を述べた．さいわい漬物の食中毒は，たとえば水温18°C以上の海水魚を取り扱ったまな板・包丁の汚染を引き継いだ浅漬が，3時間で発病菌数に到達する腸炎ビブリオに汚染されたり，有機栽培の野菜での病原性大腸菌O 157の浅漬への汚染，いずし（酸性処理を

しない)のボツリヌス中毒以外,食中毒の恐れの少ないことを考え,適切に導入していきたい.

付表として,漬物でHACCPの重要性の高い「サケのはさみ漬」,「調味梅干」のHACCPの様式および記載例を図2.7.1,図2.7.2,表2.7.1～2.7.5に示す.併せて,調味液調合用紙を表2.7.6に示す.

表2.7.1 製品説明表(記載例)(様式1-1)

項　目	説　明
1. 製　品　名	サケのはさみ漬
2. 製品の重要な特性	野菜・ベニザケ・米麹を容器に積層した漬物で,食塩1.5%～2.0%,pH 4.8,日持向上剤は使用しない.非殺菌の漬物のため食中毒に最大の関心を払うべきである.
3. 使　用　方　法	野菜塩漬で,米麹,ベニザケと少量の調味料の複合味が特徴で,漬物は切って味わう.
4. 包装形態および材質	ポリプロピレン/エバール/ポリエチレンの3層ラミネートフィルムで,7×8×7cmにパック.
5. 日　付　表　示 (消費期限,賞味期限など 保存条件を含む)	5℃の冷蔵庫収納で5日,夏期(6～9月)は特注以外製造せず.
6. 出　荷　先	デパート,量販店,千歳空港土産品.
7. 表示上の指示 (警告表示問題を含む)	要冷蔵,北海道特産漬物で一般に冷涼時の出荷のため,警告表示なし.
8. 輸　送　条　件	冷蔵庫,クール宅配便を使用,到着地まで3℃以下に保つこと.
9. 原材料および調味処方	別紙のとおり.

注) 原材料および調味処方を別紙とした事例.

表2.7.2 原材料および調味処方(様式1-2)

製　品　名		サケのはさみ漬	
主　要　原　料	副　原　料	調　味　処　方	
白　菜　　62% キャベツ　15% ダイコン　12% ニンジン　　2% ベニザケ　　9% (計)　　100%	米麹　主要原料の3% 食塩　主要原料の3%	野菜塩漬 調味液 　グル曹324g,ソルビット液270g, 　氷酢酸36g,みりん643mL(900g), 　食塩75g,水 945mL	15kg 2.55kg

積層容器:64×38×8.8cm.

2.7 漬物工業におけるHACCP

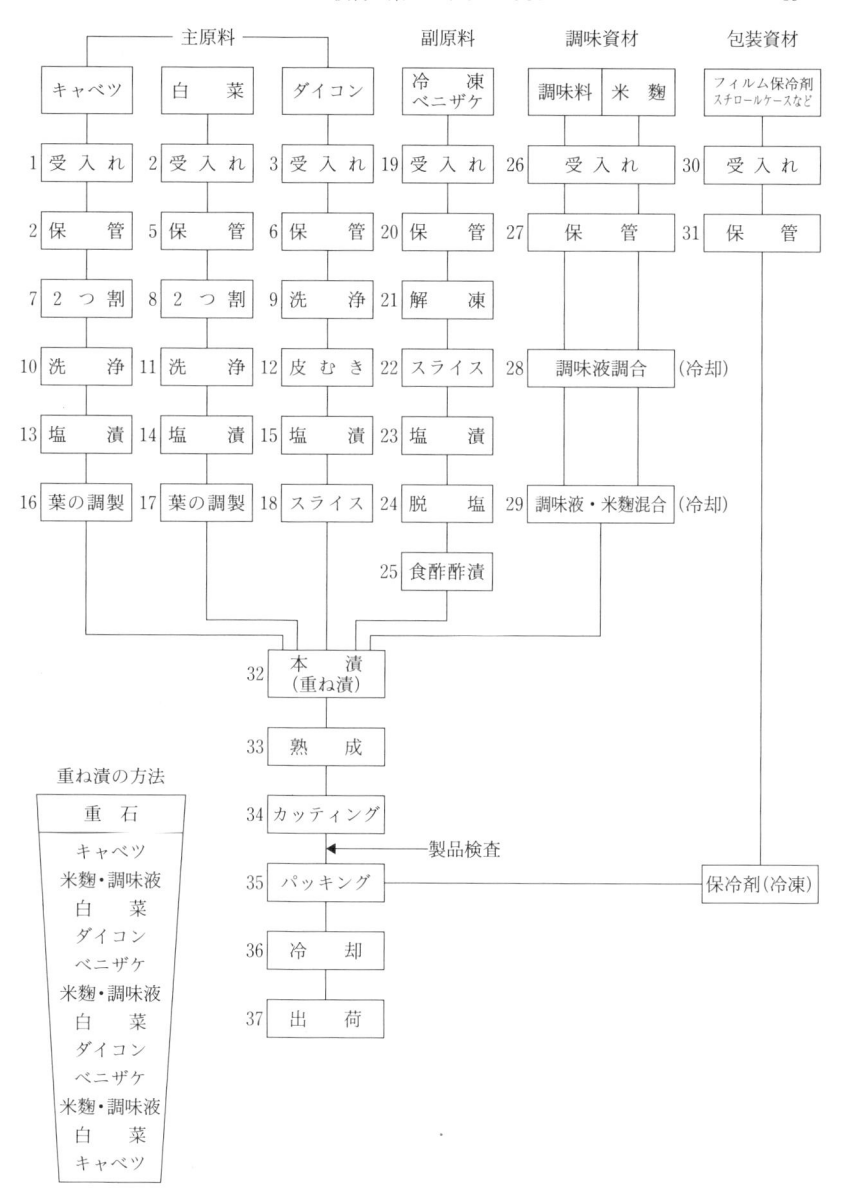

```
主原料                          副原料        調味資材        包装資材
キャベツ  白菜  ダイコン    冷凍ベニザケ   調味料 米麹   フィルム保冷剤
                                                      スチロールケースなど

1 受入れ  2 受入れ  3 受入れ   19 受入れ   26 受入れ    30 受入れ
2 保管    5 保管    6 保管     20 保管     27 保管      31 保管
7 2つ割   8 2つ割   9 洗浄    21 解凍
10 洗浄   11 洗浄  12 皮むき   22 スライス  28 調味液調合 (冷却)
13 塩漬   14 塩漬  15 塩漬    23 塩漬
16 葉の調製 17 葉の調製 18 スライス 24 脱塩  29 調味液・米麹混合 (冷却)
                                25 食酢酢漬

                    32 本漬
                       (重ね漬)
                    33 熟成
                    34 カッティング
                                ← 製品検査
                    35 パッキング          ← 保冷剤(冷凍)
                    36 冷却
                    37 出荷
```

重ね漬の方法

重石
キャベツ
米麹・調味液
白菜
ダイコン
ベニザケ
米麹・調味液
白菜
ダイコン
ベニザケ
米麹・調味液
白菜
キャベツ

図 2.7.1 サケのはさみ漬のフローダイアグラム(記載例)(様式1-3)

表 2.7.3 HACCP 製造過程総括表

製品の名称：サケのはさみ漬

危害が発生する工程	危害の原因物質	危害の発生原因	防止措置	CCP
(A 野菜下漬)				
1～3 原料の受入れ	異物, 土砂, 落葉, 微生物（細菌）	原料由来	受入れ時検査	QC
7～11 調製・洗浄	微生物（細菌）	原料由来	土砂, 病葉の除去, 作業手順の遵守	QC
13～15 塩　漬	品質劣化 微生物の増殖	食塩使用量 温度管理	作業手順の遵守	QC
(B ベニザケ酢じめ)				
19 受入れ	異物・骨	原料由来	受入れ時検査	QC
21～23 解凍・スライス・塩漬	品質劣化 微生物の増殖	食塩使用量 温度管理	作業手順の遵守	QC
25 食酢酢漬	品質劣化	食酢酸度 漬込み時間 温度管理	作業手順の遵守	CCP 2
(A+B 本　漬)				
32 重ね漬（漬込み）	微生物（細菌）の2次汚染	作業者の手指の汚染	手袋使用	CCP 2
33 熟　成	品質劣化 微生物の増殖	冷蔵庫温度の上昇	温度計の確認	QC
35 パッキング	液もれによる2次汚染	密封不良	作業手順の遵守	QC
36 冷　却	品質劣化 微生物の増殖	冷蔵庫温度の上昇	冷蔵庫温度の確認	QC
37 出　荷	品質劣化 微生物の増殖	輸送中の温度上昇	保冷材使用, 輸送中の温度管理	QC

注）CCP 1：危害防除が確実にできるもの，CCP 2：危害を減少，軽減することができるが，完

2.7 漬物工業におけるHACCP

(記載例)(様式1-4)

管理基準	モニタリング方法	改善措置方法	検証方法	記録文書名
原料受入基準	目視	返品	製品検査	受入検査表
洗浄液200ppm塩素水で手もみ洗浄	調製・洗浄手順の確認	再洗浄	製品検査	受入検査表
漬込み基準 (食塩量3%,冷蔵庫5°C以下漬込み,漬込み時間)	冷蔵庫温度のチェック (漬液の上がりの状態および塩分測定(Brix塩分換算値))	追塩・再漬込み	製品検査	漬込み日報
受入基準	目視	返品	製品検査	受入検査表
漬込み基準 (食塩量10%,5°C以下7日間)	冷蔵庫温度のチェック,漬液の食塩分測定	追塩・再漬込み	製品検査	漬込み日報
漬込み基準 (酸1%に16時間浸漬,5°C以下)	冷蔵庫温度のチェック,pH測定,漬込み時間の確認	危険度評価 (再漬込みまたは廃棄)	製品検査	漬込み日報
作業者の衛生管理基準	作業開始前の確認	危険度評価 衛生管理の徹底	製品検査	衛生管理のチェックリスト
漬込み基準 (温度0°C 時間48時間)	冷蔵庫温度計確認 第1層のキャベツの色調	危険度評価	製品検査	冷凍庫,冷蔵庫温度管理表
包装基準	目視	シール機の点検調整	記録の確認	工程管理表
包装基準	冷蔵庫の温度計の確認 (作業前および終了後)	危険度評価	製品検査	工程管理表
出荷・配送管理基準(3°C以下)	積み込み時および納入時の車内冷蔵温度確認	積み戻し 危険度評価	輸送中の温度管理記録の確認	輸送温度管理日報

全防除まではいかないもの.

表 2.7.4 製品説明表(記載例)(様式 2-1)

項　　目	説　　明
1. 製　品　名	調味梅干
2. 製品の重要な特性	中国産輸入梅干を原料とした合成着色料,保存料を使用していない食べやすい中粒の粒ぞろいの良い,シソ漬の調味梅干. 塩分:12%($\pm$1%),pH:3.5($\pm$0.1)
3. 使 用 方 法	学校給食用として,1人1粒あて食事に添える.
4. 包装形態および材質	梅干:40粒入(〇〇g詰)—シソの葉は入れない. 内装:〇×〇×〇cmの角カップ.材質:塩化ビニル 中箱:〇×〇×〇cmの角カップ.10個詰段ボール 外箱:〇×〇×〇cmの中箱.C/S詰段ボール
5. 日 付 表 示 (賞味期限,保存方法など)	賞味期限:製造日より6か月とする.(6か月目の'月'単位表示) 保存方法:直射日光を避けて,冷暗所に保存すること.
6. 出　荷　先	〇〇市学校給食センター
7. 　表示上の指示 (注意表示など)	外箱に天地無用ラベルを貼付する.
8. 輸 送 条 件	積み上げ,搬入などの取扱いには必ず天地を守り,横積みしないこと.

	主　原　料	調　味　処　方
9. 原材料および調味処方	中国産Lサイズの原料梅干	調味液(脱塩原料〇〇kgに対し) 　　梅酢　　　　　L 　　異性化液糖　　g 　　リンゴ酸　　　g 　　グル曹　　　　g 　　イノシン酸　　g 　　シソ液　　　　L 　　食塩　　　　　g 　　水　　　　　　L 　　(計)　　　　kg

2.7 漬物工業におけるHACCP

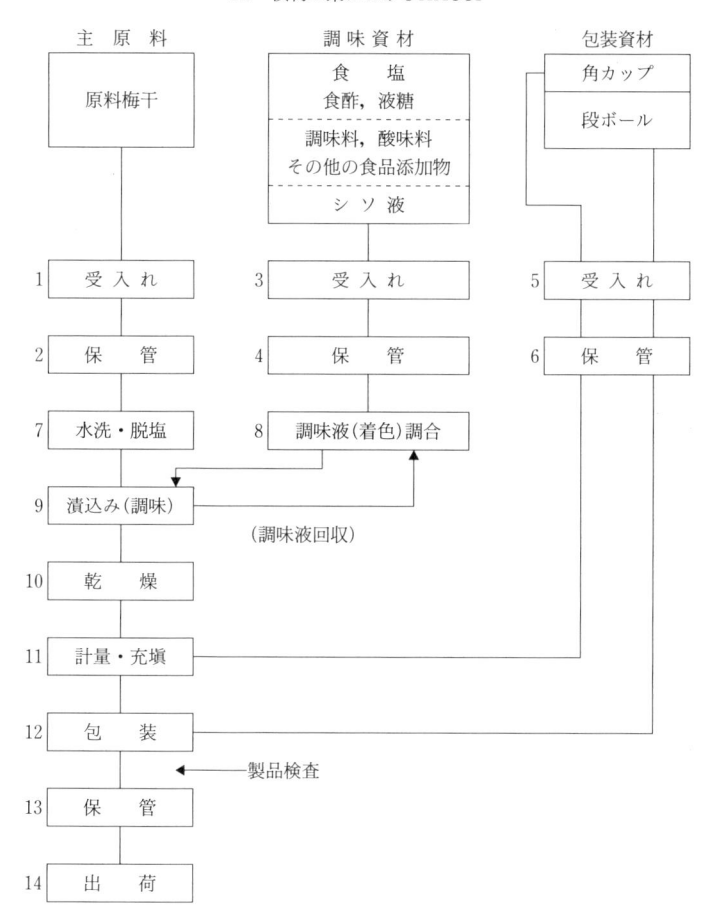

```
主 原 料              調 味 資 材                 包装資材
┌─────────┐      ┌─────────────┐          ┌─────────┐
│ 原料梅干 │      │   食　塩    │          │ 角カップ │
└────┬────┘      │ 食酢, 液糖  │          ├─────────┤
     │           │-------------│          │ 段ボール │
     │           │ 調味料, 酸味料│          └────┬────┘
     │           │その他の食品添加物│               │
     │           │-------------│               │
     │           │   シソ液    │               │
     │           └──────┬──────┘               │
     │                  │                      │
  1 受入れ           3 受入れ               5 受入れ
     │                  │                      │
  2 保管             4 保管                 6 保管
     │                  │                      │
  7 水洗・脱塩       8 調味液(着色)調合          │
     │                  │                      │
  9 漬込み(調味) ←──────┘                      │
     │  │                                      │
     │  └──→ (調味液回収)                      │
     │                                         │
 10 乾燥                                       │
     │                                         │
 11 計量・充填 ←──────────────────────────────┘
     │
 12 包装
     │    ←── 製品検査
     │
 13 保管
     │
 14 出荷
```

図 2.7.2 調味梅干のフローダイアグラム（記載例）（様式 2-2）

第2章 漬物工業における品質管理

表2.7.5 HACCP製造過程総括表（記載例）（様式2-3）

製品の名称：調味梅干

危害が発生する工程	危害の原因物質	危害の発生要因	防止措置	CCP	管理基準	モニタリング方法	改善措置方法	検証方法	記録文書名
1 原料の受入れ	異物、虫、ヤニ、つぶれ	原料由来	受入れ時検査	CCP 2	原料受入基準	目視	返品または選別	製品検査	受入検査表
	残留農薬	原料由来	納入業者の保証、輸入時検査		（残留 0）	保証書または検査証明書の確認	返品		
	産膜酵母・異臭	塩分不足	受入れ時検査		（塩分 20％以上）	塩分測定	返品		
7 水洗・脱塩	品質劣化、変敗	脱塩過剰	作業手順の遵守	CCP 1	脱塩基準（13〜15％）	塩分測定	漬込み調味液の塩分調整	製品検査	工程管理表
8 調味液の調合	品質劣化・産膜酵母の発生	調味液調合（循環使用）	作業手順の遵守、計量確認	QC	調味液調合基準	調合記録の確認	調味液成分補正、または新調味液調製	製品検査	調味液製造記録
9 漬込み（調味）	品質劣化	漬込み時間の不足、循環使用調味液の成分組成	作業手順の遵守	QC	漬込み基準	漬込み記録の確認、官能（味覚）検査	漬込みのやり直し	製品検査	工程管理表

注）CCP 1：危害防除が確実にできるもの、CCP 2：危害を減少、軽減することができるが、完全防除まではいかないもの．

2.7 漬物工業におけるHACCP

表 2.7.6 調味液調合基準書（様式 3-1）

作成年月日：平成　年　月　日				工場長	次　長	課　長	係　長	担当者
＿＿＿＿＿用 調 味 液								

種 類 別	原料	圧搾(%)	食塩(%)	成　分　量					備　考
				食塩	糖	酸	窒素	グル曹	
キ ュ ウ リ	kg								
ナ　　　ス	kg								
シ ョ ウ ガ	kg								
小　　　計	kg								
砂　　　糖			kg						
異性化液糖			kg						
淡 口 醤 油			L						
淡 口 味 液			L						
グ ル 曹			g						
ア ジ メ ー ト			g						
ク エ ン 酸			g						
高酸度食酢			mL						
氷 酢 酸			mL						
ア ル コ ー ル			mL						
ソルビン酸カリウム			g						
（以下略）									
食　　　塩			kg						
水			L						
小　　　計			kg						
合　　　計			kg						
最終成分(%)									
参 考 事 項	仕上がり調味液の検査基準　　pH　　　　（±）　　　　ボーメ　　　　（±）　　　　屈折計示度（°Bx）　　　　（±）　　　　温度（使用時）　　　　°C								

［品質管理室保管］

第3章　漬物製造各論

3.1　調味浅漬

3.1.1　日本人とのかかわり

　浅漬の字は，元禄10年（1697）の『本朝食鑑』に見られ，ダイコンを漬けたとある．「ダイコン100本（50kgくらいか）に，白塩1升4合（当時の塩1升は1.25kg．したがって約1.7kg）を使い，重石をして水が揚がれば除いて，30日熟成する．麹2,3升を入れてもよい」とある．浅漬は，元禄の頃はべったら漬を指していたようで，現在より熟成期間も長く手の込んだものとみられる．そして，このときの食塩は3.5%の低塩で，熟成中に乳酸発酵した酸味の強いものであったろう．

　昭和15年（1940），木下謙次郎により有名な『美味求真・続々』が出版され，これにも浅漬が出ている．ダイコンと麹と塩，そして美味にするための沢山の砂糖とみりんを入れるとあって，ここでもまだ，べったら漬を指している．

　現在の浅漬，すなわち野菜に食塩をまいて重石をし，そして水が揚がれば食べるものは，簡単すぎて当時の文書には記録の価値がないとして，載らなかったのであろう．

　江戸時代の代表的漬物図書『漬物早指南・四季漬物塩嘉言』は天保7年（1836）に出され，刻み漬，大阪浅漬，浅漬などの記載はあっても，すべて2週間以上の「たくわえ漬（貯え漬）」で，わずかに「京糸菜漬」に今の浅漬的のものが見られるだけである．

　上記の『美味求真・続々』に塩漬として，漬菜，ダイコン，カブ，シロウリ（越瓜），ナスなどを「時に塩の量を減らし日ならずして食用し，時に塩の量を増して長く貯える」とあって，食塩3.5〜5%で漬けるように指示して

いること，戦前の著者が子供の頃，ナスをぺったりと圧した塩漬やミョウバンを使いワタを抜いた2つ割りのシロウリの強圧塩漬を食べていたことなどから，浅漬が一般的であったことは確かである．

戦後，25年を経た1970年頃から，キュウリやナスに塩をまいて漬けただけの浅漬が市販されだし，あんなものは自分で漬けたらといっているうちにどんどん市民権を得て今日に至った．核家族化で，家庭で漬け方を教えなくなったこと，市販品があまりに美しく低塩でうまくできているのに，家庭では使う塩が少なくてよく漬からなかったこともその背景にある．浅漬は，お新香，一夜漬とも呼ばれ，今や漬物生産量のかなりの部分を占めるに至ったが，家庭漬と一線を画すため，すべて醬油，化学調味料で調味されていて，なかには極めて強い甘味で特徴を出しているものまで見られるようになった．統計上の分類は，新漬類である．

調味浅漬の最近の製造ポイントは，油脂過剰，濃厚調味の毎日，ご馳走の一般化による「食生活の疲れ」を，明るく美しいお新香を見て食欲を励起させるところにあるので，製品がきれいなことが必須条件になる．したがって，調味浅漬に汚いものはない．最近の特筆すべき技術には，ナス漬は切って空気にさらされると，たちまち褐変して汚くなるのを防ぐため，刻んだのち，でんぷん系の炭水化物を溶かした液で切り口をコーティングしてしまうものがある．これにより初めてキュウリ，ダイコン，カブなどの刻み漬とナスの刻み漬の混合漬をつくることができるようになった．

3.1.2　調味浅漬各論

1)　ナス調味浅漬

量販店の袋入りナスの漬物が大きく変わった（**写真3.1.1**）．以前は，夏の出盛り期に25%の高塩で漬けて貯えておいた塩蔵ナスを脱塩，調味した「味なす」，「若なす」という調味漬が多く売られていた．食物繊維が3.7%もあって健康的だが，漬物業界でいう古漬に属し，新鮮さを欠いていた．

それでもナスの漬物の主流として古漬の1本漬が中心であったのは，良い浅漬をつくることができなかったからである．ナスは皮がつやつやで，食塩をまいてもすぐ下に滑り落ちてしまう．そのため，ナスを水で濡らしてやや

多い4％の塩をまき，強い重石をして漬け上げる．ナスはかなりつぶれた重石の効いたものに漬かるが，家庭でこのようなナスを漬けて頭からかじるのは，夏場の漬物の楽しみの１つであった．ただ，このナス浅漬は家庭漬の領域で，これを市販すると歩留りが悪い，外観が悪い，切って食べようとすると

写真 3.1.1　各種ナス漬

切り口が茶色になるなど，欠点が目立った．浅漬は，ダイコン，キュウリ，カブの時代が続き，ナスは古漬専用の感があった．

昭和45年（1970），栃木の森山清松氏がナスを水で濡らして，食塩と焼きミョウバンの混合物とともにコンクリートミキサー状の機械で数分間回転させる転動法を開発した．色止めと食塩浸透が容易になって始めて，ナスの浅漬が市販可能になった．このナス調味浅漬は大変な人気で，回転ずしの１つとしてすしの仲間にも入っている．

(1) 製品のポイント

ナスの調味浅漬は5系統に分けられ，それぞれが特徴をもって消費者に買われている．「千両」，「式部」の中ナス，「筑陽」，「黒陽」の長ナス，「真仙中長」，「羽黒」，「仙台」，「千両早穫り」の小型長ナス，「民田」「窪田」，早穫りした「十全」の小ナス，「泉州」，「紫水」の水ナスである．調味浅漬として備えたい条件は，①外皮が美しい紫赤色，②縦に切ったとき果肉が白く褐変しない，③外皮が軟らかい，の3つであるが，実際は，この3つがなかなか揃わない．

(2) 製　造　法

ナス調味浅漬の製造フローシートを図3.1.1に示す．ナスはヘタ付き，ヘタ切りの両法がある．いずれも表面に食塩が付着しやすいよう水を散布して，食塩6％，焼きミョウバン0.6％を混ぜたものとともに，コンクリートミキサー状の転動機で2～3分回転してやる．このときの焼きミョウバンの使用量が，皮の硬軟に関係する．転動後，直ちにナス重量と同量の0.6％ビタミンC溶液中にナスを投入する．ポリフェノールによる果肉の酵素的褐変を

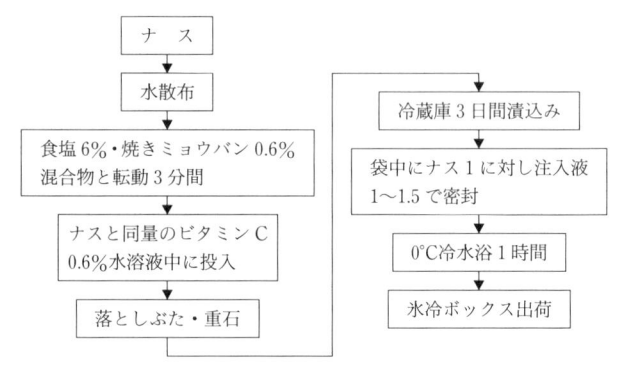

図3.1.1 ナス調味浅漬の製造フローシート

```
ナス
 ↓
水散布
 ↓
食塩6%・焼きミョウバン0.6%
混合物と転動3分間
 ↓
ナスと同量のビタミンC
0.6%水溶液中に投入
 ↓
落としぶた・重石
 ↓
冷蔵庫3日間漬込み
 ↓
袋中にナス1に対し注入液
1〜1.5で密封
 ↓
0℃冷水浴1時間
 ↓
氷冷ボックス出荷
```

図3.1.1 ナス調味浅漬の製造フローシート

防いで白く保つ酸化防止の工程であるので，ビタミンCよりエリソルビン酸が効果的だが，表示のイメージ上，ビタミンCが多く使われる．投入後は軽く重石をして，冷蔵庫中3日間の漬込みを行い，食塩を浸透させる．重石が強いと，果皮にシワがよって外観が落ちる．また，漬込み時間が短いと，よく漬からないが，3日以上にすると果肉に皮の色素ナスニンがしみ出して，鮮度感がやや悪くなる．

ナスを取り出し，中ナス・長ナスで2本，小ナス系で200gくらいを袋に入れ，同量から1.5倍の注入液を入れ，密封する．ナスが液面から出ていると変色しやすい．注入液の調味処方は簡単であるが，変色防止の焼きミョウバン，ビタミンCをここで再度加えるかどうかは，1つの課題である．注入液の調味例を**表3.1.1**に示す．

注入液を加えたら，シールもしくはリンガー止めで密封し，0℃水浴1時間の製品冷却の後，寒剤を入れた発泡スチロールの箱に入れ出荷する．冷蔵庫冷却でもよいが，それでは品温が5℃となり，水浴は0℃であるので，この品温の差は変色に影響する．

(3) 分　析　値

各種ナス調味浅漬の分析値を**表3.1.2**に示す．全般に2.5%前後の低塩であること，**表3.1.1**では醬油類の「味蔵」3%使用の注入液の調味処方を示したが，ほとんどが窒素系資材としてはグル曹（グルタミン酸ナトリウム）だけに頼っていることが分かる．醬油類は色調を悪くするが，味覚は判然と良

表 3.1.1 ナス調味浅漬注入液調味処方

下漬ナス（食塩2%）	70kg	
注入液	70kg	｝固体対注入液1：1の場合
製造総量	140kg	

調味処方		食 塩(g)	グル曹(g)	酸(g)	糖(kg)
味蔵(酸分解アミノ酸液)	4.2L (5.2kg)	794	92		
グル曹	2kg		2 000		
グリシン	350g				
70%ソルビット液	4.2kg				1.7
アルコール	700mL (560g)				
砂　糖	1.4kg				1.4
高酸度食酢(酢酸10%)	2.8L			280	
食　塩	1.3kg	1 300			
水	52.25L				
(計)	70kg				
下漬ナス	70kg	1 400			
合　計	140kg	3 494	2 092	280	3.1
最終成分		2.5%	1.5%	0.2%	2.2%

〔その他の成分〕 醤油類3%, アルコール1%.

化するので，色の許す範囲で加えたい．

(4) そ の 他

カットナスの色止めは，画期的な技術である．サイクロデキストリンによる果肉，果皮のコーティングで，果肉は淡黄色が保たれ，果皮からはアントシアン色素ナスニンの流出が止まり，注入液の青変が防止され無色清澄が保たれる．ただ，この技術はまだ若干のノウハウになっているので，サイクロデキストリンの添加量は0.5%前後と記すにとどめる．カットナス漬製造にあたって検討されたい．

2) 砂糖しぼりダイコン

以前，早漬たくあんという樽に入った2cmほどの葉茎の付いたたくあんが売られていた．ダイコンを掘って，3日間塩漬したあと小麦ふすまをまぶして，平樽（ひらだる）（18L容）に15kgを樽詰めし冷蔵車で輸送，5日目に食べられる，文字通りのスピード漬であった．美しい緑の葉茎と低塩でダイコンの持ち味を引き立たせた淡白なたくあんで人気があったが，変色防止に小麦ふすまに

表 3.1.2 ナス調味浅漬分析値

社名・商品名	荒井食品	荒井食品	荒井食品	荒井食品	会津天宝	朝 菜	マルハチ	マルハチ	あぶくま食品
	なす太くん	那須の夏だより	温泉なす	大地の恵	なすっこ大将	りんご千両なす	まるっこ	りんご茄子	なすび
全 重 量 (g)	495	389	405	329	504	415	325	388	364
固 体 (g)	243	194	202	127	259	168	119	157	186
注 入 液 (g)	245	188	197	196	237	239	200	225	170
固形物割合 (%)	50	51	51	39	52	41	37	41	52
表 示 本 数	2本	5本	2本	7本	2本	2本	7本	10本	5本
調味液屈糖値	8	8	8	8	7	7	7	6	8
食 塩 (%)	2.7	2.5	2.9	2.7	2.4	2.4	2.5	2.5	2.2
グ ル 曹 (%)	1.29	1.22	1.29	1.33	0.90	0.93	0.67	0.69	0.55
酸 (%)	0.22	0.25	0.20	0.19	0.14	0.42	0.25	0.20	0.12
pH	4.4	4.4	4.5	4.6	4.7	4.2	4.7	4.8	4.7
遊離アミノ酸 (mg/100g)									
アスパラギン酸	1	1	1	1	2	28	7	2	11
スレオニン	2	5	3	4	13	20	50	8	12
セ リ ン	+	+	+	+	+	15	12	+	16
グ ル 曹	1 287	1 219	1 291	1 329	903	927	667	691	549
プ ロ リ ン	+	+	+	+	+	34	13	+	32
グ リ シ ン	244	232	243	250	200	15	6	4	8
ア ラ ニ ン	+	+	+	+	+	207	307	401	235
バ リ ン	1	2	1	1	4	11	17	3	10
メチオニン	1	1	1	1	1	4	6	1	2
イソロイシン	1	1	1	1	2	6	11	2	5
ロ イ シ ン	1	1	1	1	4	10	19	3	8
チ ロ シ ン	1	1	1	1	2	2	8	2	2
フェニルアラニン	1	2	1	2	4	12	15	4	6
ヒスチジン	1	1	1	1	2	6	8	2	2
リ ジ ン	1	2	1	1	5	20	21	4	7
アルギニン	1	1	1	1	5	19	21	4	15
合 計	1 543	1 469	1 547	1 594	1 147	1 336	1 188	1 131	920
種 類	長ナス	真仙中長	中ナス	中長小ナス	長ナス	中ナス	小ナス	中長小ナス	中早穫り

調味料を混ぜるが,そのときに水と増粘剤を混ぜてベトベトしたものをダイコンの肌に塗ったので,店頭で対面販売するとき,1本売るごとに手を洗うという手間が嫌われ,廃れていった.和歌山の「紀の川漬」,「北海道早漬」の名で人気があったが,今は持ち味をなくした袋詰で細々と残っているだけ

で見る影もない．

これに代って登場したのが，この「砂糖しぼりダイコン」である（**写真 3.1.2**）．たくあんの樽取りは，変色防止や脱水防止にサッカリンが使われていたが，一時サッカリンが使用禁止になったとき，甘味料を砂糖に切り替えたことがあった．砂糖の浸透圧でダイコンが強く脱水され，樽の中にダイコンがブクブク浮く騒ぎであった．これを覚えていたたくあん業者が，塩漬ダイコンを液糖中に浸して脱水させてシワをよらせた．これが砂糖で絞ったように見えることから，この名が付いた．

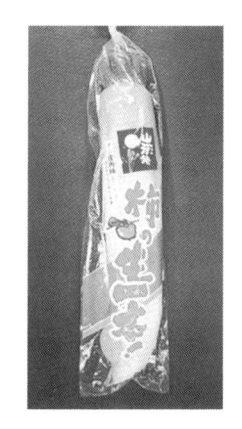

写真 3.1.2 砂糖しぼりダイコン

2cm の葉茎を付けた浅漬ダイコンは，早漬たくあん以上のあっさりした風味で人気を得て，旧来のたくあんの市場を侵すまでの需要になっている．とくに，1998 年頃からは，中国からこの原料が入荷するようになって量産も始まり，調味浅漬の一大分野になった．

(1) 製品のポイント

製品には，1 本物と半割りがある．1 本物は 2cm の緑の葉茎が付くが，袋詰めの後，この緑が変色しないこと，そして，1 本物，半割りを通じてダイコンの肌を純白に仕上げることである．とくに，中国の輸入物は肌の白に灰，褐，黒のいずれかが，かすかに入った色調になっていることが多いので，国内産の良品との「並列比較」が必要である．味覚上の注意は 8 月から 4 月までは「夏みの早生 3 号」，「白秋」，「新八州」，「耐病総太り」，「西町理想」と良品種が続くが，5 月から 7 月の「四月早生」の時期のダイコンのまずいこと，それと品種・時期がうまくいっても，塩漬時間不足のダイコンの辛味の存在である．

(2) 製　造　法

砂糖しぼりダイコン製造フローシートを**図 3.1.2** に示す．葉茎を 2cm くらい残したダイコンを水洗し，大型タンクに塩漬する．食塩 6% を上厚下薄に散布して，ダイコン重量の 20% 量の差し水をし，強い重石をかける．製品塩度は 3% 以下であるが，少ない食塩で下漬すると，ダイコンは大きいので

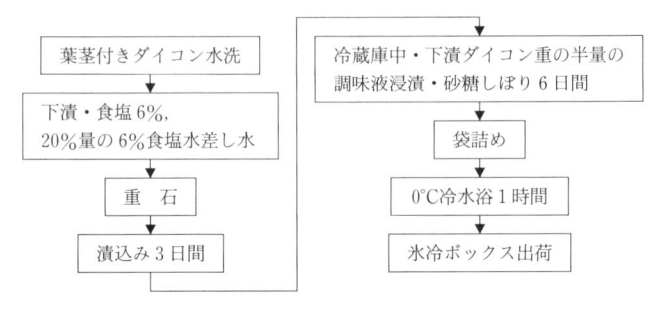

```
葉茎付きダイコン水洗           冷蔵庫中・下漬ダイコン重の半量の
        ↓                     調味液浸漬・砂糖しぼり6日間
下漬・食塩6%,                            ↓
20%量の6%食塩水差し水                  袋詰め
        ↓                              ↓
      重 石                    0℃冷水浴1時間
        ↓                              ↓
   漬込み3日間                 氷冷ボックス出荷
```

図 3.1.2 砂糖しぼりダイコン製造フローシート

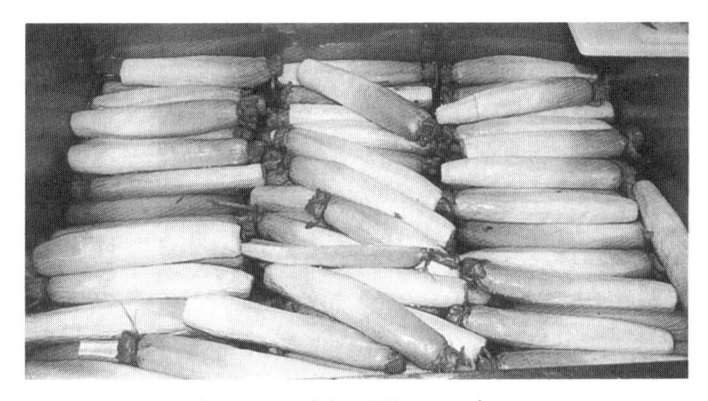

写真 3.1.3 調味中の砂糖しぼりダイコン

中心まで塩が入らず,「塩切れ現象」で失敗する．下漬3～4日（気温による）で取り出し，砂糖しぼりの調味工程に移る．下漬ダイコン400kgを1t容ナベトロ（漬込容器）にきれいに並べ，半量の200kgの調味液を注入，冷蔵庫中で5日間の調味を行う（**写真 3.1.3**）．調味処方を**表 3.1.3**に示す．冷蔵庫中で6日間浸漬し，ダイコンを取り出す．次に，袋詰め密封し0℃の冷水中に1時間浸して，氷冷ボックスに入れ出荷する．調味液の浸透が悪いと風味が落ちるので，場合によっては，同じ調味液を使って1回漬け替えてもよい．

(3) 分 析 値

砂糖しぼりダイコンの市販品の分析値を**表 3.1.4**に示す．第1列の「丸越あっさり漬」は同様のダイコン浅漬であるが，砂糖しぼりダイコンではなく淡口醬油とグル曹の風味で売る製品で，美味で人気は高い．砂糖しぼりダイ

表 3.1.3 砂糖しぼりダイコン調味処方

下漬ダイコン（食塩4.5%） （歩留り70%）	400kg
調味液	200kg
製造総量	600kg

調味処方		食塩(kg)	酸(kg)
グル曹	1.8kg		
天然調味料	1.2kg		
果糖ブドウ糖液糖	120kg		
醸造酢(酢酸4.5%)	13.3L		0.6
アルコール	6L (4.8kg)		
水	58.9L		
(計)	200kg		
下漬ダイコン（食塩4.5%）	400kg	18	
合　計	600kg	18	0.6
最終成分		3%	0.1%

〔その他の最終成分〕 糖分20%，グル曹0.3%，アルコール1.0%．

コンは，全体的に低塩で，すべて2.0～3.0%の間に入っている．グル曹は0.03～1.03%と幅がある．たくあん類へのグル曹の添加効果は判断が難しく，針塚農産は不要，秋本食品は重視と見解が異なるであろう．全糖は8.0～15.8%，平均11.7%で，低塩たくあんと見なすなら妥当な量であろう．ただ，全糖は調味液でかなり量を使っても実際の浸透量は低い傾向にあるので，**表3.1.3**の調味処方は計算上は20%の糖度になるはずであるが，実際は50～60%浸透の10～12%に仕上がる．

(4) そ の 他

砂糖しぼりダイコンの製造では果糖ブドウ糖液糖の使用例が多いが，液糖は1回しか使わないので，濃厚な糖溶液の廃棄は環境問題から考えてもうまくない．この製品のヒントが早漬たくあんの砂糖使用に起源を発することからも，液糖に替えてザラメなどの使用を検討すべきである．まして，中国で大量生産することを考えるならば，中国での液糖の入手難，高価であることを考慮し，ザラメ法の確立を急ぐべきであろう．

3) 千 枚 漬

京名物の千枚漬は，偉大なる調味浅漬といえよう．美しい外観，洗練され

表 3.1.4　ダイコン浅漬 1 本物分析値

社名・商品名	丸越	秋本食品	塩野	塩野	ヤマサン	針塚農産	藤幸食品	マルハチ
	あっさり漬	まろやか大根	たべごろ大根	旬香一本	だいち君	緑の風一本	伊達一本	柿の生一本
全 重 量(g)	520	560	420	645	435	777	617	792
固 体(g)	286	345	316	520	364	644	514	712
注 入 液(g)	225	211	98	117	62	121	95	70
固形物割合(%)	56	62	76	82	85	84	84	91
表示重量(g)	半切れ	2個	2個	1本	半切れ	1本	1本	1本
種　類	調味漬	砂糖しぼり	砂糖しぼり	砂糖しぼり	砂糖しぼり	砂糖しぼり	砂糖しぼり	砂糖しぼり
調味液屈糖値	11	19	23	24	19	22	28	15
食 塩(%)	4.0	2.0	2.8	2.6	2.9	3.0	2.7	3.0
グル曹(%)	1.35	1.03	0.41	0.20	0.26	0.03	0.22	0.64
全 糖(%)	1.8	10.4	11.2	11.4	11.6	13.6	15.8	8.0
酸 (%)	0.27	0.15	0.08	0.04	0.08	0.05	0.1	0.23
pH	4.7	5.2	5.4	5.6	5.5	5.8	5.0	4.8
遊離アミノ酸 (mg/100g)								
アスパラギン酸	91	1	70	25	9	1	6	30
スレオニン	47	98	95	81	106	166	44	71
セリン	64	1	36	20	9	10	5	21
グル曹	1 351	1 027	413	200	263	33	222	639
プロリン	155	1	53	46	22	17	7	48
グリシン	39	177	26	18	70	7	70	43
アラニン	65	8	50	56	20	29	11	197
バリン	49	13	36	28	16	21	9	17
メチオニン	13	1	7	7	3	6	1	5
イソロイシン	22	5	16	12	8	12	6	10
ロイシン	46	1	21	19	7	7	3	23
チロシン	10	2	9	7	5	6	2	3
フェニルアラニン	36	11	31	19	10	10	4	15
ヒスチジン	20	7	14	9	15	5	3	6
リジン	42	2	34	13	7	10	4	12
アルギニン	39	7	37	15	6	8	5	18
合　計	2 089	1 362	948	575	576	348	402	1 158

た風味の，どこを取っても最高の漬物である．

　かつて，千枚漬は乳酸発酵漬物であった．荒漬で水が出て，1.5mm の厚さに切った薄切りカブを，良質のコンブと少量のみりんで本漬し 2 週間おくと，乳酸が 0.8%生成しコンブの粘りが出て，独特の風味の千枚漬になる．

しかし，この発酵法はカブの美しい白が黄白色になり明るさが減り，発酵臭が付くうえに，製造日数がかかって新鮮感がなくなるなど，現代の漬物感覚に合わず，酢漬法が主流になり，この調味浅漬に分類されるようになった．

ただ，今どき珍しい季節のある漬物で，10月から3月まで売って，あとはやめ，というぜいたくな商法でほかの調味浅漬との差別化を図り，京漬物の存在感を誇示しているので，知名度のわりには生産量は少ない．

新京極にある漬物店「大藤」の先祖が慶応元年（1865）に御所の大膳寮の料理方として，聖護院カブを使った漬物を供したのが初めといわれている．聖護院は鹿ヶ谷，岡崎，吉田町とともに京野菜の発祥の地で，カブのほか，ダイコン，キュウリにその名が冠されているが，隣の吉田町に明治22年，第三高等学校が，同28年，南の町内に平安神宮ができ，京野菜産地の面影は見られなくなった．

千枚漬を買うと，壬生菜の塩漬が一緒に入っている．千枚漬を3cm幅に切って，クルクル巻いて壬生菜でしばるとか，壬生菜を芯として2cm幅の千枚漬で巻くとかの美しく見せる食べ方は，さすが京漬物と思わせる．千枚漬もナスの調味浅漬と同様，漬物ずしにすると旨い．

(1) 製品のポイント

聖護院大カブを使っての製造は，10月下旬以降の出荷で，それ以前は聖護院ダイコンに頼っていたが，早生大カブがタキイ種苗から発売されて，9月中旬からの出荷が可能になった．味覚は，酸味が0.3%と弱い大安系，0.5%と強い西利系があるが，その1枚1枚には決してスが入っていないこと，食感は軟らかく，コンブのヌメリの適当に出たものが良いとされている．

(2) 製　造　法

千枚漬の製造フローシートを図3.1.3に示す．収穫したカブは皮をむき，カンナというスライサーで厚さ3mmに薄切りし，下漬樽に底から花型にカブを並べ，1段ごとに塩をまく．4斗樽に1kgのカブ70個，1個のカブから30枚の薄切り

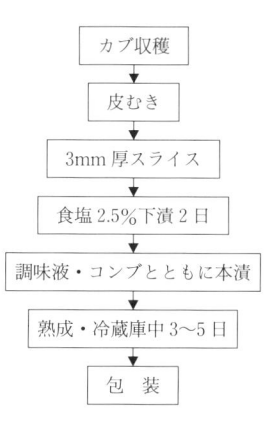

```
カブ収穫
  ↓
皮むき
  ↓
3mm厚スライス
  ↓
食塩2.5%下漬2日
  ↓
調味液・コンブとともに本漬
  ↓
熟成・冷蔵庫中3～5日
  ↓
包　装
```

図3.1.3　千枚漬製造フローシート

として，2 000～2 400枚が漬かる．食塩はカブ重量の2.5%，重石をして下漬2日で漬け上がる．大きな台の上に樽を倒立して，下漬カブのピラミッドをつくり，本漬に移る．

本漬には，布で磨いた上質のコンブを5×5cmに切ったものと，調味液を準備する．調味処方を**表3.1.5**に示す．70kg容の4斗樽か35kg容の2斗樽を用意して，下漬同様にカブを花型に並べ，コンブを各段に2～3枚敷き，調味液をまいてはまたカブを並べ，これを積み重ねてゆく．終わったら，落としぶたをして軽く重石をし，冷蔵庫中で3～5日熟成する．コンブのヌメリが出たら袋詰めもしくは小型の樽に入れて包装する．重石は強くすると，千枚漬のスライスに圧し跡がつくので注意する．

(3) 分 析 値

千枚漬の分析値を**表3.1.6**に示す．食塩は全製品2%前後と低いが，グル曹，全糖，酸は各社製品ともまちまちで固定化せず，個性的な風味をつくる努力がみられる．

表3.1.5 千枚漬の調味処方

塩漬のカブ（食塩2.2%）	240kg
調味液	70kg
コンブ（5×5cm）	12kg
製造総量	322kg

調 味 処 方		食 塩(kg)	糖(kg)	酸(kg)	アルコール(L)
砂 糖	25kg		25		
みりん(糖40%，アルコール14%)	7L (9.1kg)		2.8		0.98
グル曹	2kg				
クエン酸	0.5kg			0.5	
食 酢(酢酸4.5%)	10L			0.45	
食 塩	1.8kg	1.8			
水	21.6L				
(計)	70kg				
塩漬カブ(食塩2.2%)	240kg	5.28			
コンブ	12kg				
合 計	322kg	7.08	27.8	0.95	0.98
最終成分		2.2%	8.6%	0.3%	0.3%

〔その他の最終成分〕 グル曹0.62%．

3.1 調味浅漬

表 3.1.6 千枚漬分析値

社名・商品名	大安 千枚漬	西利 千枚漬	桝悟 千枚漬	土井 千枚漬	川勝 千枚漬	大藤 千枚漬
全重量(g)	150	192	191			168
固体(g)	120	147	113			107
注入液(g)	21	34	66			54
固形物割合(%)	85	81	63			66
表示重量(g)	118	125	120			—
袋内枚数	6	6	5			5
調味液屈糖値	15	22	23	14	14	16
食塩(%)	2.0	2.2	3.1	2.3	2.3	1.5
グル曹(%)	0.62	0.70	2.43	0.35	0.26	0.26
全糖(%)	7.4	12.5	13.7	3.4	9.0	12.1
酸(%)	0.27	0.41	0.29	0.52	0.43	0.15
pH	4.7	4.4	4.6			4.7
遊離アミノ酸 (mg/100g)						
アスパラギン酸	66	24	11	2	8	13
スレオニン	127	61	58	27	56	84
セリン	16	9	3	5	8	9
グル曹	624	704	2 429	354	262	255
プロリン	76	33	11	+	21	32
グリシン	3	5	20	760	7	2
アラニン	14	9	7	+	6	11
バリン	9	5	4	8	6	6
メチオニン	+	1	+	1	+	+
イソロイシン	4	2	2	3	3	2
ロイシン	4	5	2	8	4	2
チロシン	5	4	1	+	+	1
フェニルアラニン	8	8	7	4	5	9
ヒスチジン	3	2	1	2	3	1
リジン	11	7	4	3	2	5
アルギニン	3	3	9	4	8	3
合計	973	882	2 569	1 181	399	435

(4) その他

大カブを使った製品は，京都と一部を滋賀の企業が主としてつくっていて，他県の参入は少ない．赤カブ千枚漬は各地にあるが，カブが硬いため品質はよくない．中国野菜の紅心紅丸ダイコンは，スライス断面が花笠模様で「花笠千枚漬」の名で売られたが，やはり硬かった．千枚漬は上品で美味なので，

もう少し大衆化してもと思っている．

4） グリーンボール漬

テリのよい小型キャベツのグリーンボールを，2つ割りにして塩漬したのち，袋に調味液とともにパックした調味浅漬がある．キャベツは欧米ではサワークラウト，わが国ではぬかみそ漬として家庭で漬けられてきたが，漬物工業の製品として日本でヒットしたものはなかった．ところが，この小型の，定植50日栽培で800gくらいで穫れるグリーンボールが発売されて，キャベツも市販漬物になった．玉のまとまりがよく，甘味のあるこのキャベツは，醬油味やキムチ風調味で味が向上する．秋本食品発売の「ハルピンキャベツ」はこのヒット食品で，キャベツも白菜に劣らず市販に堪えることを示した．2つ割り450gに対し，食塩2.5%を使って漬け，淡口味液6%，グル曹1.5%，屈折糖度計示度10，全糖1.4%，酸0.4%にグリシン0.7%を配した，やや濃い調味で，トウガラシ，ニンニクを効かしたキムチ風の味にしている．

最近では，ポインテッドタイプという円錐状のもの，ルビーボールという赤色種も種苗会社から発売され，将来のおもしろさを感じさせる．ただ，グリーンボール漬は白菜漬より鮮度が落ちやすいので，購入したら速やかに2cm幅に切って食べてしまうことである．

5） メロン調味浅漬

直径3cm，長さ4cmくらいの摘果メロンに軽く包丁を入れて塩漬にしたのち，袋に入れ調味液を注入したメロン調味浅漬は，やや硬いので，厚さ2mmくらいにして食べると，美しく，旨い．マスクメロンの網目模様は，成長過程でメロン自身が出す分泌液が，白くネット状に固まったものであって，調味浅漬に使われる最高のイギリス生まれのアールス・フェボリット種のクラウンメロンでも，摘果には残念ながらネットはない．メロン摘果は，浅漬以外に奈良漬にも使われる．

6） カブ・キュウリの調味浅漬

カブの調味浅漬は，白い根体に3cmほどの長さに切られた葉柄がついて美しく，よく売れたが，茎と根の連結部の洗浄が面倒で，近頃は，包丁を入れたカブと切り落とした長い葉柄を袋に入れて売ることが多くなった．キュウリは普通の「ときわ系」のほか，10cmくらいで穫った若もぎキュウリも

見られる．生食に使われるブルームレス系は，漬上がりの色調が黒緑色で皮が硬いので漬物には使用しない．食塩2％，化学調味料0.5％が平均の味で，カブ，キュウリともワサビ味もある．ワサビ味には少量のカラシ油を加える．

7) 野菜刻み調味浅漬

　砂糖しぼりダイコンの刻みに，ニンジン，シソの実を配した秋本食品の「あとひき大根」のヒットで，種々の刻み浅漬が売られるようになった．加えて，ナスの塩漬をカットしてサイクロデキストリンで果肉をコーティングして褐変を防ぐ技術もできて，ナス単独，ナス・キュウリの刻み漬も大量に市場に並んでいる．これらの分析値を**表3.1.7**に示す．刻みの調味浅漬は，食塩2％台で一致しているほかは，調味は醬油を使うもの，グル曹もしくはグル曹・グリシンの使用にとどめるものの2つの流れがある．ただ，醬油といっても，使用量を多くすれば製品が明るさを欠くので，**表3.1.7**でも，荒井食品「元気漬なす・きゅうり」で淡口味液を製造総量の2.5％，丸越「刻みあっさり」で同じく淡口味液を4.5％使っているにすぎない．

8) 濃厚調味浅漬

　浅漬の嗜好は，明るい色調と淡白な素材の味を生かしたお新香感覚をよしとする．この浅漬に，濃厚調味が現れた．京都亀岡市の漬物業「丹波」が，資材業者今井嘉彦氏の指導で開発した一連の「きさらぎ漬」という調味浅漬である．2.3～3％の低塩，0.5～0.9％の強い酸味，そして根菜類で全糖4～5％，グル曹2％，葉菜類で全糖1～2％，グル曹3～4％という組合せで，強い旨味を発する．京都祇園のお茶屋の漬物ずしとして，魚介類に負けぬ強い味で世に知られた．

　浅漬の濃厚調味は，食べ続けると飽きがくるうえ，高酸高グル曹は，冬期に結晶が出やすい．しかし，すべての浅漬が淡白なとき，この濃厚味はたまに食べる味として定着した．

　量販店向きではないが，試みる価値のある商材ではある．根菜類は，古くから千枚漬，たくあんで甘味慣れしていて，強い甘味に抵抗はない．葉菜類では，強い甘味は経験がなく悪い．キュウリ，ナスは甘味に耐えられるかどうか不明である．**表3.1.8**に，濃厚調味浅漬の分析値を示す．

表 3.1.7 刻み浅漬分析値

社名・商品名	荒井食品 紫美人	荒井食品 元気漬 なす・きゅうり	八幡屋 刻み長茄子	会津天宝 食べごろ茄子	秋本食品 あとひき大根	丸越 刻みあっさり
全重量(g)	349	453	397	325	352	384
固体(g)	124	171	105	126	230	208
注入液(g)	219	275	284	193	116	171
固形物割合(%)	36	38	27	39	66	55
表示重量(g)	150	180	125	120	220	200
内容物	ナス15切れ	ナス6切れ,キュウリ10切れ	ナス12切れ	ナス21切れ	ダイコン,ニンジン,シソの葉	ダイコンスライス
調味液屈糖値	7	10	8	7	20	18
食塩(%)	2.6	2.2	2.2	2.8	2.3	2.8
グル曹(%)	0.85	1.70	1.30	0.49	0.98	1.0
全糖(%)					8.7	8.0
酸(%)	0.01	0.06	0.12	0.10	0.22	0.25
pH	6.2	5.8	4.7	5.5	3.0	4.6
遊離アミノ酸 (mg/100g)						
アスパラギン酸	1	47	1	2	4	71
スレオニン	4	17	5	14	77	58
セリン	+	21	+	3	6	49
グル曹	847	1 704	1 295	486	978	999
プロリン	+	51	+	+	+	126
グリシン	333	95	6	2	212	31
アラニン	+	28	2	6	14	49
バリン	1	13	1	5	6	33
メチオニン	+	2	1	1	+	10
イソロイシン	1	6	1	3	5	16
ロイシン	1	11	1	4	+	33
チロシン	+	1	1	2	3	9
フェニルアラニン	1	15	1	4	5	28
ヒスチジン	1	8	1	2	3	16
リジン	1	23	1	5	4	31
アルギニン	1	29	1	4	8	29
合計	1 192	2 071	1 318	543	1 325	1 588

3.1.3 調味浅漬ルネッサンス—浅漬の素

「浅漬の素」という新しい食品が出て，その市場は最盛期には100億円といわれた．1本の市価200円，500mL，浅漬の素1に加える野菜を2とする

3.1 調味浅漬

表 3.1.8 濃厚調味浅漬分析値

社名・商品名	丹波 白菜漬	丹波 大根漬	丹波 壬生菜漬	丹波 かぶ漬	丹波 赤かぶ漬
調味液屈糖値	16	16	14	18	14
食塩(%)	2.3	2.5	2.3	3.0	2.7
グル曹(%)	3.86	1.80	2.83	2.16	3.21
全糖(%)	1.8	4.9	1.2	4.3	4.1
淡口味液(%)	4.0	2.9	2.9	2.7	3.5
酸(%)	0.75	0.47	0.68	0.76	0.88
pH	4.5	4.5	4.5	4.3	4.3
遊離アミノ酸 (mg/100g)					
アスパラギン酸	34	28	27	33	26
スレオニン	55	86	43	29	100
セリン	20	18	22	22	27
グル曹	3 856	1 804	2 829	2 161	3 214
プロリン	+	39	+	116	143
グリシン	148	153	121	187	159
アラニン	68	61	62	75	72
バリン	10	13	11	11	14
メチオニン	+	+	5	+	+
イソロイシン	5	7	6	6	6
ロイシン	5	8	13	14	11
チロシン	+	+	8	7	7
フェニルアラニン	11	13	14	11	12
ヒスチジン	5	1	6	4	6
リジン	22	14	23	24	23
アルギニン	138	28	29	23	29
合計	4 377	2 273	3 219	2 723	3 849

と下の式ができる．

100億円市場＝5 000万本＝25 000kL＝5万t野菜

1回しか漬けないとして，突然5万tという全く新しい漬物が誕生したことになる．浅漬の素の分析値の一例を示すと，食塩9.3%，麦芽糖7.8%，グル曹1.8%，イノシシ酸0.08%となる．これまでも，この種の漬物の素は市販されていたが，食塩が低かったり酸味を重視したりで，漬込み時間が長くかかった．

分析値で分かるように，食塩9.3%，麦芽糖7.8%の合計17%以上の強い

表 3.1.9 浅漬の素の時間経過と反復使用時の食塩%

経過時間		30分	2時間	4時間	20時間
A社	1回目	1.47	2.67	2.70	3.71
	2回目*	1.20	1.40	1.40	2.63
	3回目**	0.68	—	—	—
B社	1回目	1.71	2.37	3.14	3.79
	2回目	1.28	1.66	1.75	2.19
	3回目	0.80	—	—	—

注) 漬汁100mLに1×1×3cm角のダイコン100g漬込み.
* 2回目は1回目の30分漬込み後,野菜を取り出した漬汁に漬込み.
** 3回目は上の2回目に30分漬込み後,野菜を取り出した漬汁に漬込み.ただし,3回目は可食適塩に到達せず.

浸透圧で野菜の細胞を壊し,30分で漬かるようにしたのは,茨城の「かやぬま醬油」の「あわ漬の素」が最初で,それをエバラが発展させ,スタンダード,梅シソ,ぬか漬,コンブ味,キムチ風,麹味と種々の商品にした.**表 3.1.9** に,浅漬の素の時間経過と食塩の浸透%を示す.浅漬の素のラベルの説明にあるように,30分漬込みで食塩浸透1.5%の食べ頃になる.また,1回漬けた素に再度漬けると2時間で食べ頃になる.

3.1.4 特記すべき科学──ダイコン漬の辛味成分の変化

砂糖しぼりダイコンの製造にあたって,下漬というダイコンの前処理で漬込み時間が短いと,ダイコンの辛味が残って味覚が悪く,といって長く漬けておくと「たくあん臭」が出てきて具合が悪い.この辺の化学を解説してみよう.

ダイコンの辛味成分は,これまでワサビやカラシ系と同じアリルイソチオシアナート($CH_3CH=CHNCS$)であるといわれてきた.著者はこれに疑問をもち,デンマーク工業大学において,揮発性含硫化合物の研究を数多く報告してきた A.Kjœr 教授とダイコンの辛味成分の共同研究を行った.ダイコンおろしを食べると,ワサビと異なる辛味を有すること,あの大きな白い根部が虫や微生物に侵されないのはなぜかを考えてである.その結果,ケニア産の宮重タイプのダイコン,日本の三浦ダイコンから,主体をなす辛味成分として 4-メチルチオ-3-ブテニルイソチオシアナート(カラシ油)という物質を見出した.この化合物は,ダイコンの中では糖と結び付いて,無味無臭の配糖体という形で存在し,ダイコンをおろしたり塩漬にすると,ミロシナーゼという酵素が作用して,辛味のイソチオシアナートとなる.

砂糖しぼりダイコンでは,この辛味成分のイソチオシアナートが漬込み中

に分解して，メチルメルカプタン（メタンチオール），ジメチルジスルフィドになる．砂糖しぼりダイコンや，漬込みの浅いたくあん工場で感じる，煮ダイコン，ふろふきダイコン的香気はこれである．

また，3，4月出しや低温下漬の冷蔵庫漬込みのたくあんでは，発酵生産物のエタノール，乳酸，酢酸が反応して，酢酸エチル，乳酸エチルなどのエステルを生成して果実香を示すとともに，同様にメチルメルカプタン，ジメチルジスルフィドの煮ダイコン香を発する．

ここまでが，現代の漬物嗜好で許容されるダイコン漬の香りである．ところが，たくあんを常温漬込みすると，この辛味成分は分解後複雑な反応を経て，スルフィネート，スルホン，トリスルフィド，スルホキシドなどを生成し，悪臭のたくあん臭になる．

現在の嗜好は昔のたくあん臭を嫌うので，低温下漬によってエステル香の生成にとどめたい．そして，室温漬込みでたくあん臭が出たならば，脱気といって，液漬されている漬込槽を加温してにおいを飛散させるか，真空函という真空ポンプで空気を抜ける大型の箱の中に，たくあん漬込容器を入れて臭気を抜きとる．漬物のフレッシュ・アンド・フルーティ路線の産物であって，昔のたくあん臭を好む人がいても，それは切り捨てられてしまう．

表 3.1.10 に砂糖しぼりダイコン，たくあんのにおいの関連化合物を示す．

表 3.1.10 ダイコン漬，たくあんのにおいの関連化合物

ダイコン辛味成分	4-メチルチオ-3-ブテニルイソチオシアナート $CH_3 \cdot S \cdot CH = (CH_2)_2 NCS$
漬込み生産物 （初期か低温）	メチルメルカプタン　CH_3SH ジメチルジスルフィド　CH_3SSCH_3
たくあん発酵生産物	エタノール 酢　酸 乳　酸
その重合物	酢酸エチル，乳酸エチル
漬込み生産物 （室温熟成）	エチルメタンスルフィネート　$CH_3S(O)OC_2H_5$ ジメチルチオスルフィネート　$CH_3S(O)SCH_3$ ジメチルメタンチオールスルフィネート　$CH_3SO_2SCH_3$ メチルスルフィニルメチルスルホン　$CH_3SO_2S(O)CH_3$ ジメチルトリスルフィド　CH_3SSSCH_3 ジメチルトリスルフィドモノスルホキシド　$CH_3SS(O)SCH_3$

3.2 菜　　漬

3.2.1　日本人とのかかわり

　漬菜類を日本人が食べたのは古く，『古事記』（712 年）の仁徳天皇の段に「やまがたに蒔ける菘（あおな）も吉備ひとと，ともにしつめばたね（楽）しくもあるか」の歌がみえる．吉備の国の山間で青菜の栽培があった．さらに，『正倉院文書』天平宝字 6 年（762）の『食物下充帳』に「下塩弐升，青菜須須保利四圍漬料」とあって，須須保利という穀粉を使った漬物で，青菜 4 斗に対し塩 2 升を使ったわけで，青菜を 7％の塩度に仕上げたとみることができる．

　平城宮の木簡に始まり，『万葉集』，『延喜式』から江戸時代の『本朝食鑑』と常に漬菜の記録は出てくる．正倉院の時代は，野菜の保存法として高塩で漬けていたことがうかがえるが，元禄 10 年（1697）の『本朝食鑑』の頃になると，「すぐき」のような乳酸発酵を行った低塩の菜漬も記載されてくる．また，1603 年の『日葡辞書』に，ポルトガルの宣教師が "Auona" と記していて，今日のグリーン全盛の菜漬をみるとき『古事記』，『日葡辞書』とも今の形の菜漬を暗示していて興味深い．

　第 2 次世界大戦前，山東菜漬，広島菜漬，高菜古漬が日本 3 大菜漬で，東京下町の商家の住込み店員のおかずは山東菜漬であった．高菜漬も東京に入っており，著者も高菜古漬を食べたことがあって，その古漬臭は未だ記憶に残っている．大戦後，山東菜漬は種々の事情で去り，「氷を割って取り出す野沢菜漬」のよさが野沢温泉帰りのスキーヤーによって口コミで広がり，野沢菜漬が日本 3 大菜漬に参入する．この頃から菜漬は美しいグリーンが当然と見なされるようになった．産地移動で，1 年中青々とした原菜を工場に運び込むようにした野沢菜漬の長野県が，漬物出荷金額第 1 位となり，「何でも野沢菜漬」の時代が到来し，その後平成 5 年に梅干の和歌山県に抜かれるまで，王座に君臨した．

　白菜漬は，山東菜漬の衰退後も家庭漬として常に愛され，工場生産の白菜漬になっても，それは続いている．

3.2.2 菜漬各論
1) 野沢菜漬

野沢菜は，長野県下高井郡野沢温泉村の健命寺の住職が宝暦年間（1755年頃）に，京都遊学の帰途，天王寺カブを持ち帰ったのが起源で，このカブは，なぜか野沢温泉では葉茎のみ異常に生育し根は使えず，「お葉漬」の道をたどった．今でも，寺自体が長野県農業試験場の委託採種地になっていて，現住職は栽培法の指導をし，種子は「寺種」といって評価は高い．

スキーヤーの口コミで，野沢菜漬が広く全国に知られる前は，知名度も低く，長野県一帯でつくられる表3.2.1に示す「カブ菜」の1種として松本の「稲核菜」，上伊那郡箕輪の「羽広菜」，高遠の「諏訪紅カブ」，そして広く県全体でつくられる「源助菜」などと同一線上にあった．野沢菜だけが温泉地の菜として優位に立っているが，そのほかのカブ菜も，それぞれ持ち味があ

表3.2.1 主要カブ菜の種類と生育

品種名	種子の導入先	草丈(cm)	葉数	最大茎径(cm)	葉身長(cm)	葉幅(cm)	中肋の厚さ(cm)	地上部重(g)	地下部(カブ)重(g)
野沢菜	野沢温泉村農協	81.0	10.6	1.7	51.1	21.1	1.6	655	80
羽広菜	カネマン種苗	75.7	11.4	1.3	54.3	23.0	1.3	480	111
稲核菜	中蔦屋農園	77.8	10.7	1.3	52.1	20.1	1.2	440	74
諏訪紅カブ	日本タネセンター	78.9	10.8	1.4	50.3	21.6	1.3	530	79
木曽菜	木曽農技連	62.5	11.5	2.2	61.2	24.9	1.6	484	45
木曽紅カブ	日本タネセンター	75.6	11.1	1.1	45.5	18.8	1.7	357	76
飛騨紅カブ	コサカ種苗	66.6	14.8	1.2	46.8	16.7	1.2	460	247
福島菜	木曽農業改良普及所	75.9	13.1	2.2	61.5	22.2	1.7	651	46
細島カブ	〃	59.5	9.1	1.1	38.8	17.9	1.0	256	230
吉野カブ	〃	64.7	13.3	1.3	42.7	17.1	1.2	430	167
開田カブ	木曽農技連	71.7	10.9	1.2	53.1	18.9	1.2	365	28

注）播種9月10日，調査11月4日． （長野県野菜花き試報告 (1987)）

っておもしろい．各種野沢菜製品を**写真 3.2.1** に示す．

(1) 製品のポイント

美しいグリーンの新漬とべっこう色の古漬があるが，古漬は1割にも満たない．野沢菜漬は，緑色を美しく保てるか，注入液が清澄か，軟らかい茎の水持ちがよく，ふっくらと漬かっているかどうかがポイントになる．

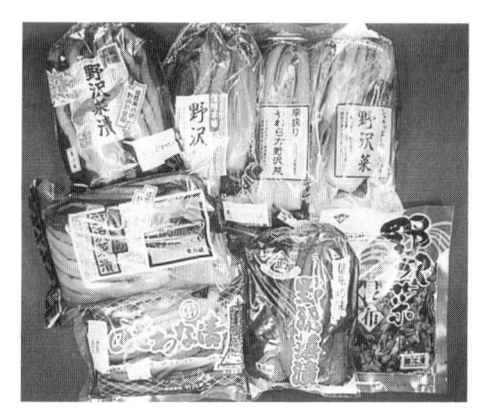

写真 3.2.1 種類が豊富な野沢菜漬

味は，第1に2〜2.5%の低塩であること，第2に茎の水持ちのよさが生命で茎が乾くと味は急速に落ちるので，小袋に入れ固形物60%，注入液40%として，葉茎が常に液中に浸っていることが重要である．したがって，食べるときも茎を4cmくらいに切って，内部水分を十分に茎中に保たせると旨い．

(2) 製 造 法

野沢菜漬の製造フローシートを図 3.2.1 に示す．野沢菜漬は，量販店の店頭に1年中，青々とした姿の袋詰として見られる．この周年供給については後述する．

長野県下のカブ菜の漬け方は，普通8月下旬〜9月上旬播種(はしゅ)の60日栽培で，霜にあたって，ノリすなわち粘りが茎に出る11月下旬に収穫，4斗以上の大樽に「霜降り塩」という，葉と茎がうっすらと白くなるくらいの，量

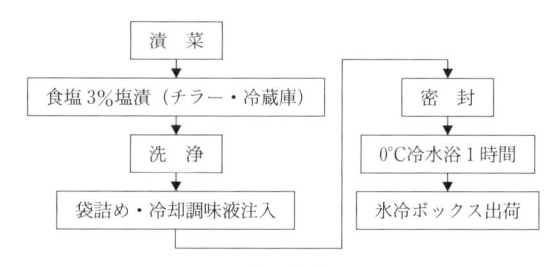

```
        漬 菜
          ↓
食塩3%塩漬（チラー・冷蔵庫）        密 封
          ↓                          ↑
        洗 浄                  0℃冷水浴1時間
          ↓                          ↑
  袋詰め・冷却調味液注入  →    氷冷ボックス出荷
```

図 3.2.1 野沢菜漬製造フローシート

にしてカブ菜重量の3％の塩をまいて漬ける．小さな木綿袋に味噌を入れたものを，樽の中に数個入れることもある．12月を過ぎると菜のアクが分解しよく漬かった状態になる．スキーヤーが氷を割って取り出して食べるのは，これ以降である．3月になり，暖かさを感じる頃になると，乳酸発酵して酸を生じ，グリーンのクロロフィルが壊れフェオフィチンとなって，黄褐色，すなわちべっこう色になる．この頃は，古漬臭，発酵臭が出て別の風味として地元では評価されている．さらに日が進むと，油炒めして惣菜にして食べることとなる．

注意点としては，カブ菜は茎が長く折れやすいので，畑から掘り上げたら，半日くらい置いて水を少しとばして折れるのを防ぐこと，樽に漬けて強い重石をして早く水を揚げ，揚がったら重石を半量に減らす．強い重石は，茎の水を押し出して茎の水持ちを失わせて具合が悪い．

野沢菜漬を市販する場合は，漬込み3〜4日で取り出して軽く水洗し，適宜，折り畳んで袋に入れ，注入液を入れてシールして出荷する．また，場合によっては，野沢菜塩漬をナベトロ（1t容漬込容器）に入れて調味液を注ぎ，冷蔵庫中で2〜3日浸漬して，液・固を分離して袋に別々に入れることもある．この場合，液体はろ過して使う．注入液組成を**表3.2.2**に示す．

(3) 分　析　値

市販野沢菜漬の分析値を**表3.2.3**に示す．この分析値は周年出荷のものであるが，本項で述べたものも類似の分析値を示す．

(4) そ　の　他

野沢菜漬には，新漬，古漬があり，新漬にも漬込み3〜4日で加工するもの，1か月ほど置いてアクを抜いたものの2種がある．長野県の消費者は，後者を評価するが，全国的にみると，野沢温泉のスキーヤーが氷を割って取り出した野沢菜漬のイメージがグリーンのためか，鮮度の良いお新香感覚の，褐色・灰色を含まない純正の緑の前者の人気が圧倒的である．

霜にあたって，冷害で根元の茎が少しとろけて粘りの出た，通称トロあるいはノリの出た野沢菜漬は美味だ．富士山麓山梨県産によくノリが出る．冷凍庫で強制的にノリをつくる実験を，と言っているうちに，野沢菜漬の刻みとコンブを混ぜて糸を引かせた「野沢菜昆布」が新潟県で開発され，人気と

表 3.2.2　野沢菜漬調味処方

野沢菜漬（食塩 2.5%）　105kg
調味(注入)液　　　　　 70kg
製造総量　　　　　　 175kg

調味処方		食塩(kg)	グル曹(g)	糖(kg)
味蔵(酸分解アミノ酸液)	3.5L (4.3kg)	0.66	77	
グル曹	1 323g		1 323	
砂糖	3.5kg			3.5
ソルビット液	3.5kg			1.4
アルコール	875mL (0.7kg)			
食塩	1.09kg	1.09		
水	55.6L			
(計)	70kg			
野沢菜漬	105kg	2.63		
製造総量	175kg	4.38	1 400	4.9
最終成分		2.5%	0.8%	2.8%

〔その他の最終成分〕　醤油類 2%，アルコール 0.5%．

なり，この傾向から山形県で「蔵王菜こんぶ」，滋賀県で「京水菜こんぶ」も発売されている．「野沢菜昆布」は野沢菜漬 54%，コンブ 32%，ニンジン 13.5% にトウガラシ 0.5% の配合の刻み漬である．**表 3.2.12** に他の刻み漬と併せて分析値を示した．

「野沢菜昆布」の開発以来，野沢菜漬の刻み漬が多く開発された．野沢菜漬とヤマイモ，野沢菜漬とトサカノリ，野沢菜漬と白菜漬の組合せの製品がある．

2）広島菜漬

徳川幕府創成の慶長末期に，失脚前の安芸（広島県）の城主福島正則が京都から，別説では明治年間に現生産地である広島市佐東町の農民が同じく京都から持ち帰ったといわれる．野沢菜が京都に発するとの伝承とも合致し，京野菜の歴史の重みを感じさせる．広島菜は，平茎と呼ばれるやや茎の硬い漬菜で，広島名産のカキ料理に添える漬物として広く知られるようになった（**写真 3.2.2**）．

　(1) 製品のポイント

3.2 菜　漬

表 3.2.3　野沢菜漬分析値

社名・商品名	やまへい 厳選素材 野沢菜漬	やまへい 野沢菜漬	丸昌稲垣 信州本場 野沢菜漬	丸昌稲垣 早採りやわらか野沢菜	丸昌稲垣 野沢菜	竹内農産 のざわな漬	大和屋 野沢菜漬
全重量(g)	512	563	403	451	368	327	475
固体(g)	285	369	235	282	216	196	301
注入液(g)	222	188	163	162	146	125	169
固形物割合(%)	56	66	59	64	60	61	64
表示重量(g)	250	400	250	300	200	200	300
調味液屈糖値	9	6	7	16	8	5	8
食塩(%)	2.3	2.1	3.0	3.2	2.4	2.1	3.4
グル曹(%)	1.11	0.68	0.31	1.28	0.92	0.63	0.34
酸(%)	0.11	0.10	0.08	0.18	0.09	0.08	0.12
pH	5.2	5.2	5.1	5.1	5.2	5.1	5.1
遊離アミノ酸 (mg/100g)							
アスパラギン酸	42	37	20	102	12	12	20
スレオニン	50	56	57	125	37	48	97
セリン	29	34	17	94	10	11	28
グル曹	1 113	676	306	1 283	924	634	344
プロリン	54	59	44	336	32	＋	70
グリシン	15	16	41	285	12	151	12
アラニン	36	72	34	380	176	100	115
バリン	29	25	20	65	14	17	26
メチオニン	8	10	8	19	8	10	12
イソロイシン	26	11	9	37	6	8	14
ロイシン	40	15	16	85	9	12	23
チロシン	11	6	9	19	5	8	10
フェニルアラニン	31	14	19	69	11	15	20
ヒスチジン	13	7	7	24	4	4	9
リジン	30	21	22	42	12	13	21
アルギニン	34	32	23	60	11	12	23
合計	1 561	1 091	650	3 025	1 283	1 055	844

　広島菜漬も，美しいグリーンの新漬感覚のものと，べっこう色の古漬がある．そして，主体はやはりグリーンの菜漬になる．新漬感覚と書いた．実は，広島菜漬は冷凍漬物の第1号であって，野菜を塩漬して包装する純粋の新漬ではないからである．広島菜の主産地は，広島市佐東町および県北の庄原市で，普通9月播き11月採りの秋播きで，少量の3月播き5月採りがある．製品は，収穫すると直ちに3%塩度で塩漬し，漬上がり後，袋あるいは樽に

写真 3.2.2 広島菜(手前)と白茎千筋京菜(奥)

入れ調味液を注入し，味がのったところで，-30℃で冷凍してしまう．そして，そのまま注文があったときに出荷する．もちろん，11月採りをお歳暮用に出荷するときは凍らせない．広島菜漬，広島菜菜花漬，新高菜漬と，発酵しば漬の乳酸発酵したナス漬の4種が，現在の冷凍漬物である．食物繊維が高いと概して冷凍耐性が高い．プロピレングリコールなどを入れての冷凍耐性強化や，解凍後のドリップ減少の研究などは，まだない．広島菜漬は，硬さは中庸で，味覚も適当な辛味成分をもち，旨い．持ち味を出すには，2cmくらいに切って美しい緑と味を併せて楽しむのがよろしい．

(2) 製 造 法

9月播き11月収穫の作型の広島菜を水洗したのち，2つ割りとし，広島菜の重量の5%の食塩を散布して，漬込み3日間，水が揚がったら，次に次亜塩素酸ナトリウム水溶液（100～200ppm）で洗浄後，さらに真水で手もみによって葉茎の間を洗い，再び2%の食塩で2日間漬け上げる．漬込みには，11月でも冷蔵庫を使いたい．このとき，踏込みや手もみ洗浄で，広島菜の葉の白茶けた感じがとれ，よく漬かっていることが重要である．塩度4%の，この塩漬原菜を容器中で調味する．

調味は，これも冷蔵庫を使う．調味処方を**表 3.2.4**に示す．調味液浸漬後3日目に，①固体300g，調味液150gを小袋に詰めシールし，冷凍，②3～5kgをポリ袋に詰め，20%の調味液を入れ密封，樽に詰めて冷凍，③30～50kgの大樽に漬菜を移し，調味液20%を入れ，冷凍，の3つの方法のいずれかで冷凍菜漬を得る．-30℃の急速冷凍，-18℃貯蔵である．①は発泡スチロールの容器に20袋入れて出荷，②は樽に包装紙を掛けて贈答用の出荷，③は店頭対面販売用である．いずれも，冷蔵車移送中に解凍される．

表 3.2.4 広島菜漬調味処方

広島菜塩漬（塩度 4%）	140kg
調味液	70kg
製造総量	210kg

調 味 処 方		食 塩(kg)	グル曹(kg)	糖 (kg)
グル曹	1.47kg		1.47	
天然調味料*	420g			
ソルビット液	6.3kg			2.5
アルコール	1.05L (0.84kg)			
水	61L			
(計)	70kg			
広島菜塩漬	140kg	5.6		
合　計	210kg	5.6	1.47	2.5
最終成分		2.7%	0.7%	1.2%

〔その他の最終成分〕天然調味料 0.2%，アルコール 0.5%．
＊ アジメート粉末：この場合は食塩，グル曹を計算しない．

広島菜漬にはこのほか，資材として米麹（こめこうじ），コンブ，輪切りのトウガラシを使うことがある．

(3) 分 析 値

市販広島菜漬の分析値を**表 3.2.5** に示す．

(4) そ の 他

ウコンを使って塩蔵した古漬の広島菜漬を脱塩，圧搾したのち醬油系の調味液に浸し熟成後，袋詰加熱殺菌した「広島菜本漬」の分析値を**表 3.2.5** に，また古漬広島菜を刻んでシソの葉を加えてしば漬風に仕上げた広島菜漬「宮島しそ味」の分析値を後出の**表 3.2.10** に示しておく．これは，広島菜漬の派生漬物としてつくられている．広島菜本漬は古高菜漬の，宮島しそ味はしば漬風調味酢漬の製造法（3.4 節）を参考にされたい．

3) 高 菜 漬

高菜は，『新撰字鏡（しんせんじきょう）』(892 年)に「菘＝太加奈」として出ていて，徳川末期に導入された結球白菜とは比較にならない歴史がある．当時の高菜は日本各地に土着し，在来高菜として，たとえば岩手，秋田の「芭蕉菜（バショウナ）」，チリ鍋に入れると，かつお節の代りになるほどエキス分の高い博多の「カツオ菜」，辛味が強い宮崎の「イラカブ」として根づいている．

表 3.2.5 広島菜漬分析値

社名・商品名	猫島商店	猫島商店	中野食品	楠漬	山 豊	佐東町農協
	広島菜漬	広島菜本漬	広島菜漬	広島菜	広島菜漬	広島菜漬
全重量(g)	498	263	421	476	484	453
固体(g)	320	221	215	206	283	317
注入液(g)	169	35	200	263	193	128
固形物割合(%)	65	86	52	44	59	71
表示重量(g)	300	230	200	200	300	350
調味液屈糖値	5	12	6	6	6	6
食塩(%)	2.7	5.7	3.4	3.2	2.5	2.2
グル曹(%)	0.51	1.10	0.50	1.12	0.93	0.10
全糖(%)	0.2	0.6	0.2	0.3	0.2	0.2
酸(%)	0.10	0.30	0.04	0.10	0.35	0.19
pH	5.5	4.6	5.7	5.2	4.6	4.8
遊離アミノ酸(mg/100g)						
アスパラギン酸	9	42	11	2	3	7
スレオニン	3	35	24	+	3	+
セリン	14	33	8	+	18	16
グル曹	505	1 102	495	1 121	934	106
プロリン	+	69	34	+	+	19
グリシン	29	151	6	66	14	+
アラニン	80	23	6	13	12	16
バリン	17	24	12	4	24	17
メチオニン	11	32	3	1	6	+
イソロイシン	4	20	2	1	5	4
ロイシン	17	32	14	4	28	1
チロシン	10	13	6	2	4	10
フェニルアラニン	16	25	13	4	21	19
ヒスチジン	5	10	5	3	6	4
リジン	24	30	14	5	30	24
アルギニン	23	32	16	2	1	25
合計	767	1 673	669	1 228	1 109	262

　しかし現在，高菜として知られている幅広・肉厚のものは，明治37年(1904)に中国四川省から奈良県に導入された青菜(セイサイ)が各地に散ったものである．三重・和歌山県境では，口をあけて大きく目を見張って食べる大きさの新高菜漬おにぎり「めはりずし」に使われ，山形では山形青菜とか蔵王菜の名になっており，ダイコン，ダイコンの葉などと混ぜた刻み漬の「おみ漬」

とともによく知られている．福岡に入ったものは，瀬高(せたか)地方で改良され三池高菜となり，九州の人達の最高の漬物となっている．ただ嗜(しこう)好の変化で，高菜漬も古漬と広島菜同様に冷凍する新高菜漬の2種に分かれてきたため，品質最高の「三池高菜」は「紫高菜」の血が入っていて緑の葉に赤い部分が現れるのでグリーンの新漬には向かず，九州でも三池高菜を古漬専用とし，新漬用には山形青菜を再移入している（**写真 3.2.3**）．高菜を含むカラシ菜（芥子菜）の系統を**図 3.2.2**に示す．

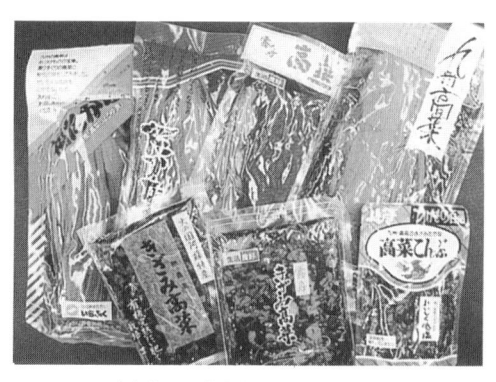

(a) 古高菜漬と古高菜漬の細刻みもの各種 (b) 新高菜漬

写真 3.2.3　高　菜　漬

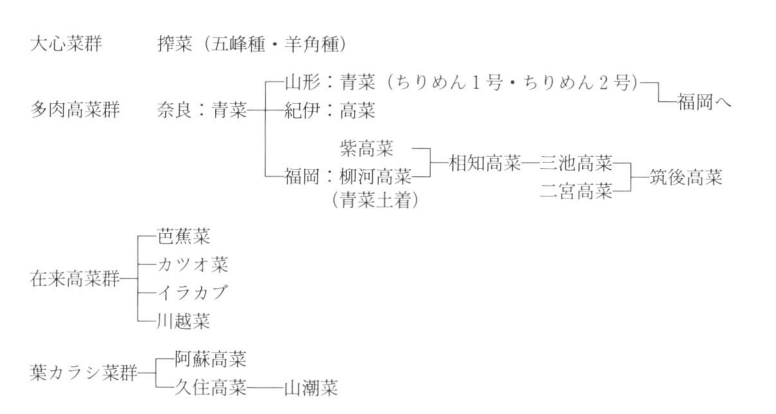

```
大心菜群        搾菜（五峰種・羊角種）

                         ┌山形：青菜（ちりめん1号・ちりめん2号）
多肉高菜群   奈良：青菜 ─┼紀伊：高菜 ─────────────────────── 福岡へ
                         │         ┌紫高菜 ┬相知高菜─┬三池高菜┐
                         └福岡：柳河高菜   │         │        ├筑後高菜
                           （青菜土着）    │         └二宮高菜┘

             ┌芭蕉菜
在来高菜群 ──┼カツオ菜
             ├イラカブ
             └川越菜

葉カラシ菜群 ┬阿蘇高菜
             └久住高菜──山潮菜
```

図 3.2.2　カラシ菜の分類

(1) 製品のポイント

新高菜漬は，山形青菜を使って食塩2.5〜3%の低塩で，美しいグリーンを損なうことなく塩漬，調味工程を経て広島菜漬同様に包装し，−30℃で冷凍してしまえば問題はない．ところが，ウコンを使って塩漬して貯蔵する古高菜漬は，漬込み熟成中の乳酸発酵，辛味成分の分解生成物のフェノール，o-クレゾールなどの古漬臭の処遇が目下の課題になっている．古漬高菜は，12%以上の食塩で漬けてあるので，① 流水脱塩を長時間行って，塩度4.5%の低塩，香りの弱い古高菜漬をつくると，東京，大阪の人の好む製品になり，② 脱塩時間を短くして塩度8%の高塩，古漬香の強い製品をつくると，九州および各地の九州出身者の喜ぶ製品になる，嗜好二面性をもっている．どちらの製品にするか，迷うところである．

高菜は，在来種も含めて食物繊維を多量に含み硬いので，葉茎を幅1〜2mmに切ると持ち味が出てくる．叩くように細刻みするわけである．ただ最近は，この切る手間を嫌う消費者も多く，あらかじめ刻んである高菜漬が新漬，古漬を問わず販売され人気を呼び，さらに油炒めして惣菜化した製品も売られている．

(2) 製　造　法

新高菜漬は，山形市，米沢市では飛島で採取した種子を9月上旬に播き，70日栽培の11月中旬収穫，和歌山県では8月中旬播きの育苗栽培で10月下旬収穫，福岡県瀬高では10月上旬苗床播き4月上旬収穫の春採り型が多い．広島菜漬の新漬と同様に，塩漬，調味，包装，冷凍が行われる．

古高菜漬は，福岡県瀬高で主としてつくられる．

① 高菜の栽培

三池高菜を栽培する．9月下旬から10月中旬の播種，60日育苗，11月下旬から12月中旬定植，3月下旬から4月中旬に収穫．

② 漬込み

漬込みは，高菜を2つ割りしてその重量の8%の食塩で1次漬し，そのままでは葉茎が白茶けた感じがしているので，さらに食塩6%，ウコン粉0.2%を混ぜたもので2次漬する．このとき，漬込み中に足で踏んで細胞を壊すと，白茶けた感じがなくなる．漬上がり歩留り60%，塩度12%である．

③ 脱　塩

漬け込んである塩漬高菜は，需要に応じて掘り出して脱塩をする．古高菜漬は，前述のように低塩，やや高旨味で古漬臭の低いものと，高塩，低旨味で古漬臭の強いものとに分かれるので，低塩製品は食塩3％まで，高塩製品は食塩10％まで脱塩する．

④ 圧　搾

原菜は脱塩により膨れているので，脱塩前の重量まで圧搾する．

⑤ 調　味

500L漬込容器に，脱塩した古高菜漬210kgを入れ，そこに調味液70kgを注ぐ．重石をして，冷蔵庫で5日間浸漬し，熟成（漬物業界用語で，この場合は調味液が古高菜漬に十分浸透すること）を待つ．**表3.2.6**に九州以外で好まれる古漬臭の弱い低塩・高旨味の古高菜漬の調味処方を，また**表3.2.7**に九州および九州出身者に好まれる古漬臭の強い高塩・低旨味の古高菜素材の味の強い素朴な製品の調味処方を示す．両者を比較して製品特徴の出し方，調味方針の差異を見てほしい．高旨味は食塩4％，醬油類8.9％，グル曹

表3.2.6 低塩・高旨味古高菜漬調味処方（古漬臭の弱い製品）

下漬高菜（食塩3％まで脱塩・圧搾）	210kg
調味液	70kg
製造総量	280kg

調味処方		食　塩(kg)	グル曹(g)	全窒素(g)	酸(g)
淡口醬油	7L (8.3kg)	1.32	84	84	
淡口味液(酸分解アミノ酸液)	18L (22.1kg)	3.7	684	540	
グル曹	6 232g		6 232	467	
高酸度食酢(酢酸10％)	2.8L				280
砂糖	2.8kg				
アルコール	1.4L (1.1kg)				
水	23.87L				
(計)	70kg				
圧搾高菜*	210kg	6.3		420	
合　計	280kg	11.32	7 000	1 511	280
最終成分		4％	2.5％	0.54％	0.1％

* 圧搾高菜の全窒素0.2％として計算．

表 2.3.7　高塩・低旨味古高菜漬調味処方（古漬臭の強い素朴な製品）

下漬高菜（食塩10%まで脱塩）	210kg
調味液	70kg
製造総量	280kg

調味処方		食　塩(kg)	グル曹(g)	全窒素(g)	酸 (kg)
淡口味液 （酸分解アミノ酸液）	7L (8.6kg)	1.5	266	210	
グル曹	1 134g		1 134	85	
氷酢酸	560mL				0.56
水	59.7L				
(計)	70kg				
圧搾高菜	210kg	21.0		420	
合　　計	280kg	22.5	1 400	715	0.56
最終成分		8%	0.5%	0.26%	0.2%

2.5%，全窒素0.54%であるのに対して，低旨味は食塩8%，醬油類2.5%，グル曹0.5%，全窒素0.26%と，きわだった違いを見せている．濃厚調味浅漬でも述べたが，漬物製造ではこの味を旨くするか，抑えて野菜素材の味を出すかで結構おもしろい別製品が誕生するのである．

⑥ 包　装

調味の終わった高菜漬の固体と液体を分離し，小袋に固体160gに液体40gを入れて密封する．注入する液体として，調味に使ったものをそのまま使う場合は，火入れして遠心分離かろ過で汚れをとる．注入液を新調することも多い．

⑦ 加熱殺菌

古高菜漬やたくあんのように長期発酵熟成した漬物は，微生物が多くいるので，加熱殺菌には厳重な注意が必要である．正しく80℃に調節した湯浴中で20分熱処理するのだが，古高菜漬，たくあんは袋が重ならないようにして25分くらいの時間をかけたい．

(3) 分　析　値

市販の緑色の新高菜漬の分析値を**表 3.2.8**に，古高菜漬の分析値を**表 3.2.9**に示す．新高菜漬の分析値を見ても，グル曹，遊離アミノ酸の合計値にかなりの差が見られ，味の濃淡の幅を感じる．古高菜漬も前述の脱塩時間の差か

表 3.2.8 新高菜漬分析値

社名・商品名	三和漬物・山形	後藤商店・山形	オニマル・福岡	マルハチ・山形
	山形の青菜漬	青菜漬	ちりめん高菜	青菜
全重量(g)	330	278	368	455
固体(g)	218	171	238	230
注入液(g)	106	100	123	218
固形物割合(%)	67	63	66	51
表示重量(g)	200	200	300	250
調味液屈糖値	9	11	3	9
食塩(%)	3.7	2.9	1.7	2.5
グル曹(%)	1.11	0.37	0.12	0.87
全糖(%)	0.7	2.1	+	1.5
酸(%)	0.08	0.12	0.04	0.05
pH	5.3	4.9	5.1	5.3
醤油(推定%)	7	13	3	10
遊離アミノ酸 (mg/100g)				
アスパラギン酸	46	67	4	49
スレオニン	44	113	55	60
セリン	43	68	6	34
グル曹	1 114	370	116	871
プロリン	+	224	+	92
グリシン	27	39	5	26
アラニン	79	104	14	68
バリン	21	41	8	24
メチオニン	8	13	2	1
イソロイシン	12	22	5	16
ロイシン	37	69	9	47
チロシン	7	13	6	5
フェニルアラニン	26	31	11	29
ヒスチジン	12	21	2	9
リジン	3	27	10	20
アルギニン	2	33	9	26
合計	1 481	1 255	262	1 377

ら食塩に大きな幅があり，そしてグル曹，遊離アミノ酸の合計値も同様である．

(4) その他

古高菜漬は，前述したように刻んで調味したものも多く見られるようになった．「ごま味たかな」，「高菜こんぶ」などの一連の製品も，簡便化の時代

表 3.2.9 古高菜漬分析値

社名・商品名	いちふく 福たかな	いちふく たかな醬油漬	霧島農産 高菜漬	前田食品工業 たかな漬	熊川食品工業 九州高菜
全重量(g)	214	392	238	375	386
固体(g)	160	272	156	252	255
注入液(g)	47	110	76	116	122
固形物割合(%)	77	71	67	68	68
表示重量(g)	160	250	150	200	250
調味液屈糖値	13	8	9	11	14
食塩(%)	4.7	3.6	4.0	5.8	8.7
全窒素(%)	0.42	0.22	—	—	—
グル曹(%)	2.43	0.55	1.38	0.43	0.53
アルコール(%)	1.2	1.0	0.8	—	—
酸(%)	0.51	0.51	0.21	0.62	0.31
pH	4.4	4.4	4.6	3.6	4.0
遊離アミノ酸 (mg/100g)					
アスパラギン酸	127	56	35	18	71
スレオニン	67	38	23	46	43
セリン	109	45	27	38	45
グル曹	2 426	545	1 380	428	532
プロリン	178	111	56	27	43
グリシン	90	27	48	90	42
アラニン	171	78	76	87	76
バリン	73	35	18	44	41
メチオニン	36	13	7	19	11
イソロイシン	41	21	11	30	24
ロイシン	121	50	30	58	44
チロシン	15	10	9	2	15
フェニルアラニン	75	38	23	41	44
ヒスチジン	30	13	9	4	12
リジン	51	32	18	21	51
アルギニン	51	20	14	2	36
合計	3 661	1 132	1 784	955	1 130

でよく売れる．分析値を**表 3.2.10** に示す．刻み高菜は高菜漬が主体で，混ぜ物の最も多いものでも，ちりめんじゃこ 7.5%，シソの実 1%，ショウガ 1%，ゴマ 0.5% と合計 10% に過ぎない．

　高菜漬は，わが国よりも東南アジアではさらに重要な漬物で，低塩で乳酸発酵して酸味が 1% にもなったものが，市場でたくさん売られている．現地

3.2 菜 漬

表 3.2.10 古高菜漬・古広島菜漬刻み分析値

社名・商品名	いちふく	霧島農産	阿蘇自然農園	フジッコ	野崎漬物	猫島商店
	ごま味たかな	きざみ高菜	きざみ高菜	高菜こんぶ	きざみ高菜	宮島しそ味広島菜
全重量(g)	216	208	193	133	140	153
固体(g)	149	140	130	91	88	105
注入液(g)	60	63	58	38	47	42
固形物割合(%)	71	69	69	71	65	71
表示重量(g)	200	140	180	120	120	160
調味液屈糖値	14	8	13	19	10	14
食塩(%)	3.8	3.4	6.1	4.0	4.2	5.2
グル曹(%)	2.05	1.49	0.21	1.41	1.01	1.96
酸(%)	0.34	0.27	0.47	0.50	0.16	0.48
pH	4.5	4.6	4.4	4.3	5.0	4.5
配合物	ショウガ,トウガラシ,ゴマ	かつお節,ゴマ,トウガラシ	ゴマ,ショウガ,コンブ,トウガラシ	ゴマ,ショウガ,コンブ,トウガラシ	ちりめんじゃこ,シソの実,ゴマ,ショウガ	シソの葉,ゴマ,赤色106号
遊離アミノ酸(mg/100g)						
アスパラギン酸	110	47	68	67	69	57
スレオニン	51	25	71	23	27	20
セリン	80	36	76	29	35	29
グル曹	2 046	1 490	209	1 413	1 012	1 962
プロリン	290	102	133	57	53	98
グリシン	43	58	85	31	124	64
アラニン	142	100	242	66	78	20
バリン	47	26	102	26	28	19
メチオニン	19	10	34	10	6	4
イソロイシン	26	13	69	16	16	3
ロイシン	85	40	146	27	26	23
チロシン	9	5	13	7	8	4
フェニルアラニン	57	26	89	26	25	18
ヒスチジン	25	16	18	10	13	9
リジン	30	14	67	33	37	25
アルギニン	41	14	20	24	33	29
合計	3 101	2 022	1 442	1 865	1 590	2 384

ではこれを刻んで,野菜スープ,肉野菜炒めなどの酸味料に使う.したがって,高菜の栽培は手慣れていて新高菜漬の製造も可能で,塩蔵品の未調味冷凍品が山東省あたりでつくられて輸入されてくる.菜漬の価格安定には好ま

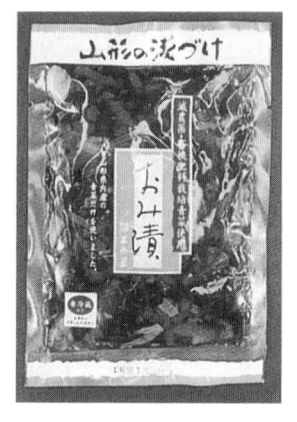

写真3.2.4　山形県の「おみ漬」

しいが，塩漬から冷凍の間の微妙な時間消費の失敗で，同じグリーンでもよく見ると緑褐色，黒褐色の場合が多い．輸入する場合は，国産の最高品と並列比較することが必要で，現地で漬込み指導するくらいの気構えがないと，うまくいかない．

4) おみ（近江）漬

おみ漬は，山形に商用で来た近江（おうみ）商人が，落ちている高菜の葉を拾って漬物にしたといわれ，「近江漬」とも書かれる．明治37年（1904）に奈良に中国から入った青菜（セイサイ）を使ったとすると，山形県では明治41年から栽培が始まっているから，歴史が新しいし，在来高菜の芭蕉菜を使ったとすれば，時代はかなりさかのぼる（写真3.2.4）．本来のおみ漬は，青菜10に対し，干しダイコン（10日干し）2，ダイコンの葉1の割合を混ぜて，1週間の食期で食塩4％，正月越しで5％，2〜3月まで貯蔵するときは6％でつくっていたという．山形県では，青菜は11月中旬収穫であるから，当時からグリーンの美しい刻み高菜漬であったことは想像できる．今はダイコンの葉は入れないが香辛成分として高菜がアリルカラシ油を，ダイコンが4-メチルチオ-3-ブテニルカラシ油をもっているから，カラシ油の混合という風味向上の観点からも入れたい材料である．また当時の干しダイコンは，現在では浅漬ダイコンに代っている．

おみ漬を取り上げたのは，第1に刻み菜漬では抜群に旨いこと，第2に納豆に混ぜると納豆の味を引き立て，食物繊維が納豆は6.7％，高菜漬は3.9％と両者ともその宝庫で，消化器系の機能調整に役立つことの2つからである．

(1) 製品のポイント

青菜の美しいグリーンがおみ漬に持ち越されることが，最大のポイントである．したがって，乳酸発酵してクロロフィルがフェオフィチンになることが最もこわい．製造から配送まで，低温を十分に利用し，衛生にも注意して乳酸発酵を抑制すること，賞味期限を短くすることが重要になる．

(2) 製　造　法

おみ漬の製造は，美しいグリーンの原菜が手に入るかどうかにかかっている．原菜が入ったら，茎も葉も幅2〜3mmに細刻みし，浅漬ダイコンは薄いいちょう切りに，浅漬ニンジンは千六本切りとし，よく混合して容器に入れ，調味液を注入する．冷蔵庫中で3日間浸漬熟成したのち，固体・液体を分け，固形物割合70%として小袋に入れ，30%の調味液を注ぎ，リンガーで密封する．密封後，製品を0°Cの水浴中に1時間浸したのち，取り出して発泡スチロールの箱に並べ，寒剤をのせてシールして送る．小袋に刻み野菜を入れ，調味液を入れてもよい．おみ漬の調味処方を**表3.2.11**に示す．

(3) 分析値

市販おみ漬の分析値を**表3.2.12**に示す．

(4) その他

納豆に混ぜるものとしては，昔から，カラシ，刻みネギ，青ノリなどが知られていたが，刻んだ漬物も効果が大きい．とくに納豆にタレが添付されて

表3.2.11 おみ漬調味処方（非殺菌）

刻み新高菜漬（塩度3.5%）		105kg
浅漬ダイコン（いちょう切り・塩度2%）		28kg
浅漬ニンジン（千六本切り・塩度2%）		7kg
（計）		140kg
調味液		70kg
製造総量		210kg

調味処方		食塩(kg)	グル曹(kg)	糖(kg)
淡口味液* （酸分解アミノ酸液）	10.5L (12.9kg)	2.2	0.4	
グル曹*	2.75kg		2.75	
氷酢酸	210mL			
砂糖	4.1kg			4.1
アルコール	2.1L (1.7kg)			
ソルビット液	6.3kg			2.5
水	42.0L			
（計）	70kg			
野菜*	140kg	4.4		
合計	210kg	6.6	3.15	6.6
最終成分		3.1%	1.5%	3.1%

〔その他の最終成分〕醬油類5%，酸0.1%，アルコール1%．
　* 全窒素は0.38%となる．

表 3.2.12 おみ漬・刻み菜漬分析値

社名・商品名	三和漬物 たかはたおみづけ	三奥屋 おみ漬	上山農協 おかちゃん漬(おみ漬)	マルハチ おみ漬	三和漬物 蔵王菜こんぶ	片山食品 野沢菜昆布	猫島商店 野菜となかよし広島菜
全 重 量(g)	220	218	191	309	268	190	322
固 体(g)	128	147	131	232	218	184	151
注 入 液(g)	87	65	55	65	—	—	165
固形物割合(%)	60	69	70	78	100	100	48
表示重量(g)	200	180	180	250	200	155	170
調味液屈糖値	9	14	14	13	16	12	6
食 塩(%)	2.5	3.4	3.6	2.9	2.5	2.0	2.7
グ ル 曹(%)	0.75	0.22	0.23	0.74	2.00	0.42	0.76
全 糖(%)	1.6	3.8	3.9	2.6	1.2	—	0.5
酸(%)	0.13	0.10	0.09	0.15	0.23	0.15	0.06
pH	5.1	5.5	5.4	5.2	5.3	—	5.3
醬 油(推定%)	4	13	11	15	15	—	—
菜 類(%)	60	78	77	64	84	54	98
ダイコン(%)	33	16	10	29	4	31	—
ニンジン(%)	7	5	11	6	6	15	—
コンブ(%)	—	—	—	—	3	—	—
ゴ マ(%)	—	—	—	—	2	—	2
その他(%)	—	1	2	1	1	+	—
遊離アミノ酸 (mg/100g)							
アスパラギン酸	18	44	62	46	123	27	29
スレオニン	33	106	106	99	52	19	18
セ リ ン	13	34	39	51	75	12	14
グ ル 曹	749	223	232	739	1 998	420	763
プ ロ リ ン	45	112	78	134	206	30	46
グ リ シ ン	20	82	31	122	46	94	46
ア ラ ニ ン	28	126	57	199	104	16	74
バ リ ン	8	31	28	31	36	11	11
メチオニン	1	6	5	10	23	2	8
イソロイシン	4	20	16	18	22	5	13
ロ イ シ ン	7	35	28	49	57	7	14
チ ロ シ ン	1	16	14	16	14	2	4
フェニルアラニン	16	31	33	37	41	10	12
ヒスチジン	3	11	13	15	23	4	6
リ ジ ン	11	41	45	25	54	12	12
アルギニン	10	39	39	31	36	11	19
合 計	967	957	826	1 622	2 910	682	1 089

以来，その旨さがうるさくなることがあるが，漬物がその濃厚味をやわらげてくれる．菜の花漬，刻み高菜，おみ漬あたりが添加に最適で，納豆の半量，同量，2倍量のどの量を入れても，趣が異なりおもしろい．関西では，しば漬を刻んで入れるが納豆の糸は酸性に弱いので，しば漬は糸の引きを悪くして関西向きである．

納豆タレと醬油の比較を**表 3.2.13**に示す．納豆タレは，低塩，高甘味に加えてグル曹も醬油の約3倍，醬油にないイノシン酸が0.7%と，調理の常識量0.02%の35倍も入っていてやや旨味が強すぎる．漬物はこれを緩める効果をもつが，食塩2%前後のものを加えないと納豆の塩度が上がるので，その点だけは注意する．

漬物製造者は，上手にこの納豆業者と提携し，菜漬を加えた旨さで消費者を楽しませる必要がある．

5) カラシ菜漬

春になると「山潮菜(ヤマシオナ)」の塩漬が福岡から出荷されてくる．享保10年(1725)頃，筑後川の山潮（山崩れによる洪水）によって上流の久住(くじゅう)高菜が流れ出して，福岡県三井郡北野町鳥巣の中州に発生したので，この名がある．山潮菜はカラシ菜に属し，高菜に近い関係にあるが，抽薹(ちゅうだい)（とう立ち）が早いので茎が立ち上がったときに採取し，葉だけでなく徒長した軸茎も食べる．秋播きは9月中旬，春播き春採りは2月上旬に播き，草丈40cm，花茎の長さが10cmくらいに伸びた60日栽培を目標に収穫する．山潮菜漬の特徴は，鼻に抜けるアリルカラシ油の辛味と独特の粘りのトロ味で，とう立ちの軸も含めて2～3cmに切って，辛味，トロ味，美しい緑色を賞味すれば，広島菜以上の漬菜であることが分かる．ただし，おもしろいことに山潮菜漬の生産者はこのトロ味のよさを知らず，PRもしないので準ローカル菜の地位にあることは惜しい．食塩2～3%に仕上げること．

表 3.2.13 納豆タレと醬油の比較

	食塩(%)	糖(%)	グル曹(%)	イノシン酸(%)	適量性
納豆タレ	1	5	3	0.7	◎
醬油	1.8	1	1.2	—	×

山潮菜に似たものに，「久住高菜」がある．大分県竹田市のローカル菜で，10月播きの3～4月収穫，伸長した軟らかい茎を手で折って穫る．とう立ちに付いた葉を手でこき落として捨て，葉柄と茎のみを漬けるもので，山潮菜を上回る軸茎の風味尊重型である．

　カラシ菜の1属に「阿蘇高菜」がある．高菜の幅広い葉に対してカラシ菜特有の細い葉柄をもち，古漬にするが，技術力が未だしで，福岡，熊本の土産物の地位に甘んじている．

　スパイス塩漬の輸入「大心菜（タイシンサイ）」，すなわち搾菜（ザーサイ）は，中国漬物として完全に日本に定着し，中国料理店でスライスが突出し（つきだ）に出たり，豚肉と搾菜のうま煮，搾菜ラーメンがメニューに並ぶなど一般化した．この搾菜は形からは想像がつかないが，カラシ菜の1種で茎の肥大したところを食べる．先年，台湾から生の大心菜を持ち帰り辛味成分を調べたところ，カラシ菜，高菜と同じアリルカラシ油が主成分であった．瀬戸ガメに入れて輸入される中国四川省の搾菜は茴香（ウイキョウ），肉桂（ニッケイ），サンショウ，トウガラシなどの香辛料を多用し，重石を効かせて漬けているので，文字通り搾った状態になって，漬物の中で最も歯切れがよい．四川省産は，香辛料が油の酸化防止剤の役目をするので，保存性の良い油炒めの「搾菜漬」ができるのに反して，台湾やその他の中国各地から入る塩漬搾菜は，油炒めの油がすぐに酸化されるので注意を要する．塩漬搾菜は小型のものもあるので，「ミニ搾菜」として新製品を狙うのも1つの方向であろう．

6) 菜の花漬

　4月上旬，京都洛北の松ヶ崎付近は菜の花が満開になる．菜の花漬は京都の名産で，寒咲（かんざき）ちりめんなどの菜の花を，つぼみのうちに漬物にする．収穫して4％の食塩で漬け込み，水が揚がれば完成．これを袋に入れて食塩3％，グル曹0.5％程度のあっさりした味の注入液を入れて仕上げ，美しい色を楽しむ．4，5月は小袋に密封して販売，残りは樽詰，もしくは小袋のまま－30℃で冷凍してしまう．季節の漬物であるべき菜の花漬が，1年中，青々として出荷されるのはこの冷凍技術による．この技術は，漬物冷凍の先進県広島で，広島菜とともにその花も漬けて冷凍し，成功したのが京都に伝わったものである．

種苗業者のバイオ育種は，漬物関連ではミニ野菜と菜の花がある．ミニ野菜は，白菜などでおもしろい．菜の花は，「アスパラ菜」，「おいしい菜」，「三重なばな」など比較的茎の長い菜の花がデパートや量販店で見られる．中国野菜どうしの掛け合せから生まれたもので，おひたしやテンプラにしても，在来の菜の花よりも優れている．その１つ，サカタのタネの発売した「オータムポエム」は長い軸がアスパラガスに似て，かつそれに近い風味をもつので「アスパラ菜」と呼ばれ，これを山形県余目のマルハチが「雪花菜」の名で漬物にして話題になった．

「雪花菜」も含めて，菜の花漬は色が悪くなるため加熱殺菌をしていないので，早く食べる必要がある．刻んでご飯にかけてもよいが，最高は，これも刻んで納豆と混ぜて食べることである．

7) 白 菜 漬

白菜漬は，家庭漬の主要なものであったが，嗜好の低塩化で食塩2.5％前後でないと塩辛くてのどを通らなくなったとき，家庭で2.5％という少ない食塩で漬けるのが難しいので，漬物業者の売る市販品に頼るようになった．2.5％という低塩で漬けるには，①４つ割り，２つ割りの白菜の切り口を上に向けて，白菜重量の2.5％の食塩を，茎になすりつけるように均一に散布する．②白菜重量の２割の2.5％食塩水を差し水する．③白菜重量以上の強い重石をする．④翌日，水が揚がるので，上下を入れ替える．以上の４つを守れば，よく漬かる．家庭では，低塩で酸敗が進みやすいので，漬込み３～４日でポリ袋に入れて冷蔵庫に納めれば，しばらく鮮度のよい白菜漬を食卓に供することができる．

(1) 製品のポイント

市販の白菜漬の品質の差は極めて大きい．とくに，茎軸のよく漬かっていないものが多い．白菜漬の袋詰製品は，①袋の中の白菜漬が緑，黄，白の対比で美しく見えること（**写真3.2.5**）．緑が欠けたものは売れ残る．②袋中の注入液は清澄であること．③白い茎軸の部分がよく漬かっていること．以上の３点が重要である．普通，５日以内の消費期限を設定して，その間に食べてもらう．白菜漬は日数が経って，若干の乳酸発酵が起こったときが旨いともいわれ，消費期限外によさがあるとの説もあるが，漬物が乳酸発酵を

写真 3.2.5 緑・白・黄の3色対比が美しい塩漬された白菜

切り捨ててすでに四半世紀を経て，乳酸発酵のよさを知る人も減ったので，発酵漬物は別に考えればよい．白菜漬は，あくまで美しく爽快なうちに食べてもらうべきである．

(2) 製造法

白菜は種類が多く，緑，白，黄の3色対比のもの，黄芯系，あるいは内部が黄橙色のオレンジクインなど色調の違うもの，タケノコ型の「チヒリ白菜」，半結球の「山東菜（サントウサイ）」，「花芯（かしん）白菜」など形の違うものなどがある．白菜漬にするには，なるべく緑の葉を残したいので，葉重型という結球葉数40枚以上のものより，葉数型という60枚以上の品種が有利とはいえる．いずれにせよ，作業員が注意して緑の葉を大切にすれば，繊維質が少なくアミノ酸の多い，軟らかくて旨いものができる．

白菜を調製，洗浄して2つ割りとして2.5%の食塩を散布し，白菜の半量の2.5%食塩水を差し水する（**写真 3.2.6**）．普通，1t ナベトロに500kg 漬け，差し水250kg をし，200kg の強い重石をする．差し水は，本来少ない方が風味の流失は少ないが，水揚がりが遅いと変色，酸敗するので，十分検討してその量と重石重量を決める．冷蔵庫中3〜4日で茎まで漬け上がるので，取り出して，バブリング洗浄機で洗浄し，さらに洗浄槽で手もみ洗いをして，汚れと異物を除く．2つ割りの白菜漬

写真 3.2.6 白菜漬の調製作業風景

をさらに2つあるいは3つに切って 200g, 300g, 400g など,自社規格に従って軽く絞った白菜を袋に入れ,白菜重量の40～60%の注入液を注ぎ,リンガーで口を締める(**写真3.2.7**).注入液の調味処方を**表3.2.14**に示す.次いで,場合によっては0℃の冷水浴による1時間の冷却の後,寒剤を入れた発泡スチロールの箱に詰め密閉して出荷する.

写真3.2.7 白菜漬の計量・包装

(3) 分 析 値

市販白菜漬の分析値を**表3.2.15**に示す.固体・液体の割合は,白菜重量が増えるほど液体量が減ることが分かる.食塩は,大部分が2～2.5%の間にあり,調味はグル曹とグリシンと微量の天然調味料の添加を思わせる.グリシンの添加はグリシンの若干の抗菌性を期待してのものである.

(4) そ の 他

白菜は,品種改良で白い大きな茎軸のあるものが尊重されてきた.このことが,市販白菜漬をよく漬けて,美しくつくる上での欠点になっている.良い白菜漬をつくるには,1枚の葉の面積率で,なるべく緑の葉の部分の占める割合の高い白菜を選択する必要がある.昔の日本3大漬菜の1つ山東菜も,育種で白い茎軸を大きくする間違いをおかして,やはり使いにくくなった.ただ,白菜漬より風味は上なので,契約栽培する価値は残っている.結球白菜は,慶応2年(1866)にわが国に導入されたが,半結球白菜は,江戸時代に長崎に入り唐菜(トウナ)と呼ばれたことが『長崎見聞録』(1797年)に見られ,この方が先発である.

白菜の白い茎軸が漬かりにくいことは問題で,近頃,刻み白菜漬のカップ入りが増えている背景には,こ

表3.2.14 白菜漬調味処方

白菜漬(食塩2.2%)	70kg
注入液	70kg
製造総量	140kg

(白菜2.0kg—歩留り70%物・8つ割り各250gに対し注入液250g)
注) 製品280個分

注入液調味処方			
グル曹	700g	食 塩	1.54kg
グリシン	280g	水	66.9L
アルコール	700mL (560g)		

〔最終成分〕 食塩2.2%,グル曹0.5%,グリシン0.2%,アルコール0.5%.

表 3.2.15　白菜漬分析値

社名・商品名	秋本食品 白菜漬	秋本食品 四季彩 旬のいろどり	ヤマヨ 旬白菜漬	西海食品 本漬白菜	ピクルスコーポレーション はくさい	片山商店 あさづけ
全　重　量(g)	469	442	402	675	616	606
固　　　体(g)	201	225	145	387	408	280
注　入　液(g)	260	210	249	280	250	318
固形物割合(%)	44	52	37	58	62	47
表 示 重 量(g)	200	220	200	350	400	—
調味液屈糖値	6	7	6	5	5	6
食　　塩(%)	2.1	1.9	2.3	2.4	2.3	3.5
グ　ル　曹(%)	0.39	0.79	0.20	0.39	0.37	0.33
全　　糖(%)	0.8	1.2	0.6	0.5	0.5	0.5
酸 (%)	0.09	0.05	0.15	0.11	0.11	0.10
pH	5.1	5.8	4.9	4.7	4.8	4.3
遊離アミノ酸 (mg/100g)						
アスパラギン酸	5	3	4	5	6	1
スレオニン	45	35	50	42	55	46
セ　リ　ン	5	9	7	7	14	4
グ　ル　曹	392	787	201	391	365	332
プ　ロ　リ　ン	+	+	+	+	+	+
グ　リ　シ　ン	183	236	3	327	14	1
ア　ラ　ニ　ン	18	19	17	28	28	10
バ　リ　ン	4	4	2	5	5	2
メ チ オ ニ ン	+	+	+	+	3	+
イソロイシン	3	3	4	3	4	1
ロ　イ　シ　ン	2	2	6	3	4	1
チ　ロ　シ　ン	+	+	3	+	+	+
フェニルアラニン	+	4	6	2	5	+
ヒ ス チ ジ ン	1	2	3	3	3	+
リ　ジ　ン	4	5	9	6	7	4
ア ル ギ ニ ン	4	6	10	8	10	6
合　　計	666	1 115	325	830	523	408

れがある．

8) その他の菜漬

　「壬生菜（京水菜）」や東京の「千筋京菜」は旨い漬菜で，壬生菜は千枚漬の友として扱われるほか，産地移動の周年供給でカップ詰が一定量さばけるし，古水菜というぬか漬もすばらしい味を示す．千筋京菜も白い軸が美し

い（写真 3.2.8）．このほか，在来漬菜の「芭蕉菜(バショウナ)」，「安沢菜(アンザワナ)」，「鳴沢菜(ナルサワナ)」にも市販品が見られる．著者がかつて，日本農業新聞の漬菜特集に協力してつくった日本の代表的漬菜の一覧表があるので，表 3.2.16 に示す．内容はほぼオリジナルのままを示す．

写真 3.2.8 「白茎千筋京菜」の漬上がり

3.2.3 菜漬ルネッサンス──野沢菜漬の葉緑素・グリーンの確保

秋に収穫した漬菜を塩漬にして食べるというパターンから，1年中同じ菜を食べるように食生活は変わった．2％台の低塩で緑色の野沢菜漬が，1年中量販店に見られるようになり，生産量も年間5万t，全漬物生産量の4％強に達している．この緑色の漬菜の1年中の原菜確保は重要で，とにかく毎回，青々とした原菜さえ工場に入荷すれば，2, 3日の漬込みで美しい緑色で出荷できるので，原菜が入るかどうかが勝負である．

長野で10, 11月と収穫したあと，12, 1月は静岡，徳島，和歌山，2月は滋賀，3, 4, 5月は山梨，長野両県のトンネル栽培，6月は茨城，7, 8, 9月は長野の八ヶ岳中腹，戸隠など，全国の緯度と標高を利用した冷涼地栽培と，畑を移してゆく産地移動を行う．野沢温泉付近で1年中つくったら，と考えるかもしれないが，日長の関係で抽薹，すなわち花が咲いてしまって，菜の花漬の時期がどうしてもでてしまう．野沢菜栽培の産地移動の季節ごとの実態を表 3.2.17 に示す．

このように全国各地で収穫された野沢菜は，工場に運ばれ直ちに漬込容器に詰めて上から食塩水を満たし，これを揚がり水冷却循環装置（チラー）に接続，容器に管を入れ，食塩水をそこからポンプで吸い上げて，冷凍機の中を通して再び容器に戻す．2時間で液温が4℃に下がるので，そのまま48時間冷却しながらの塩漬を続ける．これを第1回の冷却工程とし，次いで菜を取り出して水洗いし，300gの束として包装袋に入れ，あらかじめ調味液冷却装置で5℃に下げた調味液150gを注入する第2回冷却工程，袋を密封後，0℃に調節した製品冷却装置に入れ1時間冷却水中を流す第3回冷却工

表3.2.16 各種漬菜の品種名と特徴

	代表品種	主産地	問 合 せ	一言備忘録
アブラナ群	くきたち菜	北海道	札幌興農園 011(261)1241	積雪下で越冬性が大．翌春もえ出した若葉を利用．
	ちりめん 五月菜	山形県 内陸地方	山形県種苗㈱ 0236(22)3331	9月に種播き，越冬させ，早春伸びた花茎および葉を利用．
	紫折菜	山形県 酒田市	小倉種苗店 0234(22)1774	くきたちに似ているが，花茎，葉が紫紅色になる．苦味がある．
	寒咲花菜	滋賀県	大津滋賀農業改良普及センター	大津市平野地区で，菜の花漬に．
	高山真菜	大阪府 豊能町	豊能農業改良普及センター　0727(52)4111	ちりめん状と丸葉の2系統があり，つぼみを漬物にする場合はちりめん系統を利用．
水菜群	水　菜	京都府	タキイ種苗 075(365)0123	京都以外では京菜と呼ぶ．本種は千筋京菜とも呼ばれる．欠刻が深い．
	壬生菜	京都府	タキイ種苗 075(365)0123	京菜の1変種．京菜との違いは，葉がへら状で欠刻がない点．丸葉水菜とも呼ばれる．
白菜群	大阪白菜	大阪府	タキイ種苗 075(365)0123	関東の小松菜に相当する大阪の主要な軟弱野菜．天満菜とも呼ばれる．
	広島菜	広島市 安佐南区	JA佐東町 082(877)4194	繊維質が少なく，漬物に好適．葉は大きく，切れ込みもなく，大株になる．とう立ちは早い．
	博多白菜 (はざ)	福岡県 福岡市	福岡市園芸振興協会 092(411)3080	白京菜とも呼ばれる．漬物に利用．間引きすることを「はざ」とこの地方では呼ぶ．
	長崎白菜	長崎県	八江農芸㈱ 0957(24)1111	唐菜とも呼ばれ，半結球性で独特の白味がある．漬物，煮食用として珍重されている．
カラシ菜群	山形青菜	山形県 内陸地方	山形県種苗㈱ 0236(22)3331	明治以後，多肉性高菜類が中国から導入され，そのうち青菜が寒地に順化したもの．
	高　菜	三重県 熊野市	紀州地域農業改良普及センター 05978(9)6125	主産地は紀和町．平成6年で74アール栽培．べっこう漬は紀州郷土色のめはりずし用．(現在は新高菜漬使用)
	カツオ菜	福岡県	福岡市園芸振興協会 092(411)3080	煮るとかつお節を入れなくとも味がよい．年末から冬場のなべ料理に用いる．
	柳河高菜	福岡県	山城農園 0944(62)2141	中国から導入した多肉性高菜類のうち，青菜が九州に順化したものといわれる．
	三池高菜	福岡県	山城農園 0944(62)2141	青菜から出た多肉性の柳河高菜と在来紫高菜との交雑から出来たといわれている．
	山潮高菜	福岡県	三井農業改良普及センター　0942(78)3100	江戸時代に筑後川沿いに土着した．山潮漬，菜焼き，白和えなどにして食べる．

(つづく)

3.2 菜　漬

カラシ菜群	阿蘇高菜	熊本県	熊本県園芸種苗 096(385)7733	三池高菜と異なり，茎部の利用価値が高い．カラシ菜に近い辛味と独特の風味がある．
カブ菜群	野沢菜	長野県	長野県内JA	カブの1種．茎葉は軟らかく，漬物用として広く利用される．
	鳴沢菜	山梨県 鳴沢村	JA鳴沢村 0555(85)2470	冬の貯蔵用野菜として塩漬にして利用する．野沢菜と違い，根は細長い．
	中島菜	石川県 中島町	JA能登わかば鹿北営農センター 0767(68)6288	野沢菜と同じ，カブ菜の1種だが，カラシ菜に近い．葉柄が多肉．
雑種群	信夫冬菜	福島県 県北地方	今川種苗店 0245(22)1144	寒さで濃緑色になる．冬から早春のおひたしや炒めものに利用．
	女池菜 (新潟小松菜)	新潟県	北越農事㈱ 0256(72)3223	新潟市近郊で昔から栽培されているとう菜の1種．小松菜より大型で葉の緑色も濃い．
	大崎菜	新潟県	北越農事㈱ 0256(72)3223	雪中の青菜として高価で取引きされ，珍重された．トンネル栽培で地下水を利用する．
	長岡菜	新潟県	北越農事㈱ 0256(72)3223	体菜，野沢菜，小松菜などが交雑して出来た品種といわれている．漬菜用．
	クロナ	熊本県	JA阿蘇小国郷 0967(46)3211	阿蘇郡小国町岳湯地区で栽培．寒さにあたると，緑が濃くなる．漬物用．自家採取．

(日本農業新聞，1994.12.19号より)

表 3.2.17　野沢菜の季節別の供給地　　(単位：t)

産地別 \ 季節別	春 4・5・6月	夏 7・8・9月	秋 10・11・12月	冬 1・2・3月	計
山　梨 埼　玉 茨　城 群　馬	6 635.5	762.7	5 586.8	361.62	13 346.62
徳　島	663.55		2 095.05	11 089.6	13 848.2
東　海	663.55			361.62	1 025.17
長　野	4 644.85	14 491.3	5 586.8		24 722.95
そ の 他	663.55		698.55	241.08	1 602.98
計	13 271	15 254	13 967	12 054	54 546

(長野県漬物協同組合野沢菜部会)

程，そして，発泡スチロールの容器に20個の袋を入れ，上に氷袋2つを載せて容器をシールする第4回の冷却工程を経て，店頭に並ぶ．畑から店頭まで，低温を使って葉緑素の分解を防ぎ，明るいグリーンにするとともに微生

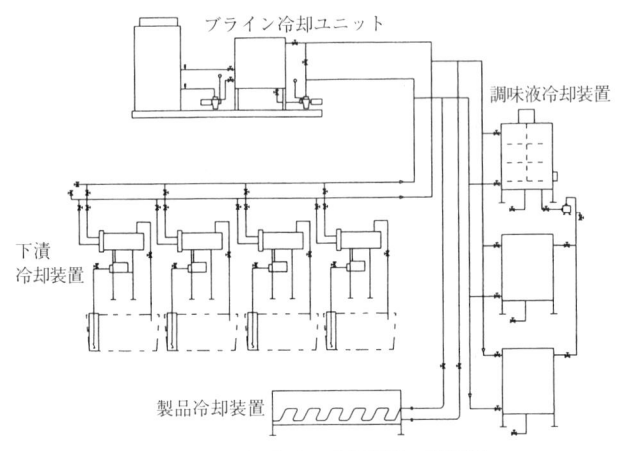

図 3.2.3 野沢菜漬の冷却装置の設置例

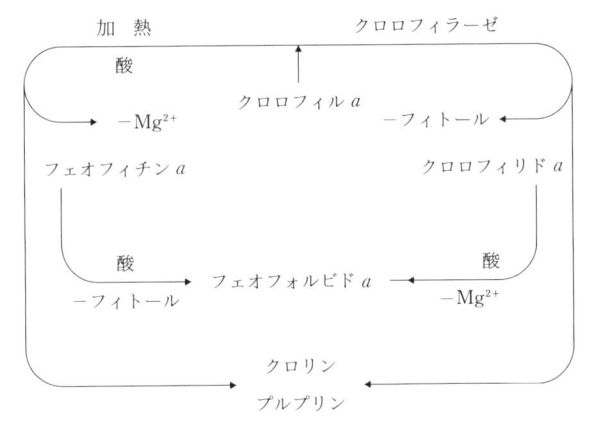

図 3.2.4 クロロフィルの分解図
(五十嵐脩:『食品化学』弘学出版による)

物も低温で制御し，清澄な注入液の見るからに美しい製品を販売可能にしている．**図 3.2.3** に野沢菜漬の低温製造装置を示す．なぜこのように面倒な4回の冷却工程を経るかというと，野沢菜漬の美しい緑に灰色，褐色をいかにして入れないか，そしてそれが今の消費者嗜好につながるからである．加えて，低温で乳酸発酵が抑えられ，発酵臭が全く出ないことも大きい．緑に灰色，褐色が入るのは，**図 3.2.4** に示すように乳酸菌の酸により黄褐色のフェ

オフィチンが生成するためである．乳酸発酵臭は，発酵によって分解した漬菜成分が，発酵で出来た酢酸に混じって揮発してくる臭気で，これは現代人にはなかなか受け入れてもらえない．

3.2.4　特記すべき科学—日本3大菜漬の辛味成分

野沢菜漬，広島菜漬，高菜漬を日本3大菜漬ということは前述した．誰が選んだか知れない3つの菜漬だが，実に上手に嗜好上の特性をつかまえていて，この3つを順次食べていくと，菜漬を食べる幸せが感じられるから，おもしろい．

菜漬を，①風味の重要成分である辛味化合物のイソチオシアナート（カラシ油），②硬さと水持ち，の2点から分類すると，それぞれ3つに分けられる．そして，日本3大菜漬はどちらの分類にも，都合よく1つずつ配置されている．

この辛味は揮発性のカラシ油によるが，カラシ油は R–NCS で示される硫黄化合物で，ワサビ，カラシ，ダイコンおろしに見られるように，辛味がツーンと鼻に抜けていく．菜漬の硬さと水持ちは，食物繊維の含有量とそれを勘案した漬込み方法で持ち味が出るので，あとはそれを効果的にする切り方がある．**表 3.2.18** に漬菜のイソチオシアナートの分布を示す．

野沢菜漬は，食物繊維が 2.2％と低く茎が軟らかいので，水分を大切に保持できるようにふっくらと漬け，また辛味がカブや小松菜と同様に最も温和な 3-ブテニルカラシ油が主体なので，新鮮な浅漬を水分と弱い辛味成分を逃がさないように，5cm くらいに長く切るのがよい．これに対し，高菜漬は食物繊維が 3.9％と，菜漬中で最も高く茎が硬いので，その特徴を生かすには，じっくりと水分を押し出すように強い重石で漬けるのがよく，古漬として食べられてきた．辛味もワサビと同じアリルカラシ油という強いものを多く含むので，貯蔵漬の間にそれをかなり壊した方が食べやすい．高菜漬は，古漬を 1〜2mm に叩くように切って繊維を細切し，硬さを消しつつ立ち上る古漬香を楽しむのが本来の食べ方である．古漬香は，カラシ油の減少と低級脂肪酸，フェノールの増大で生じる．この，菜漬の新鮮香から古漬香に至る香気化合物の変化を，著者の共同研究者宇田靖氏のつくった**図3.2.5**に示

表 3.2.18 アブラナ科植物のイソチオシアナートの分布

辛味成分 (イソチオシアナート)	高 菜 カラシ菜	白 菜 広島菜	カ ブ 野沢菜	京 菜 壬生菜	体 菜	紅菜苔	菜 心 パクチョイ	ダイコン
アリルカラシ油	‖‖	－	－〜±	±	±	±	±	－
sec-ブチルカラシ油	＋	±	±	±	±	＋	＋	－
3-ブテニルカラシ油	＃	＋〜‖‖	‖‖〜‖‖	‖‖	＃〜‖‖	＋	＋	－
4-ペンテニルカラシ油	＋	＃〜‖‖	＋〜＃	＋〜＃	‖‖	‖‖	‖‖	±
n-ペンチルカラシ油	＋	－	－	－	－	－	－	－
3-メチルチオプロピルカラシ油	＋	－	－	－	－	－	－	＋
4-メチルチオブチルカラシ油	－	－	＋〜＃	＋	±	±	±	±
2-フェネチルカラシ油	＋	＃	‖‖〜‖‖	＋	＃〜‖‖	‖‖	＃	＋
5-メチルチオペンチルカラシ油	±	＃	＋	±	＋	＋	‖‖	±
4-メチルチオ-3-ブテニルカラシ油	－	－	－	－	－	－	－	‖‖

‖‖：含有率 50%以上, ‖‖：同 30〜50%, ＃：同 10〜30%, ＋：同 0.5〜10%, ±：同 0.5%, －：不検出.

す.この 2 つの菜漬の中間と感じられる広島菜漬は, 食物繊維が 2.7%, 辛味も 3-ブテニル, 4-ペンテニルカラシ油と温和なので, 食物繊維量から考えて, 切り方も両者の中間の 2cm くらいに切る.

消費者に一番旨く漬物を食べてもらうために, 漬物企業が切り方を袋などに書くことは重要である.

3.3 調味漬 1：醬油漬

3.3.1 日本人とのかかわり

ヒネ, 大ヒネという言葉がある. 野菜の出盛り期に 20% という大量の食塩を使って野菜を漬け込み, 多量の食塩の浸透圧で長期保存する塩蔵の, その 1 年以上経ったものがヒネ, 2 年以上が大ヒネである. 貯蔵に耐えることができ, 中国, タイなど海外で野菜を漬けてもらい, 比較的安価に輸入できるので, 漬物の市価の安定に貢献している. 平成 13 年の塩蔵原料の輸入実績は, キュウリ 47 855t, 梅干・梅漬 42 778t, ショウガ 35 775t, 浅漬ショウガ 23 493t, ラッキョウ 17 207t の順で, その他合計で 292 196t に達する.

この野菜を塩蔵して貯えるときの多量に含まれる食塩を, 塩抜きするとい

3.3 調味漬 1：醬油漬

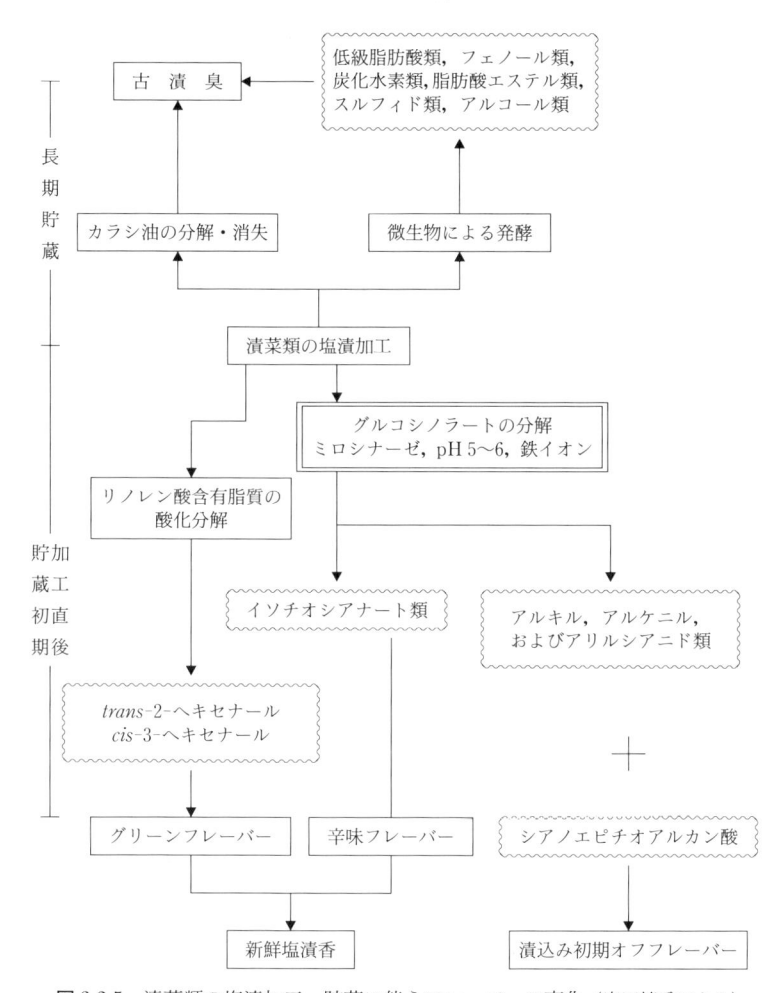

図 3.2.5 漬菜類の塩漬加工・貯蔵に伴うフレーバーの変化（宇田靖氏による）

う工程をもつ漬物は，日本独自のもので，誇るべき漬物製造技術である．キムチ全盛の韓国にも，ピクルスのヨーロッパにもなく，現在日本への最大の塩蔵原料輸出国として，平成 13 年には 251 674t を送っている中国の『斉民要術』にも記載はなく，現在でも搾菜その他があるだけで全く漬物の主力ではない．この塩蔵し，脱塩をするという 2 工程を日本人がいつ知ったかは，おもしろい研究対象になりそうである．

天保7年（1836）の『漬物早指南・四季漬物塩嘉言』には「塩出し」の言葉が見られ，塩抜きとして最も古い記載になっている．そして，塩抜き，圧搾して調味液に漬け込む調味漬の本格化は，明治になっての「酒悦」の福神漬の発売をもって嚆矢とする．

考えてみれば，食塩が高価な平安・室町時代や，年貢の塩が納められず，立塩漬の塩水を反覆して使って開発された「くさや」のある江戸時代に，食塩を全部流してしまう塩抜きなど思いつくわけがない．

福神漬，醬油漬，酢漬，カラシ漬，粕漬から，味噌漬，たまり漬と，今では20%塩度塩蔵の野菜を使う漬物は数多くあって，業界用語では浅漬，菜漬の新漬に対して，古漬の名を付けられ，全漬物産業の50%を占めている．

この古漬の良い点は，我々に消化系機能調整の食物繊維を提供してくれることであって，歴史は浅いが，日本人がもっと大切にしていくべき漬物であると思われる．

図 3.3.1 に塩蔵原料使用漬物の系統図を示す．

3.3.2 醬油漬各論

以下に述べる調味漬は塩蔵原料を使ってつくるので古漬と総称される．塩

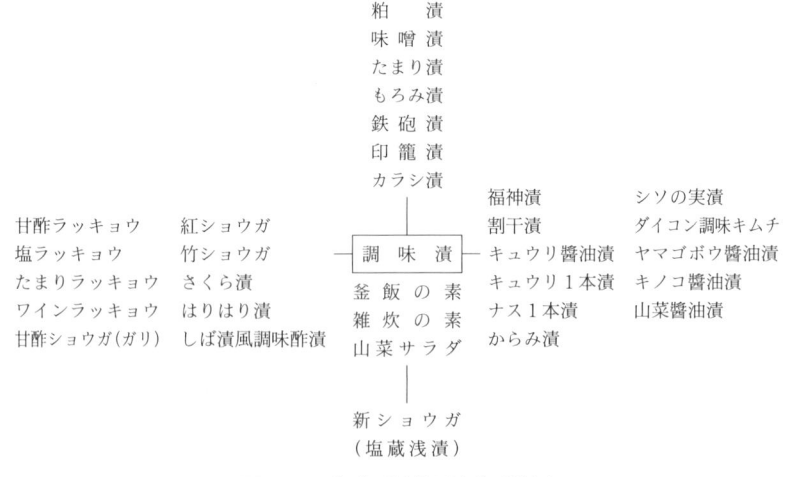

図 3.3.1 塩蔵原料使用漬物系統図

蔵原料の良否が製品の品質に大きく関係するので，2.1.2項「塩蔵の方法」をよく読んでつくってほしい．

1) 福 神 漬

平成12年度の福神漬の生産量は64 733tで過去最高を記録したが，この10年間の平均は58 834tで大きな伸びはない．ただ，古漬類の中では安定した

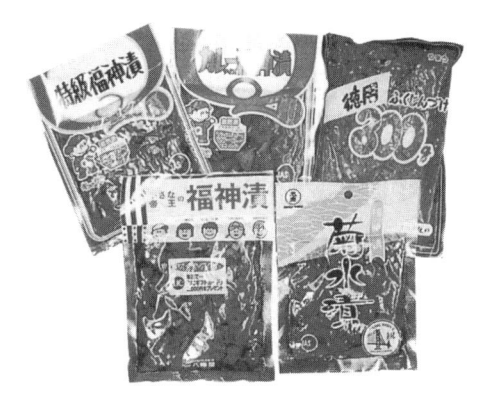

写真 3.3.1　各種福神漬

売行きで，東海漬物，新進，やまう，八幡屋，菜華，酒悦の6企業の独占に近い形から見れば，これら企業の業績に大きく貢献していることは分かる．各種福神漬を**写真3.3.1**に示す．ふだん，なんとなく食べている福神漬であるが，ここ3，4年で大きな変化があった．その1は，八幡屋福神漬の3%塩度出荷である．かつて非殺菌の8%塩度，屈折糖度計示度49度の製品を出荷していた八幡屋の低塩政策で，たくさん福神漬を食べても，体中には食塩をあまり入れない画期的な開発であった．その2は，ハウス食品工業が，中京の漬物企業製造の小袋をレトルトカレーに別添したことである．漬物売上げの拡大と漬物摂取の習慣性をつけるため，カレーへの福神漬添付は業界の課題であったが，企業努力で実現したことは喜ばしい．その3は，有力各社の福神漬の旨味を減らす試みで，醤油，酸分解アミノ酸液，グル曹の使用量の減少によって全遊離アミノ酸が半減され，東海漬物を除く大手3企業で実施された．そしてその4は，福神漬の着色料の合成から天然への移行である．福神漬は合成着色料でも製造総量の0.05%を必要とし，紅ショウガと並ぶ最大量を使っていたが，時代の波で天然着色料への切替えが進んだ．まず八幡屋が，クロシンの黄色とラックの赤色で発色した．続いて新進，やまうがパプリカ色素に切り替えていった．

(1) 製品のポイント

福神漬のJASは，全窒素分0.3%以上，屈折糖度計示度30度以上，内容重量300g超では7種類以上の原材料を使い，固形物に占めるダイコンの割

合は重量で 80％未満，内容重量に対する固形物の割合は 75％以上，内容重量 300g 以下では 5 種類以上の原材料を使い，ダイコンの割合が 85％未満，内容重量に対する固形物の割合が 70％以上であること，使用可能の野菜はダイコン，ナス，ウリ，キュウリ，ショウガ，ナタマメ，レンコン，シソ，シソの実，タケノコ，シイタケ，ゴマの 12 種類から選ぶ，となっている．

　製品は第 1 に，ナス，シソ，シイタケを多用すると色調に黒系が多くなるので，暗くならないようにすること，第 2 に，キュウリは脱塩しても古漬臭が抜けにくいので，できるだけ使用を避け，やむを得ないときは 16 時間以上の，脱臭を兼ねての脱塩ののち使うこと，またショウガは，塩蔵，脱塩工程を経ても香気が比較的よく残るので，使用量は復元後の固体の 2～3％にとどめたい．多用するとショウガ香気が福神漬全体を支配してしまう．使用資材の醬油類では，淡口醬油使用は褐色で暗くなる上に復元性も悪いので，色の淡い酸分解アミノ酸液を使いたい．最大の製造ポイントは，全体の色調を明るくつくることにある．

(2) 製 造 法

　福神漬の製造は，規格制定から野菜配合，調味処方作成まで 2.3.3 項 1)の「福神漬の調味処方」で詳述したので，これを参照されたい．

(3) 分 析 値

　市販福神漬を分析した値を**表 3.3.1** に，遊離アミノ酸分析値を**表 3.3.2** に示す．小袋製品，徳用中袋，業務用の製造上の野菜配合，味覚，それぞれの立場での保存性から見た塩度の設定など，参考になるであろう．

(4) そ の 他

　表 3.3.3 は，1975 年の福神漬の分析値である．この頃は，大手各社の調味傾向に哲学があっておもしろかった．菜華（当時の野津漬物）は醬油系を多くして甘味を抑える辛口，八幡屋は食塩と糖分を多くして非殺菌，ショウガ，シソの香りが殺菌で悪化するのを避けて，と説明があった．東海漬物は醬油類を減らしてグル曹を多くし明るい色調を，やまうは福神漬のような甘味漬物にはグル曹は効果が少ないとして，醬油類由来のグル曹以外はない．当時の技術者のかたくなな技術方針が，今の漬物トップ企業のつくる漬物の技術力の背景に存在する．

3.3 調味漬1：醬油漬

表 3.3.1　福神漬の分析値

社名・商品名	新進 特級福神漬	東海漬物 カレーライス福神漬	東海漬物 純福神漬業務用	やまう 徳用ふくじんづけ	八幡屋 カレーライス福神漬	酒悦 福神漬	忠勇 菊水漬
全重量(g)	159	133	2 123	316	133	282	140
固体(g)	102	84	1 650	210	79	94	104
注入液(g)	52	45	455	100	50	50	31
固形物割合(%)	66	65	78	68	61	65	77
表示重量(g)	144	120	2 000	300	120	140	120
調味液屈糖値	38	41	37	30	30	41	42
食塩(%)	4.2	4.8	6.0	5.4	3.2	6.8	5.2
全窒素(%)	0.30	0.40	0.33	0.25	0.28	0.50	0.31
グル曹(%)	0.35	1.93	1.16	0.12	0.40	0.45	1.64
全糖(%)	32.4	30.0	20.0	23.0	20.0	24.0	22.0
酸(%)	0.32	0.47	0.55	0.38	0.44	0.22	0.27
pH	4.0	4.7	4.3	3.8	4.2	4.6	4.4
配合% ダイコン	80	62	86	84	72	86	70
ナス	4	20	5	6	15	3	13
キュウリ	4	10	2	—	—	—	—
レンコン	4	3	3	3	8	—	4
ナタマメ	4	2	1	—	—	6	7
シソ	2	0.5	—	2	2	1	—
ショウガ	1	2	3	1	—	—	4
ゴマ	1	0.5	—	—	1	—	1
その他	—	—	—	4	2	4	—

2) キュウリ刻み醬油漬

　塩蔵四葉系キュウリ（**写真 3.3.2**）を輪切りにして脱塩，圧搾したのち，わずかの千切りショウガとともに醬油に漬けた製品．キュウリ刻み醬油漬のシェアは豊橋の東海漬物の「キューちゃん」が80%を占め，取引上も「キューちゃんの規格は」などと，通称として使われている．愛知県知多半島の田原工場で，1日20万袋，年間生産量約8 000tという，単品では日本一の漬物である．

　このキューちゃんには，製造上の特徴がいくつかある．① 醸造醬油を30%使って醬油の香りを強く打ち出す．製品塩度4%のため，18%塩度の醬油を30%も使っては製品塩度が5.4%になるため，減塩醬油を混合して使う．② 醸造醬油，グル曹，食酢，食塩といった基本調味料だけで味覚をつくっ

表 3.3.2 福神漬の遊離アミノ酸分析値 (mg/100g)

社名・商品名	新進 特級福神漬	東海漬物 カレーライス福神漬	東海漬物 純福神漬業務用	やまう 徳用ふくじんづけ	八幡屋 カレーライス福神漬	酒悦 福神漬	忠勇 菊水漬
アスパラギン酸	9	169	183	51	80	139	105
スレオニン	8	60	72	18	29	83	51
セリン	8	86	106	24	41	102	88
グル曹	349	1 934	1 157	116	400	447	1 642
プロリン	22	210	330	55	100	238	318
グリシン	5	65	465	20	31	75	58
アラニン	10	91	126	26	43	119	123
バリン	3	60	76	14	26	13	50
メチオニン	6	8	7	1	13	32	16
イソロイシン	8	30	45	7	19	89	28
ロイシン	12	49	73	11	28	140	83
チロシン	5	9	+	2	+	20	10
フェニルアラニン	13	51	79	15	49	113	54
ヒスチジン	4	24	41	9	14	29	28
リジン	8	66	102	23	39	91	35
アルギニン	4	63	95	12	36	69	47
合計	474	2 975	2 957	404	948	1 799	2 736
淡口味液推定使用%		7	17	3	5		5
醤油推定使用%		3				28	10

表 3.3.3 1975年の市販福神漬の分析値

	pH	屈折糖度計示度	食塩(%)	全窒素(%)	グル曹(%)	全糖(%)
菜華	4.6	39	7.2	0.47	1.7	21.5
八幡屋	4.8	49	9.3	0.38	0.7	32.3
東海漬物	4.7	45	7.6	0.23	1.2	30.7
やまう	4.5	40	6.5	0.29	0.4	27.8

ているので，抑えた味になっている．派手な旨さがないので，長く食べ続けても飽きない．これが，昭和38年の発売以来，約40年続いている理由．③消費者の健康を考えて，合成保存料，合成着色料の除去と消費者対策を重視，の3つである．キュウリ刻み醤油漬の調味処方を**表 3.3.4**に示す．また，キュウリ刻み漬および1本漬の分析値を**表 3.3.5**に示す．

キュウリ刻み醤油漬の1種に，緑色に着色した製品がある．主として業務用に使われ，酸分解アミノ酸液5%，グル曹1.5%，酸0.2%に合成着色料の青色1号0.005%，黄色4号0.025%を加える．

キュウリ刻み醤油漬の製造上のポイントの1つに刻みキュウリの脱塩時間がある．上記の2製品とも，できるだけ長く脱塩して古漬臭を取り去る．16時間の脱塩が必要で，時間を長くかけるのは脱塩というよりむしろ脱臭のためである．ほかにキュウリ古漬という製品があって，塩蔵キュウリを厚さ1〜2mmに輪切りにして脱塩し，黄色系の調味液に浸したもので，この場合は脱塩時間2時間として古漬臭を残す．

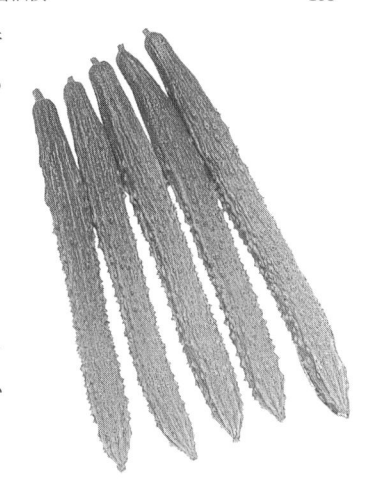

写真 3.3.2　四葉系キュウリ「さちかぜ」
（写真提供：タキイ種苗）

3）キュウリ1本漬

ときわ系という，ふっくらしたキュウリを醤油系の調味液に浸した製品（**写真 3.3.3**）．味覚は2系統あって，食塩3%，醤油類6%，グル曹1%で低塩味ボケを防いでトウガラシを加えたものと，食塩5%，醤油類12%，グル曹2%という味の濃いものである．北海道や九州では，これに甘味3%をのせたものが喜ばれる．

製造ポイントは，①1本物のキュウリは脱塩時に塩が抜けにくい．開孔機という生け花の剣山のような釘の上下する機械の下を，塩蔵キュウリを通して，たくさんの小孔をあけると脱塩しやすい．②脱塩で水を吸ったキュウリを圧搾するが，強い力で圧すとキュウリが割れる．普通は圧搾機でゆっくりと圧して，70%圧搾（1tの塩蔵キュウリを700kgまで）にとどめる．

写真 3.3.3　キュウリ1本漬

表 3.3.4　キュウリ刻み醤油漬調味処方

野菜配合　キュウリ（圧搾 40%）　　　　38.7kg
　　　　　ショウガ（塩抜き・水切り）　1.0kg
　　　　　シソの実　　　　　　　　　　0.3kg
　　　　　ゴ　マ　　　　　　　　　　　30g
調味液　　　　　　　　　　　　　　　　70kg
製造総量　　　　　　　　　　　　　　　110kg
（復元後：野菜 83kg, 調味液 27kg）

調味処方		食塩 (kg)	全窒素 (g)	グル曹 (g)	酸 (g)
減塩淡口醤油	16.5L (19.6kg)	1.5	264	231	
淡口醤油	16.5L (19.6kg)	3.1	198	198	
グル曹	1.55kg		116	1 551	
高酸度食酢	2.2L				220
トウガラシ	55g				
金茶色素	220g				
水	26.8L				
（計）	70kg				
野　菜	40kg		80		
製造総量	110kg	4.6	658	1 980	220
最終成分		4.2%	0.60%	1.8%	0.2%

〔その他の最終成分〕　醤油類 30%, 色素 0.02%.

さらに強い圧搾を望むなら，径 2m くらいの大樽の下部に水の排出孔を設けて，樽の直径に見合う落としぶたをつくり，圧搾物を入れて重石でゆっくり圧す．これだと圧搾 40% も可能である．低塩製品の調味処方を**表 3.3.6** に，味覚の濃厚な製品の調味処方を**表 3.3.7** に示す．

4）ナス 1 本漬

千両ナスや仙台長ナスの塩蔵品を脱塩して調味液に浸した調味漬で，フレッシュなナス調味浅漬を開発する前は「初なす」，「若なす」の商品名で，台湾からの輸入原料を使ってたくさんつくられていた．しかし，浅漬ナスとは美しさ，味覚とも対抗するすべもなく，製造は下火になった．

ただ近頃，中国からの輸入原料が増えて，ダイコン・キュウリの調味浅漬と，この古漬ともいえるナス 1 本漬の小型のものの 3 点セットのトレー物が簡便性と安価から売れるようになり，ナス 1 本漬単体も復活してきた．浅漬

3.3 調味漬 1：醬油漬

表 3.3.5 キュウリ刻み醬油漬および1本漬の分析値

社名・商品名	東海漬物 キューちゃん	松岡食品 きゅうり漬	東海漬物 味キムチ	東海漬物 オイキムチ	東海漬物 男の味 業務用	東海漬物 胡瓜のふる漬 業務用	藤幸食品 りんご胡瓜
分類	キュウリ刻醬油漬	キュウリ刻み醬油漬	キムチ風醬油漬	キムチ風醬油漬	キュウリ青トウガラシ醬油漬	キュウリ刻み醬油漬	キュウリ1本漬
全重量(g)	135	234	140	168	2 082	2 214	771
固体(g)	96	173	104	129	1 605	1 530	572
調味液(g)	35	56	32	35	460	567	191
固形物割合(%)	73	76	76	79	78	73	75
表示重量(g)	120	210	130	150	2 000	2 000	500
調味液屈糖値	14	12	12	14	28	18	20
食塩(%)	4.3	3.6	3.8	3.2	6.1	5.0	4.6
全窒素(%)	0.55	0.35	0.29	0.50	0.49	0.42	—
グル曹(%)	1.61	1.47	2.05	1.99	1.69	3.25	1.1
糖分(%)	1.3	3.9	2.4	2.2			0.5
酸(%)	0.33	0.23	0.46	0.50	0.77	1.01	4.2
遊離アミノ酸 (mg/100g)							
アスパラギン酸	74	82	74	279	187	129	63
スレオニン	66	42	28	129	86	44	28
セリン	89	55	40	112	125	64	83
グル曹	1 609	1 473	2 047	1 986	1 687	3 251	1 052
プロリン	119	110	115	305	392	+	57
グリシン	54	31	38	92	91	61	25
アラニン	278	61	60	195	167	71	114
バリン	98	61	25	65	96	38	25
メチオニン	24	15	4	16	13	+	7
イソロイシン	84	52	12	35	65	17	12
ロイシン	133	82	21	57	99	29	18
チロシン	23	16	4	8	+	+	5
フェニルアラニン	89	55	27	84	99	50	13
ヒスチジン	31	21	15	40	46	25	10
リジン	87	40	39	111	120	63	31
アルギニン	63	48	39	105	112	60	25
合計	2 921	2 244	2 588	3 619	3 385	3 902	1 568
配合%			ダイコン 65 キュウリ 29 ニンニク 5 赤トウガラシ 1	15切れ キュウリ 98 ニンニク 1 赤トウガラシ 1	キュウリ 88 シソの葉 6 青トウガラシ 5 白ゴマ 0.5 葉トウガラシ 0.5	キュウリ 97 ショウガ 2 ゴマ 0.5 トウガラシ 0.5	16本

表 3.3.6　キュウリ 1 本漬(低塩)調味処方

野菜配合　キュウリ（圧搾70%）　80kg
調味液　　　　　　　　　　　　70kg
製造総量　　　　　　　　　　　150kg
（復元後：野菜97kg，調味液53kg）

調味処方		食塩(kg)	全窒素(g)	グル曹(g)
淡口醬油	9L (10.7kg)	1.69	108	108
グル曹	1.392kg		104	1 392
砂　糖	3kg			
氷酢酸	0.3L			
青色1号	1.2g			
青色4号	6.3g			
食　塩	2.01kg	2.01		
トウガラシ	75g			
水	52.5L			
(計)	70kg			
野　菜	80kg	0.8*	160	
合　計	150kg	4.5	372	1 500
最終成分		3%	0.25%	1%

〔その他の最終成分〕醬油類6%，糖分2%，酸0.2%，色素0.005%，トウガラシ0.05%．
＊ 圧搾キュウリの塩度1%．

と古漬の混じったトレーのセット物の販売は道徳的に問題があるが，調味浅漬と違う持ち味も若干あるので，一応の製造法を説明しておく．

　ナス1本漬は，製品の色止めが難しい．生ナスの良い色調のものを使い，必ず20%塩度になるよう塩蔵する（第2章参照）．

　完成品製造は，良質の塩蔵原料をベルト上に流し，上からキュウリ1本漬の項で述べた開孔機を通したのち，流水脱塩をする．ナス1本漬は，完全脱塩に時間がかかる．ナスの色素ナスニンは，色止めしていても脱塩時に少しずつ流失するので，能率の良い脱塩法を採用したうえで，1～2%食塩の残存で打ち切った方が，製品は美しく仕上がる．ここで圧搾工程に入るが，ナスの調味液浸漬後の復元性はたいそう良いので，普通は圧搾40%，復元を良くしないで圧された状態の製品が希望なら圧搾20%とする．長さ6cmくらいのヘタ付き小型長ナスの圧搾復元率を**表3.3.8**に示す．希望の圧搾率で圧

3.3 調味漬 1：醬油漬

表 3.3.7 キュウリ 1 本漬(強圧搾・濃厚調味)調味処方

野菜配合	キュウリ(圧搾 40％)	40kg
	調味液	70kg
	製造総量	110kg

(復元後：野菜 80kg，調味液 30kg)

調味処方		食塩(kg)	全窒素(g)	グル曹(g)	糖(kg)
淡口醬油	13.2L (15.6kg)	2.48	158	158	
天然調味料	550g	0.13	31	213	
グル曹	1.829kg		137	1 829	
グリシン	330g		62		
砂糖	3.3kg				3.3
ソルビット液	4.5kg				1.8
氷酢酸	0.22L				
アルコール	0.55L (0.44kg)				
金茶色素	11g				
食塩	2.04kg	2.04			
トウガラシ	55g				
水	41L				
(計)	70kg				
野菜	40kg	0.4	80		
製造総量	110kg	4.95	468	2 200	5.1
最終成分		4.5％	0.43％	2％	4.6％

〔その他の最終成分〕 醬油類 12％，天然調味料(アミリッチ BR) 0.5％．

表 3.3.8 穿孔小型長ナスの復元率*

	圧搾(％)	24 時間	48 時間	72 時間	96 時間
塩蔵歩留り 50％ナス	50	85	105	114	120**
	40	75	96	108	115
	30	70	93	101	107
	20	60	80	98	98

* 復元率は対塩蔵原料重．
** 千両，長ナスの復元率は歩留り 50％ナス，圧搾 40％で 96 時間 130．

した脱塩ナスは，直ちにナベトロに移し，調味液を注入して冷蔵庫中で復元する．復元 3〜4 日で，袋詰製品は袋中にナスを入れ，ほぼ同量の注入液を入れて密封する．注入液は，調味に使ったものを遠心分離して使ってもよいが普通は新調する．密封後，直ちに 80℃，20 分の加熱処理をして，終わっ

表 3.3.9　小型長ナス 1 本漬調味処方

ナス（圧搾 40%）　15kg
調味液　　　　　　70kg
製造総量　　　　　85kg
（復元後：ナス 43kg, 調味液 42kg）

調味処方		食塩 (kg)	グル曹 (g)	酸 (g)	糖 (kg)
淡口味液	0.85L (1.05kg)	0.18	32		
グル曹	0.81kg		810		
天然調味料	0.17kg		12		
高酸度食酢	0.85L			85	
ソルビット液	2.55kg				1.1
食塩	2.22kg	2.22			
水	62.35L				
(計)	70kg				
野菜	15kg	0.15			
製造総量	85kg	2.55	854	85	1.1
最終成分		3%	1%	0.1%	1.3%

〔その他の最終成分〕醤油類 1%，天然調味料 0.2%．

たら冷却する．トレー製品は小型長ナスを 8×15cm くらいの横長トレーに 8～10 本を並べる．ナス 1 本漬の調味処方を **表 3.3.9** に示す．醤油漬であるが，醤油を多用するとナスの色調の悪変が著しいので，抑えた調味として淡口味液（酸分解アミノ酸液）1～2% の使用にとどめる．

くどいようだが，ナス 1 本漬は色調が生命であるので，そこにしぼって注意点をまとめておく．①安定した色止めの良い原料の使用，②脱塩工程の能率化による色素流失の防止，③低塩下の調味工程による酸生成の防止，④調味配合の酸使用量を抑える，⑤淡白な調味．

ナスの色素はアントシアニン系のナスニンで，pH を低くすると色調が良くなると考えがちであるが，実際は酸に弱く変色する．

5) シソの実漬

シソの実漬には 4 種類がある．第 1 のものは，シソの実にキュウリもしくはシロウリ（越瓜）の細刻みを混ぜ，緑色に仕上げたもの，第 2 のものは，シソの実にダイコンの細刻みを混ぜ，金茶色に仕上げたもの，第 3 のものは，シソの実にキュウリの細刻みを混ぜ，紫赤色の調味酢漬に仕上げたもの，そ

して第4のものは、シソの実だけの醤油漬である。ここでは、第1と第3について記す。第4のシソの実単独の醤油漬は、2)のキュウリ刻み醤油漬の調味処方を参照し、甘味を3%添加する。

　シソの実漬の製造ポイントで重要なことは、良い塩蔵原料が入手できるかどうかである。平葉青ジソの白花系が穂が長くて良いが、表緑裏赤系の中にも良いものがある。穂が出て花が咲き結実したら、穂先の20%が花の頃に、手で実をこき落す。全部が結実してしまうと下部の苞（ほう）は開いて堅くなってだめになる。収穫したら直ちに漬込み水揚げしないと、緑色が失われ褐変し、価値がなくなる。塩蔵法については2.1.2項13)「シソの実」を参照されたい。次の製造ポイントは、原料に小さな虫がかなり混じっていることで、この虫をピンセットで丹念に取り除くこと。シソの実漬で、最も人数と時間を要する面倒な工程である。そして3番目は、低塩につくることができるかどうかである。従来のシソの実漬は、香気が逃げるという理由で脱塩せず、水洗にとどめていた。このため、製品食塩が9〜12%と極めて高塩であり、加熱処理も避けて、シソの香りを残していた。しかし、9〜12%の食塩含有量はいかにも高い。今後は、若干の脱塩をして、場合によっては香料を使用し、加熱殺菌を導入して5〜6%の塩度の製品にすることが望ましい。

　製造は、塩蔵シソの実の虫取り後のものを袋に入れて、塩度5%まで脱塩したものの水を切り、キュウリ、シロウリ、ダイコンのいずれかを4〜5mm角に細刻みし（切断機の扱いにくれぐれも注意）、流水で完全脱塩、圧搾40%としたものと混合し、調味後、袋詰め、加熱殺菌することになる。シソの実、野菜の細刻みとも小さいので取扱いに注意する。調味処方をシソの実漬、シソの実調味酢漬について、それぞれ表3.3.10，表3.3.11に示す。

　シソの実調味酢漬は、しば漬系漬物としては、シソの実が良質でありさえすれば最高の味覚の製品になる。

　シソの実漬は、おにぎりの具、お茶漬、汁粉の添え物を目的としてわずかに使われるだけであるが、低塩の5%の製品にすれば、ご飯のおかずとしても使えるであろう。

　白身の魚に添える芽ジソ、赤味の魚の葉ジソ、そして醤油の中に入れる穂ジソと、刺身にシソが使われるのは、魚の生臭みと味の重さを消すためであ

表 3.3.10　シソの実漬調味処方

```
シソの実（脱塩 5%）                35kg
キュウリ（脱塩・圧搾 40%）          25kg
ショウガ（細刻み・脱塩・水切り）   10kg
調味液                              70kg
製造総量                           140kg
（復元後：野菜 98kg，調味液 42kg）
```

調味処方		食塩 (kg)	グル曹 (g)	酸 (kg)	糖 (kg)
淡口味液	14L (17.2kg)	2.91	532		
グル曹	1.55kg		1 550		
天然調味料	280g	0.02	20		
高酸度食酢	2.8L			280	
砂　糖	2.8kg				2.8
ソルビット液	4.2kg				1.7
アルコール	1.4L (1.12kg)				
シソ香料	70mL				
黄色 4 号	36g				
黄色 1 号	6g				
食　塩	1.6kg	1.6			
トウガラシ粉	280g				
水	38.0L				
（計）	70kg				
野　菜	70kg	1.75			
製造総量	140kg	6.28	2 102	0.28	4.5
最終成分		4.5%	1.5%	0.2%	3.2%

〔その他の最終成分〕　醬油類 10%，天然調味料 0.2%，アルコール 1%，香料 0.05%，色素 0.03%，トウガラシ 0.2%．

る．また，浅漬でもキャベツ・キュウリのもみ漬にシソの実をわずか入れると，味全体がいきいきとしてくる．シソの実漬は古漬に属するが，見直す必要があるのではないか．

6)　調味キムチ

　塩蔵ダイコン・キュウリ・ニンニクを切断し，脱塩・圧搾後，醬油類，トウガラシで味付けした調味漬である．韓国には，この種の塩蔵原料を使った分類上の古漬キムチはなく，日本独特のものである．調味キムチは，家庭用小袋と業務用大袋があり，そのそれぞれに，ダイコン・キュウリ・ニンニク

3.3 調味漬1：醤油漬

表 3.3.11 シソの実調味酢漬調味処方

シソの実（脱塩 5%）　　　　　　　35kg
キュウリ（脱塩・圧搾 40%）　　　35kg
ショウガ（細刻み・脱塩・水切り）　5kg
調味液　　　　　　　　　　　　　70kg
製造総量　　　　　　　　　　　 145kg
（復元後：野菜 123kg, 調味液 22kg）

調味処方		食塩 (kg)	グル曹 (g)	酸 (g)	糖 (kg)
淡口味液	7.25L (8.92kg)	1.51	276		
グル曹	2.6kg		2 600		
天然調味料	435g				
グリシン	290g				
高酸度食酢	5.8L			580	
クエン酸	580g			580	
砂　糖	2.9kg				2.9
ソルビット液	4.35kg				1.74
アルコール	725mL (0.58kg)				
シソ香料	72.5mL				
黄色 106 号	14.5g				
食　塩	4.21kg	4.21			
トウガラシ粉	145g				
水	39.1L				
(計)	70kg				
野　菜	75kg	1.5			
製造総量	145kg	7.22	2 876	1 160	4.64
最終成分		5%	2%	0.8%	3.2%

〔その他の最終成分〕　醤油類 5%, 天然調味料 0.3%, グリシン 2%, アルコール 0.5%, 香料 0.05%, 色素 0.01%, トウガラシ 0.1%.

に輪切りトウガラシを加えた注入液の比較的清澄なタイプと，ダイコン・キュウリ・ニンニクに，注入液にすりニンニク，粉トウガラシを加えた濁ったタイプの2種がある．いずれも，トウガラシでは色が出にくいので，金茶色素で着色して，キムチの感じを出している．野菜の配合と調味処方を**表 3.3.12** に示す．粉トウガラシは韓国産の「大房種」を使う．日本の「鷹の爪」，「栃木三鷹」に比べて辛味は5分の1で旨味，甘味が強い．魚醤はこれまで良いものが少なかったが，理研ビタミンの「シーベストスーパー」など，色のごく淡い魚臭の少ないものが出ているので，韓国キムチに近づける特徴づ

表 3.3.12　調味キムチ調味処方

ダイコン（拍子木切り・圧搾 40%）　　25kg
キュウリ（拍子木切り・圧搾 40%）　　10kg
ニンニク（スライス・脱塩・水切り）　　5kg
調味液　　70kg
製造総量　　110kg
（復元後：野菜 86kg，調味液 24kg）

調味処方		食塩(kg)	グル曹(g)	酸(g)	糖(kg)
淡口味液	5.5L (6.8kg)	1.14	209		
魚　醬	3.3L (3.8kg)	0.53	53		
グル曹	1.72kg		1 720		
高酸度食酢	3.3L			330	
砂　糖	3.1kg				3.1
ソルビット液	3.3kg				1.32
アルコール	1.3L (1.0kg)				
金茶SN色素	11g				
黄色4号	33g				
食　塩	2.73kg	2.73			
粉トウガラシ	550g				
水	43.6L				
（計）	70kg				
野　菜	40kg				
製造総量	110kg	4.4	1 982	330	4.42
最終成分		4%	1.8%	0.3%	4.0%

〔その他の最終成分〕　醬油類 5%，魚醬 3%，アルコール 1%，色素 0.04%，トウガラシ 0.5%．

けに使いたい．

　韓国に塩蔵品を使うキムチのないことは前述した．しかし，韓国も最近はアパート住まいの人が増え，カメに何本もキムチを漬けてキムチの香りを発散させることはしにくくなり，一部でこの種の調味キムチが売られだした．日本製キムチの逆輸出である．そしてさらに，中近東の韓国人労務者用に，ネギをたくさん入れた「キムチたくあん」も盛んに輸出されている．

　製造ポイントは取り立ててないが，生ニンニクのスライスは，加熱殺菌すると濁ることがあるので，必ず1度塩蔵したものをスライスする．

7) ヤマゴボウ醬油漬

　小鉢の浅漬に添えられた斜め切りのヤマゴボウ，すしの巻物の芯としてのヤマゴボウ．主役ではないが，橙黄の美しい色と強い香りは捨てがたいものがある．漬物のヤマゴボウは，キクゴボウ，ゴボウアザミともいわれるキク科のモリアザミをさす．ヤマゴボウ科という科もあって，その中でヤマゴボウの和名をもっているものが帰化植物として山野に自生しており，有毒である．

　漬物の名称を付けるにあたって，キクゴボウは，すでに西洋ゴボウのサルシフィー，和名バラモンジンの別名として使われていた．そしてゴボウアザミの方は，会津や福井でつくられている葉に欠刻のあるゴボウに，アザミゴボウという名称をすでに使われていて，残るはモリアザミだけであるが，「モリアザミ漬」ではピンとこないので，今はようやく「ヤマゴボウ」に落ち着いた．1970 年頃は，消費者運動を巻き込んでの名称をめぐる大論争もあったことは，知る人ぞ知るである．

　ヤマゴボウというと，誰でも味噌漬を連想するが，味噌は風味がのりにくく漬込みが長くかかること，色が悪くなること，低塩化も難しいとあって，現在はほとんど醬油漬になっている．

　ヤマゴボウは山地でつくり霜にあてないと独特の歯切れが出ないので，平地でつくれず，野生の山菜と思われがちだが，すでに明治初年から長野，岐阜，愛知で栽培されていて野生のものはほとんどない．そして，連作するとクロアザ病になるので，1 回つくると 7，8 年休む必要があるため，産地は国内から中国に移っている．6 月に種子を播き，初冬の霜にあてて太さ 1cm，長さ 20cm くらいで掘り取る（ヤマゴボウの原料規格は**表 2.1.3** 参照）．塩蔵は，3 か月以内に使うものと，3 か月以降に使うものではアク抜きの関係で，その方法が若干異なる（2.1.2 項 4）参照）．

　製造は，塩蔵品をナイフで細根と皮を削ってから，香りが抜け切らないように 7％塩度まで流水脱塩し，水を切って調味液に浸したのち，ヤマゴボウだけを縦長の平袋に数本並べて密封し，80℃，20 分の加熱殺菌をする．

　ヤマゴボウは，多糖類イヌリンを含み，これが 2，3 のアク状物質を巻き込んで，加熱殺菌すると冷却後 1 週間くらいで雲母状の結晶となって，袋中

に析出してくることがある．袋を加熱してやると溶けるが，また1週間で出てくる．食べても害はないが，普通は前処理をして調味液に浸漬する．前処理は，脱塩前のヤマゴボウを容器に入れ水を張って，80℃，20分の加熱をする．加熱後，直ちに脱塩に入る．これにより，イヌリンなどは析出して流去されるので，以下ふつうの工程で製造する．

　別法として，60℃，20分の加熱殺菌では結晶が出ないので，その条件で加熱処理する方法もあるが，衛生的に製造し，加熱殺菌も袋が重ならないよう厳重な管理が必要になる．60℃，20分の加熱殺菌はギリギリの条件なので，失敗し変質する可能性は相当に高い．

　ヤマゴボウの漬物が先行して，本家である同じキク科でゴボウ属の植物のゴボウは歴史の古いわりには漬物にされることはなかったが，平成に入って，栃木県壬生の「すが野」という企業が，醬油漬，たまり漬を開発し，食物繊維10％の健康性で成功し，今ではゴボウキムチが出るまでになっている．5〜6月に福井，香川から出てくる香りのよい茎をもつ葉ゴボウは，まだ漬物になっていないが，浅漬としておもしろい．

　ちなみにヤマゴボウの食物繊維は，水溶性3.1％，不溶性3.9％の合計7％で，全漬物中でも傑出している．ヤマゴボウ醬油漬の調味処方を**表3.3.13**に示す．なお，ヤマゴボウ醬油漬は，規格外の塩蔵原料を使って，長さ6〜8cmの業務用製品をつくることもある．この場合は，ヤマゴボウ2kgに注入液400gを入れてつくる．

8）ニンニク漬

　ニンニクの健康性に目をつけ，新潟の片山食品が，無臭処理ニンニクを使い「たまり」，「はちみつ」，「みそかつお」，「しそかつお」の各ニンニク漬を発売したのは，昭和50年である．それまで，キッコーマンがびん詰のニンニク醬油漬を発売していたが，7％の高塩であり，種類も1種で消費者の関心は薄かった．片山食品は，まず4種を発売，続いてクコの実入り，南高梅入りなどの機能性・薬食を織り込んだ製品も出したので，世の認知するところとなり，今日の定番製品の基礎を築いた．ニンニクの健康性は広く知られているが，その強い臭気で一般化しなかった．しかし，90℃の熱湯4分間の熱処理で，C-Sリアーゼの一部を不活性化して臭気をやわらげ，かつ完

3.3 調味漬1：醬油漬

表 3.3.13　ヤマゴボウ醬油漬調味処方

ヤマゴボウ（脱塩7%）	70kg
調味液	70kg
製造総量	140kg

調味処方		食塩(kg)	グル曹(g)	酸(g)	糖(kg)
淡口醬油	7L (8.3kg)	1.32	84		
淡口味液	4.2L (5.2kg)	0.87	160		
天然調味料	280g	0.02	20		
グル曹	1.84kg		1 840		
高酸度食酢	1.4L			140	
クエン酸	140g			140	
砂糖	4.2kg				4.2
アルコール	0.7L (0.56kg)				
金茶SN色素	16.8g				
黄色4号	4.2g				
水	48L				
（計）	70kg				
野菜	70kg	4.9			
製造総量	140kg	7.11	2 104	280	4.2
最終成分		5.1%	1.5%	0.2%	3%

〔その他の最終成分〕　醬油類8%，天然調味料0.2%，アルコール0.5%，色素0.015%．

全失活でなく，アリシン，トリスルフィド，アホエンへの道を残すようにしたので，健康ブームに乗り多くの漬物メーカーが競って製造するようになった．各種ニンニク漬を**写真3.3.4**に示す．

(1) 製品のポイント

良質の無臭ニンニクを得て製造することになるが，初期の「醬油」，「たまり」，「みそかつお」あたりはニンニクの健康性にのみ頼っていたのが，「はちみつ」が出たあたりから，ニンニク・ハチミツの二重薬食，そして，南高梅入り，クコの実入りなどと，この二重薬食が一般化し，その後，「キムチニンニク」，「南高梅クコの実ニンニク」など多重薬食もみられる．

最近，鱗片（りんぺん）の数が5，6個ある6片種のほかに，雲南省から鱗片数1個，5g以上のプチニンニクも輸入され，品種も増加した．ニンニク漬は比較的

写真 3.3.4　各種ニンニク漬

味が濃く飽きやすいので，2，3種のものを並行販売することが望ましい．
　(2)　製品分析値

　販売シェアの高い片山食品の製品を中心に，各種ニンニク漬の分析値を**表3.3.14**に示す．大別すると，「たまり」，「みそかつお」，「南高梅」の各ニンニク漬のように旨味の強い醬油漬系列と，「しそかつお」，「はちみつ」，「しば風味」の各ニンニク漬のように，酸味が強く，遊離アミノ酸すなわち旨味の少ない酢漬系列に分けられる．色調は無着色や天然着色が増え，「はちみつニンニク」は，カラメルで注入液を淡褐色にしてハチミツ感を出したり，「みそかつおニンニク」では，クチナシ，アナトーで着色するなどしている．
　(3)　製　造　法

　「みそかつおニンニク」の製造法を**図3.3.2**に示す．塩蔵無臭ニンニクのつくり方は，2.1.2項6)を参照してほしい．

　塩度6％まで流水脱塩し，冷蔵庫中3日間の調味液浸漬をしてニンニクに下味をつける．別に「みそかつおそぼろ」を調製しておき，下味の付いたニンニクとよく混合する．製造の注意点としては，① かつお節は可能なかぎり細粉化しておく．② みそかつおそぼろは，増粘剤を使いニンニク表面によく粘着させる，の2つである．**表3.3.15**に調味処方，**表3.3.16**にみそかつおそぼろ調製処方を示す．

3.3 調味漬1：醬油漬

表 3.3.14 ニンニク漬分析値

社名・商品名	片山食品 みそかつおニンニク	片山食品 しそかつおニンニク	片山食品 南高梅ニンニク	片山食品 たまりニンニク	片山食品 はちみつニンニク	片山食品 クコの実入りニンニク	東海漬物 しば風味ニンニク	新進 たまりニンニク	新進 みそニンニク
特記事項		天然着色	無着色	天然着色	カラメル	無着色			
全重量(g)	153	215	150	200	169	218	151	430	124
固体(g)	147	154	144	144	109	152	98	250	117
注入液(g)	—	55	—	50	54	60	48	170	—
固形物割合(%)	—	74	—	74	67	72	67	60	—
表示重量(g)	140	140	140	140	100	140	70	250	110
調味液屈糖値	—	13	—	21	32	29	16	18	—
食塩(%)	3.9	3.4	5.2	4.0	1.8	2.3	3.7	3.8	3.4
グル曹(%)	3.79	0.01	2.24	0.78	0.02	0.01	0.98	1.38	1.50
全糖(%)	13.1	8.0	10.0	9.3	23.2	16.6	5.5	6.5	9.8
酸(%)	0.07	0.81	0.32	0.54	0.66	0.66	1.10	0.31	0.04
pH	—	3.4	—	4.3	3.6	3.6	3.7	4.6	—
個体数(個)	42	52	51	52	49	70	30	145	45
ニンニク(%)	84	98	78	—	—	97	—	—	90
その他(%)	16	2	22	—	—	3	—	—	10
遊離アミノ酸 (mg/100g)									
アスパラギン酸	293	4	170	125	10	5	35	108	92
スレオニン	96	1	57	49	1	1	2	40	38
セリン	134	—	80	70	—	1	2	69	60
グル曹	3 789	5	2 239	784	22	8	977	1 383	1 505
プロリン	338	—	181	170	—	5	—	192	160
グリシン	108	—	650	75	1	1	3	43	42
アラニン	153	1	1 063	78	1	1	5	280	83
バリン	83	—	45	57	—	—	1	42	38
メチオニン	13	—	13	14	—	—	—	14	13
イソロイシン	43	—	22	42	—	—	—	26	23
ロイシン	78	—	36	74	—	—	—	61	54
チロシン	43	—	10	12	—	—	—	9	16
フェニルアラニン	106	—	56	55	1	—	2	47	53
ヒスチジン	136	2	86	26	1	1	3	25	51
リジン	139	1	79	61	2	1	7	35	42
アルギニン	180	9	80	69	1	2	52	108	87
合計	5 732	23	4 867	1 761	40	26	1 089	2 482	2 357
備考		アカキャベツ コーン 紅麹				クコの実 2%			

```
塩蔵無臭ニンニク
      ↓
  脱塩（6％まで）
      ↓
   調味液浸漬
      ↓
   調味ニンニク
      ↓ ←── みそかつおそぼろ調製
    混　和
      ↓
    袋詰め
      ↓
 加熱殺菌（80℃・20分）
      ↓
    冷　却
```

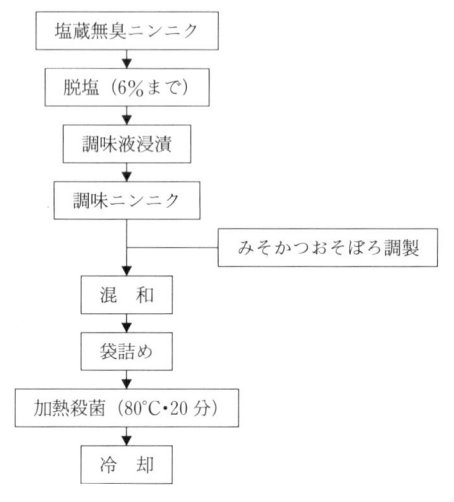

図 3.3.2　みそかつおニンニクの製造法

　なお「南高梅ニンニク」製造では，調味液処方は表 3.3.15 と全く同様に調味ニンニクをつくり，南高梅かつおそぼろの処方は表 3.3.16 の信州味噌 10kg の代りに南高梅干 10kg をよくすりつぶして使えば，完成する．

　みそかつおそぼろは，表 3.3.16 の調味処方で旨い味噌汁をつくり，そこに細粉かつお節を投入し，かつお節に味噌汁を均一に吸わせたものをつくると思えばよい．その他のニンニク漬は，表 3.3.14 の分析値を見て調味処方をつくってほしい．しば漬風味は表 3.4.6，表 3.4.7 のしば漬風調味酢漬，あるいは表 3.3.11 のシソの実調味酢漬調味処方を参照すれば，簡単につくれる．プチニンニクは，調味液漬の液固率がやや変わるだけで，その他は全く同様にしてつくることができる．

9)　**キノコ漬・山菜漬**

　キノコはエビと並んで日本人にある種の価値感をもたせるようで，その漬物は人気がある．また，山菜は素朴な山村生活を連想させ，これも喜ばれている．キノコ漬物と山菜漬物は区別されているようであるが，市販製品ではこの混和型のナメコとネマガリタケ（根曲竹）の輪切りとか，ワラビとナメタケのような組合せが多い．そして，キノコ漬，山菜漬やその傍系に位置づけられる釜飯の素などは，村おこし・一村一品運動での漬物加工の花形でも

3.3 調味漬1:醬油漬

表 3.3.15 みそかつおニンニク調味処方

脱塩無臭ニンニク（脱塩6%）　140kg*
調味液　70kg
製造総量　210kg

調味処方		食塩 (kg)	酸 (kg)
砂　糖	31.5kg		
高酸度食酢	2.1L		0.21
クエン酸	210g		0.21
グル曹	4.2kg		
アルコール	2.1L (1.7kg)		
水	30.3L		
（計）	70kg		
脱塩ニンニク	140kg	8.4	
製造総量	210kg	8.4	0.42
成　　分		4%	0.2%

〔その他の成分〕糖15%，グル曹2%，アルコール1%．
＊ プチニンニクでは130kgでヒタヒタに浸漬される．

表 3.3.16 みそかつおそぼろ調製処方

調味ニンニク　140kg
みそかつおそぼろ　35kg
製造総量　175kg

調味処方		食塩 (kg)	グル曹 (g)	酸 (kg)	糖 (kg)
信州味噌	10kg	1.2	60		
淡口味液	3L (3.7kg)	0.6	114		
砂　糖	3.5kg				3.5
グル曹	1kg		1 000		
アルコール	0.35L (0.28kg)				
キサンタンガム	105g				
水	6.4L				
（味噌液）	25kg				
細粉かつお節	10kg				
（計）	35kg				
調味ニンニク*	140kg	5.6	2 800	0.28	21
製造総量	175kg	7.4	3 974	0.28	24.5
最終成分		4.2%	2.3%	0.16%	14%

＊ 最大浸漬量：実際はやや少なくなる．

ある．

　本項は，これら加工面，用途面で同一視できるキノコ漬・山菜漬を，ひとまとめにして説明することとする．

　キノコ・山菜というと国内の栽培や山村での採取が多いと思われるであろうが，キノコは統計値はないが，中国から多量の塩蔵品が，またワラビに至っては，中国，ロシア，韓国からの塩蔵品が2000年1年間に6700t輸入されている．そして，CIF（運賃・保険料込み）単価151円/kgという事実を，村おこし・一村一品漬物加工を志す方々は一応，頭に入れておいてほしい．

(1) キノコ漬・山菜漬の種類

　種類としてキノコ単体，キノコ混合，山菜単体，山菜混合，そしてキノコ・山菜の混合がある．味覚的には，かけそば，かけうどんのトッピングや小鉢に盛って料理の口取りに使われる比較的濃厚調味のものと，おひたし，テンプラ材料に使われる水煮に近い淡白調味のもの，それとたまり漬を名乗る濃厚調味のものがある．種々のキノコ・山菜配合もみられるが，それについては表3.3.17の分析値の中に配合を数字で示すので，参考にされたい．

(2) キノコ漬・山菜漬分析値

　表3.3.17にはキノコ・山菜の種類別配合を示すとともに，液固率，包装形態と食塩分析値も示した．これら漬物の遊離アミノ酸分析値を表3.3.18に示した．

　新進・山菜シリーズは，加熱殺菌可能なレトルトトレーに，固形物割合がおよそ50%のキノコ・山菜が入っていて，残り半分の注入液は醬油添加の表示があるが，淡い黄褐色で明るく仕上げてある．食塩2.2〜2.9%の低塩で，醬油漬には，新進製造の酸分解アミノ酸液を製造総量に対し7〜12%加え，グル曹も1〜2%を添加している．このシリーズの調味はかなり濃厚であり，かけそば・うどんのトッピングに適している．針塚農産の「しめじたまり漬」は，淡口醬油12%添加を思わせ，グル曹に大量のアラニンを加えて濃厚調味のキノコ漬にしている．

(3) キノコ・山菜塩蔵法

(a) キ ノ コ

　原料キノコをそのまま調味液に浸漬して出荷することは，出盛り期でもや

表 3.3.17 キノコ・山菜漬分析値

社名・商品名	新進・山菜シリーズ						フルマタ食品	ミクロ	マニハ	大堀	針塚農産
	きのこ風味	しめじ風味	なめこ風味	奥利根山菜	軽井沢	奥利根わらび	きのこづくし	味みやま	谷川	奥貝見	しめじたまり漬
食　塩(%)	2.2	2.2	2.7	2.9	2.7	2.4	2.7	2.1	2.5	4.1	3.9
全窒素(%)	0.56	0.63	0.57	0.64	0.63	0.44	0.33	0.36	0.50	0.38	1.11
グル曹(%)	2.51	1.40	2.05	1.77	2.40	1.45	0.70	0.84	1.17	1.16	0.62
全重量(g)	256	287	257	263	255	253	375	182	224	334	168
固体(g)	125	137	116	122	107	117	144	127	159	154	117
調味液(g)	124	143	134	134	141	129	225	50	58	176	46
固形物割合(%)	50	49	46	48	43	48	39	72	73	47	72
表示重量(g)	230	260	230	230	230	230	350	160	210	300	—
表示固形量(g)	45	130	115	115	100	110	140	—	150	120	—
調味液屈糖値	10	9	10	12	12	8	6	7	10	10	18
包装形態	レトルトトレー						巾着	小袋	小袋	ロケット	小袋
種類別(g) エノキタケ	89			7	28		119	50	2	76	
キクラゲ	36			21	14		25	2	4	14	
ナメコ			49				6			17	
シメジ		61	4				8			9	117
ワラビ		54	63	24		117	33		97		
ゼンマイ									25		
タケノコ		22		58			13		24		
フキ									7		
ミズ							15			38	
セリ					31						
ヤマゴボウ					18						
菜の花					10						
ニンジン					6						
その他					12						

らない．シメジ，エノキタケでこれをやると，製品の発泡が著しいので包装時に噴き出すし，またナメコを生で使うと，原因不明の強い辛味を生じる．したがって，出盛り期で，浅漬的にすぐ出荷する場合は湯通しをし，貯蔵を要する場合は塩漬にしておく．湯通し，塩漬については 2.1.2 項 12)「キノコ」の塩蔵方法を参照されたい．

(b) 山　菜

表 3.3.18　キノコ・山菜漬遊離アミノ酸分析値　　(mg/100g)

社名・商品名	新進・山菜シリーズ						フルマタ食品	ミクロ	マニハ	大堀	針塚農産
	きのこ風味	しめじ風味	なめこ風味	奥利根山菜	軽井沢	奥利根わらび	きのこづくし	味みやま	谷川	奥只見	しめじたまり漬
アスパラギン酸	58	42	93	55	77	48	36	18	262	38	38
スレオニン	35	28	53	34	63	26	41	—	78	29	10
セリン	78	52	103	61	119	54	66	—	120	72	29
グル曹	2 513	1 403	2 048	1 765	2 395	1 449	699	842	1 171	1 159	619
プロリン	+	75	117	84	177	83	60	—	159	50	129
グリシン	50	43	77	47	93	46	31	356	107	78	}1 681*
アラニン	70	61	101	63	123	61	27	—	124	36	
バリン	43	34	53	35	77	33	26	—	93	24	29
メチオニン	13	9	11	10	20	11	5	—	8	3	6
イソロイシン	25	18	25	19	40	18	11	—	49	9	22
ロイシン	67	53	84	55	114	52	22	—	78	17	37
チロシン	4	5	12	5	19	6	4	—	11	6	4
フェニルアラニン	31	25	42	27	58	26	14	—	70	15	39
ヒスチジン	18	13	23	15	29	14	6	—	45	5	34
リジン	24	17	33	20	42	19	21	—	135	14	86
アルギニン	47	36	65	35	79	30	46	—	119	42	24
合計	3 076	1 914	2 940	2 330	3 525	1 976	1 115	1 216	2 629	1 597	2 787

＊ 分離不能．少量のグリシンと多量のアラニンの混在と思われる．

　山菜は，収穫後に沸騰水でブランチングして乾燥してもよいが，これは家庭用にしかならず，量産するには塩蔵を行う必要がある．山菜はアクが強く，短期塩蔵では製品化したとき変色や沈殿が起きやすく，風味にいがらっぽさを感じることがある．したがって，少なくとも3か月は塩蔵して，アクを分解してから使いたい．
　ⅰ　山菜は硬くなる前の適期に収穫する．
　ⅱ　硬くなることと変色を防ぐため，できるだけ早く漬け込み，かつ迅速に水揚げする．差し水の積極的利用を推奨する．
　ⅲ　山菜は酵素セルラーゼ，ペクチナーゼが強く軟化しやすいので，食塩を十分に散布する．1度漬の場合は山菜重量の30％以上，2度漬の場合は1回に15％ずつ2回使う．

① ネマガリタケ（根曲竹）：5, 6月の出たてのタケノコが15〜20cmに伸びたときに折って収穫し，穂切りといって，タケノコの先を斜めに削ぐ．これを，沸騰水中で15分間ブランチングする．この時間が不足すると，酵素活性が残って，製品になったあと溶解してしまう．直ちに冷水に浸して皮をむく．塩蔵は2度漬で，1次漬はタケノコ20kg当たり食塩3.5kgを散布し，4kgの15％食塩水（水3.4Lに食塩0.6kgを溶かす）を差し水し，落としぶたをして重石をする．1週間後に，1次漬の歩留り80％のため16kgになっているタケノコに，食塩2kgを散布，これに飽和食塩水4kg（水3Lに食塩1kgを溶かす）を差し水し，落としぶたをして重石をのせ2次漬とする．

② ワラビ（蕨）：2度漬する．20本くらいを束ねたもの20kg当たり食塩4kgを散布後，3kgの15％食塩水（水2.55Lに食塩0.45kgを溶かす）を差し水し，落としぶたをして重石をする．この1次漬を10日間放置後，歩留り70％で14kgになっているワラビに食塩2kgを散布，これに飽和食塩水2kg（水1.5Lに食塩0.5kgを溶かす）を差し水し，同様に落としぶたをして重石をのせ2次漬とする．食塩が少ないと，穂先が軟化，溶解したり，極端な場合は全部溶けてしまう．漬上がりは，不溶の食塩がざらつくくらいになっている．

③ フキ（蕗）：沸騰水中で15分のブランチングをして皮をむいたフキを漬けることが多い．生のものを皮を付けたまま漬けることもある．漬込みは2度漬でワラビに準ずるが，茎を強く圧すと筋っぽくて商品価値が落ちるので重石を強くしない．

(4) キノコ漬・山菜漬製造法

(a) キノコの種類

キノコは栽培種と天然種に分けられ，栽培種は，生産量順でシイタケ，エノキタケ，ブナシメジ，マイタケ，ナメコがあり，このほか最近の栽培種にヌメリスギタケ，本シメジ，ハツタケ，クリタケ，チタケが知られる．中国からの輸入も増え，シイタケでは日本の栽培農家が経済的に脅かされているし，北関東で食べられ福島県では見向きもされないチタケのたまり漬が安価に売られているので調べてみると，中国からの輸入原料だったという．きめ細かい輸入業者の原料キノコ選択もみられる．キノコは，漬物にも惣菜にも

なる．漬物にはヒラタケ科，キシメジ科のいわゆるシメジが中心で，シイタケは粕漬，キクラゲはキノコ・山菜以外の野菜と混ぜて惣菜風漬物に，そして輸入塩蔵マツタケは「釜飯の素」に使われる．惣菜の代表は，エノキタケの「ナメタケ茶漬」とシイタケの煮つけである．ここで，生産量の多いシメジを表 3.3.19 に整理しておく．「においマツタケ，味シメジ」のホンシメジは，生きた樹根に共生するので人工栽培不能で貴重品だが，栽培種のブナシメジが「本シメジ」を名乗り，実にややこしい．

(b) 山菜の種類

山菜漬で最も多いのは，ワラビ，ゼンマイ，ネマガリタケ，フキの塩漬を脱塩して，個別に水煮缶詰や小袋詰にするケースであり，次いで，これらを細刻みして，酸分解アミノ酸液，化学調味料などの調味液に浸した後，袋詰とかロケット包装にして加熱殺菌する．

(c) キノコ漬・山菜漬の加工

漬物加工に関しては，キノコ・山菜といっても，とくにほかの野菜漬物製造と異なるところは少ない．強いて特徴を挙げると，ダイコン，キュウリの場合は塩蔵品を脱塩したあと圧搾するが，キノコ・山菜にはこの工程はなく，水切りするだけである．したがって，復元の面倒くさい計算は不要で，加工

表 3.3.19 シメジ関連キノコの分類

	分　類	特　性
栽培種	〈ヒラタケ科〉 　ヒラタケ（オイスターマッシュルーム） 　香りヒラタケ（商品名） 　クロアワビタケ（商品名） 　エリンギィ 〈キシメジ科〉 　ブナシメジ（商品名：本シメジ） 　ハタケシメジ（商品名：夢シメジ）	おがくず栽培，周年出荷． 弱い香りをもつ． ほのかなアワビの味． もみがら栽培可能． 歯切れがよい． 香り高く野性味．
天然種	〈キシメジ科〉 　ホンシメジ（ダイコクシメジ） 　シャカシメジ（センボンシメジ） 　シモフリシメジ 〈ヌメリガサ科〉 　サクラシメジ	生きた樹根と共生，味シメジ． 味は天下一品． 霜の下りる頃に発生． 広葉樹林に発生，ワインカラー．

はやさしい．その代り，塩蔵時やブランチングの温度が低いと，セルラーゼ，ペクチナーゼ活性が残って，製造後，溶けてしまうことがある．キノコ・山菜の漬物は，85°Cで20分の加熱処理が望ましい．

塩蔵原料を切断して，脱塩，水切りしたのち，調味液に浸漬し冷蔵庫中で味をしみ込ませてから，液体・固体を分けて別々に秤量して包装，加熱殺菌，冷却すれば完成する．ただ，たまり漬のような濃厚調味のものを除いて外観の美しさが重要で，かつ注入液の割合が高いので，液の清澄度には注意する．場合によっては，容器にキノコ，山菜を入れ，別につくった注入液を加え，密封して加熱殺菌することもある．

包装形態はさまざまで，山菜水煮の2号缶以上の大型缶詰，びん詰，巾着（きんちゃく），ロケット，レトルトトレー，平袋などがある．液固率に注意して，自社呈味規格に沿って調味処方をつくればよい．**表3.3.20**にキノコ淡口調味漬の，**表3.3.21**に濃厚醬油漬のたまり漬と呼ばれるものの調味処方を示す．

表3.3.20　キノコ淡口調味漬調味処方

ブナシメジ（脱塩・水切り）	45kg
エノキタケ（脱塩・水切り）	20kg
キクラゲ（水戻し・細切）	5kg
調味液	70kg
製造総量	140kg

調　味　処　方		食　塩 (kg)	グル曹 (g)	酸 (g)	糖 (kg)
味　蔵(酸分解アミノ酸液)	2.8L (3.3kg)	0.53	62		
グル曹	360g		360		
高酸度食酢(酢酸10%)	2.1L			210	
砂　糖	2.8kg				2.8
ソルビット液	2.8kg				1.1
食　塩	2.97kg	2.97			
トウガラシ（輪切り）	140g				
水	55.5L				
（計）	70kg				
キ　ノ　コ	70kg				
製造総量	140kg	3.5	422	210	3.9
最終成分		2.5%	0.3%	0.15%	2.8%

〔その他の最終成分〕醬油類2%，トウガラシ0.1%．

表 3.3.21 キノコ濃厚醤油漬調味処方

ブナシメジ（脱塩・水切り）	105kg
調味液	70kg
製造総量	175kg

調味処方		食塩 (kg)	グル曹 (g)	酸 (g)	糖 (kg)
淡口味液	17.5L (21.5kg)	3.7	665		
グル曹	1.05kg		1 050		
天然調味料	525g				
アラニン	2.6kg				
高酸度食酢	3.5L			350	
砂 糖	3.5kg				3.5
ソルビット液	3.5kg				1.4
アルコール	1.75L (1.4kg)				
カラメル	875g				
食 塩	3.3kg	3.3			
粉トウガラシ	175g				
水	28L				
(計)	70kg				
キノコ	105kg				
製造総量	175kg	7.0	1 715	350	4.9
最終成分		4%	1%	0.2%	2.8%

〔その他の最終成分〕醤油類10%，天然調味料0.3%，アルコール1%，トウガラシ0.1%．

(5) 釜飯の素製造法

　米飯に関する調理食品は売れないという定評があった．釜飯の素，雑炊の素，チャーハンの素，五目ずしの素，パエリヤの素のような一連の商品である．家庭で主婦が簡単につくれるところに売れない理由があった．ところが，核家族化，夫婦がともに仕事をもつなどの理由で，それらの炊飯法の伝授の道が断たれた．1980年代に入って，これら調理食品が続々と市販の対象となり，それぞれがよく売れるようになった．従来からあった丸美屋，ヤマモリなどの調理済みの具を平袋に入れた形から，岐阜のカネカ食品，岐阜漬物の開発した別添調味液型釜飯の素が現れた．調理済み具材型の醤油色の勝った製品の暗さに対して，こちらはキノコ，山菜の脱塩品を食塩水とともにパックしてあり，醤油は別添で一緒に入っていないから，明るい色調がさえて

新鮮感もあり，食塩水も入ってボリューム感も高く，一躍人気商品になった．

最近では，村おこし農産加工の領域から，林野の村おこしに移って，山村でキノコ釜飯の素を試みるところが増加した．

(a) 別添調味液型釜飯の素製造のポイント

常識として知っておくべきことは，① 米1合は150g，② そのときの添加水量は，米×1.5の225g，③ 炊飯時の蒸発水量は添加水量の20%の45mL，④ 1合の白米の炊上がり重量は330g，3合（450g）の白米は，約1kgに炊き上がる（いずれも収穫6か月後の白米基準），⑤ 添加水量の上下5%ではほぼ同様に炊き上がる．すなわち，+5%の水量236gは339g，−5%の水量214gは321gの炊上がり重量で，実際の硬軟は見分けにくい，⑥ 釜飯が炊き上がったときの日本人にとっての平均的最良塩度は0.8%である，の6になる．

(b) 別添調味液型釜飯の素分析値

別添調味液型釜飯の素調味液（すべて容量%），具材の割合と食塩量，メーカーの指定炊飯法による炊飯後の呈味成分%（重量%）を**表3.3.22**に示す．なお，「釜めし三合」の具材は146g，それに食塩水116gを加えてプラスチック袋に密封してある．ボリューム感はある．他社の製品も同様である．また，調味液の遊離アミノ酸含量（すべてmg/100mL）を**表3.3.23**に示す．

表3.3.22の炊上がり食塩量は，5点の平均が0.83%で日本人の最良嗜好塩分0.8%にきわめて近い．炊上がり糖分は，0.07～0.52%と大きな幅がある．著者の呈味成分量を種々変えた実験では，0.5～1%に適量があって，2%では甘すぎる．グル曹も0.09～0.36%と大きな幅がある．これも0.2%付近に著者の実験では適量があった．

(c) 別添調味液型釜飯の素の加工

別添調味液型釜飯の素は，10×15cmのプラスチック平袋に，具材120～150gと注入液として2%食塩水100～120gを入れて密封した具材袋と，7×8cmのプラスチック小袋に50mL（約60g）の調味液を密封した別添調味液袋の2つから成り立つ．具材袋の具材の配合は**表3.3.22**を見て決定し，小袋に入れ2%食塩水を注入・密封して85℃，30分の加熱殺菌をすればよい．注入液が清澄であることと，塩蔵具材の酵素が失活していないことを考

表 3.3.22　別添調味液型釜飯の素分析値

社名・商品名	カネカ食品 釜めし三合	フルマタ 竹の子釜めし	ブンセン まつたけ釜めし	ミクロ きのこ釜めし	久保田 五目釜めし
調味液	(すべて容量%で示す)				
内容量(mL)	42	33	40	37	40
内容重量(g)	51	40	49	44	47
食塩(%)	19.0	22.4	18.0	16.3	21.9
全窒素(%)	2.2	1.1	2.5	0.9	1.0
糖分(%)	3.3	9.9	2.3	17.4	2.7
グル曹(%)	8.5	6.5	11.5	2.9	2.8
調味液屈糖値	43	39	45	41	34
具材					
食塩量(g)*	2.8	2.3	2.9	3.7	2.2
合計量(g)	146	125	127	150	140
内容(g)	タケノコ 43 ミズ 25 ワラビ 20 キクラゲ 16 ニンジン 14 コンニャク 11 レンコン 11 エノキタケ 6	タケノコ 50 ワラビ 28 シイタケ 21 ニンジン 17 コンニャク 9	タケノコ 38 マツタケ 24 ミズ 14 ニンジン 13 キクラゲ 11 コンニャク 10 ワラビ 9 ゴボウ 8	ヒラタケ マイタケ }104 キクラゲ 16 ナメコ 12 エノキタケ 11 シイタケ 7	ワラビ 49 タケノコ 30 キクラゲ 21 エノキタケ 19 ニンジン 12 コンニャク 9
炊飯後	(すべて重量%で示す)				
指定炊飯量(合)**	3	3	3	3〜4	3
水(mL)	675	675	675	675	675
具材(g)	146	125	127	150	140
炊上がり重量(g)	1 226	1 235	1 259	1 250	1 200
炊上がり食塩(%)***	0.88	0.78	0.80	0.78	0.91
炊上がり糖分(%)	0.11	0.26	0.07	0.52	0.09
炊上がりグル曹(%)	0.31	0.17	0.36	0.09	0.09

*　具材に含まれる食塩量.
**　古米450gを3合とした.
***　別添調味液や具材の食塩.

慮して，やや高温で長時間の加熱殺菌をする．別添調味液は，あまり多くなると具材袋，調味液袋の2つをトレーに入れて再包装するとき，大きくなりすぎて困る．釜飯の素は米3合炊きで具材を入れて炊飯後の重量は1.2kg，そのときの塩度を0.8%とすると，食塩必要量は9.6gになり，これは食塩18%の醬油で53mL，食塩20.8%の淡口味液では46mLを必要とする．調味

3.3 調味漬1：醬油漬

表 3.3.23 別添調味液型釜飯の素調味液遊離アミノ酸分析値

(mg/100mL)

社名・商品名	カネカ食品 釜めし三合	フルマタ 竹の子釜めし	ブンセン まつたけ釜めし	ミクロ きのこ釜めし	久保田 五目釜めし
アスパラギン酸	574	418	1 791	245	248
スレオニン	328	153	571	134	154
セリン	＋	147	＋	＋	387
グル曹	8 518	6 496	11 462	2 867	2 839
プロリン	576	＋	920	225	286
グリシン	639	168	757	132	114
アラニン	489	305	720	207	405
バリン	435	146	535	197	237
メチオニン	182	47	79	114	113
イソロイシン	364	142	405	187	230
ロイシン	552	201	541	285	345
チロシン	＋	63	190	＋	＋
フェニルアラニン	＋	147	643	784	302
ヒスチジン	＋	58	376	＋	383
リジン	554	165	887	594	196
アルギニン	＋	86	1 010	＋	＋
合計	13 211	8 742	20 889	5 971	6 239

液にグル曹，砂糖，みりんやイノシン酸まで加えると，調味液の塩度は下がり調味液量は増えてしまう．単品の淡口醬油ストレート，あるいは淡口醬油と淡口味液を混合し，水を加えることなくグル曹，砂糖と，場合によってはイノシン酸を少量加える．この場合は，イノシン酸のホスファターゼによる分解を防ぐため，調味液を85℃でプレ加熱しておく．別添調味液型釜飯の素の調味液処方，具材の配合を**表 3.3.24**に示す．これを見て，適宜，種々の釜飯の素を開発してほしい．

なお，調味液に少量の油を入れると風味は向上するが，油脂の酸化による異臭のおそれもあるので，売出し後の研究課題としてほしい．

釜飯の素には，別添調味液型のほかに，調理済み具材型釜飯の素があり，市販品としてはこの方が先行していた．丸美屋，ヤマモリ，グリコなどで発売していて，キノコ，山菜のほかにエビ，サケ，鳥肉などの動物質を具材に使ったものもある．この場合は当然，レトルト加熱殺菌が要求されるので，小袋包装は120℃の耐熱性のあるレトルトパウチに密封し，中心温度120℃

表 3.3.24　別添調味液型釜飯の素の調味処方と具材配合

3合炊飯用釜飯の素
米3合，炊飯後1.2kg

| (配合)別添調味液 | 1袋(42mL＝50g) |
| 具　材 | 1袋(野菜150g，2%食塩，水100mL) |

1. 調味液処方：70kg(58L)分/1 400袋分，1袋42mL(50g)

調味処方		食塩(kg)	グル曹(kg)	糖(kg)
淡口醤油	49L(58kg)	9.2	0.588	
グル曹	5kg		5.0	
天然調味料	0.5kg			
グリシン	0.3kg			
イノシン酸	0.2kg			
砂糖	4kg			4
食塩	2kg	2		
(合計)	70kg	11.2	5.588	4

〔最終成分58L，容量%〕　食塩19.3%，グル曹9.6%，天然調味料0.86%，グリシン0.52%，砂糖6.9%，イノシン酸0.34%．

2. 具材配合

キノコ・山菜・野菜はすべて脱塩・水切り
具材重量　210kg
2%食塩水　140kg
計350kg（1 400袋分，1袋250g）

タケノコ（輪切り）	77kg
ワラビ（2cmカット）	42kg
ニンジン（いちょう切り）	28kg
キクラゲ（刻み）	25kg
エノキタケ（3cmカット）	21kg
コンニャク（短冊切り）	10kg
ゴボウ（削ぎ落とし）	7kg
(合計)	210kg
2%食塩水	140kg

3. 炊飯後成分値

成　分	70kg調味液当たり	1袋(42mL)当たり	3合炊飯1 200g
食　塩	11.2kg	8.0g	0.67%
グル曹	5.588	4.0	0.33
糖　分	4	2.86	0.24
天然調味料	0.5	0.357	0.03
グリシン	0.3	0.214	0.018
イノシン酸	0.2	0.143	0.012

4分の加熱殺菌をする．そして，レトルトが必要である．12×16cmくらいのレトルトパウチに，具材と調味液の混合物130〜160gを入れ，密封，加熱殺菌したものである．この種の釜飯の素は漬物から大きく離れ，油脂の使用も多く炊上がり食塩も一般に高く1％以上になる．

3.3.3　調味漬ルネッサンス―山クラゲ

　漬物新製品の開発において，ニンジン，ネギ，トマト，カボチャと，量販店の陳列棚に見かけない漬物をつくってみても全く売れない．消費者には漬物用として認知している幾つかの野菜があって，それ以外の野菜を使った漬物には全く臆病で，決して手を出さないのである．戦後の漬物用素材で成功したのは，ワカメの芯，ゴボウ，そして山クラゲの3つだけである．山クラゲといっても，『大辞林』はじめ，大きな辞典にも載っていない．実は，これはレタスの1種で，ようやく，タキイ種苗の1999年夏秋カタログにも登場した．ステムレタス（茎レタス）と呼ばれ，セルタスの別名があり，それを乾燥したものが山クラゲである．茎が30cmに伸びたころ若葉をつけて収穫，茎は皮をむいて生食，または湯を通して各種の料理に利用するとある．

　山クラゲは，中国の上海，南京の西隣の安徽省の産．宮廷料理や王様の貢物にされ，「貢菜（コウサイ）」と呼ばれた．省北部の渦陽では，乾燥させたものが「渦陽苔干（カヨウタイカン）」の名で料理材料として売られ，これが平成に入ってから，日本に輸入されだした．漬物企業の「やまう」がこれに目をつけ，3cmくらいに切り，トウガラシ，ゴマとともに調味液（醤油，砂糖，グル曹，ゴマ油，ラー油の混合）に浸したのち，袋詰め，加熱処理して出荷した．サクサクとした特有の歯切れの中華風漬物で，一躍，人気になった．食塩3.5％，糖分10％，脂質7％で，特徴は食物繊維を3.5％含むことである．冷奴（ひややっこ）にのせたり，おにぎりの芯によろしいと漬物の袋に書いてある．レタスとは想像できない形と物性で，よくこんなものが今まで日本で知られなかったのかと驚くほどの風味を示す．

　ところで，ここで少しレタスを見てみよう．種苗カタログには，玉レタス，フリルレタス，サニーレタス，リーフレタス（サラダ菜），エンダイブ（ニガチシャ），コスレタス（立ちレタス）が載っている．レタスは一見すると，キ

ャベツ，白菜と同属のアブラナ科植物に見えるが，実はキク科植物で種子の形がまるで違う．サラダの材料にするのが主たる食べ方で，エンダイブがシチュー，スープに使われるくらいが変わった使い方といえる．山クラゲの出現までは，1度，レタスをサワークラウト様の漬物にするとの記載を見た以外は，このレタス一族を漬物にすることはなかった．

日本では，レタスは茎を切ると白い乳液を出すことから「乳草」がなまってチシャと呼ばれ，その学名 *Lactuca sativa* の Lac もラテン語の乳を意味する．そして，乳液をラクチュカリン，その成分をラックシン，ラクチュコピクリンという．レタスは血液をきれいにするとか，栽培中に虫がつかないとの言い伝えがあって，今は未解明だが，この乳液には何か機能性が期待できそうだ．今までに分かっているのは，ラックシン，ラクチュコピクリンには催眠性があることで，韓国では「レタスを食べて車を運転しないこと」といわれている．

韓国人は，よくレタスを食べる．韓国にはサム文化という種々のものを包む食生活がある．サムは「包む」の意味で，これはポサム（包み）キムチで日本人にもなじみの言葉．韓国料理店では焼き肉をコチュジャン（トウガラシ味噌）とともにチシャにのせて食べる．大きなエゴマの葉，ギシギシの葉，白菜なども使われる．九節板（韓国宮廷料理の1つ．9つに区分けされた八角形の器に料理を盛る）の中央にチシャが積み重ねられる．魚の刺身をコチュジャンとともにチシャに包んだり，ご飯をナムルやキムチとともにチシャに包んだりする．タキイ種苗の1999年春カタログに，この包むためのレタス，チマサンチュ（包菜）が紹介され，青葉種は春播き初夏穫り，赤葉種は夏・秋播き年内穫りとして載っている．

中国のステムレタスの山クラゲ，韓国のサム文化のチマサンチュでキムチとご飯を包んで食べさせるなど，両隣国のレタスを見直す時期が来ている．

3.3.4　特記すべき科学—食品分析から調味処方を考える

漬物工業は，全日本漬物協同組合連合会所属企業1 731社，JAS認定工場124であり，業界の水準は千差万別である．このうち自社で調味処方を作成し製造している工場は100社前後，あとは調味料メーカーの提供する処方箋，

いわゆるレシピーに基づいて漬物を製造している．このため，品質管理で述べた調味に使う資材の使用目的，目的関連成分の含量も知らずに漬物を作製するところが大部分であった．

著者は，現在の食品工業のもつべき安全性の確保のために，少なくともすべての企業が自社で調味処分を作成できなければ，消費者への責任は負えないと考え，まず現在の代表的市販漬物の呈味成分，外観関連の液固率や，刻み漬では野菜の配合割合などを検討して「漬物の呈味成分などの数値化」を試みた．

市販のJAS認定工場の製品を中心に，一般成分，遊離アミノ酸含量の分析値を，それぞれの漬物各論に記載しておいたのがそれであり，品質管理の章(第2章)に載せた新漬・古漬の2つの「呈味成分数値化」の表（**表2.3.1, 表2.3.2**）はその集大成である．各製造メーカーの実名入りの分析値は，その信憑性に関連してあえて公表したもので，数多い分析値（おそらく1000点以上）の中から，その分野の最高製品のみを並べてある．この公表については，漬物業界の技術力底上げのためにも御理解いただきたい．

1) 現在の売れ筋商品の嗜好傾向を知る

これらの分析値から，それぞれの分野の漬物について，消費者に受け入れられている商品，いわゆる「売れ筋商品」が，どのような呈味成分になっているかが分かる．換言すれば，塩分，旨味，甘味，酸味から色調まで，嗜好傾向が一目瞭然となるわけである．これにより，調味料メーカーから調味処方を受け取って製造している企業も，自社で規格を決めて調味処方が作成でき，消費者への安全性の責任が果たせるし，劣悪製品の流通も防げて，漬物業界の技術力底上げにつながる．また，技術力のある企業も，分析値を見ることで他社製品の分析などの途中の手間を排して，さらなる品質上位の製品に変えることが可能になる．

2) 自社呈味成分規格の設定と基本調味処方の作成

第2章2.3節で述べた，自社呈味成分規格の設定から基本調味処方の作成までを，分析値と「呈味成分数値化」の表を見ることで困難なく完成できる．この調味処方作成に必要な窒素系資材の醬油・酸分解アミノ酸液などの主要呈味成分値を**表3.3.25**に，天然調味料の成分値を**表3.3.26**に示す．

表 3.3.25　窒素系資材の成分値　　　　(g/100mL)

窒素系資材の種類		食塩	全窒素	グル曹	還元糖
濃口醬油	平均値	16.5	1.6	1.2	3.3
淡口醬油	〃	18.8	1.2	1.2	4.2
たまり醬油	〃	16.5	2.0	1.3	5.8
再仕込醬油	〃	14.3	2.1	1.7	10.6
白醬油	〃	17.7	0.5	1.2	15.9
減塩醬油	〃	9.1	1.6	1.4	3.1
味蔵	味の素	18.9	1.7	2.2	—
淡口味液	〃	20.8	3.0	3.8	—
アミシン	新進	16.9	2.4	5.4	—
極淡アミノ酸	マルキン忠勇	18.2	2.0	3.2	—
シーベストスーパー	理研ビタミン	16.1	2.3	1.6	—
信州味噌*	平均値	12.0	1.7	0.6	17.0
江戸味噌	〃	6.0	1.4	0.4	27.0

＊ 朝倉書店:『調味料・香辛料の事典』による．

表 3.3.26　天然調味料の成分値　　　　(g/100g)

天然調味料の種類		形態	食塩	全窒素	グル曹
アジメート	味の素	粉末	7.3	5.7	7.3
〃	〃	顆粒	5.6	6.4	32.0
アミリッチ BR	〃	粉末	24.0	5.6	38.7
ペレックス 4000	理研ビタミン	〃	27.5	5.8	14.3
AH 協和 RB	協和発酵	粉末	25.0	5.1	39.7
エキストラート	旭フーズ	顆粒	9.5	6.0	45.8
グル曹*				7.5	100.0
グリシン				18.7	

＊ グル曹＝グルタミン酸×1.27．

　既存製品の見直し，あるいは新製品開発に際しての調味処方作成は，これまでの漬物の文献には4斗樽1本（1丁という）の調味処方だけが書いてあって，そこに固体を何kg入れるかが記載されていなかった．必ず，調味液70kg（4斗樽1本分＝1丁が業界に流れる単位）に，新漬では塩漬野菜，古漬では脱塩もしくは脱塩・圧搾野菜を何kg入れるかを確定して，その合計量の「製造総量」出しておかなければならない．

3) 調味処方の修正方法

基本調味処方を1つ作成しておけば，以下の修正が容易にできる．①加熱殺菌を非殺菌の業務用に切り替える場合は，食塩を高くして酸をすべて酢酸に替える．②濃厚味にしたい場合は，窒素系資材の酸分解アミノ酸液，グル曹，グリシンを増量し，甘味も増す．③明るい色調の製品にしたい場合，窒素系資材を淡口醬油＜淡口味液＜味蔵（脱色淡口味液）＜グル曹と，右側に向かって切り替えていけばよい．④コストを下げたい場合，淡口醬油，淡口味液を減らして，グル曹を増やす，砂糖類を減らす，天然調味料をカットするなどの方法がある．味をあまり落とさない範囲で節約していく．⑤バリエーションを豊かにする場合，前に示したように，甘酢ラッキョウの基本調味処方があれば，たまりラッキョウ，ピリ辛ラッキョウ，ワインラッキョウ，黒糖ラッキョウ，黒酢ラッキョウ，塩ラッキョウ，浅漬ラッキョウと，わずかの資材変更で調味処方修正ができる．

4) 分析値の読み方

大手の漬物企業は，他社の同種製品を常に分析するとともに，並列比較して自社製品の優劣を判定している．そして，屈折糖度計示度，食塩の分析値はライバル企業の製品について定期的（春夏秋冬の年4回くらい）な記録を怠らない．本当は，醬油漬については全遊離アミノ酸，グル曹，pHを，酢漬については滴定による酸（氷酢酸1：クエン酸1として分析），pHを，たくあん，福神漬などの甘味漬物は酸分解をして定量した糖分を，そして，粕漬はアルコールも記録したい．

本書には，各漬物の遊離アミノ酸分析値が示してある．その見方をここに示そう．表から分かるのは，①グル曹の含量，②醬油，酸分解アミノ酸液（ここでは淡口味液）のいずれを，③どのくらい使っているか，④グリシン，アラニンの添加の有無，の4つで，比較的正確に分かる．

まず，アスパラギン酸とロイシンの値を比べて，アスパラギン酸が2.5倍以上あれば淡口味液単用，逆にロイシンがアスパラギン酸より高ければ醬油単用，その中間は醬油・味液の併用である（醬油・酸分解アミノ酸液の分析値を参照）．次に，各社ともグル曹を添加していることと，分析値でプロリンは漬物では正確に出にくいので，製品アミノ酸合計値からグル曹・プロリン

を差し引いた値と，醬油もしくは味液からグル曹・プロリンを差し引いた値を比べれば，味液もしくは醬油の使用量が分かる．

$$淡口味液 \quad 14\,757-(3\,771+2\,157)=8\,829$$
$$淡口醬油 \quad 4\,519-(1\,068+409)=3\,042$$

たとえば，**表 3.3.2** に示す東海漬物「純福神漬業務用」の場合，
$$2\,957-(1\,157+330)=1\,470$$
アスパラギン酸がロイシンの 3.4 倍なので淡口味液を使用
$$\frac{1\,470}{8\,829}\times 100=16.6$$

これにより，東海漬物の「純福神漬業務用」は，製造総量の 16.6 容量％の淡口味液を添加していることが分かる．

なお，調味処方作成時に使用単位はすべて g，kg になる．ただし，醬油・味液などは習慣的に mL，L 単位で分析値が示されることが多いので，調味処方は mL，L で示し，最終的には比重を醬油は 1.185，味液は 1.23 を乗じて，g，kg で計算する．調味処方に淡口醬油 2.0 L（2.37 kg）とあるのはこれである．食酢・氷酢酸は比重 1.0 としてある．

このほか，グリシンとアラニンの値を比べて，グリシンが高いものはグリシンが添加されているので，この場合は味液・醬油からさらにグリシンを差し引き，試料分析値からもさらにグリシンを差し引いて比べる．

3.4　調味漬 2：酢漬

3.4.1　酢 漬 各 論
1） ラッキョウ漬

ラッキョウ漬は，年平均生産量 3 万 t で，国民 1 人当たり，年間約 250 g，50 粒（中玉 5 g）食べていることになる（**写真 3.4.1**）．「葷酒山門に入るを許さず」の，禅寺の 5 葷のニンニク，ノビル，ニラ，ネギ，ラッキョウという「硫黄化合物」を含む野菜の中で，ラッキョウは最も刺激がおとなしい．それでも，ニンニクのアリル基中心の硫黄化合物を，メチル基中心ではあるが十分に含み，精力増強，抗菌性，血栓防止による心筋梗塞，脳梗塞の予防効

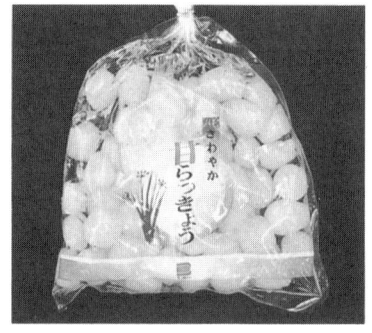

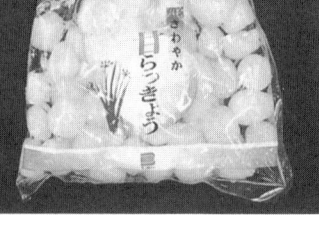

(a) 甘酢ラッキョウ　　　　　　(b) ラッキョウのたまり漬

写真 3.4.1　ラッキョウ漬

果はあるし，生鮮野菜中最高の 21% の食物繊維により消化器系の機能調整に役立つなどの薬食効果が評価されたと思われる．

　平成 13 年 10 月の漬物の原産国表示の第 1 弾がラッキョウ，梅干であるように，原料は中国湖南省で産地が確立し，平成 13 年の塩蔵品の輸入量 1.7 万 t と，CIF 単価 97 円/kg で大量に輸入されているほか，現地の中国で初めての JAS 認定工場を含めて日本企業の合弁工場も増えて，良質な完成品も入ってくるようになった．

　ラッキョウは，8 月に植え付け，翌年 6, 7 月に 1 株に 8g 程度のものが 7, 8 球になったところで収穫する 2 年堀りの中玉と，畑にもう 1 年おいてさらに分球させ，1 株 20 球にして 3 年目の 6 月に 3g くらいで掘る花ラッキョウがある．いずれも「ラクダ種」を使い，中玉は九州鹿児島県加世田市，宮崎県都城市が中心で，端（ハナ）を切るので花ラッキョウといわれる小玉は，福井県三里浜が主産地である．「ラッキョウの花」というテレビドラマのあったその花は，2 年目の晩秋に紫赤色の美花を開くため，2 年堀りの中玉では見られず 3 年堀りで見られるので，三里浜の独占である．したがって，花が見られるので花ラッキョウとする説もある．

　ラッキョウは，花ラッキョウと 15g ものの大玉は切り詰めて大鼓切りに，中玉は茎をやや長く残した田舎切りにするが，いずれも鱗茎の軸に直角に切るため機械化できず，すべて手作業で行われる．人件費の高いわが国では，塩蔵原料が 1kg 500 円くらいになるので，海外原料の輸入はさらに増大しよ

う．

　ラッキョウ製品は調味液組成や混合物により，甘酢，ピリ辛，たまり，ワイン，黒糖，黒酢，浅漬，塩と種類が多く，消費者を飽きさせない．

(1) 製造のポイント

　2.1.2項の9)「ラッキョウ」に述べた塩蔵方法で，乳酸発酵したしっかりした塩蔵原料をつくることと，脱塩に長時間を要するのでその能率化が，ラッキョウ製造の2大ポイント．10%塩度で乳酸発酵させ，鱗茎の糖を若干消費して褐変を防止し，含まれるアクを併せて分解し，苦味，辛味を抜くことは，色・味の確保に重要であるし，ラッキョウは両端の切り口からしか塩が抜けないので，脱塩槽の下部から水を入れ槽の上部から流出する方法は，脱塩時間を短くして，ラッキョウの皮の第1層の長時間の水接触による荒れ，触感悪化を防いでくれる．

(2) 製　造　法

　脱塩24～36時間で食塩4%まで抜いたラッキョウを調味槽に入れ，ラッキョウと同量の調味液を入れ，夏場はとくに冷蔵庫に収納して，約1週間の調味液浸漬を行う．味が八分通りしみたら，液・固を分離し小袋にラッキョウを計量して入れ，ろ過もしくは遠心分離した調味液を注入する．袋をシールして，直ちに80℃，20分の加熱殺菌をする．

　調味には1度酸味を脱塩ラッキョウにのせたのちに，砂糖などを含む調味液に浸す2回漬もあるが，品質安定上は1回漬が好ましい．なお，調味処方については2.3.3項「調味処方の作成例」の2)で説明したので，それを読んでほしい．

(3) 最新の製造法

　平成12年12月に科学技術庁資源調査会の『五訂日本食品標準成分表』が発刊された．今回はじめて，全食品の食物繊維の値が発表されたが，この中にラッキョウ漬についての製造上の重要な示唆が見られた．生鮮ラッキョウの食物繊維は，水溶性18.6%，不溶性2.4%で総量21.0%，これに対し甘酢ラッキョウは，水溶性1.4%，不溶性1.7%で総量3.1%と示されていて，製品化による減少が実に17.9%となっている．前述したように，農水省の東京農林水産消費技術センターによる甘酢ラッキョウの食物繊維分析値は6.6%

であって，それと今回の分析値3.1%との間にも大きな差がある．このことから，甘酢ラッキョウは製品化に際しての脱塩時間の長短が食物繊維含量に影響することが推察される．結論として，①ラッキョウ塩蔵にあたり，変質しないかぎり10～12%塩度でつくりたい．冷暗所，もしくはあまり低温でない冷蔵庫収納が考えられる．②甘酢ラッキョウの製品の平均塩度は2%である．ラッキョウに同量の注入液を入れてつくるので，脱塩の最終塩度は4%でよい．これ以上の脱塩をして再び食塩を加えた例をみるが，過剰の脱塩はラッキョウの皮の第1層の物性を悪化し，水溶性食物繊維の消失を招く．

また，塩蔵ラッキョウの塩度が10～12%と低ければ脱塩時間も短く，それだけ食物繊維の流失が防げる．

2) 紅ショウガ

紅ショウガは，稲荷ずし，ちらしずしや，牛丼，ソース焼きそば，冷やし中華，お好み焼きの添え物として使われる．牛丼やソース焼きそばの具材として，1～2g入りの小袋が別添され，それをつくる工場もある．通称イモショウガ（写真3.4.2）と呼ばれるショウガの根茎を，中国，タイで塩蔵，輸入して，丸，スライス，千本切り，みじん切りなどの種々の形態の製品にする．基本的には，塩蔵ショウガを着色した有機酸の液に漬けただけの簡単なもので，食塩5%，酸1%，赤色102号0.05%が平均的な値である．したがって，塩度18%で入ってくる塩蔵原料を，10%まで脱塩して加工する．最近は，ごく少量のグル曹を加えたり，紅麹色素やアカダイコン色素などの天然着色料を使うこともある．紅ショウガは加熱殺菌をしないので，合成保存料ソルビン酸カリウムを使う．

東海漬物が開発した「ショウガしゃれみ」という調味酢漬がある．食塩

写真3.4.2 イモショウガの収穫

5%，酸 0.8%，グル曹 0.8%，赤色 102 号 0.02%で紅ショウガに比べてやや低塩，旨味が強く色が薄い．「しゃれみタイプ」と呼ばれ，弁当に付けると意外にさえるので，普及させたい漬物である．表 3.4.1 に紅ショウガとしゃれみタイプの調味処方を示す．

3) 甘酢ショウガ（ガリ）

握りずしの添え物として重要である．塩蔵イモショウガをスライスして，塩度 3〜4%まで脱塩して調味液に浸したもので，①甘味料にはサッカリンを使い，②加熱殺菌をせず，③業務用の石油缶に固体 10kg，注入液 8kg を入れたものが多い．製造ポイントは，食品保存条件の 1 つ，貧栄養で，低い食塩，サッカリン，酸，色素という微生物の栄養にならない資材のみでつくるところにある．グル曹を少し加えると旨くなるが，微生物の栄養になるので 0.1%にとどめる．

最近，白ガリといって，スライスショウガを次亜硫酸ナトリウムで漂白したのち調味するものが増えている．表 3.4.2 に甘酢ショウガの調味処方を示す．甘酢ショウガは，紅ショウガより塩蔵ショウガの選択が難しく，中国，タイ産の大ぶりでふっくらした，辛味の少ないものを使う．ショウガの辛味はジンゲロールで重要な香辛成分だが，辛すぎてはいけない．連作，畑の水不足，収穫期の遅れが強い辛味の原因といわれるが，判然としない．対策は，

表 3.4.1 紅ショウガ調味処方

ショウガ（脱塩 10%まで）	70kg
調味液	70kg
製造総量	140kg

調味処方	紅ショウガ	しゃれみタイプ*
高酸度食酢	3.5L	2.8L
氷酢酸	0.35L	0.28L
クエン酸	0.7kg	0.56kg
グル曹	140g	1.4kg
赤色 102 号	70g	28g
ソルビン酸カリウム**	47g	47g
水	65.2L	64.9L

* しゃれみタイプはショウガの 100 分の 1（ここでは 0.7kg）のシソの実を添加．
** 規定量の 0.05%の半量を加える．ただしカリウム塩を使うので 1.34 倍になる．

3.4 調味漬2：酢漬

表 3.4.2　甘酢ショウガ調味処方

ショウガ（スライス，脱塩3%まで）	140kg
調味液	70kg
製造総量	210kg

調味処方		食塩(kg)	酸 (kg)	糖 (kg)
サッカリン	157.5g			31.5
高酸度食酢	5L		0.5	
氷酢酸	0.55L		0.55	
クエン酸	1.05kg		1.05	
グル曹	0.21kg			
赤色106号	0.7g			
ソルビン酸カリウム	70g			
水	63L			
（計）	70kg			
ショウガ	140kg	4.2		
製造総量	210kg	4.2	2.1	31.5
最終成分		2%	1%	15%*

〔その他の最終成分〕　グル曹0.1%．
＊ 砂糖換算．

中国，タイの産地とおおよその畑の位置を知り，根気よく，製品にしたときの産地，畑別の辛味の強弱を記録しておいて，いつも辛い塩蔵ショウガを送ってくる地区を外すしか方法がない．このことは，次に述べる新ショウガも含めて重要である．

　甘酢ショウガの全糖品もあるが，砂糖を使うと製造後3〜4日で酵母の生育により小袋詰は膨張する．このため辛味がやや増す，弱い異臭が発生するなどマイナス面もあるが，70℃，20分の加熱殺菌をする方法がある．砂糖を使わず，ステビアやアスパルテームを使って全糖品と称することがあったが，今は減った．

　甘酢ショウガは，製品の性質上サッカリンを使わないと良いものはつくれない．漬物で唯一，サッカリンの使用が許されてしかるべきものと思われる．すし屋における扱いが丁寧でないことがネックになっていて，冷蔵庫で扱ってくれれば全糖品も可能なのだが．

4）　新ショウガ

　新ショウガは業界用語の「古漬」の浅漬化で，塩蔵浅漬の第1号というべ

き製品である．はじかみ，棒ショウガ，筆ショウガという名で葉付きショウガが売られている．小ショウガを温床内に埋め込み，暗い状態で成長させ，15cmくらいに茎葉が伸びたとき「日入れ」といって日光にさらして茎元をピンク色にし，茎葉がわずかに開いたとき収穫，調製する．生のまま味噌をつけて食べたり，酢漬にして焼き魚のつまにする．新ショウガは，この軟化ショウガが根部の3〜4cmが可食部であるところを「全身これ，はじかみ」としたもので，ショウガのもつ旨さを完全に引き出した製品といえる．**写真3.4.3**に新ショウガの全体像を示す．

写真 3.4.3 珍しい新ショウガ全体像

(1) 栽 培 法

台湾，中国福建省，広西チワン族自治区のような暖かい土地で，畑に50cm程度の溝を長く掘って，「谷中（やなか）」，「金時系」の小ショウガを底に置き，芽の伸長とともに土をかぶせていき，軟化栽培する．十分にほうき状に伸びたところで収穫する．収穫期は8月．

(2) 塩蔵と輸送

軟化ショウガを収穫し，30cm内外に切って，コンプレッサーから送り出す強い水の噴射で根部をよく洗浄し，径2m，深さ2mの円形の容器に塩漬する．塩漬時の食塩6％，クエン酸1％．漬け込んだら，同じ食塩6％，クエン酸1％の食塩水を5割差し水して落としぶたをし，重石をする．差し水は容器に差し水注入用の円筒を立て，そこから注入する．冷蔵庫漬込み2週間後に18〜36kg容ポリタンクに固体・液体を入れて，冷蔵コンテナで輸送する．最終歩留り80％，最終塩度5％，酸0.8％である．

(3) 分 析 値

新ショウガの製品は，これを開発した岩下食品のある栃木県と，潮来（いたこ）の酒

悦ほか，1，2の企業がつくるだけで，メーカー数は少ない．4社の製品の分析値を**表 3.4.3**に示す．新ショウガの調味はグル曹と酸が主力で，天然調味料の使用はなく，アミノ酸は加えてもグリシンかアラニンで，新ショウガの鮮度を引き出すシンプルなものである．

(4) 製　造　法

　新ショウガは，加熱殺菌もしないし，合成保存料も加えないことが多い．したがって，変敗防止のための製造時の初発菌数抑制，すなわちショウガの菌抑制的洗浄と殺菌調味液の使用の2点がポイントとなる．到着したポリタンク入り原料は，直ちに冷蔵庫に収納し，加工時に取り出してショウガ原体を次亜塩素酸ナトリウム（塩素濃度200ppm），もしくは酢酸溶液に浸漬，微生物抑制後よく水洗して，冷却した加熱処理調味液とともに小袋に入れ密封包装し，0℃で水浴30分の後，発泡スチロール容器に入れ寒剤をのせてシ

表 3.4.3　新ショウガ分析値

社名・商品名	岩下食品	遠藤食品	すが野	酒悦
	あさ漬風新生姜	べに花新漬*サラダ生姜	フレッシュ新ショウガ	新生姜浅漬風
全重量(g)	286	247	277	273
固体(g)	121	131	120	136
注入液(g)	158	112	151	130
固形物割合(%)	43	54	44	51
表示重量(g)	120	120	120	130
調味液屈糖値	9	10	8	8
食塩(%)	4.9	4.4	4.7	4.0
グル曹(%)	0.85	0.62	0.77	0.87
酸(%)	0.87	0.81	0.86	0.87
遊離アミノ酸**(mg/100g)				
アスパラギン酸	—	4	—	—
スレオニン	—	—	—	10
グル曹	854	626	771	871
グリシン	—	7	—	223
アラニン	278	4	106	—
バリン	—	4	3	4
合計	1 132	645	880	1 108

　*　紅花の花弁入り，数日で美しく着色．
　**　このほかのアミノ酸は検出せず．

ールし,冷蔵車で輸送する.

調味処方を**表 3.4.4** に示す.調味液は,加温冷却型の調味槽を使うと便利である.氷酢酸,食酢,アルコールは加熱時に蒸発するので冷却した調味液に入れたいが,実際は手間がかかり,なかなか難しい.

着色料はこの製品の外観を左右する資材である.一般に使われる赤色 106号は完成品当たり 0.0002% が適量だが,この色素は液固率に左右され,同じ% を使っても製品の色調は大きく違ってくるので,着色実験が必要になる.実験は新ショウガ 50 に調味液 70 の製造総量 120 に対し,赤色 106 号 0.0001%,0.0002%,0.0003% 量を使い,それぞれを調味液に溶かして全体を容器に入れ冷蔵庫 2 日放置後,固体 120g,液体 160g で包装,シール後,色素浸透度合いの賞味期限の日までの経時変化を追跡する.注入液の清澄なこと,うすいピンクの液の中に浮かぶ淡黄色の新ショウガの美しさが生命であることを考えながら添加量を決める.

表 3.4.4 新ショウガ調味処方

新ショウガ(水洗・塩度 4%)	50kg
調味液	70kg
製造総量	120kg

調味処方		食 塩 (kg)	酸 (kg)
グル曹	0.96kg		
グリシン	0.24kg		
高酸度食酢	4.8L		0.48
クエン酸	0.48kg		0.48
アルコール	0.6L (0.4kg)		
ソルビット液	4.8kg		
赤色 106 号*	0.24g		
食 塩	3.4kg	3.4	
水	54.9L		
(計)	70kg		
野 菜	50kg	2	
製造総量	120kg	5.4	0.96
最終成分		4.5%	0.8%

〔その他の最終成分〕 グル曹 0.8%,グリシン 0.2%,アルコール 0.5%,色素 0.0002%.
* 着色試験を要す.

最近，赤色106号に代って天然着色料のムラサキイモ色素が使われることが多い．天然着色料はメーカーによって色の強さが異なるので，この場合も3段階くらいの濃度（たとえば製造総量当たり0.01%，0.02%，0.04%）で調味液をつくり，上記実験で使用量を決める．

(5) そ の 他

新ショウガは，このような調味酢漬のほかに橙赤色に着色した味噌漬風がある．3%量の淡口味液（酸分解アミノ酸液）を加え，金茶SN色素0.005%で着色する．

5) さ く ら 漬

さくら漬には3種がある．最初にさくら漬と呼ばれたものは，江戸時代からつくられた，八重桜の花を白梅酢で洗って強い塩で漬けたのち乾燥し，化粧塩をふりかけた花漬で，結婚式の桜湯として両家和合に使われるほか，明治初年に銀座木村屋があんパンのへそに使用して以来，あんパンの甘味を塩味で引き立ててきた．白梅酢で洗うと桜の色があせないので，梅干産地の小田原でつくられる．桜の花の香りはベンズアルデヒドとクマリンである．

その次につくられたさくら漬は，滋賀県蒲生郡日野町産の日野菜カブを縦に短冊状に切った調味酢漬である．日野菜カブは，径2cm，長さ25〜30cmの根をもつ漬菜で，根部の3分の1は地上に出ていて紫紅色，3分の2は地下にあって白色である．アク味とカブ特有の風味があって，わが国の漬物では5指に入る味だが，色が弱いのと知名度が低いため生産量は少ない．

最後に現れたのが，市販の弁当によく見られる，短冊切りのピンク色のダイコンの酸っぱい漬物である．これが弁当用，業務用として生産量第1のさくら漬である．塩蔵ダイコンを短冊型に切って脱塩・圧搾し，調味液に浸して復元したら小袋や巾着型の袋に入れて，シールして80°C，20分の加熱殺菌，あるいは少し塩度を上げて石油缶入りの非殺菌の業務用にする．簡単なものだが，製造ポイントは3つある．①ダイコンがあまりに硬い歯切れにならないようにつくるために，大型の三浦ダイコン，都ダイコン，おふくろダイコンを使う．②短冊型に切るときに，塩蔵ダイコンを薄い輪切りにしたものを2cm幅に切ると維管束のしわが出て汚いので，ダイコンを5cmの円筒形の厚い輪切りにして，それを縦に厚さ3mmくらいの板状に切り，さ

らにこの板を2cm幅に切ると、短冊に維管束が白い線として浮かんで、美しく見える。③塩蔵ダイコンは貯蔵中に黄変する。この黄色色素は太陽光線に弱いので、深さ20cmくらいのプールをつくり、その中で流水脱塩し、ときどき撹拌して色素を分解してやると白く仕上がる。

家庭用の小袋もしくは巾着包装のさくら漬の調味処方を**表3.4.5**に示す。巾着包装の場合の配合の1例を示すと、ダイコン165g、細刻みシソの葉0.1gに、注入液135gのものがある。

滋賀の日野菜カブのさくら漬も類似の調味液組成でよいが、短冊型に切ったカブの脱塩を4〜5%で打ち切って製造すると、風味豊かな製品になる。

6) しば漬風調味酢漬

しば漬は分類上は塩漬で、ナスを主体に青トウガラシ、キュウリ、シソの葉に食塩を散布して踏み込み、乳酸発酵した発酵漬物で、生しば漬の名で約

表3.4.5 さくら漬調味処方

ダイコン（完全脱塩・圧搾40%）	18kg
シソの葉（細刻み）	0.02kg
調味液	70kg
製造総量	88kg
（復元後：固体43kg、調味液45kg）	

調味処方		食塩(kg)	グル曹(kg)	酸(kg)
グル曹	1.32kg		1.32	
天然調味料	88g			
高酸度食酢	3.5L			0.35
クエン酸	0.35kg			0.35
砂糖	2.64kg			
アルコール	0.44L (0.35kg)			
赤色106号	0.9g			
食塩	3.96kg	3.96		
水	57.8L			
(計)	70g			
野菜	18kg			
製造総量	88kg	3.96	1.32	0.7
最終成分		4.5%	1.5%	0.8%

〔その他の最終成分〕 天然調味料0.1%、糖3%、アルコール0.5%、色素0.001%。

500t がつくられているにすぎない．一般に「しば漬」と呼ばれている漬物は，塩蔵キュウリを主体にナス，ショウガ，シソの葉，ミョウガを配した古漬系の調味漬で，全国の各社がつくっているほか，巻ずしの芯用など業務用もある．しば漬風調味酢漬には2系統があって，グル曹中心の調味酢漬と，醬油類・グル曹併用の調味酢漬の2種である．本来の発酵しば漬が塩漬で醬油を使っていないので，それに近いのはグル曹中心調味になる．

醬油漬，酢漬の各種製品のほとんどがドミナント（占有の多い）メーカーをもつのに，この調味しば漬は，なぜか大きなシェアをもつ企業がない．理

表 3.4.6 しば漬風調味酢漬（グル曹タイプ）調味処方

(野菜配合)
キュウリ（圧搾 30%）	24kg
ナス（圧搾 30%）	5kg
ミョウガ	13kg
ショウガ	5kg
シソの葉	3kg
調味液	70kg
製造総量	120kg

（復元後：固体 101kg，調味液 19kg）

調味処方		食塩 (kg)	グル曹 (g)	酸 (kg)	糖 (kg)
グル曹	1.8kg		1 800		
天然調味料	0.24kg				
りんご酢(酢酸 5%)	11.6L			0.58	
クエン酸	0.38kg			0.38	
砂　糖	2.4kg				2.4
ソルビット液	3.6kg				1.4
アルコール	0.6L (0.48kg)				
シソ香料	60mL				
赤色 106 号	12g				
食　塩	5.4kg	5.4			
水	44.0L				
(計)	70kg				
野　菜	50kg				
製造総量	120kg	5.4	1 800	0.96	3.8
最終成分		4.5%	1.5%	0.8%	3.2%

〔その他の最終成分〕天然調味料 0.2%，アルコール 0.5%，香料 0.05%，色素 0.01%．

表 3.4.7　しば漬風調味酢漬（醤油・グル曹併用タイプ）調味処方

(野菜配合)

キュウリ（圧搾30%）	28kg
ナス（圧搾30%）	3kg
ミョウガ	10kg
ショウガ	5kg
シソの葉	3kg
調味液	70kg
製造総量	119kg

（復元後：固体100kg，調味液19kg）

調味処方		食塩(kg)	グル曹(g)	酸(kg)	糖(kg)
淡口味液	11.9L(14.6kg)	2.48	452		
グル曹	738g		738		
天然調味料	119g				
高酸度食酢	6L			0.6	
クエン酸	0.6kg			0.6	
ソルビット液	3.6kg				1.4
アルコール	0.6L(0.48kg)				
シソ香料	60mL				
アカキャベツ色素	300g				
粉トウガラシ	119g				
食塩	2.9kg	2.9			
水	40.5L				
(計)	70kg				
野菜	49kg				
製造総量	119kg	5.38	1 190	1.2	1.4
最終成分		4.5%	1%	1%	1.2%

〔その他の最終成分〕醤油類10%，天然調味料0.1%，アルコール0.5%，香料0.05%，色素0.25%，トウガラシ0.1%．

由としては，以下のような品質的にすぐれた製品を持つメーカーがないことである．①キュウリの使用割合が高いのに，圧搾率40%で歯切れが悪い．圧搾率30%と強く圧したい．②キュウリの割合を60％に抑える．③風味向上のため，ミョウガの良質のものを5％以上使う．④ショウガを多用すると脱塩原料中で唯一香気をもっているので，漬物全体の風味を支配してしまうため5%以下にする．

表 3.4.6 にグル曹主体の，表 3.4.7 に醤油・グル曹併用の調味処方を示す．野菜配合にも変化をもたせてあるので，この漬物の市場拡大のため研究してほしい．なお，著者が開発した，3.3.2 項 5)の「シソの実漬」で述べた**表 3.3.11** の調味酢漬もたいそう美味なので，併せて検討されたい．しば漬風調味酢漬も，発酵しば漬同様に細刻みすると美味になる．そのような試みも考えられる．

3.5　調味漬 3：粕漬・味噌漬

粕漬は，古く『延喜式』の糟漬に始まり，調味漬の中の高級品としての地位を保ってきた．粕漬には奈良漬，ワサビ漬，山海漬があって，後の 2 つは日本のスパイス漬物として知られている．味噌漬は，味噌床に野菜を漬けることに起源を発しているが，最近の強い旨味嗜好に味噌自体の旨味成分はついていけず，味噌・酸分解アミノ酸液併用の床に漬けることが多くなった．この技法でつくり，最終段階で化粧味噌に野菜を漬けて出荷すれば「味噌漬」，清澄な醤油系注入液に野菜を漬けて出荷すれば「たまり漬」と呼ぶことが多い．

このほか，味噌漬製造の感覚に近いものに，醤油床に 2 度の漬替えをする印籠漬，鉄砲漬がある．

3.5.1　奈　良　漬

奈良漬は奈良から始まったといわれ，猿沢池のほとりに元祖奈良漬の看板が見られるが，今では，清酒の産地である兵庫の灘五郷や，守口ダイコンが近くでとれる名古屋に良品が多い．奈良漬の生産量は 2.6 万 t と少ないが，出荷時の kg 単価を 1 500 円とすると約 400 億円となり，漬物総出荷金額 6 000 億円の 7％を示す．各種奈良漬を**写真 3.5.1** に示す．

奈良漬の製造原理は，塩漬した野菜を酒粕に埋め込み，野菜の中の食塩を酒粕に移し，酒粕中の糖分，アルコール，旨味の遊離アミノ酸を野菜中に移行させることにある．現在の奈良漬は，塩蔵品を流水脱塩した後，1 回目漬込み，2 回目漬込み，3 回目漬込みをしてから，最後に化粧粕に漬けて出荷

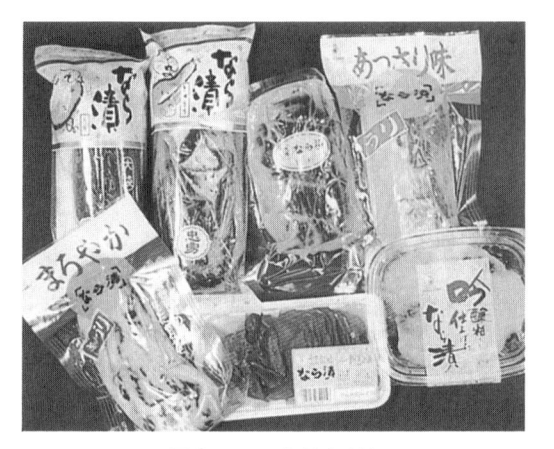

写真 3.5.1　各種奈良漬

するので，図 3.5.1 に示すように 1 番粕，2 番粕，3 番粕と，1 製造サイクルごとに下に下ろしていくことになる．

奈良漬の日本農林規格（JAS）は，屈折糖度計示度 35 度以上，アルコール分 3.5% 以上，食塩 5% 以下となっている．漬替えで十分に糖分とアルコールが野菜に入り，食塩が野菜から抜けて粕に移ることを主旨としている．

1）市販奈良漬の分析値

市販奈良漬の分析値を表 3.5.1 に示す．「灘の忠勇」と，名古屋の「大和屋守口漬総本家」という代表的な企業の製品を分析した．忠勇製品には全糖・遊離アミノ酸含量の高い本格タイプと，全糖・遊離アミノ酸含量の低い「まろやか・あっさり味」タイプのあること，大和屋守口漬総本家製品は全糖はきわめて高く，遊離アミノ酸含量はやや低いように製品化していることが分かった．

酒粕の遊離アミノ酸含量は，後にワサビ漬の項で示すが，4 000mg/100g

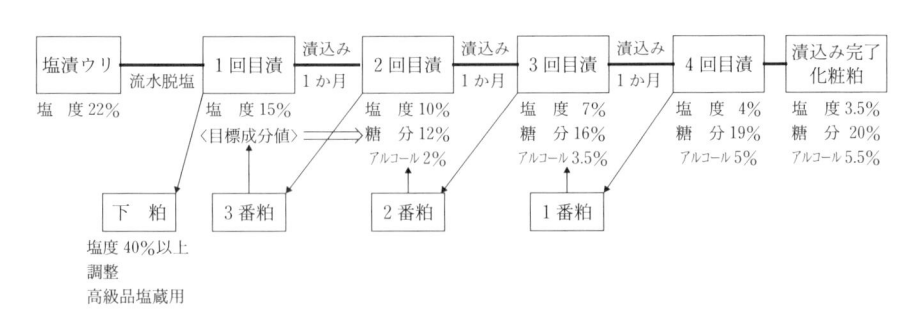

塩漬ウリ	→ 流水脱塩 →	1回目漬	→漬込み 1か月→	2回目漬	→漬込み 1か月→	3回目漬	→漬込み 1か月→	4回目漬	→	漬込み完了 化粧粕
塩度 22%		塩度 15% 〈目標成分値〉		塩度 10% 糖分 12% アルコール 2%		塩度 7% 糖分 16% アルコール 3.5%		塩度 4% 糖分 19% アルコール 5%		塩度 3.5% 糖分 20% アルコール 5.5%
↓		↓		↓		↓				
下粕 塩度 40% 以上 調整 高級品塩蔵用		3 番粕		2 番粕		1 番粕				

図 3.5.1　奈良漬の製造工程と粕の動向
（品質管理技術基準「奈良漬」農林規格検査所より．一部改変）

3.5 調味漬3：粕漬・味噌漬

表 3.5.1 市販奈良漬の分析値

社名・商品名	忠 勇	忠 勇	大和屋守口漬総本家	忠 勇	忠 勇	忠 勇	大和屋守口漬総本家	大和屋守口漬総本家
	なら漬 GT-50	なら漬 T-50	なら漬 Y-8	なら漬	なら漬 あっさり味	なら漬 吟醸粕	なら漬	守口漬
包装形態	樽詰	樽詰	樽詰	真空パック	真空パック	深トレー	アルミパウチ	アルミパウチ
個体数(個)および重量(g)	ウリ2=502 キュウリ1=100 スイカ1=105	ウリ2=530 キュウリ2=185 スイカ2=235 ダイコン1=140	ウリ2=209 キュウリ=77 ナス=16 ダイコン=280	ウリ1	ウリ1	ウリ=110 キュウリ=57	ウリ1	守口ダイコン1
売　価(円)	7 072	4 587	5 150					
固　体(g)	707	1 090	582	74	127	167	180	178
酒　粕(g)	641	750	550	21	66	104	138	142
固形物割合(%)	52	59	51	78	66	62	57	56
屈折糖度計示度	50	50	52	45	46	46	52	51
食　塩(%)	3.1	3.3	5.1	3.2	4.5	2.1	4.5	5.8
全窒素(%)	0.69	0.70	0.53	—	—	—	—	—
グル曹(%)	0.27	0.29	0.18	0.26	0.20	0.43	0.16	0.13
全　糖(%)	22.2	25.7	32.0	27.2	15.7	25.7	32.1	29.3
アルコール(%)	4.5	4.8	4.0	3.8	2.8	4.3	3.9	3.6
遊離アミノ酸 (mg/100g)								
アスパラギン酸	210	222	172	201	130	224	159	124
スレオニン	81	85	71	77	55	87	60	50
セリン	105	112	90	100	69	114	82	68
グル曹	274	294	178	257	200	431	159	134
プロリン	155	168	143	152	107	174	123	103
グリシン	95	100	78	103	146	112	71	57
アラニン	482	511	144	291	110	482	132	103
バリン	101	108	89	97	67	111	80	65
メチオニン	36	39	34	35	23	36	31	24
イソロイシン	70	75	61	66	46	76	53	43
ロイシン	134	144	113	131	80	138	98	81
チロシン	103	76	34	103	25	29	86	66
フェニルアラニン	85	103	81	85	52	97	71	57
ヒスチジン	16	16	11	16	12	15	9	9
リジン	71	75	59	69	46	75	50	41
アルギニン	90	92	70	81	54	90	57	53
合　計	2 108	2 220	1 428	1 864	1 222	2 291	1 321	1 078

を酒粕が含んでいるので，遊離アミノ酸含量の低い場合は，①漬替え回数が少ないこと，②野菜に対する酒粕の量が少ないことのいずれかが考えられる．「まろやか・あっさり味」タイプは現代嗜好に合うところもあるので，この①，②の漬け方を考慮してゆくのもおもしろい．

2） 奈良漬製造法

(1) 原料の受入れ

キュウリ，ダイコン，ナスなどの原料の選別も重要であるが，奈良漬のメインはシロウリ（越瓜．以下ウリと略す）である．徳島県漬物協会のウリの生原料と塩漬規格は表3.5.2のとおりである．

表3.5.1の忠勇，大和屋守口漬総本家の樽詰のウリを見ても，1フネ210〜265gを示している．

(2) 原料の塩漬

ウリのヘタを切り落として縦に2つ割りし，中の種子とズ（ワタ）をきれいに除く．次いで，ウリの重量の15％の食塩を用意し，2つ割りしたウリの腹の方に塩をすり込み，ウリの背と腹を重ね合せ，切断面が横向きになるように並べて，すり込んだあとに残った食塩を散布していく．落としぶたをして原料の20％重の重石をする．この1次漬（荒漬）の3日後のウリを取り出し，ウリ重量の15％の食塩を用意して2次漬（本漬）をする．2次漬は，漬込み方法，重石とも1次漬に準ずる．最終塩度20％以上，歩留り50％である．

(3) 酒粕の踏込み

冬仕込みの清酒の搾り粕を，2月に桶に踏み込んで熟成させる．粕の熟成とは，酒粕の10％のでんぷんを6か月かけて糖化し糖分6％まで甘くする工程である．酒粕のアルコールは6〜9％の間にあって，やや不足なので熟成前に焼酎を加える．焼酎を入れるのは，2月に購入した板粕をちぎって桶に入れたあと適度な硬さにするためでもあるので，板粕の

表3.5.2 徳島県漬物協会のウリの塩漬規格

生 原 料	塩漬製品	
	規 格	内　容
果長25cm 適熟収穫 （1果重量）		（1フネ*重量）
800〜1 300g	小 (S)	250〜400g
1 301〜2 000g	中 (M)	401〜600g
2 001〜2 700g	大 (L)	601〜800g

＊ フネとはウリを2つ割り（舟形）にしてズ（ワタ）抜きをしたもの．

搾り具合で焼酎添加量を加減する．普通，板粕100kg当たり35%焼酎10L を加える．これにより，酒粕中のアルコールはおおむね10%になる．

なお，熟成粕を急いでつくる必要があるときは温醸法を行う．温醸は 35℃に加温した室（むろ）の中に踏込み粕を入れ，2週間放置したのち，常温で3か 月熟成する．焼酎の添加は普通熟成と同じである．

(4) 塩蔵野菜の脱塩

塩蔵ウリの重量を記録したのち，下部から水を送って流水脱塩する．この ときのウリの塩度は15%にする．脱塩は，ウリの場合は早いが，1本物のキ ュウリ，ナスは時間がかかるので，開孔機の針で開孔しておくと能率がよい．

(5) 1番粕の調製

熟成を完了した粕は，アルコールは十分にあるが，糖分は現代嗜好からみ ても少ないので，熟成粕に15〜20%の砂糖を加える．酒粕の熟成完了時の 直接還元糖の量は，元の酒粕のでんぷん含量によって大きく値が異なる．1 度，直接還元糖を分析しておく必要がある．1番粕中の糖分（直接還元糖＋ 砂糖）は，20%は欲しい．

(6) 野菜の漬込み

酒粕の使用量は，野菜の30%から50%量であって，比較的軽快な現代風 の味に仕上げるには30%でよい．脱塩ウリは水分を含んでいるので，注意 深く圧搾機を使って脱塩前の原重量まで圧（お）しておく．ウリは腹のズ（ワタ） を除いたところに酒粕を十分詰めたのち，樽もしくはナベトロ容器に漬けて いく．注意点は容器の壁側に皮の部分が来るようにすることである．

最初回の製造には1番粕しかないが，次回の漬込みからは図3.5.1のよう に前回使用した1番粕（2番粕）を，さらに次々回には前々回の1番粕（3番 粕）を使っていく．

1か月ごとに漬け替えて3か月が経過すると，ウリでは塩度4%，糖分 14%，アルコール5%になるので，化粧粕を使って，樽もしくは小袋に入れ 出荷する．

(7) 製造上の注意

最も重要なことは，塩蔵野菜を15%まで脱塩して酒粕に漬けていること で，温度が高いと急速に乳酸発酵して酸敗する．とくに，1番粕からスター

トするときは注意が必要である．1回目漬は冷蔵庫に入れておきたい．

ここでは，現在一般に行われている奈良漬の製造法を紹介したが，古来の方法は水を使っての脱塩はない．**写真 3.5.2** に正統の守口漬製造用の樽を示す．この漬込みの期間と塩度は，**表 3.5.3** に示す．

奈良漬の物性は，重厚な硬さが重要であるが，なかには軽快な歯切れを好む人もいる．このような目的で野菜に対する歩留り110%の奈良漬が開発さ

| (a) 下　漬 | (b) 1回目味漬 | (c) 2回目味漬 |
| (d) 3回目味漬 | (e) 仕上漬 | (f) 1番蔵出し守口漬 |

写真 3.5.2 正統守口漬製造の樽

表 3.5.3 正統守口漬の漬込み期間と塩度

名　　称	塩　漬	下　漬	1回目味漬	2回目味漬	3回目味漬	仕上漬	1番蔵出し守口漬
完了時塩度	18%	20%	20%	15%	10%	5%	5%
工程月数	2か月	4か月	5か月	5か月	5か月	5か月	
工程開始想定年・月	1999年12月	2000年2月	2000年6月	2000年11月	2001年4月	2001年9月	2002年2月
経過月数		2か月	6か月	11か月	16か月	21か月	26か月

れている．開発者は栃木県氏家町の森山清松氏で，キュウリを12%の食塩とともに3分間転動し1時間放置すると，キュウリの中に食塩がしみ込んで歩留り110%の塩漬ができる．このキュウリを2回，粕床に漬け替えると，特有の物性の奈良漬が完成する．

3.5.2 ワ サ ビ 漬

およそ200年前の宝暦年間に静岡県安倍川奥の有東木にワサビの茎の糠漬があって，それを駿府の商人が見て研究し，粕漬に置き換えたのがワサビ漬の起源という．

ワサビ漬の製造は難しくなく，茎葉を刻んで10%の食塩で1日漬け，翌日，根部を生のまま切断したものを合せて，酒粕と練り上げれば完成する．

ワサビ漬には日本農林規格があって，内容重量に対する固形物割合が，ワサビの根茎のみの使用で20%以上，根茎と葉柄の併用の場合は35%以上で根茎を5%含むこととなっている．また成分規格としては，アルコール2.5%以上が唯一のものである．参考までに，前項で取り上げた奈良漬のJASをみると，塩分，屈折糖度計示度，アルコールも含まれているので，ワサビ漬でも屈折糖度計示度の糖分，塩分，アルコールも考えに含めたい．

1) 市販ワサビ漬の分析値

ワサビ漬の主産地は，静岡，長野，奥多摩である．このうちから，静岡県の5社6点の製品を分析した．分析値を**表3.5.4**に示す．固形物割合は42～53%を示し，JASの条件を満たしている．この固形物の嗜好上の上限は55%で，ワサビを多く入れれば良品か，というと必ずしもそうではなく，多すぎると口中でゴソゴソしてうるさい．食塩は1.9～3.0%の低塩で，甘味とアルコール味を引き立てる，程よい値になっている．全糖は12～17%と，我々が飲む果汁飲料の適度の甘味12%よりやや高く，辛味を相殺して食べよくしている．アルコールは4～10%で，奈良漬よりやや多い．旨味成分の遊離アミノ酸は，酒粕自体その含量が高いので，一般にワサビの混和率が低いほど遊離アミノ酸の総量は高くなる傾向にある．これは全窒素含量も同傾向で，全窒素は酒粕が高く，ワサビは低い．

このあたりの関係として，**表3.5.5**に田丸屋本店のワサビ漬，酒粕，ワサ

表 3.5.4　各社ワサビ漬分析値

社名： 商品名	田丸屋本店 金印 わさび漬	田丸屋本店 葵印 わさび漬	カメヤ食品 金印 わさび漬	金子商店 わさび漬	中島わさび 最高級 わさび漬	友高商店 わさび漬
固形物割合(%)	41.7	42.1	51.8	53.1	42.3	43.4
食　塩(%)	3.0	2.6	2.7	2.1	2.0	1.9
全窒素(%)	1.40	1.20	1.21	1.11	1.02	1.24
全　糖(%)	12.8	14.7	15.6	14.5	11.5	16.8
アルコール(%)	5.7	4.2	5.5	9.5	3.9	6.2
遊離アミノ酸 (mg/100g)						
アスパラギン酸	251	194	153	170	129	169
スレオニン	200	162	125	132	120	138
セリン	140	108	93	96	82	102
グル曹	620	656	354	675	384	474
プロリン	216	169	117	155	103	141
グリシン	115	89	448	119	60	78
アラニン	211	168	124	124	110	145
バリン	146	120	86	122	102	122
メチオニン	52	41	36	64	35	64
イソロイシン	111	88	65	79	59	81
ロイシン	196	155	143	138	122	151
チロシン	132	114	119	90	96	129
フェニルアラニン	150	120	122	105	104	122
ヒスチジン	52	50	33	38	31	33
リジン	155	135	108	125	102	112
アルギニン	208	200	154	115	112	133
合　計	2 955	2 569	2 280	2 347	1 751	2 194

表 3.5.5　田丸屋本店ワサビ漬・関連原材料分析値

	ワサビ漬	酒粕	ワサビ根茎	ワサビ葉柄
固形物割合(%)	43.3			
食　塩(%)	3.3			
全窒素(%)	1.39	2.22	0.57	0.13
全　糖(%)	12.0	12.6	2.8	2.3
アルコール(%)	5.6	8.0		

ビの主要成分分析値を，**表 3.5.6** にワサビ漬と酒粕の遊離アミノ酸含量を示しておく．

2)　ワサビ漬製造法

　製造には熟成酒粕，塩漬葉柄，細刻み根茎の3つが必要になる．

重要な熟成酒粕は，奈良漬に準じて，2月に酒の搾り粕にアルコールを加えて踏み込み熟成させるが，奈良漬と異なる点は，ワサビ漬では酒粕も食べる本体であり，奈良漬のように洗い流さないところである．したがって，粕の外観が白いことが要求され，踏込み粕を冷蔵庫中に貯えておいた冷蔵粕半分と熟成粕半分を混和して使うこととなる．

先に**表 3.5.5**に田丸屋本店提供の熟成粕の分析値を示した．全糖12.6%，アルコール8%である．この酒粕に40%のワサビを混和して，製品の全糖12%，アルコール5.6%にするためには，① 踏込み粕は，板粕に35%焼酎を10%（アルコール3%分）加える，② その半分は室温熟成，残り半分は冷蔵庫熟成を，それぞれ最低6か月行う，③ ワサビ漬配合時に砂糖8%を添加する，工程が必要と思われる．

葉柄は，普通は細刻みしてから10%の食塩を加え，塩漬する．田丸屋本店のワサビ漬の食塩は3.3%であるので，ワサビ漬総重量の33%は塩漬葉柄になる．天城や静岡では葉柄を細刻みするが，穂高では1.5～2cmの長さに切って塩漬することもある．

ワサビの辛味は，塩漬すると急速に壊れる．このため，根茎は生のまま切って加える．

以上の3つが揃ったならば，**表 3.5.7**の配合に従って，撹拌機で均一にこね上げる．

表 3.5.6 田丸屋本店ワサビ漬遊離アミノ酸分析値　　(mg/100g)

遊離アミノ酸	ワサビ漬	酒粕
アスパラギン酸	225	413
スレオニン	181	248
セリン	127	228
グル曹	564	568*
プロリン	184	324
グリシン	102	190
アラニン	186	333
バリン	148	244
メチオニン	73	98
イソロイシン	106	190
ロイシン	180	328
チロシン	177	157
フェニルアラニン	137	232
ヒスチジン	49	73
リジン	140	234
アルギニン	193	249
合　計	2 772	4 109

＊ グルタミン酸．

表 3.5.7 ワサビ漬の配合(%)

内容物	JAS製品	並級品
塩漬ワサビ葉柄	33	10
細刻み生ワサビ根茎	10	4
砂糖	6	6
アリルカラシ油	0.1	—
カラシ粉	—	3
グル曹	0.3	0.5
酒粕	50.6	76.5

ワサビの良いものは1本1 000円もするので，ワサビ漬にはワサビを使っていないのではないかと心配する向きもあるが，ワサビは主根に限定せず，脇に出た小さな横根やその葉柄も使っているので，コスト的には成り立つ．よく刺身についてくるワサビの原料であるホースラディッシュ（ワサビダイコン）は，品質を落とすので使うことはない．

3）　ワサビ漬の容器

　ワサビ漬の辛味はカラシ油，すなわちアリルイソチオシアナートである．この辛味成分は，トウガラシの辛味カプサイシンと異なり，揮発性であるうえに，水に会うと R–NCS が分解して R–CN のニトリルになって，辛味を失う．以前は，カラシ油は揮発して辛味を失うといわれていたが，缶詰のワサビ漬でも短時間で辛味を失うことから，水による分解があることが分かった．推定であるが，ワサビ漬の辛味の消失は90％が水による分解で，揮発飛散は10％あるかどうかというところである．

　したがって，ワサビ漬は大型容器で多量に購入しても仕方がない．最近の田丸屋本店の容器は，10cm の円形容器に十文字に枠を設けて，その中に30g 内外のプラスチック容器4つを入れて販売している．簡便型である．

　ワサビ漬には，次項で述べる山海漬というライバル製品がある．このため，「うにわさび」，「数の子わさび」，「わさびのり」など水産物を使ったいくつかの関連製品が見られる．

3.5.3　山　海　漬

　山海漬はうまい．適度の甘さと辛味をもつ酒粕と数の子の物性が相まって，得も言われぬ風味をかもし出す．昭和初期に長野県で開発され，新潟県で育ったこの漬物は，最初の日本農林規格の検討時には，数の子が高価なため少ししか入っておらず，これでは「山々漬」だと，規格作成の検討段階でそのままになっていた．その後，数の子の輸入が増え，山海漬の数の子添加量も増えて，平成10年の日本農林規格の改正で，ようやく「山海漬」の規格が出来上がった．

　しかし，ワサビ漬の平成12年の生産量は9 177t と示されているのに対し，山海漬はまだ漬物生産量統計の区分にも入らず，そこに属すると思われる

「他粕漬」にしても，生産量はわずか4 314tである．そして，現実に20世紀末の東京では，デパート，量販店でこの漬物を見ることはまれであった．21世紀に入り，主産地新潟県の漬物業者も，山海漬はキムチと同じくスパイス・辛味系漬物で，現代嗜好上はキムチと同一線上にあるので，上昇して不思議はないことに気づき，ようやく常置される店が増加しつつある．

　山海漬の日本農林規格は，アルコール2.5％以上，内容重量に対する農産物，魚介類，および海藻類の割合が50％以上，かつ，数の子，クラゲなどの魚介類・海藻類の割合が10％以上，となっている．

　今後の山海漬を考える場合，①魚介類・海藻類10％以上とJASでは決まったが，現実にはほとんどの企業が「数の子山海漬」の名で数の子を30％以上添加しているので，ワカメやクラゲの単独添加は避け，「数の子山海漬」に徹すること，②後記する市販山海漬分析値に見られるように，各社，各成分がバラバラで統一見解がないので，新潟県としては，この辺を整理する，③一部の企業が未だにサッカリン，合成保存料を添加するという後進性を残している．サッカリンは安全と思われるが，一部消費者の根強い忌避感があるので，使わなくてもつくれるのだから，合成保存料ともども外す．この3つを守れば，需給統計に数字の出る漬物に発展することは間違いない．

　なお，分析値には数の子76％という製品が2点あるが，これは，農産物の割合を水産物の割合が上回っていて，日本農林規格での「農産物漬物」には該当しない．しかし，食塩，グル曹，酸，全糖，アルコールについて統一的見解がつくれれば，この種の製品の存在も歓迎してよいと思う．

1) 市販山海漬の分析値

　市販山海漬の成分分析値を**表3.5.8**に示した．新潟県において山海漬の製品規格をつくるときには，このほか，色差計による明度と色差の測定，粘度計による粘度の測定，そして辛味成分のカラシ油（アリルイソチオシアナート）の測定が重要と思われるが，測定上の検討条件が多いので分析は行っていない．表の平均値は，食塩3.5％，全糖13.8％，グル曹0.82％，酸0.22％，アルコール4.3％，農産物漬物に該当する製品5点の平均値で酒粕22％，数の子38％，キュウリ11％，ダイコン29％である．かなり無理のある数値であるが，新潟県が規格を考えるうえでの参考にはなろう．

表 3.5.8 市販山海漬の分析値

社名・商品名	アベショウ	増子	山洋水産	杉山食品	増子	三幸	小川屋
	数の子山海	数の子わさび漬	数の子大将	数の子山海漬	特選数の子山海漬	数の子山海漬	山海漬
食　塩(%)	2.8	2.7	2.6	3.7	4.1	4.3	4.3
全窒素(%)	0.98	1.65	1.10	1.25	0.81	0.77	0.59
グル曹(%)	1.36	0.34	0.35	1.88	0.40	0.60	0.79
全　糖(%)	13.8	9.0	10.8	13.9	17.2	21.3	10.4
酸　(%)	0.22	0.24	0.21	0.19	0.28	0.15	0.25
アルコール(%)	5.1	3.5	4.1	5.2	4.7	3.7	3.5
内容(%)　酒粕	10	17	10	27	14	33	27
数の子	76	76	50	44	38	37	20
キュウリ	4		10		8	11	16
ダイコン	10		30	19	40	19	37
ワカメ			10				
ワサビ		7					
遊離アミノ酸 (mg/100g)							
アスパラギン酸	134	73	100	127	139	65	111
スレオニン	66	45	64	127	85	54	57
セリン	64	40	51	93	74	39	61
グル曹	1 362	343	351	1 881	398	601	786
プロリン	113	78	1 262	155	120	87	132
グリシン	574	33	45	74	65	130	63
アラニン	129	136	227	135	219	90	369
バリン	75	61	70	111	99	55	79
メチオニン	30	28	33	50	40	27	19
イソロイシン	43	36	51	79	65	40	53
ロイシン	65	52	75	122	102	60	86
チロシン	31	24	35	71	42	30	46
フェニルアラニン	71	69	72	109	95	52	76
ヒスチジン	22	19	16	39	24	24	21
リジン	66	54	63	121	83	51	60
アルギニン	48	41	56	104	83	44	62
合　計	2 893	1 132	2 571	3 398	1 733	1 449	2 081

2) 山海漬製造法

　山海漬も，ワサビ漬と同様に酒粕の熟成と調製，ダイコン・キュウリなどの処理，辛味の添加の3つが製造上のポイントになる．

　酒粕は，2月の搾り粕に35%焼酎10%を添加して，よく混合して樽に踏

み込んでおく．ワサビ漬では，酒粕の半分を室温熟成，半分を冷蔵庫熟成としているが，山海漬の酒粕使用量はワサビ漬と異なり少ないので，室温熟成のみでよい．ただ，でんぷんの糖化度の関係で，吟醸酒の粕より一般粕の方がよい．6か月熟成で酒粕のでんぷんが糖化して，ブドウ糖6％，デキストリン2％が出来る．熟成温度は，変色防止のため10℃付近の冷暗所がよい．この糖分では，甘味の平均値14％から見て甘味が不足するので，山海漬配合時に10〜15％の砂糖を加える．

野菜はダイコン，キュウリ，ショウガがあるが，ショウガが多いと香気が強く影響するので使わないか，使っても少量にとどめたい．ダイコン，キュウリは加工して簡単な奈良漬をつくっておくか，奈良漬のハネ物を細刻みして使うと味は向上するが，それだと全体の色調が暗くなるとして，軽圧搾した脱塩ダイコン，脱塩キュウリが一般には使われる．

また，この圧搾品を砂糖30％，淡口味液5％，食塩2％の水溶液に24時間液漬してもよい．圧搾物1に対し，水溶液2を使う．

辛味はカラシ粉を使うのだが，実際には変色しやすいので，カラシ油すなわちアリルイソチオシアナートを添加する．使用量は，カラシ粉なら2％，カラシ油なら0.2〜1％を使う．

数の子は，良質の色調のよい塩蔵品を水洗し，膜などを除き，脱塩しながら臭みを除いたあと，野菜と同様に調味しておいてから切断する．ワカメ，クラゲ，レタスの1種である山クラゲを使うときは，これを調製，切断しておく．

撹拌は，大きな部屋の撹拌機の中に**表3.5.9**の配合資材を投入し，電源を入れたら，人は外に出る．一夜，撹拌熟成したのち，換気扇を強く回してから人が入り，包装作業に移る．

カラシ粉やカラシ油の辛味は，一般に揮発飛散して弱くなるといわれるが，実際は周辺の水によって分解される．そこで，初発の辛味を強くしておくために，カラシ油を大量に加えておくのである．カラシ油すなわちアリルイソチオシアナートは食品添加物の香料に属する．しかしカラシ油は，催涙性が強く，使用には厳重な注意が必要になる．そこで，不揮発性のトウガラシの辛味カプサイシンを補う方法もあるが好ましくない．

表 3.5.9 数の子山海漬配合

内　容　物	割　合(%)	糖　分(%)	食　塩(%)	アルコール(%)
調味数の子	34			
脱塩ダイコン（軽圧搾）	15			
脱塩キュウリ（軽圧搾）	4			
砂　　糖	8	8		
異性化液糖	3.5	3.5		
ソルビット液	2	0.8		
カラシ油	0.5			
食　　塩	3		3	
35%焼酎	10			2.5
熟成酒粕	20	1.2		1.2
合　　計	100	13.5	3	3.7

3.6　梅干・梅漬

3.6.1　日本人とのかかわり

　中国での食品製造法を記した最古の農書『斉民要術（せいみんようじゅつ）』の中に「白梅（ほしうめ）」といって梅の実を夜，塩汁に浸して昼間は日にさらし，10昼夜で完了との記載があって，調味料にしたり，羹（あつもの）すなわち肉や野菜の煮物の薬味にしていた．また，「烏梅（うばい）」といって，梅を燻（いぶ）して乾かしたものをつくり，それを使った「梅漬瓜」というものが出てくる．『斉民要術』は北魏（386～534年）の賈思勰（かしきょう）がまとめた本で，このほか「八和の齏（やかてのつきあえ）」という，白梅，ニンニク，ショウガ，橘皮（きがわ），栗（クリ），粳米（うるちまい）の飯，塩，酢を臼（うす）でついて和（あ）えたものをつくり，この中に魚，肉を混ぜたものも見られる．すし屋で見られる，梅肉とかつお節を練り合せた「ねり梅」を思わせる．遣唐使の往来したのは630年頃からで，当然，これらの梅の加工品も日本に来たと思われる．第62代村上天皇（在位946～967年）が梅干とコンブ入りの茶で病を治したという記録があり，この頃から「梅干」の字が見られる．

　戦国時代に入るとシソ巻梅干が現れ，戦で泥土にまみれてもシソを除けば食べられるので，活力を増し，のどの渇きを止め，食中毒防止に役だっていたのだろう．

梅干に転機が訪れるのは，第2次大戦後しばらくしてである．日本人の労働量の減少は，食塩要求量を大幅に減らすとともに，きつい食品を避けるようになってきた．見ただけで口中につばが湧いてくる食塩25％，酸5％というような梅干は存在できなくなった．梅干を流水で塩抜き，酸抜きして適度に塩と酸を落として旨い味を付けた調味梅干の誕生である．

一方，干さない梅漬も，普通の梅干の干さない前の形「ドブ漬」から，梅の組織をつくるペクチンをカルシウムで硬化させた「カリカリ梅」という新しい分野が開発された．

3.6.2 梅　　　干

梅干の製造法を**図 3.6.1** に示す．

梅干・梅漬が他の漬物原料と異なる点は，生梅が5月下旬から6月中旬のわずかな期間しか穫れないことである．要するに，年1回の収穫の梅を，1年中，保存しておく必要がある構造になっている．低塩梅干・梅漬の製造には，高塩保存の梅漬物の脱塩工程は避けて通れず，その結果として，食塩・酸の低下というプラス面に対し，生梅風味の流失や変敗しやすいというマイナス面をもつ宿命にある．

1）　梅干製造法

（1）　梅　の　品　種

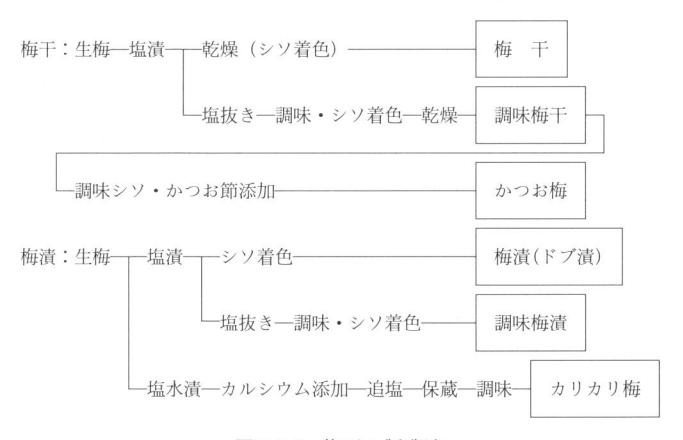

```
梅干：生梅─塩漬─┬─乾燥（シソ着色）──────────── 梅　干
　　　　　　　　├─塩抜き─調味・シソ着色─乾燥── 調味梅干
　　　　　　　　└─調味シソ・かつお節添加────── かつお梅
梅漬：生梅─┬─塩漬─┬─シソ着色──────────────── 梅漬（ドブ漬）
　　　　　 │　　　 └─塩抜き─調味・シソ着色──── 調味梅漬
　　　　　 └─塩水漬─カルシウム添加─追塩─保蔵─調味── カリカリ梅
```

図 3.6.1　梅干の製造法

写真 3.6.1 梅干用の品種として有名な「南高」(和歌山)

梅の種類は多いが，
① 外観が美しく仕上がる，すなわち，病虫害に強く果実の肌に斑点が入りにくいこと．傷からヤニが出るのは論外である．
② 果実重量に対し，果肉割合の高いもの．製品で75〜80%は欲しい．
③ 果肉は軟らかいことが条件だが，果皮はある程度の硬さがあって，乾燥中の潰れ果の出ないこと．中国の白粉梅(はくふんばい)は日本の南高(なんこう)に劣らないほど良種だが，やや果皮が弱く潰れ果が出やすいため，注意が必要となる．

以上の注意点を考慮して，日本では「南高」(**写真 3.6.1**)，「南部(みなべ)」，「豊後(ご)」，「白加賀(しろかが)」，「曙(あけぼの)」，「かいだれ早生(わせ)」，小梅で，「竜峡小梅(りゅうきょうこうめ)」，「甲州最小(こうしゅうさいしょう)」が，中国で「白粉梅」，「青竹梅(あおたけうめ)」あたりが使われる．

(2) 梅漬の漬込み

梅干用の梅漬の作製であって，6月中旬の完熟果を収穫し，選別機にかけてサイズを揃え，塩漬する．一般的には，梅重量の22%の食塩を使い，水洗した梅とともに漬込容器に漬けていく．梅干用は，普通は差し水をせず，落としぶたをして強い重石(容器容量で，4斗樽で梅と同重量，大型コンクリートタンクで3割から5割重)をしておけば，1〜2日で必ず水が揚がる．

(3) 梅漬の乾燥

完熟果で放置45日，未熟に近い果実では50日で土用(立秋前の18日間)が来るので，戸外に干す．晴天3日間，乾燥する．昼間干し夕刻に取り込むが，梅を梅酢中に戻す方法と，そのまま乾燥用のザル上で放置する場合がある．快晴の強い日差しは，梅果の殺菌効果があってよいとされる．ただし，梅干が濃い色に仕上がるので，比較的白く仕上げるには，秋まで放置してビニール覆い下で乾燥する．梅漬の乾燥の様子を**写真 3.6.2**に示す．

以上が梅干の製造法であるが，この梅干を赤く着色すること，梅干を低塩で漬け込むことの2つが，上記のほかに重要になる．

(4) 梅干の着色

梅干の着色は，梅を6月上旬に漬け込んだあと，7月上旬頃から赤ジソが出回ってくるので，これを使って着色する．和歌山では，赤ジソから色素液をつくっておいて，調味梅干製造時に調味液に加えて着色するが，普通の梅干では赤ジソを塩もみしたものを，梅を塩漬して水の揚がった状態のところに投入して着色する．梅10kg当たり赤ジソ1kgを使う．赤ジソ1kgを食塩200gで塩もみし，初期の黒いアク汁を出したのち，漬込容器に加える．

(5) 低塩漬込み梅干

梅干の塩漬は，梅重量の22%の食塩を使うと述べた．これは，青梅を塩漬にして乾燥するまで，白カビ（産膜酵母）の発生を抑えて放置しておく安全な塩度は18%が下限であるからである．しかし，塩漬時に差し水を兼ねて，そこにアルコール（焼酎）か氷酢酸（食酢）を加えて防腐を行えば，塩度10%でも梅干はつくれる．生梅に10%（仕上がり塩度9%）から14%（同12%）の食塩を散布して均一に混ぜ，35%焼酎20%（アルコール換算7%）を上から注ぎ，強い重石をする．このときのアルコール濃度は5.8%になり，産膜酵母は抑えられる．梅を干すまでの間，食塩の浸透圧の不足をアルコールで補うわけである．これを乾燥すると塩度12〜15%に仕上がり，保存性は向上する．氷酢酸や食酢の使用も同じ目的であるが，この場合は焼酎と食酢の併用が多い．

写真 3.6.2 梅漬の乾燥（和歌山）

3.6.3 調味梅干

日本農林規格で梅干から分離して認知された「調味梅干」は，糖類，食酢，梅酢，香辛料，もしくはこれらに削り節等を加えたものに梅干を漬け込んだもの，または調味梅漬を干したもの（シソの葉で巻いたものを含む）とある．

要するに，梅漬を干してから調味するか，梅漬を調味してから干すか，そのいずれかで，調味工程が入ったものになる．

この規格の出来た理由は，「梅は年1回の収穫であって，高塩で漬けて収納しておかないと1年はもたない．しかし，高塩であるからそれをそのまま食べたのでは嗜好上・健康上具合が悪い．脱塩して低塩にして売るのが望ましい．ただ，脱塩すれば，食塩・酸の減少とともに呈味成分も一緒に流失するので，流失したそれを調味で補う」というところにある．現在の調味梅干をみると，世論におもねて規格の精神から逸脱したものが多いのは残念だ．

1) 各種梅干の分析値

各種梅干の分析値を表3.6.1に示す．ここには代表的な製品の分析値を挙げたが，梅干は大別すると5つに分けられる．①やや高塩の12％の食塩で，旨味の全遊離アミノ酸60mg/100gの低味覚，②8％の食塩で旨味も20〜110mg/100gという低塩低味覚，③やや高塩の12％の食塩で旨味は290〜800mg/100gという高味覚，④JASでいう梅干の15〜19％の高塩，旨味60mg/100gの低味覚，⑤旨味の遊離アミノ酸480〜2 100mg/100gのかつお梅である．

ここで分かることは，8％台の食塩で遊離アミノ酸400〜500mg/100g，そしてグル曹0.3％台の低塩，中旨味，中グル曹の製品が，ぽっかりと抜けている点である．JASで，梅干から調味梅干を独立させた精神を受けた製品の味覚層がないことが，今後の調味梅干の需要に大きく影響することを心配している．

2) 調味梅干製造法

調味梅干の良否は，梅のもつ肌の美しさと肉質の軟らかさで決まる．肌の美しさは和歌山産が一番．紀勢本線の南部（みなべ），芳養（はや），紀伊田辺の3駅付近を突き上げる南部川，芳養谷，秋津谷，三栖（みす）谷の4本の川の両岸でとれる梅は，紀伊水道の潮風を受けて，病気も少なく美しい梅として知られている．とくに，昭和26年，梅の母樹選定委員会を設けて，南部から1字をとった「南高」を選別，この品種が和歌山の指標的梅干用となっている．蔵王周辺の宮城・山形産，安中付近の群馬産は山梅といって斑点が問題になるが，時々良品もあり，青森の岩木山麓，福井の三方五湖（みかた）も良い梅がある．さらに，中国

表 3.6.1 各種梅干分析値

社名・商品名	梅屋	ウメタ	梅屋	中田食品	ウメタ	梅屋	中田食品	梅屋	ウメタ	長谷川醸造
	味覚物語	純	あまみの梅	梅干田舎漬	田舎梅干	低塩梅	紀州白梅干*	梅にて候*	かつお梅	かつお梅
分類	低味覚	低味覚低塩	低味覚低塩	高グル曹	高グル曹	高グル曹	梅干	小梅干	かつお梅	かつお梅
固体(g)	1 213	262	106	633	209	164	119	461	277	
梅(g)	1 213	253	106	596	201	161	119	461	244	
シソ(g)	0	9	0	37	8	3	0	0	33	
表示重量(g)	1 200	250	100	—	200	160	110	450	270	
個体数(個)	87	35	9	30	11	15	11	169	34	
1個重量(g)	13.9	7.2	11.7	19.9	18.3	10.7	10.8	2.7	7.4	
個/100g	7.2	13.8	8.5	5.0	5.5	9.3	9.3	36.6	13.5	
可食部(%)	79	75	75	81	80	72	75	78	79	
食塩(%)	12.0	7.6	7.6	12.0	12.1	12.9	19.6	14.9	9.9	11.2
グル曹(%)	0.02	0.02	—	0.57	0.22	0.24	0.01	0.01	0.27	1.46
糖分(%)	1.4	2.0	1.8	2.0	—	0.7	—	1.5	—	—
酸(%)	3.7	2.6	2.4	3.1	3.0	3.8	4.8	1.9	2.5	3.3
遊離アミノ酸 (mg/100g)										
アスパラギン酸	8	23	3	44	23	23	20	21	31	111
スレオニン	3	11	2	17	12	10	13	13	11	32
セリン	3	5	1	14	4	2	3	3	4	82
グル曹	15	23	3	570	223	235	5	6	265	1 457
プロリン	8	8	2	22	+	+	+	+	+	+
グリシン	4	4	1	56	84	1	1	1	92	48
アラニン	5	9	2	38	29	4	8	5	10	64
バリン	2	5	1	7	3	3	2	3	5	37
メチオニン	+	1	+	+	1	+	+	+	1	7
イソロイシン	1	2	1	4	2	+	1	1	2	17
ロイシン	1	4	1	8	2	1	1	1	4	27
チロシン	+	1	1	2	+	1	1	+	2	2
フェニルアラニン	2	4	1	5	2	2	1	2	4	27
ヒスチジン	1	3	1	5	2	2	2	1	43**	48
リジン	3	5	1	9	2	1	1	1	5	73
アルギニン	3	3	1	10	1	2	1	2	2	45
合計	59	111	22	811	390	287	60	60	481	2 077

* 品名は梅干，その他は調味梅干．
** かつお節由来．

の白粉梅，青竹梅も捨てがたい．

　これから海外産梅干も大量に入って来るので，調味梅干を製造，販売する業者は，この和歌山の「南高梅」の梅干の良品を選び，外観，香気，味覚，

物性の4点について,必ず「並列比較」して,南高に劣らないことを確認して仕事を進めてほしい.

製造法を述べる前に,この「並列比較」をお願いしておく.

(1) 製品規格設定

自社のつくる調味梅干の製品規格を,食塩,遊離アミノ酸量,グル曹・グリシン量,ステビア使用の有無,着色,防腐方法(食塩重視,食酢重視,チアミンラウリル硫酸塩使用の有無),包装形態と賞味期限について設定する.

(2) 調味方法

3.6.2項でつくった梅干,あるいは輸入梅干を,規格で設定した塩度に応じて流水脱塩する.**表3.6.2**に中梅1個15gくらいの流水脱塩の状態を示す.工場では,サイズの大・中・小について,春,夏,秋,冬の四季の水温の違いに応じて,このような脱塩状態の表をつくっておくことをすすめる.併せて原料梅干の食塩と酸(滴定酸度をクエン酸換算で求める)をロットごとに測定しておく.

脱塩を終わった梅干は,脱水時に膨潤している.普通はそのまま調味液に浸漬して冷蔵庫中で5〜10日経過したら,取り出して原料重量まで乾燥する.和歌山の業者は調味を循環式に行い,調味された梅干を取り出したあと残液の味覚官能検査を行い,調味料の不足を毎回20%程度補っている.ただし,食塩は上昇するので時に応じてイオン交換膜脱塩をしている.**表3.6.3**に調味処方を示す.グル曹は酸性溶液では溶解性が悪くなり,調味梅干の酸3〜4%では1.0〜1.2%が限界で,これを超えると晶出する.

(3) 再乾燥

脱塩と調味の2工程で梅干は膨潤しているので,再乾燥する.食酢とアルコールが揮発飛散するので,晴天下で3,4時間でやめる.再乾燥の終わったものは,密閉容器に入れて冷蔵庫に収納する.

(4) 変敗防止

変敗は,いわゆる白カビと呼ばれる産膜酵母によることが多い.産膜酵母の発生防止には,第1に衛生的な容器を使い,

表3.6.2 中梅干流水脱塩の状態

	重量(g)	食塩(%)	クエン酸(%)
原料梅干	500	25.8	6.1
1時間	512	21.6	5.3
3時間	541	13.8	4.7
5時間	580	11.3	4.0

表 3.6.3　調味梅干の調味処方

梅干 [脱塩 12% / 脱酸 4%]　100kg
調味液　70kg
(製造総量)　170kg

調味処方		食塩(kg)	酸(kg)	糖(kg)
グル曹	510g			
グリシン	85g			
ソルビット液	5.1kg			2.1
高酸度食酢(酢酸10%)	11L		1.1	
ステビア*(50%含有)	17g			1.7
チアミンラウリル硫酸塩	34g			
アルコール	3.4L (2.72kg)			
水	50.5L			
(計)	70kg			
梅　干	100kg	12	4	
製造総量	170kg	12	5.1	3.8
最終成分		7.1%	3%	2.2%

〔その他の最終成分〕　グル曹 0.3%, グリシン 0.05%, チアミン製剤 0.02%, アルコール 2%.
＊ ステビアの甘味度は砂糖の 200 倍．

全工程を通じて素手で梅に触れないこと．手は重大な汚染源になる．このほか，食塩，グリシン，食酢，チアミンラウリル硫酸塩，アルコール，ソルビット液による積重ね変敗制御法を行う．ただし，チアミンラウリル硫酸塩は多用するとビタミン B_1 臭が出るので注意する．

3.6.4　かつお梅

　おいしい梅干の代表は「かつお梅」である．梅干にシソとかつお節を混ぜたものである．南高梅のように美しい果皮を賞でることは「しそかつお」では不可能なので，多少肌に斑点があっても構わないということで，最初は台湾からの輸入梅干で主としてつくられた．

1)　かつお梅の分析値

　かつお梅の分析値は，前出の**表 3.6.1** に示してある．食塩 10〜12%，グル曹 0.25〜1.5%，全遊離アミノ酸 500〜2 000mg/100g，総酸 2.5〜3.3%と幅が

2) かつお梅製造法

かつお梅は，①濃く調味した脱塩15％までの梅干，②濃く調味した刻みシソの葉とかつお節，③梅干の果肉を水で溶いて少量の増粘剤を加えたもの，の３つを用意する．これを作業台の上でよく混和したのち，一般にトレー包装かカップ詰にして販売する．旨味成分が多く，産膜酵母の栄養源に事欠かないので変敗しやすいから，工程中の衛生管理，食酢，グリシン，チアミンラウリル硫酸塩，アルコール，ソルビット液と適度の食塩による積重ね変敗制御法を行う．表3.6.4に，かつお梅の調味処方を示す．調味かつお節の味を強くしておくことがポイントになる．

以上で梅干の項を終わるが，梅干製造で重要なことは未熟の梅は使ってはならないことである．未熟の梅を業界用語で「酔っぱらい梅」と言っている．良質の梅干をつくるためには決して使ってはならない．

3.6.5 梅漬・調味梅漬

梅漬は梅の果実を塩漬したものであり，調味梅漬は梅漬を糖，食酢，調味料などで味付けしたものになる．JASでは，梅漬，調味梅漬の両者に，石灰（水酸化カルシウム），クエン酸カルシウム，および硫酸アルミニウムカリウム（ミョウバン）の添加を認めていて，これは梅の硬化に使われる．

市場には，梅漬はほとんどなく，大部分が調味梅漬であり，それはドブ漬梅とカリカリ梅の２つに分かれる．

1) ド ブ 漬 梅

完熟中梅を，シソを使って塩漬したのち，グル曹を主体とした調味液に漬けたものである．今は少なくなったが，肉質の軟らかい梅漬で，飯にのせて赤い果肉がつぶれた状態を食べることは，風情がある．シソを使わず，合成着色料で赤くしたものもある．いずれにせよ，斜陽の梅漬物である．その復活を提唱すると，梅漬物関係業者は賛同するが，量販店で見ることはまれである．食塩12％，酸3％，グル曹1％にステビアを砂糖換算で2％になるようにつくると，売れると思っているのだが．

3.6 梅干・梅漬

表 3.6.4　かつお梅の調味処方

調味処方		食塩(kg)	酸(kg)	グル曹(g)	糖(kg)
高酸度食酢(酸10%)	21L		2.1		
淡口アミノ酸液	1.4L (1.7kg)	0.3		53	
グル曹	1 347g			1 347	
グリシン	280g				
ソルビット液	2.1kg				0.8
アルコール	1.4L (1.1kg)				
チアミンラウリル硫酸塩	7g				
ステビア(50%)	28g				2.8
食　塩	6kg	6			
水	36.4L				
(計)	70kg				
梅干〔食塩 15%／酸 3%〕	70kg	10.5	2.1		
製造総量	140kg	16.8	4.2	1 400	3.6
最終成分		12%	3%	1%	2.6%

調味かつお節処方

かつお節	1.3kg	食　塩	2kg
シソ葉(細刻み)	6.5kg	アルコール	175mL (140g)
高酸度食酢	5L	チアミンラウリル硫酸塩	0.9g
グル曹	200g	水	2.3kg
グリシン	35g	(計)	17.5kg

増　粘　剤

つぶれ梅肉	200g	水	1 181mL
キサンタンガム	18.9g	(計)	1.4kg

〔工程〕　梅干(脱塩3時間)→水切り→調味液浸漬(冷蔵庫24時間)→水切り→調味かつお節まぶし→包装

〔その他の最終成分〕　アルコール1%，チアミンラウリル硫酸塩0.005%，増粘剤0.1%（対調味かつお節）．

2) カリカリ梅

　旅館の朝，お茶とともに赤い小粒の梅が出る．硬い梅漬で，歯に当たる音から「カリカリ小梅」と呼ばれていて，その歯切れが旅の朝を感じさせる．しかし，この梅漬が旅館に出るようになったのは，そう古いことではない．昭和40年代になって，石灰を使って小梅の組織物質ペクチンをペクチン酸

カルシウムとして硬化する技術が開発されるまでは，ミョウバンで硬化していた．このため，短期間に軟化してしまい，中途半端で魅力がなかった．

開発初期は，小袋にカリカリ小梅を30～50粒入れた巾着袋(きんちゃく)が多かったが，山梨のヨネヤマ食品が，紅白2粒をあめのように小袋に入れて「花小梅」の名で売り出してから，バーやクラブの珍味としても使われ，広く知られるようになった．その後，中梅のカリカリ梅も1粒包装で出て，よく食べられ，最近ではこのカリカリ中梅を砕いてびん詰にして，おにぎりの芯として売るものも見られる．

(1) 梅 の 収 穫

梅干と違って，5月下旬の未熟の甲州最小や竜峡小梅，あるいは南高，白加賀の中梅を収穫して使う．熟して軟らかな果肉になった梅は，硬化しない．

梅干は完熟梅，カリカリ梅は未熟梅を使い，この両者の兼用はあり得ない．十分な注意が必要である．

(2) 硬化梅漬製造法

2.1.2項「塩蔵の方法」でも述べたが，原理が分かるように再度記すことにする．

① 未熟の梅を収穫したら，果実を硬化しているペクチンが梅自体の酸で軟化してしまわないよう，塩水に漬け，急いで石灰で硬化する．

② 未熟果のため，強い食塩で1度に漬けると，塩の浸透圧で急に脱水してふっくらと漬からないので，追塩(おいじお)といって毎日少しずつ食塩を追加する．

以上の2工程からなる．硬化梅漬の製造法を図 3.6.2 に示す．

(3) 調　　味

硬化した小梅を取り出して，流水で1時間脱塩したのち，水を切って固体と同量の調味液に浸す．調味時間は，冷蔵庫中5日間．なお，ローリンググルメというロータリーエバポレーターを大きくしたような機械で真空調味する方法もある．

市販カリカリ梅の成分分析値を表 3.6.5 に示す．この表を見ながら，自社調味規格を設定して調味処方を決める．調味処方の1例を表 3.6.6 に示す．

なお，これはカリカリ小梅だけでなく，梅干，ラッキョウも同じであるが，

3.6 梅干・梅漬

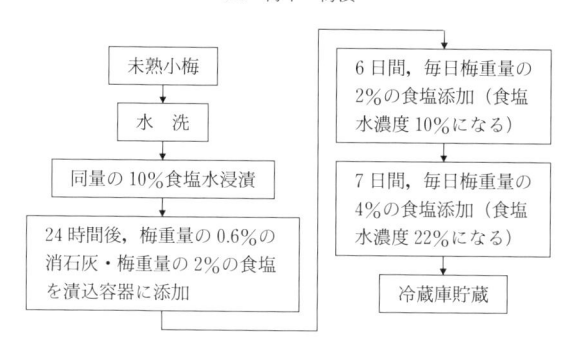

```
未熟小梅
  ↓
水 洗
  ↓
同量の10%食塩水浸漬
  ↓
24時間後、梅重量の0.6%の
消石灰・梅重量の2%の食塩
を漬込容器に添加
  ↓
6日間、毎日梅重量の
2%の食塩添加(食塩
水濃度10%になる)
  ↓
7日間、毎日梅重量の
4%の食塩添加(食塩
水濃度22%になる)
  ↓
冷蔵庫貯蔵
```

図 3.6.2 硬化梅漬の製造法

表 3.6.5 市販カリカリ梅の分析値

社名・商品名		米山食品	神尾食品	遠藤食品	岩下食品	赤城フーズ	村岡食品
	生小梅	花小梅	花小梅	かいじっこ	甲州小梅	かりかり大梅	梅しば
包　装		2粒入り	2粒入り	アルミ袋	小袋	カップ	1粒入り
食　塩(%)		12.6	10.3	6.7	10.0	7.1	6.5
総　酸(%)	3.8	2.8	2.3	1.9	1.9	1.6	2.1
遊離アミノ酸 (mg/100g)							
アスパラギン酸	25	12	13	9	6	4	8
スレオニン	13	3	+	+	+	+	+
セリン	222*	25	43	21	48	16	17
グル曹	55	772	616	414	859	648	315
プロリン	26	+	+	+	+	+	+
グリシン	+	5	9	105	259	+	150
アラニン	4	6	99	4	+	404	6
バリン	12	4	3	3	2	+	2
メチオニン	+	+	+	+	+	+	+
イソロイシン	9	1	2	1	1	1	1
ロイシン	5	4	5	4	4	2	3
チロシン	+	+	+	+	+	+	+
フェニルアラニン	+	1	+	2	+	+	1
ヒスチジン	5	3	+	1	+	1	+
リジン	+	4	4	4	+	1	2
アルギニン	+	7	4	4	+	+	3
合　計	376	847	798	572	1 179	1 077	508
粒重量(g)		1.9	1.6	2.9	2.2	10.2	9.0
可食率(%)		66	74	78	77	75	71

* アスパラギン・グルタミン．

表 3.6.6 カリカリ小梅の調味処方

梅漬〔非脱塩 食塩 20%〕 70kg
　　　　　　　酸　 4%
調味液 70kg
(製造総量) 140kg

調味処方		食塩(kg)	酸(kg)	糖(kg)
グル曹	1.12kg			
グリシン	280g			
ソルビット液	2.8kg			1.12
高酸度食酢(酸10%)	14L		1.4	
ステビア(50%含有)	28g			2.8
チアミンラウリル硫酸塩	28g			
アルコール	1.4L (1.1kg)			
食　塩	2.8kg	2.8		
水	50.6L			
計	70kg			
梅　漬	70kg	14	2.8	
製造総量	140kg	16.8	4.2	3.92
最終成分		12%	3%	2.8%

〔その他の最終成分〕 グル曹 0.8%，グリシン 0.2%，チアミン製剤 0.02%，アルコール 1%．

表 3.6.6 の梅漬（固体量）と調味液（液体量）を 1：1 としているが，漬込み原料のサイズによっては必ずしも調味液量が適量とは限らない．半樽（2 斗用）に固体 10kg を入れ，水を入れてひたひたに固体が沈むだけの液量を計っておくとよい．ただし，ラッキョウのように調味液に砂糖が増えると，同じ重量でも容量はかなり小さくなる．

(4) 乾　　燥

包装前に，乾燥機にカリカリ梅を入れて熱風乾燥する．あまり長時間乾燥すると，アルコール，食酢は揮発飛散するので，時間を調整して乾かす．

3.6.6　梅肉エキス

梅関連企業が，梅酢をイオン交換膜処理して，梅ジュースを取って販売したり梅酒をつくることは多い．同様に，梅肉エキスの製造も増えている．

食中毒や急性腸炎になったとき，小指の先につけた梅肉エキスをなめると

著効がある．6月上中旬の完熟直前の実のしまった青梅を，瀬戸物かプラスチックのおろし器でおろして，木綿のふきんで絞って汁をとる．この汁を土鍋かホウロウ鍋に入れ弱火で煮詰めると，最初，緑色の液が淡褐色，そして褐色になり，木のスプーンを入れると粘りながら落ちるくらいになる．ここで火を止めて，瀬戸物のふた付き容器に入れて貯える．青梅10kgから200gの梅肉エキスが得られる．

3.6.7　梅干・梅漬ルネッサンス―アルゼンチン梅干・中国梅干

　平成13年の梅漬物の生産量は44 648tである．健康食品として常に4万t前後がつくられ，産地の和歌山県を平成5年から日本一の漬物生産県にしている．しかし，梅は暖冬になると早く開花し，授粉を担当する蜂が現れないため，結実しないことも多い．また，結実してもその後の霜の害もあったりで，必ずしも収穫の保証された果実とはいえない．

　昭和60年（1985）から，日本の裏側のアルゼンチンにおいても梅干の製造が始まった．アルゼンチンの日系人は，花の栽培家とクリーニング業が主な仕事であったが，国際協力事業団の後援を受けて，梅栽培農家という新しい職業をつくるというものであった．

　日本に似た気候で，首都ブエノスアイレスの北150kmのパラディーロという所で，150haの梅畑を経営し，生梅1 500tを収穫しようというものである．パラディーロは，緯度からいうと浜松市に相当し，温暖な農村地帯である．テストとして，「竜峡小梅」，「甲州最小」，「織姫（おりひめ）」，「稲積（いなづみ）」，「南高」，「青軸小梅（あおじく）」，「地蔵」，「曙」，「白加賀」，「剣先」，「巻青」，「古城」，「玉英」，「林州」，「南部」など，日本からの17種と地元在来種1種の計18種が植えられ，昭和63年11月から収穫，漬込み，12月に乾燥で，最初の梅干15tが得られた．アルゼンチンの梅栽培は1haに200本植え付け，7年生目標の収量1本50kgで10tになる．アルゼンチンの梅は，実がなってから葉の出るまでに時間があって，色づきもよく日本の梅の糖度Brix 6.5〜7.0に対し8.0もある．一部が輸入されたが，アルゼンチン国内の税金の問題により残念ながら平成10年に一時休止となった．

　ただ，日本の野菜などの基地として，将来，北米のアメリカ合衆国を考え

写真 3.6.3 中国梅干の日本への出荷

ているので，良い基礎データの蒐集にはなったと思っている．

アルゼンチンに代って，目下，脚光を浴びているのが，アルゼンチンと同じ15年前から試験栽培の始まった中国梅である．つい5年くらい前までは，安価な中型のカリカリ梅が輸入され，一部企業が安売りして人気を得たくらいであったが，20世紀末から福建省厦門(アモイ)を中心に梅干生産が伸び，平成13年の中国梅干の生産量は40 837tとなった（**写真 3.6.3**）．

これは和歌山を中心とする日本の梅干生産量4.5万tに匹敵する量の多さで，時あたかも農水省の進める漬物原料原産地表示の問題と絡んで現地完成品の製造・輸入が増加し，梅干業界は大きく揺れ動いている．

福建省厦門の梅干は少し軟らかいが，品質優良な白粉梅，硬くて品質中くらいの青竹梅からつくられ，衛生状態も中間に入る台湾業者の努力で良くなり，和歌山の南高梅に負けない良質のものが安価に入り始めている．梅干の生産過剰は目に見えているので，梅干単体以外の，たとえば南高梅干とニンニクの組合せや，キュウリの浅漬に梅干の細刻みを加えたものなど，新機軸のものの開発が望まれる．

3.7 たくあん

3.7.1 日本人とのかかわり

たくあんは「ぬか漬」に分類され，食塩，米ぬか，ダイコンで構成されている．食塩は，仲哀（192年即位）紀，応神（201年即位）紀に「塩」の字がすでに見られる．「藻塩焼く(もしお)」の段階から，塩田で塩分の高い海水を得て煎塩鉄釜(えんてつがま)（天平9年（737）『長門国正税帳』）に入れ，水分を除いて塩をつくる段階へ進んだとみられる．米ぬかは，すでに天平6年（734）に『正倉院文書』の『尾張国正税帳』に見られ，「白米」の字も天平宝字6年（762）の『食物用帳』に出ていて，米ぬか1割とある．今の白米の搗精(とうせい)で出る米ぬか

は玄米の9%であるから，当時の白米も現在と同様である．ただ米が高いので，道鏡が権力を振るったこの時代には「ぬか漬」はない．菅原道真が太宰府に流されたすぐ後につくられた『延喜式』(907年) にもまだないが，その中に，楡の木の皮と食塩の床に野菜を漬ける葅(ニレ)や，米，大豆，粟などの穀類を粉にしたものと食塩を混ぜた床に漬ける須須保利(すずほり)など，たくあんの原型らしきものは見られている．

ダイコンは古く地中海の産で，ピラミッド建設の労働者が食べたと伝えられているが，日本でも和銅5年 (712) の『古事記』に「木鍬(こくわ)持ち打ちし大根 (おおね)，根白の白腕 (しろただむき)」と，白い腕のようなダイコンの存在を示している．『正倉院文書』では「蘿蔔」，「菖」，「菜蔔」や「大根」の字が750年代に現れるが，カブ，青菜，ウリ，ナスの漬物を高級官吏に支給した記録があるのに，ダイコンの漬物については『正倉院文書』，『延喜式』にも全く現れていない．ちなみに，中国の漬物工場ではダイコンは蘿蔔 (ロボ) と呼ばれている．ダイコンを千六本に切るというが，繊蘿蔔 (センロボ) から来ている．

資料的には，前九年の役 (1051〜62年) や宇治平等院完成 (1053年) の1050年代の大学頭(だいがくのかみ)・藤原明衡(あきひら)の日記に，「香疾 (かばやき) 大根」が現れるのが最初．しかしまだ，米ぬかとダイコンの組合せは見られず，香疾は未醬(みそ)漬(づけ)のようなものであったらしい．天正元年 (1573)，沢庵宗彭(たくあんそうほう)が誕生．本能寺の変の10年前になる．そして，江戸中期の根岸鎮衛(やすもり)の『耳袋』の中に将軍家光が品川東海寺を訪ね，「禅刹何も珍物これなく，たくわえ漬香の物あり」との沢庵の献上に，「貯え漬にてはなし．沢庵漬なり」との家光の上意があったと書かれている．これによって，沢庵漬の誕生になったと思われる．東海寺の落成は，寛永16年 (1639)．沢庵漬の命名にかかわった当事者の墓は，まさに丸い沢庵石の形でそこに存在している．

慶長，元和，寛永と，江戸幕府が開かれてから安定するにつれ，米も精米され，米ぬかも出るようになった．沢庵宗彭の時代には，須須保利の米や粟の粉よりでんぷんが少なく異常発酵しにくい，この米ぬかの利用が徐々に広まり，品川東海寺にも，生涯を旅に明け暮れた沢庵のもたらしたこの漬物があったと思われる．実の発明者より名声を高めた功が大で，没後，そのよう

な墓をつくって顕彰したとみることができる．

　たくあんは，長く乾燥ダイコンでつくっていた．寒い雪国の知恵，「秋田いぶりガッコ（たくあん）」は，ダイコンをいろりで干すという苦労作だ．今や干したくあんより量が増えた塩押したくあんは，日本の勢力圏だった旧満州で，寒くてダイコンが干せないので開発されたとも，明治末期，奈良の高橋元吉氏の「みの早生」ダイコンを使って創案したともいう．

　戦後は，干したくあん，塩押したくあんをさらに調味液に浸しておいしくする「液漬たくあん」がつくられ，戦前までの樽から取り出して，すぐ食べられていた完成たくあんは，「原木」という原料の地位に下がった．そして今や，たくあんは，低塩製造，脱気箱，60℃の温湯浸漬の時代に入っている．世界の航空便が嫌がる3大悪臭，ドリアン，ロックフォールチーズ，そしてたくあんと，そこに名を連ねていた名誉も，そろそろ失われつつある．

　何といっても，たくあんは漬物の王者であり長く漬物業界に君臨していたが，昭和の終わり頃には26万tあった生産量が，その後1年として上がることはなかった．2000年寸前の1997年，ついに11.3万tとなり，初めてキムチの12.1万tに抜かれ，漬物生産量2位に転落した．

3.7.2　たくあんの種類と注意点

　たくあんが嫌われた理由は，1つには，この簡便化の時代に，袋を開き包丁で切る操作をしなくてはならないこと，2つには，現代日本人は硬いものを噛むことを避ける傾向があり，噛むエネルギーによる食物分類の第1位のたくあん忌避に向かったこと，3つには，最近の漬物が野菜風味の残っている「生きている感覚」全盛なのに対して，食堂で出る黄色いたくあんのイメージがこれに逆行していることであると思われる．

　現在のたくあんは，ダイコンが重量野菜とのことで農家が栽培を嫌う中，必死になってダイコンを集め，最新の技術を駆使して「史上最高の味」に仕上げている．漬物の市販品のほとんどは「生きている漬物」といえる鮮度豊かなものになっているが，これを打ち出すPRをなし得ないため，黄色いたくあんのイメージを破れないところに問題がある．

1) 種　　類

　たくあんは，初期のダイコンの処理によって，乾燥(干し)たくあんと塩押したくあんに分かれる．そして，**表 3.7.1** に示すように，これがさらに細分される．干したくあんは，ダイコン乾燥後の漬込み方法の違いで，干したくあん，さらに山川漬，寒漬に分かれる．塩押したくあんは，塩押しダイコンをすぐに樽取りする早漬たくあん，塩押しダイコンを高塩室温貯蔵あるいは低塩冷蔵貯蔵したのちに，樽取りもしくは調味袋詰めする塩押し本漬（新漬ともいう）に分かれる．その甘さとべったら市で知られる「べったら漬」もこの塩押したくあんの一亜流になる．

　さらに，乾燥，塩押しの両たくあんを通じて，普通の調味品のほか，ぬか漬，かつお，キムチ風，柿漬などの袋詰めに際して，たくあんの周囲に物をまぶすもの，梅酢，たまりなど調味処方を変えたものがつくられている．

　なお，ここで「原木」という業界用語を紹介しておこう．乾燥ダイコンもしくは塩押しダイコンも塩ぬかで漬け，熟成させれば「たくあん」である．しかし今では，この「たくあん」をさらに調味し，2次加工して袋詰めで完成品をつくることが増えたので，もとの「たくあん」を「原木」と呼び，2次加工したものが現在の「たくあん」である．熟成の終わったものは，原料の地位になり下がったのである．

2) ダイコン品種選定の重要性

　たくあん製造で最も大切なことは，ダイコンの品種の選定であり，これを間違うと市販に耐える製品をつくり得ない．

　ダイコンを天日乾燥して，塩ぬかで漬け込む乾燥たくあんの品質は，11月から1月にかけての製造に限定されるので，好適品種も限られる．主として，理想系の「干し理想」，「西町理想」，「柳河理想」，それと阿波晩生系の「阿波晩生」，「阿波新晩

表 3.7.1　たくあんの種類

ダイコンの処理による分類	ダイコン乾燥後の漬込み方法による分類
乾燥(干し)たくあん	樽取りたくあん 袋詰たくあん 山川漬(つぼ漬) 寒漬 いぶりたくあん 1丁漬たくあん
塩押したくあん	早漬たくあん 塩押し1本漬 かぶたくあん べったら漬
砂糖しぼりダイコン	

生」である．愛知県渥美半島では，小型で少人数でも食べやすい200g前後の阿波晩生系が多かったが，渥美の凋落で大きく減った．

さらに減ったのは，伊勢たくあんの「御園（みその）」で，6月以降に持ち味が出るという高塩漬込みが嫌われ，ほとんどなくなった．

また，ダイコンの代表とされる「練馬」は，皮が硬く，杵（きね）で叩いて3回の漬替えをする鹿児島の山川漬にしか使われておらず，練馬区の業者が少量の練馬たくあんを提供して話題になるだけである．

ダイコンを塩漬にして，しなしなの状態にして漬ける塩押したくあんは，早漬で「みの早生」，「白秋」，「和歌山」など根部の軟らかいものが使われ，秋に塩漬にして貯える塩押し本漬では「理想」，「新八州」，「秋まさり」が適する．皮をむいて使うべったら漬は，「新八州」，「干し理想」，「秋まさり」が適種とされている．

ダイコンの品種は多いが，たくあん専用種は少ない．塩押したくあんも，秋の本漬用が使えるまでは，「みの早生」，「四月早生」，「白秋」などを使うが，概して製品の品質は落ちる．

なお，上記のたくあん適種でも，気候・風土の違いで良いダイコンが穫れないことがある．今後，海外に日本の種子を持ち込んで，ダイコン塩漬や乾燥たくあん原木の輸入が増えると思われるが，やはりその地方に適するかどうかが大きな因子になるので，このことを考慮して必ず試験栽培をすることをおすすめする．

3) たくあん生産量の推移

たくあん生産量の推移と全漬物に対するシェアを表3.7.2に示す．たくあんが年々減少して，15年間1度として上昇しなかったことが分かる．たくあんは漬物の根元をなすものであるから，この恒久的な下降を止めてこそ，漬物の発展があろう．平成12年の若干の上昇は，浅漬に分類されていた砂糖しぼりダイコンがこの年からたくあんの統計に含まれたためという．

4) 製造工程

製造工程を図3.7.1に示す．

3.7 たくあん

表 3.7.2 たくあん生産量の推移とシェア

年度	たくあん生産量(t)	対1982年(%)	全漬物生産量(t)	たくあんシェア(%)
1982	257 957	—	969 216	26.6
83	251 250	0.97	1 002 061	25.1
84	255 019	0.99	1 030 367	24.8
85	254 404	0.99	1 043 705	24.4
86	249 913	0.97	1 060 761	23.6
87	239 916	0.93	1 081 930	22.2
88	219 162	0.85	1 119 891	19.6
89	217 457	0.84	1 151 316	18.9
90	213 371	0.83	1 180 166	18.1
91	210 157	0.81	1 200 412	17.5
92	161 985	0.63	1 116 472	14.5
93	157 739	0.61	1 097 402	14.4
94	141 650	0.55	1 090 330	13.0
95	131 679	0.51	1 096 838	12.0
96	123 969	0.48	1 118 881	11.1
97	113 448	0.44	1 087 534	10.4
98	104 331	0.40	1 113 275	9.4
99	94 478	0.37	1 134 866	8.3
2000	95 695	0.37	1 175 964	8.1
01	93 164	0.36	1 185 843	7.9

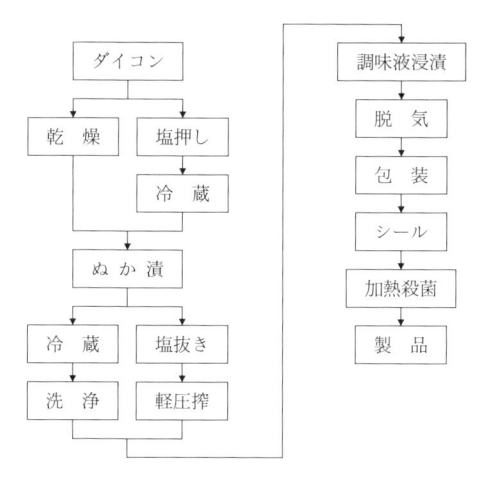

図 3.7.1 たくあんの製造工程図

3.7.3 乾燥(干し)たくあん

たくあんの本流であるが，今では生産量約4万tで，貴重品になりつつある．戦前のたくあんは，乾燥ダイコンを4斗樽（72L容）に塩ぬかで漬けた1丁漬たくあんがほとんどであった．漬物業界では4斗樽の単位を1丁という．調味液70L（最近は調味処方の計算上70kgとすることが多い）を液1丁といい，「1丁いくらの調味液を使っている」のような表現を使っている．たくあんが漬物の中心であった名残の用語である．

この4斗樽1丁に，3月食期で「へ」の字，5月食期で「つ」の字，7月以降で「の」の字に曲げたダイコンを70kg漬けた．ダイコンの乾燥は，暖かいと干している間にスが入るので，本州では11月，九州では1月と，やや寒くなってから干す．

漬込み方法は，昔は極めて覚えやすく，4斗樽1丁に乾燥ダイコン70〜75kgを用意し，食塩と米ぬかの合計1斗を使って漬けた．そして，3月食期は食塩3升に米ぬか7升，5月食期は5升に5升，7月以降は7升に3升と，食塩を食期の月の数字に合せた．

この覚えやすい方法は，最近の食塩が精製されて微細になり，戦前では食塩1升1500gが，今では1950gに，また米ぬかも搗精度が上がって米本体が多く入るので，1升470gが530gと，それぞれ重くなって使えなくなった．

加えて，樽に70kg漬けるという小口漬込みが減り，最小で1.7×1.2×0.7mのナベトロという1.5t入りの漬込容器に約1t，さらに，3tナベトロから2 m³の6t，3 m³の20t，4 m³の60tタンクと大型化しており，一般に2 m³の6tタンクを基準に，係数を乗じて配合を決めている．

1) 乾　　燥

品種の選定については前述した．乾燥方法は，それぞれの地方で長年の経験により改良されているので，その地方特有の方法を守る必要がある．秋田，岩手の寒地では，昔，いろり端で干した習慣にならい，小屋の中に棚をつくり，下で木材を燃やしてダイコンをいぶし，乾燥をする．この場合，温度が高いとダイコンが乾きすぎて木質化するので，注意が必要である．

関東周辺も寒いので，取り込みやすいようにすだれ状に葉切りダイコンをつるす連掛けを行い，やや寒い静岡では屋根のようにハゼ（木の枠）を組み

風の吹いてくる方に葉付きダイコンを屋根掛けし，その葉に霜よけをさせる．愛知の渥美は暖かいので，静岡とは逆に風から遠い方に葉付きダイコンを屋根掛けし，根部に直接風を当てる．南九州では，5.5m，10段の高い屋根状のハゼに葉付きダイコンを掛け，地表から離して霜の害を防ぐとともに，屋根の最上部にビニールシートを巻いておき，雨のときはそれを下ろす方法をとるというように種々ある．これらの乾燥方法は，民俗学的にもおもしろい．表 3.7.3 に，たくあんの食期とダイコンの乾燥具合を示す．

　この表は一般的な目安であって，たとえば遅く食べるもので干し具合が甘くても，重石を強くすれば搾られて強く干した状態にはなる．

　現在の乾燥たくあんは南九州が中心になっていて，かつ冷蔵庫漬込みで3～4月食期の塩ぬか配合で漬けるため，ほとんどが乾燥10～12日の「つ」の字から「の」の字の中間に仕上がる．山川漬はごく少なくなったが，20日以上，8割減まで干す．

2) ぬか漬

　乾燥したダイコンのぬか漬は，これも従来は，食期が夏に向かうと漬込容器の温度上昇で酸が発生してしまうので，それを抑えるため出荷期に応じて表 3.7.4 のように配合を変えていた．村おこし農産加工のように4斗樽を使う場合は，食期に合せてこの65分の1のスケールで漬け込み，7月以降に持ち越すものは，10kg塩を使えば，おおむね室温で酸敗せずにうまくいく．しかし，たくあん工業として乾燥たくあんを量産する場合は，低塩3～4%のたくあんをぬか漬け後，この原木を脱塩しないでつくるため冷蔵庫漬込みするので，4月出荷の5kg塩の配合で漬け込むことが，良品を得るポイントになる．

　冷蔵庫を使わない場合は，この表のとおりとし，また海外で乾燥たくあん

表 3.7.3　たくあんの食期とダイコンの乾燥具合

食　期	乾燥日数	曲げ具合	水分(%)	対原重量割合
3～4月	4～6日	くの字	90～91	5割減
5～6月	7～10日	つの字	88～89	6割減
7月以降	10～15日	のの字	85～86	7割減
山川漬	20～25日	むすべる	80	8割減

表 3.7.4　1丁漬の配合割合（4斗樽分，戦前のもの）

食用適期	乾燥ダイコン (kg)	食　塩*	米ぬか**	トウガラシ (g)	ウコン粉 (g)	漬上がりの食塩含有率 (%)
3月	70	3升 (4.5kg)	7升 (3.3kg)	50	30	5.8
4月	70	4升 (6kg)	6升 (2.8kg)	50	30	7.6
5月	70	5升 (7.5kg)	5升 (2.4kg)	50	30	9.4
6月	75	6升 (9kg)	4升 (1.9kg)	50	30	10.5
7月以降	75	7升 (10.5kg)	3升 (1.4kg)	50	30	12.1

* 戦前の食塩：1升が1.5kg（現在は1.95kg）．
** 戦前の米ぬか：1升が0.47kg（現在は0.53kg）．したがって，この表は適用できない．

表 3.7.5　乾燥たくあん漬込み配合表（2m³タンク元漬）

	出荷期	乾燥ダイコン (t)	食　塩 (kg)	米ぬか (kg)	原木塩度 (%)
5kg塩*	4月	4.5	320	150	6
8kg塩	6月	4.5	520	150	9
10kg塩**	7月以降	4.5	650	150	12
13kg塩	海外原料	4.5	840	150	15

* 4斗樽1本当たりの食塩量で示してある低塩下漬の基準的配合．
** 冷暗所の室温漬込みの配合．温度のやや高い場合，酸敗のおそれはある．

原木をつくり輸入するときは，冷蔵コンテナを使い5kg塩で漬けて運ぶ場合を除き，13kg塩で漬けて室温で輸送する．

表 3.7.5 に乾燥たくあん漬込み配合表を示す．

3）低温下漬

1～2t容のナベトロ容器に乾燥ダイコン600kg～1.2tを漬け込み，温度0～5℃の冷蔵庫内に積み上げると，戸外4月出したくあんと同じ温度条件になる．また，コンクリートタンクを使ってのチラー（水冷却循環装置）漬込みもあり，塩押したくあんでよく行われるが，乾燥たくあんでは少ない．これらの漬込み方法を「低温下漬」という．

4）市販乾燥たくあんの分析値

乾燥たくあんの分析値を表 3.7.6 に，変則的乾燥たくあんの分析値を表 3.

表 3.7.6 乾燥たくあん分析値—その1. 普通たくあん

社名・商品名	道本食品 本干たくあん日向漬	野崎漬物 伝承櫓しぼり	野崎漬物 千本漬	漬匠鈴花 干したくあん	湯の谷 柿の皮たくあん	太陽漬物 たくあんつぼ漬	中園 ぬか漬たくあん	水溜食品 寒風本干し
全 重 量(g)	283	246	309	254	305	311	352	317
固 体(g)	250	196	260	225	237	285	317	234
注 入 液(g)	29	43	40	17	58	13	24	74
固形物割合(%)	90	82	87	93	80	96	93	76
表示重量・本数	1本	1本	1本	1本	1本	2本	250g	1本
調味液屈糖値	14	16	13	18	15	17	21	17
食 塩(%)	3.1	3.4	3.5	3.6	3.2	3.7	3.2	3.1
グ ル 曹(%)	0.87	1.10	0.63	1.12	0.88	0.41	0.74	1.10
全 糖(%)	6.2	7.6	6.4	7.2	6.4	6.8	12.0	8.0
官能的甘味度(%)	11	13	12	9	8	8	10	10
酸 (%)	0.27	0.51	0.24	0.48	0.38	0.41	0.34	0.41
pH	4.8	4.5	4.5	4.1	4.3	4.2	4.4	4.2
遊離アミノ酸 (mg/100g)								
アスパラギン酸	17	6	9	30	17	14	21	23
スレオニン	58	32	59	26	38	45	182	94
セ リ ン	17	7	11	21	15	14	19	22
グ ル 曹	869	1 100	629	1 115	879	413	738	1 097
プ ロ リ ン	153	37	66	62	81	70	168	53
グ リ シ ン	17	10	13	15	16	4	17	28
ア ラ ニ ン	252	15	28	43	42	27	155	70
バ リ ン	23	14	17	29	25	20	40	29
メ チ オ ニ ン	4	1	5	10	4	7	4	5
イソロイシン	13	8	12	17	16	14	26	20
ロ イ シ ン	14	6	9	24	16	10	18	22
チ ロ シ ン	6	3	5	11	7	6	9	9
フェニルアラニン	14	7	12	19	13	14	24	21
ヒスチジン	6	5	8	12	8	8	15	11
リ ジ ン	15	7	11	30	18	12	24	20
ア ル ギ ニ ン	17	6	10	10	17	14	27	19
合 計	1 495	1 264	904	1 474	1 212	692	1 487	1 543

7.7に示す．乾燥たくあんの普通調味のものはすべて，食塩3.1〜3.7%の間にある低塩で，グル曹は0.4〜1.4%の間にあって，やや高い．全糖は6〜12%で，官能的甘味度（砂糖とステビアを併用すると全糖の分析では甘さが分からない．そのため官能検査で甘さを求める）は8〜13%，その差はステビアで埋めている．表にはサッカリン使用のものは除いたが，使用する場合は，砂

表 3.7.7 乾燥たくあん分析値—その 2. 変則たくあん

社名・商品名	道本食品 つぼ漬 300	道本食品 梅の里	野崎漬物 梅しぼり	野崎漬物 梅しぼり 生協対応	中園 たくあん かつお風味	中園 たくあん しそ風味	野崎漬物 つぼ漬	道本食品 つぼ漬 25
分類	かつお	梅風味	梅風味	梅風味	かつお	しそ	つぼ漬	つぼ漬
全重量(g)	316	256	158	135	397	423	219	278
固体(g)	274	232	135	105	365	375	162	199
注入液(g)	36	17	18	24	25	41	51	64
固形物割合(%)	88	93	88	81	94	90	76	76
表示重量・本数	250g	1本	—	—	250g	250g	200g	225g
調味液屈糖値	16	18	19	20	15	15	26	20
食塩(%)	4.4	4.0	4.5	5.0	3.7	2.5	5.0	6.1
グル曹(%)	1.01	0.73	0.61	0.10	0.37	0.51	0.26	1.21
全糖(%)	5.5	6.1	6.0	6.9	—	6.7	5.2	6.5
官能的甘味度(%)	8	11	10	7	8	9	8	13
酸(%)	0.32	0.33	0.59	1.00	0.19	0.37	0.36	0.38
pH	4.8	4.7	4.2	3.8	4.8	4.3	4.4	4.5
遊離アミノ酸 (mg/100g)								
アスパラギン酸	22	24	12	48	16	19	121	64
スレオニン	125	98	36	55	97	67	58	43
セリン	26	20	12	26	14	12	69	48
グル曹	1 056	783	610	95	365	510	258	1 212
プロリン	169	187	123	93	111	96	183	190
グリシン	16	11	12	18	9	13	50	649
アラニン	203	243	28	41	45	41	83	98
バリン	39	32	22	25	31	25	56	32
メチオニン	6	5	3	4	4	3	10	13
イソロイシン	25	19	11	13	21	17	37	17
ロイシン	22	17	10	16	15	13	57	49
チロシン	9	7	6	6	8	7	8	7
フェニルアラニン	23	18	12	18	19	15	49	30
ヒスチジン	19	8	7	10	13	9	20	12
リジン	24	19	12	26	21	18	69	20
アルギニン	23	20	12	25	26	22	61	25
合計	1 807	1 511	928	519	815	887	1 189	2 509

糖7%, サッカリンを糖換算8%（量として $8 \div 200 = 0.04\%$）とした併用が多い．この場合は，合成甘味料使用の表示が必要になる．

　変則的乾燥たくあんには，かつお風味，梅風味が多く，このほか，乾燥たくあんの干しの効いたもの（「上干したくあん」という）や，山川漬をスライ

スして刻み醬油漬にした「つぼ漬」がある．これらの分析値も併せて示した．

5) 調　　味

原木を再加工して初めて完成品になる．塩ぬかを使っての漬込みでは，砂糖・異性化液糖は発酵して変敗するため加えられないので，たくあんを甘くするためには調味をする必要があるからである．

表 3.7.8 「たくあん漬の素」の配合の1例

ウコン	81.20%
サッカリン	10.70%
黄色4号	8.00%
黄色5号	0.06%
赤色102号	0.04%

「たくあん漬の素」なるものがあって1回漬で甘味がのるといわれている．これは，サッカリンが含まれているためで，ぬか漬にサッカリンを使えば1回で漬かるが，都市消費者には嫌われる．「たくあん漬の素」の配合の1例を**表 3.7.8**に示す．

表 3.7.5の配合で，この「たくあん漬の素」20kgを使うと，サッカリンの砂糖換算は428kgに当たり，官能的甘度は8%になる．また，色素は1.6kgになり，漬込み総量に対し0.03%になる．したがって，村おこし農産加工では，対面販売で樽から掘り出した乾燥たくあん原木を売れば，購入者

表 3.7.9 乾燥たくあん調味処方

低温下漬たくあん原木（洗浄後の塩度 5.5%）	140kg
調味液	70kg
製造総量	210kg

調 味 処 方		食 塩 (kg)	糖 (kg)	酸 (kg)
砂　糖	11.7kg		11.7	
異性化液糖	11kg		11.0	
グル曹	1.68kg			
高酸度食酢(酢酸10%)	4.2L			0.42
アルコール	2.1L (1.7kg)			
70%ソルビット液	6.3kg		2.5	
水	33.42L			
(計)	70kg			
たくあん原木	140kg	7.7		
合　　計	210kg	7.7	25.2	0.42
最終成分		3.7%	12%	0.2%

〔その他の最終成分〕グル曹 0.8%，アルコール 1%．

は一応，甘味，色調で満足できることとなる．ただし，4月から5月出しの塩度6％以下のものでなければ，塩辛くて困る．

　漬物工場では，この種の素を使用することはまれである．

　本論に戻るが，調味工程は，熟成中の原木を漬込タンクから掘り出してよく洗い，FRP（繊維強化プラスチック）のナベトロ容器に原木140kgを隙間なく並べ，**表3.7.9**の調味液70kgを注ぎ，冷蔵庫に移して3～5日放置して，味をしみ込ませる．低塩の3％前後の製品になるので冷蔵庫は必須で，もし冷蔵庫のない場合は，小袋に水洗した熟成原木を入れ，そこに原木の半量の調味液を入れシールして，直ちに加熱殺菌する．

6）脱気，包装，加熱殺菌

　乾燥たくあんの塩ぬか漬込み熟成中に，たくあんの中に空気が入ると，袋詰め・加熱殺菌中に膨張して浮き上がって，殺菌効率が著しく落ちることがある．この場合，たくあんを縦に2つ割りしてやれば防げるが，1本の丸物の場合は脱気が必要になる．脱気は，調味の終わったナベトロ容器を60℃に加温してやると，空気の泡が出て解決する．また，別法として，奈良漬のウリの白い斑点を除く真空箱に入れて，真空ポンプで空気を抜く方法もある．

　この脱気工程は「たくあん」のにおい取りにもなり，今の若い消費者に好評である．いずれ，脱気は必須工程になろう．

　包装は，調味の終わったたくあんを，液を入れずに小袋に詰め，シール密封する．使用する包装資材は，ナイロン/エバール/ポリエチレンのような3層ラミネートフィルムとし，中層に必ずガスバリヤー性の強いエバールをはさむ．酸素透過性の高い資材だけのラミネートフィルムでは，たくあんが必ず褐変もしくは灰色変を起こして，商品価値を下落させる．

　加熱殺菌は，80℃の湯殺菌もしくは蒸気殺菌を行う．80℃を温度計で確認することと，袋が重なり合わないように注意する．200～300gの1本物で20分，やや太いもので30分，さらに業務用の2kg大袋になれば85℃，35分と，条件を厳しくする．

7）変則乾燥たくあん

　「かつおたくあん」は，乾燥たくあんを調味したのち，たくあんだけを容器から取り出し，たくあん重量の1％前後の乾燥かつお節（調味液浸漬後3

倍になる）と 0.1%の輪切りトウガラシを袋に入れ，次に自動充塡機の袋の口を大きく開いて，深い落下筒を使ってたくあんを落とし，シールする．このとき調味液 30mL くらいを別に注入する場合と，たくあんと一緒に入れる場合がある．なぜか，かつお節を入れるとグル曹の嫌味が消えて，2%添加ですばらしい味になる．

ぬか漬たくあんの製造も「かつおたくあん」に準ずるが，グル曹は製造総量の 1%が限界である．

梅酢たくあんは，酸を製造総量の 0.4～0.8%加えたうえに，シソ系香料を 0.05%添加する．このほか，キムチたくあんもあるが，これは塩押したくあんに多く，乾燥たくあんには少ない．たくあん原木を 1 度，調味液に浸して，旨味，甘味，酸味を付与したのち，袋にダイコンだけを入れ，キムチタレを注入したものである．

3.7.4 塩押したくあん

ダイコンを塩漬して脱水し，たくあんをつくるようになったのは，開発者の奈良の高橋元吉氏によれば大正元年（1912）のことで，みの早生ダイコンを使って「大和たくあん」という名で売ったという．塩押したくあんはその後，長くみの早生ダイコンに限定され，乾燥たくあんの端境期（はざかいき）の埋合せ用に，あるいは 11 月の乾燥たくあんの漬込み期まで広くつくられていた．

ただ，この頃の塩押したくあんは数日で漬け，短時間で消費される早漬たくあんの系統だったが，昭和 32 年（1957）に乾燥用の練馬，理想などの秋ダイコンを塩押し塩蔵して 1 年中供給する塩押し本漬（「新漬たくあん」ともいう）が開発され，みの早生ダイコンと違う，しっかりした物性で地歩を固めていった．

たくあん自体の衰退はあるが，現在の塩押し本漬の生産量は 5 万 t で，乾燥物より優位に立っている．

1）塩押し

ダイコンを土付きのまま漬けてのち洗浄し再度塩をまく 2 度漬と，ダイコンを洗って皮をむいて漬ける 1 度漬の，2 方法がある．

（1）土付き漬込み

ダイコン重量の8％の食塩で漬込タンクに漬け，48時間後に取り出して洗浄したのち，2％の食塩を使って再び漬込タンクに塩漬し，揚がり水をチラーで冷却循環する．または，2度漬を1tナベトロに漬け，冷蔵庫に収納する「低温下漬」に入る．これは，脱塩することなく2次加工に入れるので，ダイコンの素材の味の豊かな原木が得られる．この方法によると，原木塩度は6％前後である．

　6％塩度に仕上げるのに最初8％の食塩を散布することに奇異を感ずるかもしれない．これは，秋の良質ダイコンは皮がしっかりしていて，4％とか5％の食塩ではダイコンの中まで塩が入らず，「塩切れ現象」を起こして中心部が死んだ状態になるからである．このため，強い8％の食塩を使い，とにかく中心部まで塩をしみ込ませるのである．8％の食塩を散布しても，48時間では4〜5％塩度にしかならない．なお，漬込みには強い重石をする（2㎥の6tタンクで重石3t，3㎥の20tタンクで重石7t，小さな1tナベトロで重石600kg）．

　「低温下漬」の冷蔵装置のない場合は，室温漬込みとなる．未洗浄のダイコンを8％の食塩で48時間漬けて水洗し，漬込タンクに8％の食塩を使って再漬込みをする．最終塩度12％になって，6月くらいまではそのままで保存できる．夏を過ぎる予定のものは，再漬込み原木を6月に取り出して，さらに5％の食塩を使って16％塩度で保存する．このようにすると，調味加工時に脱塩して6％の塩度に下げる必要はあるが，1年間の塩蔵に耐える．脱塩すると，当然風味は落ちる．

　練馬ダイコンが復古調で時に漬けられ，山川漬にもこのダイコンが使われるが，皮が硬いので3度漬はしたい．

　(2)　皮むき漬込み

　手で剝皮するか，アルカリ剝皮を行う．アルカリ剝皮では，アルカリ液が目に入らぬよう注意する．アルカリ剝皮は，3％水酸化ナトリウム溶液槽を80℃に加温してダイコンを3分間浸漬したのち，3％リンゴ酸液に移して中和し，さらに水洗浄してロータリー洗浄機で皮を取る．アルカリ，酸の処理は，アルカリ槽，酸槽，水槽と流れるように移動させる．

　このように剝皮し，よく洗浄したダイコンを6％の食塩で漬け，揚がり水

をチラー冷却循環するか，冷蔵庫に貯える「低温下漬」に入ることは(1)の土付き漬込みと同じ．最初，5%の食塩で漬け，水が揚がったらダイコンを取り出して，2%の食塩で2度漬してもよい．この方が，圧しによるでこぼこがなく美しく漬かる．

このアルカリ剝皮は，除いたドロドロになった皮の処理に困るので，手むきが望ましいが，手むきは大量処理には人手を要するのが難点である．

2) ぬか漬

乾燥たくあんではぬか漬は必須工程であるが，塩押したくあんではこの工程を省略することも多い．ただし，JAS製品では，たくあんはぬか漬に分類され，必須工程になる．

米ぬかは再漬込み（2押しという）のときに加え，1押しダイコン10tに対し食塩200kg，米ぬか100kgを使う．この使用量は，乾燥たくあんの3分の1になる．

3) 圧　　搾

塩押したくあんは，従来は圧搾しなかったが，「生きた感覚」や「高級感」を出すには，原木重量の8割くらいまで圧搾することが望ましい．しかし，べったら漬や浅漬タイプの塩押したくあんは圧さない．漬込容器から掘り出した原木は，水洗したのち，圧搾機で1tを800kgまで圧す．美しく並べて圧搾して，ダイコンに圧しによるでこぼこを残さない．

4) 市販塩押したくあんの分析値

表3.7.10に市販塩押したくあんの分析値を示す．単純な塩押したくあんの分析値は，乾燥たくあんとあまり異ならない．

5) 調　　味

調味は，圧搾した原木をナベトロ容器に並べて，上から調味液を注入する．注入の終わった容器は，冷蔵庫中で3～5日放置し，熟成させる．調味処方は，表3.7.9の乾燥たくあんの調味処方に準じる．

6) 脱気，包装，加熱殺菌

すべて乾燥たくあんに準じる．

7) 変則塩押したくあん

表3.7.10の塩押したくあん分析値のうち，藤幸食品の「かぶたくあん」

表 3.7.10　塩押したくあん分析値

社名・商品名	野崎漬物 漁師仕込み	野崎漬物 甘口たくあん	秋本食品 あさ漬風たくあん	藤幸食品 かぶたくあん	関東農産 かつおたくあん	山義 かつおたくあん生一番	浜食 炉ばた漬	山義 たまり漬生一番
分　類	塩押し	塩押し	塩押し	聖護院ダイコン	かつお	かつお生	醤油	醤油生
全 重 量(g)	352	278	667	364	312	310	249	334
固 体(g)	317	252	441	318	277	263	228	286
注 入 液(g)	27	19	220	39	29	42	15	42
固形物割合(%)	92	93	67	89	91	86	94	87
表示重量・本数	1本	—	400g	300g	1本	200g	220g	200g
調味液屈糖値	18	16	16	18	16	15	12	18
食　塩(%)	3.2	3.4	1.9	3.9	3.4	3.1	4.4	5.1
グル曹(%)	0.26	1.10	0.32	0.56	0.20	0.74	1.76	0.94
全　糖(%)	7.4	7.6	10.1	8.5	4.6	7.0	2.3	6.1
官能的甘味度(%)	14	13	—	—	14	10	—	10
酸 (%)	0.25	0.51	0.10	0.20	0.13	0.28	0.40	0.35
pH	4.6	4.5	4.7	5.1	4.7	4.6	—	4.6
遊離アミノ酸 (mg/100g)								
アスパラギン酸	6	11	3	26	8	30	64	79
スレオニン	15	36	33	74	53	15	39	54
セリン	7	5	3	11	6	17	44	51
グル曹	255	298	315	556	199	741	1 758	943
プロリン	+	+	+	25	+	41	148	98
グリシン	11	6	289	42	6	43	41	83
アラニン	13	14	+	27	12	42	68	86
バリン	7	10	6	12	11	16	33	55
メチオニン	3	2	+	3	2	3	10	13
イソロイシン	6	7	4	7	8	8	22	43
ロイシン	8	5	2	7	7	12	45	63
チロシン	3	3	+	4	5	4	7	15
フェニルアラニン	7	6	5	10	9	13	30	47
ヒスチジン	7	4	3	8	9	14	14	19
リジン	7	7	6	11	10	19	28	53
アルギニン	7	9	15	14	32	27	31	59
合　計	362	423	684	837	377	1 045	2 382	1 761

は聖護院ダイコンを使った原料ダイコンの特殊性を生かした製品である．煮物に合う聖護院ダイコンの物性が，長ダイコンとは違う触感，歯切れでおもしろい．聖護院ダイコン1kg重くらいを3つ割りにして漬ける．昔，茨城

県に，聖護院ダイコンの下部から8つ割りに刃を入れて途中で止めて乾燥し，タコの足のようにして乾かした「たくあん」があったとの話も聞く．

「かつおたくあん」は乾燥たくあんにもあったが，かつお節を添加するとグル曹の嫌味が消えて，2％程度を加えると，すばらしい風味になる．分析値の表に示した「かつおたくあん」では，グル曹が少なく，効果は十分出ていない．

秋田県に，いろりの上でダイコンを干してつくる「いぶりたくあん」がある．実際には，ダイコンの長さの架枠(かけわく)をつくり，ダイコンを横に並べて薪(まき)を燃やし，熱と気流で乾燥させるわけだが，そのとき燃焼臭がつく．この燃焼臭の部分だけを強調して塩押したくあんにしたのが醬油たくあんであって，「炉ばた漬」，「いろりたくあん」などの商品名で登場する．塩押し原木を醬油系の調味液に浸したのち，ダイコンだけを包装して加熱殺菌する．この調味液に，燻液(くんえき)といういぶり臭のある液を加える．表3.7.10の「炉ばた漬」がそれであり，山義の「たまり漬生一番」は醬油系でノンボイル製品である．加熱殺菌によって歯切れの劣化，むれ臭の発生が若干あるので，袋詰漬物のノンボイルの挑戦例は多い．山義のこの製品は賞味期限1か月で，この間を3〜5％の塩度で賞味性，可食性を保つのだから，衛生感覚の発達した企業にのみ許された製品である．同じ表の山義「かつおたくあん生一番」も同様のノンボイル製品である．

3.7.5 早漬たくあん

樽(たる)取りたくあんには，乾燥たくあんを調味液に浸してつくる「液漬たくあん」と，塩押したくあんの原木を樽に配合乾燥白ふすまとともに漬ける「樽取り本漬」，「早漬樽取り」とがある．樽取り本漬は，理想，阿波晩生，八州などの秋ダイコンの塩蔵品を漬けるものである．早漬樽取りは，みの早生，和歌山ダイコンを1押し2日，2押し2日ののちに，樽に配合乾燥白ふすまとともに漬けて出荷するもので，樽取り3日目のダイコンを取り出して7日目には食べられる，文字通りの早漬たくあんである．

札幌市に隣接する北広島市の「北海道早漬」，紀の川沿いの和歌山の「紀の川漬」の2つが，すばらしい味で世に知られた．しかし，対面販売のため

価格が不明で，購入すると結構高くて消費者が離れ，またダイコンの肌に空気を触れさせないために，配合ふすまに増粘剤を使用するので手がベトベトして，いちいち手を洗う手間から，販売店にも嫌われて，市場から消えた．

けれども，風味としてはたくあん中最高のもので，今，早漬たくあんにとって代った浅漬系の砂糖しぼりダイコンなど比較にならぬ味であった．村おこし運動の農産加工で対面販売するのには最適のたくあんであるので，**表3.7.11** に「早漬樽取り」の調味処方を示しておく．この処方は全糖製品であるが，砂糖の使用は原木の脱水を促して物性が変わるため，本格的な味を出しにくい．2 押し，樽取りの 2 工程にサッカリンを使うと，本来の味が出ることを付記しておく．

3.7.6 べったら漬

嘉永年間（1948～54 年）の『守貞漫稿(もりさだまんこう)』に，「新漬に大根を売る，いわゆる浅漬にして干大根を塩ぬかを以て漬けたる，けだし麹(こうじ)を加えたるを良しとする」とある．べったら漬は東京を代表する漬物であり，当時，たくあんに対して浅漬と呼んでいたことを示している．

表 3.7.11　早漬樽取り調味処方

1 押し	ダイコン	4 000kg	漬込み	36 時間
	食　塩	240kg	食塩浸透量	3.0%
	→上がり	3 300kg	歩留り	83%
2 押し	1 押しダイコン	3 300kg	漬込み	36 時間
	食　塩	99kg	食塩浸透量	4.0%
	→上がり	3 000kg	歩留り	75%
樽取り*	2 押しダイコン	30kg	食塩浸透量	3.5%
	乾燥白ふすま**	1.5kg		
	グル曹	60g		
	天然調味料	30g		
	砂　糖	3kg		
	ソルビット液	0.45kg		
	天然糊料	20g		
	水	1.5～2kg		
	（計）	6.56～7.06kg		

　　* 乾燥白ふすま以下を水でよくこねておく．
　** 乾燥白ふすまは購入品が多い．問合せ：㈱カワカミ，電話 06(6463)1313．

10月19日, 20日の両日, 東京の日本橋大伝馬町, 宝田恵比寿神社の恵比寿講における「べったら市」は, 東京を代表する漬物のイベントである.「天長」,「新高屋」,「金久」,「吉岡屋」,「十一屋」と, 30軒以上の露天の店で, 15t以上のべったら漬を売り切る人気を保っている. 古くは, 滝野川産の「九日ダイコン」を鮫の皮でこすり, 甘味がしみ込みやすくしたものが東京産, ほとんど砂糖を使わないダイコンの塩味の麹漬が和歌山産, と分かれていたが, 大正以降, 全国的に「みの早生」,「大倉」,「理想」ダイコンを甘く漬ける現在の形となった.

べったら市では, 麹と砂糖でベトベトしたダイコンを対面販売したが, 若者たちは「べったら, べったら」と言いながらダイコンを縄でくくったのを振り回して, 女子にいたずらしたらしい. しかし今は, べったら市, デパートの対面販売以外は, 他の漬物同様に小袋に入っている.

1) **市販べったら漬の分析値**

市販べったら漬5点の分析値を**表3.7.12**に示す. 砂糖の単独使用は, 意外にも1点もなく, 砂糖・ステビア併用4点, 砂糖・サッカリン併用1点であった. 併用で, 砂糖・ステビア, 砂糖・サッカリンの両者を出している新高屋の製品を見ると, 砂糖8.7～8.8%を基礎として, 官能的甘味度13%との差の4%強をステビアで補えば全糖品, サッカリンで補えば併用品としていることが分かる. ステビア, サッカリンと併用するのはダイコンの砂糖浸透圧による脱水を防ぎ, ふっくらと仕上げるためである. 食塩はすべて2.1～3.0%の低塩, 遊離アミノ酸はごく少なく127～165mgで, ダイコンの旨味成分のみに頼り, 50mgというごくわずかのグル曹を添加していると思われる. 各製品にスレオニンが見られるが, これは液体クロマトグラフィーにおいて同位置に出るアミドのアスパラギン, グルタミンで, ダイコンの鮮度が良いと検出されるアミノ酸である. 酸は1例を除いてすべて0.12%以下で, べったら漬は, 酸味すなわち乳酸発酵を嫌う漬物であることを示している.

2) **べったら漬製造法**

東京におけるべったら漬用白首ダイコンの栽培状況を**表3.7.13**に示す. べったら漬は年間商材として販売されているが,「四月早生」に依存する5月から7月にかけては良質原料の入荷が少ない. この間は販売中止ともいか

表 3.7.12 べったら漬分析値

社名・商品名	天長商店 べったら漬	新高屋 べったら漬 緑印	新高屋 べったら漬 黄印	高山食品 東京べったら漬	会津天宝 浅漬べったら
甘味	砂糖・ステビア	砂糖・ステビア	砂糖・サッカリン	砂糖・ステビア	砂糖・ステビア
全重量(g)	315	265	267	282	434
固体(g)	266	202	202	224	292
注入液(g)	41	54	54	49	133
固形物割合(%)	87	79	79	82	69
表示重量・本数	200g	1個入り	1個入り	200g	2個入り
調味液屈糖値	22	18	19	24	18
食塩(%)	2.8	2.9	3.0	2.6	2.1
グル曹(%)	0.05	0.06	0.06	0.05	0.01
全糖(%)	5.2	8.8	8.7	6.4	4.0
官能的甘味度(%)	12	13	13	14	7
酸(%)	0.09	0.43	0.12	0.08	0.06
pH	4.4	4.7	4.8	4.4	5.0
遊離アミノ酸 (mg/100g)					
アスパラギン酸	1	1	3	1	7
スレオニン	54	62	54	79	69
セリン	2	2	2	3	5
グル曹	52	59	57	52	9
プロリン	+	+	+	+	+
グリシン	1	3	2	1	2
アラニン	2	7	6	4	5
バリン	5	4	5	8	29
メチオニン	+	+	+	+	8
イソロイシン	2	3	2	4	1
ロイシン	1	1	1	1	1
チロシン	+	2	+	2	+
フェニルアラニン	4	3	5	3	1
ヒスチジン	2	2	2	2	+
リジン	+	2	2	2	16
アルギニン	1	4	3	3	1
合計	127	155	144	165	154

ないので，本造り14日タイプを避けて，浅漬の4日タイプを出している．

(1) ダイコンの栽培

表 3.7.13 のとおり「新八州」，「干し理想」，「秋まさり2号」という良質原料の入荷期は限定されている．

表 3.7.13 べったら漬用白首ダイコンの栽培

品種名	生育日数	収穫月	産地
四月早生	55～60日	5月下旬～7月初旬	埼玉・千葉・茨城
夏みの早生3号	55～60日	8月下旬～10月中旬	青森・岩手・山形
		9月下旬～10月下旬	新潟
新八州	55～60日	10月中旬～11月下旬	新潟
		11月初旬～11月下旬	茨城
干し理想	85～90日	11月中旬～2月中旬	茨城
秋まさり2号	85～90日	11月中旬～2月中旬	茨城
おとく	85～90日	4月中旬～5月上旬	宮城
西町理想（二重トンネルマルチ）	85～90日 その後埋込み	3月初旬～4月中旬	青森

(2) 剝皮

手むきとアルカリ処理の2法がある．アルカリ処理は，80℃の3％水酸化ナトリウム液に3分間浸漬し，次いで3％リンゴ酸に数分浸けて中和したのち，回転ブラシにかける方法であるが，むけた皮の処理が面倒なので，高級品は手むき，厚さ5mm処理が多い．

(3) 塩漬

早漬たくあんと同様の最終塩度3％以下に仕上げるにしても，「塩切れ現象」を避けるため，1漬を食塩散布量5％で4日間，次いで2漬を食塩1％で2日間行う．最終塩度5％，冷蔵庫中0～5℃の条件とする．

(4) 調味

1段調味で，冷蔵庫中0～5℃熟成を10日間で行う場合が多い．調味処方を表 3.7.14 に示す．下味調味を冷蔵庫熟成で7日間，次いで本漬調味を冷蔵庫熟成で7日間の計2週間，2段調味を行うこともある．「四月早生」の浅漬では1段調味，冷蔵庫4日間熟成で仕上げる．

(5) 米麹充塡

米麹，米飯，増粘多糖類を練り合せた米麹を，対面販売では調味熟成済みダイコンにまぶす．小袋包装では，ダイコンを入れた小袋の中に注入する．この場合のポイントは新鮮な米麹と米飯の割合で，米麹が多いと特有の香り

表 3.7.14 べったら漬調味処方

皮むき塩押しダイコン(塩度 4.5%)	140kg
調味液	70kg
製造総量	210kg

調味処方		糖 (kg)	食塩 (kg)
砂　糖	15kg	15	
還元水あめ(DE 50)	4kg	2	
ステビア(30倍)	273g	8.2	
ビタミンC	630g		
アルコール	2.1L (1.7kg)		
氷酢酸	210mL		
水	48.2L		
(計)	70kg		
皮むき塩押しダイコン	140kg		6.3
製造総量	210kg	25.2	6.3
最終成分		12%	3%

が嫌われるし，色調も黄色くなってしまうので，外観を見ながら配合を決める．増粘多糖類はタマリンドガム，キサンタンガムを使う．

(6) 加熱殺菌

80℃，20分の加熱殺菌の後，ダイコンの肌の褐変を嫌って0～4℃，30分の冷水浴に入れて品温を下げる．

3.7.7　たくあん正負の構造

たくあんは，漬物の根幹をなすものでありながら，漬物生産量に占めるシェアは下がりっぱなしである．消費者調査では，まだまだ人気はあるが，消費量に反映されない．健康効果も，硫黄化合物を多く含み，活性酸素の除去をはじめ，食物繊維にも富み，日本人として食べる必要のある食品でありながら，その周知徹底が図られていない．表 3.7.15 に，たくあん正負の構造を示してみる．とかく負の構造が強調され，正のポイントが無視されてきた．

負の解決には，

① 干し，塩押しを問わず，冷蔵庫による低塩低温下漬で化学反応を抑制し，美しいダイコンの白さを強調し，たくあん臭の発生を抑える．

表 3.7.15　たくあん正負のポイント

負のポイント	噛　む	噛むのが面倒．噛むと顔のエラが発達して具合が悪い．
	切ってない	包丁がない．切る手間が嫌い．
	たくあん臭	とても嫌なにおい．
	色　調	着色料を感じる．明るくない色．
	添加物	ステビアは安全か．黄色4号が毒々しい．保存料は嫌だ．
正のポイント	噛　む	食品最高の硬さで噛むと知能が発達する．
	食物繊維	4～5％の含量，塩度2％のたくあん100gは食塩2gで，食物繊維5g，低塩高繊維漬物の代表．
	黄変のβ-カルボリン	制ガン効果，糖尿病の抑制．
	食欲増進	冷蔵庫漬込みの乾燥たくあんは香りが良く，史上最高の味．薄切りしてかつお節を添加し，食欲増進を図る．
	硫黄化合物	活性酸素の抑制．

② 冷蔵庫漬込みの長時間になったものや，室温漬込みの場合は，必ず脱気工程を加える．

③ 包装資材にエバールを加えることで，砂糖による変色は防止可能なので，ステビアを廃して，砂糖・異性化液糖に切り替える．同様に，消費者の嫌う黄色4号を使わないで，冷蔵庫漬込みで黄変化を抑える（3.7.9項参照）．そして，衛生的製造によりソルビン酸カリウムをカットする．

④ 乾燥たくあんは，大型巾着(きんちゃく)に1～2mm幅にスライスしてばら詰めし，200g当たり，かつお節5gを混和もしくは別添する．切る手間が省けて，薄いので噛むのも面倒でなくなる．このおいしさを消費者に記憶させる．

⑤ 塩押したくあんも脱気してたくあん臭を除き，圧搾工程を加え，乾燥たくあん的感覚にして，スライス，かつお節添加にもっていく．

⑥ 塩押したくあんは，一方では，秋本食品「浅漬風たくあん」のようにチラー使用でていねいに漬け，組織のよくこなれた原木をフレッシュ感あるふっくらとした製品にする．

⑦ べったら漬を見直し，皮むきの塩押したくあんは，本格べったら漬に切り替える．

の7つが考えられる．

正のポイントは，もっとPRに努力することが大切である．

3.7.8　たくあんルネッサンス―天然着色料

　農林水産省は消費者に対する食品の安全性を考慮して，日本農林規格の漬物製品から合成着色料を外すことを考えている．このため，東海漬物，新進，やまう，岩下食品，片山食品などの大手企業は主力製品の着色を合成着色料から天然着色料へ切り替えてきている．

　これを受けて著者は，漬物 25 種の天然着色の実験を行い，2，3 のものを除いて着色可能という結果を得た．漬物工業では，まだあまり検討されていない分野なので，取扱い方法，主要漬物への着色についてやや詳しく解説する．

1)　天然色素の色調と代表的色素名

　それぞれの色調の代表的色素名を表 3.7.16 に示す．

2)　天然着色料の取扱い方法

　(1)　製剤形の選択

　液体製剤は調味液と混合しやすい特徴があるが，一般的に品質保証期間は短めである．一方，粉末製剤は色価の高いものが多く，一般的に品質保証期間は液体製剤より長い．しかし，調味液に溶解しにくい面や色素投入時の粉立ちの問題もある．これに対し，顆粒製剤は上記 2 製剤の長所（長期保存安定性と溶解性）を併せ持つ．最近は高色価の顆粒製剤が開発されつつあり，

表 3.7.16　天然色素の色調と代表的色素名

色　調	水溶性色素	脂溶性色素
褐色系	カラメル I（赤褐色），II～IV（褐色）	
黄色系	クチナシ黄，ベニバナ黄，ウコン	マリーゴールド
紅色系	アカダイコン，コチニール，ベニバナ赤，クチナシ赤，紅麹	
橙色系	アナトー，可溶性パプリカ	パプリカ，抽出カロチン
赤紫色系	アカキャベツ，ムラサキイモ，シソ色素，ブドウ果皮，エルダベリー，ビートレッド	
緑色系	クチナシ黄＋クチナシ青 ベニバナ黄＋クチナシ青	クロロフィル
青色系	クチナシ青，スピルリナ青	
黒色系	イカスミ	

漬物製造において有用性の高い形と思われる．

(2) 保存方法

液体製剤は10℃以下の遮光保存が望ましい．液体製剤の冷凍保存も良いが，油性色素の乳化製剤は冷凍により乳化が壊れ，油性色素の分離を起こす可能性がある．保存性の高い粉末・顆粒製剤も高温・多湿状態での保存は色調の変化や色価の低下，粉のブロッキングを招く可能性が大きい．これも低温・遮光状態での保存方法をとりたい．

(3) 色素製剤の溶解方法

水溶性色素製剤は直接，水もしくは水系調味料に溶解すればよい．しかし粉末製剤の場合，少量の水に多量の粉末製剤を溶解するのは難しく，塩，砂糖などの固形原材料に予め分散させた後，水に溶解させるのがよい．アントシアニン系色素などpHによる色素変化がある色素製剤は一番最後に添加する．

(4) pHの影響

天然着色料がpHから受ける影響について注意を払う必要がある．極端な酸性域，塩基性域での使用を避けることは当然であるが，製品の保存中のpH変動が大きいと色素の退色，色調の変化など，品質管理上，大きな問題が発生することがあるので，天然着色料の選定には気を付けたい．たとえば，アカダイコン，アカキャベツ，シソ色素などのアントシアニン色素はpH3では赤味が強く，pH4では青味が強くなるという性質をもつ．

(5) 退色防止法

基本的には各色素メーカーが安定剤などの研究を通じて安定性の高い色素製剤を開発・販売しているので，アミノ酸，糖などの配合されている調味液中において天然着色料が合成着色料に比べて光安定性などが大きく劣ることはない．製造工程中の退色を防止するため，調味液調製中にpHを大きく変動させない，殺菌温度を必要以上に高くしないなどの注意が必要である．

(6) 色　　価

天然着色料の色の強さを示す単位を「色価」として表わしている．各社製剤の色素濃度は様々であるが，品質管理上はその製剤の色価を確認しておく必要がある．色価は着色料の10%希釈液の可視部での極大吸収波長におけ

る吸光度で示す．詳しくは日本食品添加物協会発行の『食品添加物公定書（第7版）』を参照されたい．

ここでは，著者が25種の漬物について着色実験を行った理研ビタミン㈱京都工場で使用した同社「漬色シリーズ」の各色素の色価と，実際に漬物を製造した時の添加量を示すので，理研ビタミン以外のメーカーの色素を使う時は，その色素の色価を聞いて添加量を調整してほしい．色素製剤の保存状態が良ければメーカーによる色調の差はそう出ないはずである．「漬色シリーズ」の色価を表 3.7.17 に示す．

(7) 特徴ある色素製剤

一般のパプリカ色素は乳化剤を利用して水に分散（乳化）させて使用しているが，調味液に濁りを生じるためキムチ以外での利用は多くない．理研ビタミンの可溶性パプリカ色素製剤（漬色 OP-36）は調味液に透明に溶解させることが可能であり，濁りを嫌う福神漬などの漬物に対しても使用できる．そして酸性調味液中でも安定性が良い．

表 3.7.17 漬色シリーズの種類と色価

色素名	商品名	色価	形状	用途
アカキャベツ色素	漬色 RC-16	80	液体	梅干・梅漬 しば漬風調味酢漬 甘酢ショウガ，紅ショウガ，さくら漬 シソ風味ニンニク漬
アカダイコン色素	漬色 RD-12	60	液体	福神漬，甘酢ショウガ，ベニショウガ 赤カブ漬
ベニバナ黄色素	漬色 YB-100	500	液体	たくあん 刻みキュウリ醤油漬
クチナシ色素	漬色 YK-80	400	液体	たくあん 刻みキュウリ醤油漬 はりはり漬
パプリカ色素	漬色 OP-120（乳剤）	600	液体（乳化液）	キムチ
パプリカ色素	漬色 OP-36	180	液体（可溶化液）	キムチ つぼ漬 カレー福神漬

天然着色料も最近では，ベニバナ赤色素のフラボノイドのカルタミンが高脂血症改善に効果のあることが分かってきたし，カロチン，アントシアンなどの機能性も広く知られてきた．漬物着色には色素によっては1%も使うものもあるので，この機能性も現実味を帯びてくる．理研ビタミンのパプリカ色素製剤のように種々の面で使いやすさを表に出したものもある．天然着色料の使いやすさの向上，機能性の研究の充実が待たれる．

3) 天然着色料の漬物への添加

新漬では着色料をあまり使うことはないが，唯一の例外がキムチである．キムチのコーデックス国際規格は「キムチはトウガラシによる美しい赤い色調」となっていて，天然着色料は貿易品については使用できない．今後，国内流通のキムチでもコーデックス国際規格との整合性が議論されるかも知れないが，当分の間は使用可能であるし，日本人のトウガラシの辛味の適量である製造総量に対して1%（10kg当たり100g）では食欲をそそる色は出しにくいので積極的に色素を使いたい．

古漬は原材料の塩蔵野菜の色調が退色，変色，褐変しているので，着色しないと売りにくい．強いて不要なものを挙げればラョキョウ漬，漂白した白ガリ（甘酢ショウガ）くらいである．

使用に当たっての色素配合と添加量を**表 3.7.18**に示す．この添加量を，

表 3.7.18 漬物の色素選定と使用量

漬物名	色素名と使用量（%）*	漬物名	色素名と使用量（%）*
たくあん	YB-100　0.03 YK-80　0.003	福神漬	RD-12　0.6 OP-36　0.1 YK-80　0.06
梅干	RC-16　0.125	カレー福神漬	YK-80　0.8 OP-36　0.3
さくら漬	RC-16　0.05		
甘酢ショウガ	RC-16　0.005	キムチ	粉トウガラシ　1.0 OP-120　0.08
紅ショウガ	RC-16　0.25		
しば漬風調味酢漬	RC-16　0.25		
使用量増加するが色調やや上位			
紅ショウガ	RD-12　1.0		
キムチ	粉トウガラシ　1.0 OP-36　0.2		

* 漬物製造総量当たりの%．
例：0.25%では製造総量（圧搾原料＋調味料）1t当たり2.5kg．

本章「漬物製造各論」で示した各漬物の調味処方の表（福神漬は第2章）を見て，その製造総量に色素添加量の％を乗じて，その量を使う．もちろん，自社の調味処方に醤油類を多用していると全体が暗くなっているので，色素添加量と配合を適宜，調整する．

なお使用上の利便のため，各色素製剤の性質（相対評価）を**表 3.7.19**にまとめて示す．**表 3.7.18**以外に使われる天然着色料として，野沢菜漬の緑色にクチナシ黄とクチナシ酵素処理のクチナシ青の組合せ，新ショウガのムラサキイモ（アヤムラサキ）色素，甘酢ショウガの紅麹色素がある．

表 3.7.19　各色素製剤の性質（相対評価）

色素	色調	溶解性*			耐光性	耐熱性	耐塩性	耐金属	染着性	pH
		水	アルコール	油						
モナスカス	赤	○	◎	×	×	△	○	○	◎	2—3—4—5—6—7—8—9
アカダイコン	赤～赤紫	◎	○	×	○～△	○～△	○	×	△	2—3—4—5—6—7—8—9
アカキャベツ	赤～赤紫	◎	○	×	○～△	○～△	○	○	○	2—3—4—5—6—7—8—9
クチナシ青	青	◎	○	×	◎	○	○	○	○	2—3—4—5—6—7—8—9
クチナシ黄	黄	◎	○	×	△	△	○	○	○	2—3—4—5—6—7—8→12
ベニバナ黄	黄	◎	○	×	○	○	○	○	○	2—3—4—5—6—7—8—9
マリーゴールド	黄	×／◎	△／×	◎／×	○	○	○	○	×	2—3—4—5—6—7—8—9
パプリカ	黄～橙	×／◎	△／×	◎／×	○	○	○	○	×	2—3—4—5—6—7—8—9
抽出カロチン	黄～橙	×／◎	△／×	△／×	○	○	○	○	×	2—3—4—5—6—7—8—9
スピルリナ青	鮮明な青	◎	△	×	△	×	△	○	×	2—3—4—5—6—7—8—9

＊　油溶性色素のパプリカ，マリーゴールド，抽出カロチンは，上段が原体の溶解性，下段が水溶性製剤の溶解性を示す．

3.7.9　特記すべき科学—ダイコンの黄変反応

　黄色く着色したたくあんが，食品添加物論争で常に取り上げられている．ダイコンを塩漬にすると，徐々に黄色くなってくる．ただ，この黄色色素は太陽光線に弱く，光線に当たったところが退色し激しい色むらが出るので，均等な黄色の色調にするため，染めているのである．

　したがって，着色することが消費者の批判を受けるのなら，たくあんを黄色くしなければよいわけで，冷蔵庫やチラーを使って低温下漬にすればよいという考えに到達する．低温下漬は，やってみるとかなり黄変を防止し，夏までは「ホワイト漬」を名乗る製品が出せるほどである．しかし，夏を過ぎると黄ばんでくる．とくに，秋1回の収穫のダイコンでつくる乾燥たくあんでは，どうしようもない．

　黄色色素の本体解明とその機能性が分かれば，と宇都宮大学の前田研究室はこのテーマに取り組み，著者の後継者である宇田靖教授，高崎健康福祉大学の小沢好夫教授の努力で，その筋書きがかなり分かってきた．

　黄変では，ダイコンの辛味成分4-メチルチオ-3-ブテニルイソチオシアナートが重要な役割を果たしている．この辛味成分は水と非常に反応しやすいという他のカラシ油には見られない反応性を持っている．このため，白いダイコンが黄変するという予想外の変化に関与することになる．実際，この辛味成分の含量が多いダイコンほど黄色くなる．栽培する土地の硫酸根が高く，窒素濃度が低いと辛味は増す．硫安（硫酸アンモニウム）のような肥料でなく，塩安（塩化アンモニウム）を使えば黄変は抑えられる理屈である．

　ダイコン漬込み中に形成される黄色色素には，生成機構の異なる2つの系統がある．1つは，ダイコンの辛味成分4-メチルチオ-3-ブテニルイソチオシアナートとアミノ酸の1種トリプトファンに由来するβ-カルボリン系色素であり，もう1つは，同じくダイコン辛味成分と還元性のo-ジヒドロキシ構造を有するドーパ（3,4-ジヒドロキシフェニルアラニン），カテコール，コーヒー酸などのジヒドロキシフェノール化合物やアスコルビン酸などの反応により形成されるヒドロキシフェノール系，あるいはアスコルビン酸などレダクトン類との反応で形成される黄色色素である．後者の黄色色素の化学構造は未だ明らかではないが，ダイコン辛味成分の分解生成物（後述の

TPC) あるいは，その二量体とレダクトン類との複合体のようなダイコンカラシ油-レダクトン複合系色素と推定されている．

　いずれも鮮やかな黄色を呈する色素で，前者のβ-カルボリン系色素の形成は，漬込み後，時間経過を必要とするのに対し，後者２つは，漬込み後の比較的早い時期に形成される．ここでは，安定で黄色いたくあんとするために重要な前者について説明してみよう．

　たくあんのβ-カルボリン系色素は，３段階の反応を経て形成される．すなわち，第１段階は，ダイコンの塩漬過程で起こる，カラシ油配糖体がミロシナーゼよって分解されて辛味成分を生成する反応である（ダイコンおろしの辛味の生成と思えばよい）．

　第２段階は，ここに生成した辛味成分が漬込み期間中に水と接触して，メチルメルカプタン（メタンチオール）を放出しつつ水溶性のチオキソピロリジン誘導体（TPC）に変化し（ダイコンおろしを放置して辛味のなくなった状態を思えばよい），これが，たくあん熟成中に *Saccharomyces*, *Hansenula*, *Candida* などに属する酵母によって生成され蓄積するアミノ酸のトリプトファンと脱水縮合して，テトラヒドロ-β-カルボリンカルボン酸（PTCC）を形成する段階である．ここに生成するPTCCが黄色色素の前駆体になる．PTCCのようなテトラヒドロ-β-カルボリンの生成は，ピクテット-スペングラー反応として知られており，醤油や味噌などの発酵食品のほか，ワイン，ビールなどの発酵酒においてもよく見られる．この反応はヒトの血液中のような中性条件下で容易に進行する．微弱な酸性側にある塩漬ダイコンでは，ゆっくりと反応が進んでPTCCが蓄積するのである．

　次いで，第３段階は，PTCCから黄色色素が形成される複雑な反応で，大きく分けると次の２つの反応が徐々に，同時進行的に起こってくる．

　その１つは，漬込み中に蓄積した色素前駆体であるPTCCが少しずつ酸化的脱炭酸反応を経ながら，２つのβ-カルボリン系黄色色素を形成する反応である．ここに生成する２つの色素はともに，PTCCのカルボキシル基（-COOH）が酸化的に失われる過程でテトラヒドロ-β-カルボリン環の脱水素反応（芳香族化）が進行することによって形成される．この２つの色素はチオキソピロリジン環の部分（TPC由来部分）が開裂してアミノブテナール

構造に変化したABCと呼ばれる黄色色素と，開裂により生じたX部分が未同定の黄色色素であることが確認されている．量的にはABCの方が多く生成する．

もう1つの反応は最近になって見出されたもので，漬込タンク内でのたくあんの貯蔵中に進行する鮮黄色色素の主形成反応であることが判明している．すなわち，漬込み中に蓄積していたPTCCのテトラヒドロ-β-カルボリン環の開裂が起こり，その結果，黄色鮮やかなTPMT（2-[3-(2-チオキソピロリジン-3-イリデン)メチル]-トリプトファン）に変化するというものである．ここに生成するTPMTの化学構造は未だ確定されていないが，アミノ酸であるトリプトファンの類縁体であるようだ．TPMTの形成は特に中性域で起こる．たくあんはその条件に近いがやや酸性側にあるため，その形成速度は極めてゆっくりで，鮮黄色化には数か月かかることになる．

このように，β-カルボリン系黄色色素の形成反応は複雑だが，第1段階以外はすべて非酵素的化学反応で進行する．これが，たくあんを低温下積すると黄変が抑えられる理由になっている．

図3.7.2に，これまで解明されているたくあんの黄色色素とその関連成分の化学構造を示す．

たくあんの黄色色素とその関連成分の機能性については，これまで抗変異原性，ラジカル消去活性なごく一部の検討が進んでいるだけで，多くは未検討のままである．ここでは黄色色素の形成に関わるTPC，PTCCについてこれまで明らかになっていることを要約する．

まず，黄色色素の前駆体であるPTCCのそのまた前駆体，すなわちTPCの生理的作用である．色素形成の第2段階で生成するTPCは長期貯蔵したたくあん中にはもはや存在しないが，漬込みの初期のたくあんには存在すると考えられている．この化合物は，さまざまな微生物，特にカビに対する抗菌性を持つが，胃内にあって胃潰瘍あるいは胃ガンへの関与が疑われているピロリ菌に対しても強い増殖阻害作用が確認されている．さらにまた，TPCはα-グルコシダーゼ阻害や発ガン物質であるIQ（イミダゾキノリン）などヘテロサイクリックアミン類の遺伝子傷害作用を強く抑制する働きも知られている．

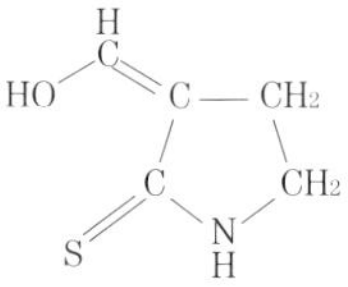

TPC

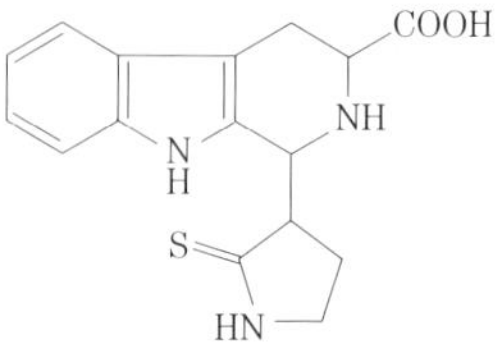

PTCC (1-(2′-ピロリジンチオン-3′-イル)-1,2,3,4-テトラヒドロ-β-カルボリン-3-カルボン酸)

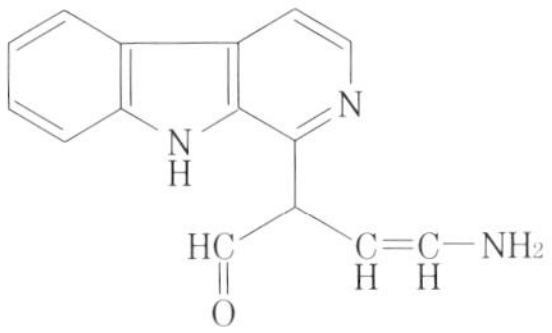

ABC(1-4′-アミノ-3′-ブテナール-2′-イル-)-β-カルボリン)
PTCCの酸化的脱炭酸により生成する黄色色素

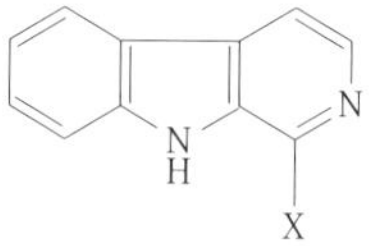

PTCCの酸化的脱炭酸により生成するX部分が未同定の黄色色素

図 3.7.2 たくあんの黄色色素とその関連成分

次に TPC とトリプトファンから生成する色素前駆体の PTCC であるが,この化合物については抗酸化性,抗変異原性,変異原性などが調べられている.しかし,いずれの活性も明瞭なものとしては認められていない.PTCC のようなテトラヒドロ-β-カルボリン類は体内で中枢神経系に作用して,たとえばアルコール摂取量を増大させるとか,逆に定期的な投与で肝臓アルコールデヒドロゲナーゼの阻害作用を誘発してアルコール摂取量を減少させる作用が知られている.また,脳内モノアミンオキシダーゼ阻害活性を示すことも知られている.モノアミンオキシダーゼ阻害剤はある種の脳内神経毒の代謝を阻害する結果,パーキンソン病予防あるいは治療に有効と期待されている.このような活性が PTCC にあるのかどうか興味深いが未だ不明である.最近見つかった TPMT の性質については,変異原性は全く認められていないこと以外はほとんど解明されていない.ラジカル消去活性も一部検討されているが,血液中のような中性条件ではほとんど活性を示さないようである.今後の解明に待つしかないが,トリプトファン類縁体とすれば,何ら

3.8 キムチ

3.8.1 日本人とのかかわり

　朝鮮半島のキムチは優れた漬物で，スパイスの使用については世界に類のない組合せを示す．すなわち，非硫黄系の不揮発性のトウガラシ，硫黄系の揮発性のニンニク，ネギ，ニラを組み合せて使っていることである．この両系統の辛味を合せてもつ食品は，例をみない．

　その中でもトウガラシは，とくに韓国料理に欠かすことはできず，キムチの真っ赤な外観は言うに及ばず，たいていの韓国料理にはトウガラシが大量に加えられている．

　この大量使用を見ると，トウガラシは有史以前から韓国にあると思いがちだが，豊臣秀吉の文禄（1592年），慶長（1597年）の両役のときに日本から朝鮮に入ったとも，天文11年（1542）にポルトガル人が豊後（大分県）に持ち込んだトウガラシを大友宗麟が朝鮮に伝え，それを秀吉が日本に持ち帰ったともいわれる．韓国の人はこれを「倭蕃椒」と呼んで，せいぜい450年の歴史しかない．そのためか，韓国人の中にはトウガラシを避ける人もいて，事実，トウガラシ抜きの白キムチがソウルの料亭や家庭でよく見られる．

　江戸時代の日本の資料には，キムチは見られず，昭和11年（1936）の『実際園芸』増刊の漬物特集に韓国慶尚南道農試の高橋光造氏が「特異な味を持つ朝鮮の漬物の話」を書いたのが嚆矢で，ペーチュキムチ，ナバクキムチ，カクトギー（原文のまま）の調製法とともに，「最近，東京三越で朝鮮キムチを小器に入れて販売した」，「北九州大分県の山間地帯に稀に朝鮮漬を行っている処もあると聞くが朝鮮の移住者によって伝授されたか」と書かれていて，当時は全く知られていなかったことが分かる．

　昭和26年（1951）の朝鮮動乱で，韓国兵の訓練基地や戦ったアメリカ兵の休養地になった日本には，韓国料理店が増えキムチも徐々に知られるようになった．しかし，著者などもあまりの辛さに，出されたキムチを洗って食べた経験をもつ．要するに，韓国で戦いのさなかにキムチの味を覚えたアメ

リカ兵を通じて，日本人はキムチを認識していったのである．

その後，漬物にトウガラシとニンニクを加えると朝鮮漬，キムチと名付けるようになり，刻みキュウリの醬油漬にトウガラシ・ニンニクを入れた新潟・片山食品の「キュウリ朝鮮漬」の大ヒット，「ダイコンキムチ」，「キムチたくあん」と，韓国にない古漬系統のキムチの出現や，同じ頃，日本の気候の温暖さで韓国の伝統キムチがつくれず，白菜漬に「キムチタレ」をかけたキムチも現れ，徐々に人々はそれに親しむようになった．

それが，平成9年，キムチが漬物生産量第1位だったたくあんを抜き，ついに平成13年には35万t（このほか，韓国産輸入キムチ2.2万t）に達し，日本の漬物全生産量118.5万tの実に29.6％を占めるに至った．昭和11年頃，三越に現れたキムチは，約60年で日本の漬物の頂点に立ったのである．そして，キムチコーデックス国際規格の時代に入っていく．

3.8.2　韓国漬物の種類

韓国漬物は，「野菜および薬味を魚醬油を使って漬け込んだ弱い呈味の調味漬」と定義できる．そして，2, 3の例外を除くと大別して3つに分類できるが，厳密には定義にあるただ1つの種類に帰結する漬物である．その3つの種類とは，①ペチュキムチ系，②カクトゥギ系，③トンチミー系である．

この分類は1969年，日韓国交回復直後の韓国を訪れた著者が，韓国中央大学教授で，韓国の調理学・食生活史の第一人者として知られる尹瑞石先生の若き日に，親しい助言・指導を得て2週間にわたり各地を調査して作成したものである．

その後，盧宇炯氏が1987年発行の著書『キムチ文化と風土』の中で，①白菜・葉菜漬物型，②カクトゥギ・オイ型，③トンチミ・ムル型と分けていて，古い著者の分類を踏襲している．

韓国におけるキムチの特徴は，第1に，自家生産の家庭漬が主体で漬物工業の市販品が少ないこと，第2は，大部分が野菜の味主体の新漬というべきもので，野菜の供給がうまくいっているためか，〈塩蔵→脱塩→圧搾〉工程をもつ調味漬がないこと，第3は，白菜のペチュキムチの存在が大き過ぎるた

めか，広い韓国，北朝鮮を通じて地方特有の伝統漬物がなく，朝鮮半島全土で，同じ漬物が食べられていること，第4には，キムチチゲのようにキムチを上手に料理に溶け込ませていること，の以上4つである．

要するに，定義で述べたように主体野菜と副資材の野菜・水産物・香辛料からなる薬味の組合せを，魚の塩辛汁すなわち魚醬油（魚醬）を調味料として漬け込んだ漬物が，ただ1種だけ韓国に存在し，あらゆる食生活の場に現れ，その他の漬物は，そのただ1種の優秀さにより姿を消したとみることができる．

韓国漬物の種類は，ソウル市のキムチ博物館に行くと数多くの陳列品があって多そうに見える．しかし，著者が延べ日数で1年以上滞在した経験からいって，そのほとんどは日常見ることができない．

ペチュキムチ，トウガラシを使わない白(ペク)キムチ，カクトゥギ，チョンガキムチ，ムルキムチの5種類と，若ネギのパキムチ，カラシ菜のカトキムチ，セリのミナリキムチ，青トウガラシのプッコチュキムチ，ニラのブチュキムチ，ヤクシソウのコトルベキキムチ，そしてエゴマの葉の醬油漬のケンニップジャンアチの7種類が見られるのみである．前5種は主として家庭で，後の7種は市場，デパートの市販品として存在する．

1) ペチュキムチ系漬物

白菜やその他の菜類を使い，薬味を葉の間にはさんだ漬物を，ペチュキムチ系漬物と総称する．なかには，セリ，ネギのように葉が小さかったり，白菜をザク切りしたため，はさみ込めず，薬味を混ぜ合せたものもある．白菜を使ったペチュキムチが大部分で，キムチというとこれを指すこともあり，コーデックス国際規格で決める「キムチ」は，ペチュキムチを指している．韓国の土産店や料亭ではポサム（包み）キムチやペクキムチが見られ，日本人に人気がある．

(1) ペチュキムチ

ペチュトンキムチとも呼ばれ，白菜の冬漬である．白菜を，撒塩（まきしお）あるいは立塩漬（たてしお）で，最終塩度2.5〜3.5%になるように下漬し，取り出して別に調製してある薬味を茎葉の間にはさみ込み，カメに本漬する（**写真3.8.1**）．隙間にダイコンの輪切りを詰めると味がよくなる．落としぶたをして，軽い重石を

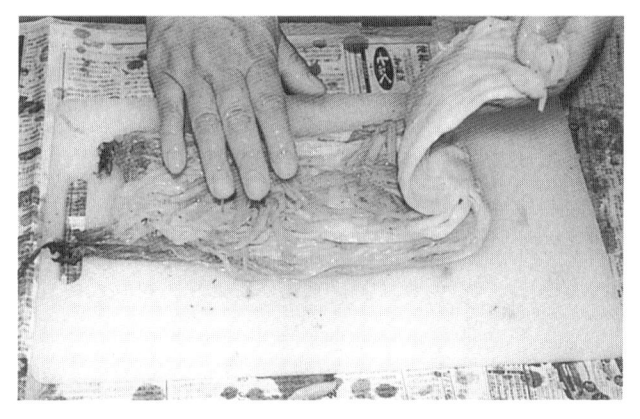

写真 3.8.1 ペチュキムチ

かけて熟成する．漬込み後 2〜3 週間で食用が可能になり，初春まで食べられる．薬味は薬念（ヤンニョン）といわれ，野菜の種類，塩辛汁（魚醬油に類似のもの）の種類や処遇が地方，生活程度で異なるので，そのことが韓国人のいう「キムチは 1 000 種類」の一因になっている．一般に，ダイコン，ニンジン，ネギ，セリ，ニラの野菜に，ニンニク，ショウガ，粉トウガラシの香辛料，果実のナシのすりおろし，生イカ，生エビの魚介類，各種塩辛類と食塩を，大きな容器でよく混ぜてつくる．食塩は白菜漬同様，2.5〜3.5％に仕上げる．

　塩辛汁は，薬念をつくるときに加える場合と，本漬時にカメの横から注ぐ場合とがある．また，薬念には粘性をもたせるため，もち米粉や小麦粉のおかゆを加える．

　冬の漬込み最盛時（キムジャンという）の熟成キムチ以外に，初夏から晩秋までの即席漬もある．一般に行われている方法は，白菜を 2〜3 cm くらいの幅に切り，少量の食塩水と食塩を加え 4〜5 時間塩漬したあとに，トウガラシ，ニンニク，ネギを和えるように加える．完全な即席で熟成味はないが，淡白なため夏の食事にはよい．これは，食塩 2〜2.5％につくる．

(2) ポサムキムチ（包みキムチ）

　ペチュキムチ系の高級品で，以前の宮廷料理の 1 つ．塩漬した白菜の大葉 5 枚を別にし，残りの白菜を刻んで薬念と混合する．大葉 5 枚をドンブリの

周囲にたらすように，桜の花弁状に敷き並べ，その中心に刻み白菜・薬念混合物を適量置く．その上にトッピングとして，アワビ，タコ，アカガイの薄切り，クリスライス，松の実，糸トウガラシをのせ，周りの葉で囲むように包み込む．カメに移し，落としぶたをして，軽く重石をして白菜，薬念，トッピングのエキスが混じり合うように，2日ほど熟成する．このポサムキムチは，包みの大きさ10cmのソフトボール大のものから，15cmの大きなものまである．包み込まれる白菜の刻みと薬念の混合は，白菜の葉の間に薬念をはさんで，包みの中に入る大きさの小型ペチュキムチ様のものにしてもよい．

ソウルの鐘路(チョンロ)のレストラン一億兆(イルオクチョウ)，それを売る新羅(シーラ)ホテル免税店のキムチは，このポサムキムチが多く，日本に持ち帰る人も多い．

ポサムキムチを輸入する業者もあるが，乳酸発酵させて，プラスチック容器にキムチタレとともに入れてあるので，外観が汚れる．ポサムキムチは，乳酸発酵を強く行うことは避けたく，できれば国内でつくりたい．

(3) ペク(白)キムチ

良質の白菜を使ってトウガラシを全く加えず，スパイスはショウガとニンニク，塩辛汁はアミを使っている特殊なキムチである．北朝鮮の平安道に起源を置く．即席のペチュキムチの製造に準ずるが，薬念に色の付けないものを選び，白く仕上げる．少量の砂糖かナシをすったものを加えて，やや甘く調味する．わが国の白菜漬をやや甘く漬けて，ニンニク，ショウガ，ダイコン，ネギを少量はさんだ感じのものだが，アミの塩辛が効いて味は上位である．

(4) ヤングペチュポムリ

ヤングは「洋」，ポムリは「混ぜる」の意で，キャベツのキムチである．2つの製法がある．1つは，キャベツの葉を短冊に切り，多量の粉トウガラシ，ニンニク，ショウガ，ネギ，そして夏はキュウリの角切りを混ぜ，これを食塩と塩辛汁で漬け上げたもの．他の1つはキャベツを4つに切って塩漬にしたのち，ペチュキムチのように葉間に薬念をはさみ込んで，塩辛汁で本漬したものである．韓国国内ではほとんど見ないが，白菜がイスラエルから輸入されるため高価なヨーロッパで，韓国人がつくる．かつて，ストックホルム

の「清香園」で食べたキムチもこれであった．

(5) パキムチとその類似キムチ

前述した韓国の市場，デパートで見られる，辛そうなグリーンの野菜に赤い薬念のかかった１群のキムチである．若ネギ・アサツキのパキムチ，カラシ菜のカトキムチ，セリのミナリキムチ，青トウガラシのプッコチュキムチ，ニラのブチュキムチ，タンポポに似たヤクシソウのコトルベキキムチなどがある．若ネギ，アサツキ，セリ，ニラなどは塩漬にして，しなしなになったものをクルクルと巻くようにして，少量の激辛の薬念をまぶす．

いずれも緑の野菜と赤の対比が日本人の美的感覚と相入れず，食欲をそそらない．グリーンと赤の対比は，野沢菜，高菜のキムチがわが国ではときどき見られるが，この外観では売れない．コトルベキキムチは，全羅道の産で苦味があって旨い．日本では知られていないが，韓国では比較的よく食べられる．

(6) ボンバクキムチ

春先の若い青い部分の多い白菜を漬けたキムチで，ペチュキムチの即席漬の１種だが，一部の地方でこれをボンバクキムチと呼んでいる．普通，白菜を２，３時間食塩水に漬けたのち水洗し，水を切り，葉の間に数種の薬念をはさんで，塩辛汁，食塩を用いて本漬にし，４，５日で食べるものを指すが，地方によっては浅漬の生の感じの強い白菜漬をいう場合もある．

(7) ハルナキムチ

春から夏にかけて，雑菜を使って，粉トウガラシ，ニンニク，ネギで仕上げた即席漬をいう．韓国には種々の小型の雑菜が多く，本格的なペチュキムチのできる12月まで多く消費されるが，キムチ漬込み期の11月にもアブラナ類似の雑菜が出回り，これも相当量が即席漬とされる．

なお，山東菜(サントウサイ)をキムチにしたものをハルナキムチと呼ぶ地方もあるが，山東菜もペチュキムチに含めるところが多い．いずれにせよ，韓国でもわが国と同様，山東菜は激減している．

2) カクトゥギ系漬物

ダイコン，キュウリなどを角切りにして，トウガラシ，薬念，塩辛汁で仕上げた漬物を，カクトゥギという．このほかにダイコン，キュウリ，ナスな

どを，角切りとせず丸のままカクトゥギと同様に漬けたものもあり，これもこの系統に含めた．

(1) カクトゥギ

ペチュキムチとともに韓国漬物を代表するもので，韓国のあらゆる家庭で漬けられる（**写真 3.8.2**）．しかし，硬いので日本人に人気はない．ごく最近，調味浅漬のところで述べた「砂糖しぼりダイコン」のテクニックを使い，漬け上げたダイコンをカクトゥギ風に漬け直すと日本人向きの製品になることが分かったので，日本でもよく食べられるようになろう．

韓国在来種の硬いダイコンを 2cm 角のサイコロ状に切り，トウガラシ粉をまぶして 1 時間ほどおき，赤い色をしみ込ませてから，食塩，薬念，塩辛汁を使ってカメに漬ける．最終塩度 3% くらいとし，冬期で 10 日くらいで食べ頃になる．カクトゥギの特徴は，ダイコンを切ってトウガラシをまぶすだけで本漬に移ることで，下漬を省略する．これは，韓国人が在来種ダイコンの硬さを尊重して，下漬，本漬の 2 度漬で軟らかくなるのを嫌ってのことと思われ，日本最新の砂糖しぼりカクトゥギとは，当然相入れないであろう．

薬念は，ペチュキムチほどには種類を使わず，ニンニク，ショウガ，ネギくらいであり，水産物は使うとすればカキである．

カクトゥギも，ペチュキムチと同様に種々の程度の即席漬があって，夏など数時間で仕上がる．しかし，カクトゥギの本当の味は，初冬に漬けてゆっくり熟成させたものでないと出ない．

(2) チョンガキムチ

アルタリあるいはムチュンキムチの別名のある小ダイコンの漬物である．冬期に青首小ダイコン（韓国特有のもので 50g くらい，ヒョウタン形，ダルマ形といろいろの形がある）を葉付きのまま下漬したのち，薬念，塩辛汁を使って本漬する．小ダイコンが硬く葉茎の風味も良いと，韓国ではペチュキムチ，カクトゥギ，トンチミーに次いでどこの家庭でも漬けるが，日本人には

写真 3.8.2 カクトゥギ

硬すぎて風味が分からない．したがって，製品を輸入販売すると，必ず失敗する．小ダイコンをわざわざ栽培するが，ダイコンを小さなうちに抜いて同様に漬けることもあって，これをムチュンキムチと呼ぶ地方もある．したがって，ムチュンキムチがチョンガキムチの別名のところと，ダイコンの小さなものの漬物を指すところの2つの地方に分かれる．

このほかに，ダイコンの中型のものに，斜めに多くの切り目を入れて同様に漬けたものもあって，魚の鱗(うろこ)に似ているのでピヌル（鱗の意）キムチと呼ばれる．

チョンガキムチにも即席漬があって，夏は数時間で漬けてしまう．縦に2つないし4つ割りして，下漬なしに漬け上げる．

(3) オイソバキ

キュウリの漬物を，普通はオイソバキと呼び，オイキムチは一部地方の名である．キュウリに縦に切り目を入れて薄塩で下漬したあと，その切り目に，粉トウガラシ，ニンニク，ショウガ，ダイコン，ニンジンを塩もみした薬念をはさみ込み，塩辛汁を使ってカメに本漬する．2，3日で漬け上がる．日本の韓国料理店には必ずあるが，韓国でオイソバキを探すのは結構むずかしい．初夏から初秋の漬物で，冷やして食べる．

キュウリを2cmくらいの厚さに切ってカクトゥギ同様に漬けたものは，オイカクトゥギという．夏の即席漬として淡白さを好むもので，冬の熟成したものはない．

(4) カジキムチ

ナスに切り目を入れて，オイソバキと同様に漬けたものである．晩夏から中秋の短い期間の漬物で，薬念にニンニク・ネギのみじん切りにトウガラシを混ぜ，醬油漬にしておいたものをはさむこともある．1昼夜で食べ頃になる．韓国では，キュウリの漬物よりさらに探しにくい．

3) トンチミー系漬物

韓国の食卓には，階層を問わず味噌汁ともう1つ，ダイコン，白菜，ニンジンの浮かんだような汁物が並ぶ．このトンチミーは，日本では全く見られない韓国漬物であるが，食膳で最初に食べるものとして，韓国では尊重されている．また，北朝鮮のキムチは，トンチミータイプに野菜の量を多くした

ものが多く見られる．

汁に漬汁(つけじる)を使う場合と，新しい食塩水を使う場合がある．トンチミー系の浮かし漬は，名称が地方によって混乱している．トンチミーという語は，広義と狭義の使い方があって，広義にはこのような浮かし漬すべてをトンチミーといい，狭義には使った野菜の漬汁をそのまま使った場合を指す．それに対し，汁として新しく食塩水を加えたものはナバクキムチと呼ぶ．

このほか，よく使われているのは，漬汁を使うにせよ新調するにせよ，すべてムル(水)キムチというケースである．また，ごく一部でシンゴンジー（シンゴンは塩の薄いの意），シンゴンキムチなる言葉も使われる．

塩辛汁を使う場合と使わない場合がある．使う場合は，トンチミーの液が濁らないようにろ過して，清澄にしたものを加える．またトウガラシは，普通は糸トウガラシを浮かべるが，場合によっては木綿の袋に荒(あら)びきトウガラシを入れ，液中に浸して辛味を抽出することもある．

冷麺の汁にはこのトンチミーの漬液がよいといわれ，ソウル市茶洞の「南浦麺屋」には日付の入ったトンチミーのカメが，土間にずらりと並べて埋め込まれている．

(1) トンチミー（狭義）

ペチュキムチ，カクトゥギとともに韓国の食卓に欠かせないものである．ダイコンをそのままの形で5%の食塩で漬け，水が揚がったら取り出して袋に入れ，これにニンニク，ショウガ，ニラを加えて食塩水で本漬する．2～3週間で野菜のエキスが袋から出て味がなじむので，ダイコンを薄切りして色どりに糸トウガラシを浮かして，スプーンで汁と漬物を飲み，かつ食べる．一般に甘味が好まれ，砂糖を加えることが多い．4～5%の低塩で漬けるので変敗しやすいため，この方法は冬期に行われる．

(2) ナバクキムチ

汁の多い浅漬の意味で，トンチミーの即席漬に位置づけられる．このものを，ムル(水)キムチと呼ぶところも多い．春から秋まで朝鮮半島全土でつくられる．ダイコンを厚さ1cm，長さ5cmくらいの拍子木(ひょうしぎ)に切って3%の食塩で下漬し，漬け上がったならば，別に用意した薄い食塩水に浮かして食べる．このとき，同時に浅漬にした白菜，キャベツ，ニンジンを切って浮かべ

たり，糸トウガラシ，ニンニク，ショウガ，ネギ，セリ，ニラ，松の実あるいは青トウガラシを加えることもある．砂糖を少し使って甘くする．

(3) オイシンゴンジー

キュウリの縦4つ割りを5cmくらいに切り下漬したのち，ナバクキムチ同様に即席浮かし漬としたものである．2～3cmに切ったキャベツを下漬して加えることもある．盛夏のトンチミーである．

(4) ペチュトンチミー

白菜を長さ2～3cmに切ったものと，ダイコンを厚さ2cm，長さ3～4cmの短冊切りとしたものを一緒に下漬して，ナバクキムチに準じてつくったトンチミーである．オイシンゴンジー，ペチュトンチミーとも塩辛汁を加えることもある．

(5) ジャン(醬)キムチ

最高級のトンチミー系キムチで，正月宴会，誕生祝いなどのための特別漬である．したがって，このキムチを知っている韓国人は少ない．ジャンは醬(醬油)の意味で，このキムチは調味料そのものを使っている韓国では珍しい漬物である．

白菜を4cmほどのザク切りとし，これにダイコンを2～3cmの短冊切りにしたものを加えて醬油で下漬しておく．4～5時間たったら，白菜，ダイコンをカメに移し，これにトウガラシの糸切り，ニンニク，ショウガ，ネギ，セリ，シイタケ，ナツメ，クリ，松の実を加え，下漬に使った醬油を水とナシの絞り汁で薄めて注ぎ込む．ナシのほかに砂糖を加えることもある．5,6日で食べ頃になる．

塩辛汁の魚醬油に対し，大豆醬（大豆の醬油）を使ったもので，わが国の野菜刻み醬油漬を連想させるが，このキムチは生野菜の風味と，そのエキスの溶け出した醬油汁の風味の両者を楽しむものなので，固体にしみ込んだ醬油味だけを楽しむ日本の醬油漬とは，大幅に異なる．

将来のわが国の調味浅漬に，固体と液体（スープ）を楽しむものがあってもよいと考え，トンチミー系のこのジャンキムチを想定している．詳細は後述する．

4) その他のキムチ

(1) ジャンアチ

一般的には，エゴマの葉の塩漬であるケンニップジャンアチを指し，上記3系統以外の漬物では，最もよく食べられるものである．エゴマの葉を10枚ずつ糸でくくって塩漬したもので，1枚ずつ取って飯を包んで食べる．韓国の市場，デパートで対面販売しているほか，缶詰もある．

ジャンアチにはこのほか，ニンニク，タマネギ，トラジ（白キキョウの根）でつくったものがあり，トウガラシ味噌，醤油などをわずかに加えたジャンアチもある．

(2) トガキムチ

晩秋にトウガン（冬瓜）を薄切りにし，トウガラシ，ニンニクを加えて薄塩で漬け込み，漬かってドロドロになったところをスプーンですくって食べる，変わった漬物である．

このほかウリ類では，かんぴょう用ユウガオのバツキムチ，カボチャのホバクキムチがある．ホバクキムチは，塩抜きしてチゲなどの煮物に使う．

(3) シヘクキムチ

韓国のキムチではかなり変わったもので，わが国の馴れずしに近いものである．ダイコンを塩漬にして刻み，米飯，粟飯（あわめし），米麹と魚肉あるいは鳥肉を和える．

3.8.3 日本キムチの発展・進化の経路

日本のキムチの発展の跡をたどってみよう．要約すれば，3段階の進化を遂げつつあるが，実際にはそのすべてが現在もあって，存在価値を示している．

1) タレキムチ

タレの言葉が悪ければ，薬味液といってもよい．日本は韓国に比べて，緯度が南に寄っていて温暖であり，韓国のように水産物を入れた冬のペチュキムチはつくりにくかった．そこで，昭和20年代の後半に韓国料理店の人達が研究し，冬の薬念ほどに充実していない夏の即席ペチュキムチの薬念を想定して「キムチタレ」なるものを開発したといわれる．白菜漬とタレを混ぜ

るだけであるがキムチの感触は伝えているので，夏場の即席キムチの味は当然出ているし，淡白さがかえって喜ばれる場合もある．冷麺，チョンボクジュ（アワビがゆ）やキムチチゲに加えて食べるには，むしろ日本人にはこのタレキムチが優れている．したがって，流通キムチの50％はこのタイプであるし，おもしろいことに，韓国産輸入キムチもCIF価格が365円/kg（2001年平均）という安価なため，ほとんどがこれである．近頃，このタレキムチを「浅漬キムチ」と呼ぶことが多い．次に述べる薬味に数種の野菜を入れたキムチを「本格キムチ」と呼んでいるので，分類上は便利だが必ずしも適当な名称とは思えない．

2) 野菜数種の薬味とタレの併用キムチ

1975年に入り，ダイコン，ネギ，ニンジンなどを細刻みして，塩漬白菜の刻みとキムチタレを混ぜ合せたペチュキムチが増え，本格物として消費者の満足を得るようになった．白菜だけでなく数種の野菜が加わることで，キムチの風味に重厚さが増す．近頃，このキムチを「本格キムチ」と呼ぶことが多い．

3) 前記2)に生イカなどの魚介類の入ったキムチ

1990年代に入って，生イカや，酢じめあるいはボイルしたイカ・ホタテガイのヒモなどを，野菜の薬味に併用した製品が出てきた．まだ数は少ないが，韓国の冬のペチュトンキムチに範をとり，魚醬，塩辛なども併用してつくられる．

衛生的な選ばれた工場だけがつくるべきキムチであるが，このキムチは，白菜，野菜，香辛料に水産物が加わっただけで，市販調味料では絶対に出せない味をつくり上げている．

以上が，日本キムチの発展，進化の経路である．目下，2)から3)に移行の始まったところであるが，日本においては，1)，2)，3)を並列して，目的に応じた使い分けをするべきと思っている．

3.8.4　市販キムチの分析値

国産ペチュキムチ，韓国産輸入ペチュキムチ，国産砂糖しぼりダイコンタイプのカクトゥギのそれぞれの分析値を**表3.8.1～3.8.3**に示す．

3.8 キムチ

表 3.8.1　国産ペチュキムチ分析値

社名・商品名	中川食品 マイルドソウルキムチ	中川食品 本格キムチ	中川食品 ソウルキムチ	秋本食品 ハンソンキムチ	丸越 ソフトキムチ	備後漬物 キムチ
タ　イ　プ	本　格	本　格	本　格	本　格	ソフト	タ　レ
全　重　量(g)	635	540	280	267	129	750
固　　体(g)	460	320	220	173	92	580
薬　　味(g)*	80	100	50	28	31	130
容　　器(g)	95	120	10	19	6	40
固形物割合(%)	85	76	81	86	75	82
表 示 重 量(g)	500	280	250	220	120	700
形　　態	円　型	角　型	角　型	角　型	角　型	円　型
調味液屈糖値	12	15	15	16	11	10
食　塩(%)	2.3	2.9	2.8	2.7	2.5	1.9
グ　ル　曹(%)	1.23	1.98	1.25	1.33	1.1	1.0
全　糖(%)	4.3	4.8	4.5	2.4	3.2	2.1
酸 (%)	0.31	0.52	0.48	0.28	0.15	0.65
pH	4.7	4.6	4.5	4.6	5.2	3.9
白　菜(%)	79	78	68			
ダイコン(%)	14	14	17			
ニンジン(%)	4	7	5			
そ の 他(%)	3	1	10			
遊離アミノ酸 (mg/100g)						
アスパラギン酸	37	54	55	11	22	9
ス レ オ ニ ン	114	122	119	132	120	1
セ　リ　ン	27	34	37	25	22	18
グ　ル　曹	1 226	1 976	1 251	1 331	1 080	1 033
プ　ロ　リ　ン	5	99	89	58	117	1
グ　リ　シ　ン	64	48	38	768	31	19
ア　ラ　ニ　ン	104	87	73	68	43	215
バ　リ　ン	19	22	22	11	17	17
メ チ オ ニ ン	+	+	+	+	4	5
イソロイシン	11	14	14	8	5	9
ロ　イ　シ　ン	12	15	17	3	7	15
チ　ロ　シ　ン	8	8	9	+	7	1
フェニルアラニン	19	23	24	9	13	14
ヒ ス チ ジ ン	12	15	14	6	10	6
リ　ジ　ン	27	35	37	13	12	22
ア ル ギ ニ ン	55	79	79	36	30	16
合　　計	1 740	2 631	1 878	2 479	1 540	1 401

＊ タレの部分の重量．

表 3.8.2 韓国産輸入ペチュキムチ分析値

輸入元	三　輝	ロッテ物産	大進食品	秋本食品	マルキュウ販売	菜　華
固　体(g)	158	52	280	290	170	316
薬　味(g)*	52	28	130	110	38	93
固形物割合(%)	75	65	68	73	82	77
表示重量(g)	200	75	400	400	190	400
調味液屈糖値	10	12	8	10	11	10
食　塩(%)	1.8	2.8	2.4	2.3	2.1	2.2
グル曹(%)	0.81	0.49	0.16	0.67	0.60	0.40
全　糖(%)	1.3	4.0	1.0	0.7	2.0	2.3
酸(%)	0.64	0.20	0.47	0.66	0.71	0.84
pH	4.2	4.9	4.1	4.2	4.1	4.0
白　菜(%)	96	92	96	93	93	99
ダイコン(%)	—	7	—	3	2	—
ニンジン(%)	1	—	—	4	2	—
その他(%)	3	1	4	—	3	1
遊離アミノ酸 (mg/100g)						
アスパラギン酸	23	23	29	16	41	1
スレオニン	144	230	191	150	226	1
セリン	24	32	33	25	37	26
グル曹	809	491	163	667	604	402
プロリン	55	55	100	75	113	24
グリシン	10	12	13	14	17	20
アラニン	74	82	84	91	115	89
バリン	21	23	24	26	33	29
メチオニン	6	5	8	8	10	10
イソロイシン	12	16	16	14	21	17
ロイシン	16	14	21	19	26	30
チロシン	12	9	13	10	14	1
フェニルアラニン	17	17	20	18	21	24
ヒスチジン	9	10	10	13	13	11
リジン	23	20	28	32	36	36
アルギニン	+	43	+	+	+	2
合　計	1 255	1 082	753	1 178	1 327	723

* タレの部分の重量．

3.8.5　キムチ製造法

1)　材料と副材料

(1) 白　　菜

表 3.8.3 砂糖しぼりタイプカクトゥギ分析値

社名・商品名	中川食品	マルハチ
	ソウルカクテキ	元気のでるキムチ
全 重 量(g)	240	329
固 体(g)	215	252
薬 味(g)	15	70
固形物割合(%)	93	78
表示重量(g)	220	250
形 態	円 型	巾 着
調味液屈糖値	22	15
食 塩(%)	2.8	3.2
グ ル 曹(%)	1.10	0.77
全 糖(%)	11.1	7.2
酸 (%)	0.41	0.42
pH	4.3	4.4
遊離アミノ酸 (mg/100g)		
アスパラギン酸	34	47
スレオニン	98	116
セ リ ン	20	29
グ ル 曹	1 104	766
プ ロ リ ン	82	83
グ リ シ ン	27	20
ア ラ ニ ン	35	52
バ リ ン	21	25
メ チ オ ニ ン	+	7
イソロイシン	8	15
ロ イ シ ン	8	31
チ ロ シ ン	+	6
フェニルアラニン	20	24
ヒスチジン	9	10
リ ジ ン	20	20
アルギニン	44	43
合 計	1 530	1 294

最重要のペチュキムチの材料．白菜の葉の間に薬味をはさむので，小型のやせたものがよいが，やせていても中国系のタケノコ白菜のように葉茎の幅の狭いものは薬味がはみ出して使いにくい．最近は，収量の上がる2〜3kgの交配種ばかりになったので，薬味の量を加減すればこれでもよいし，刻んだキムチでは問題ない．白菜をキムチにするためには下漬をするが，白菜重

量の2.5%の食塩を散布し，白菜重量の3割くらいの2.5%食塩水を注ぎ，早く水揚げして，漬け上がるようにしたい．韓国では，差し水をひたひたになるまで入れる「立塩漬」も行われていた．刻み白菜は，2.5%の食塩と混ぜて転動（3.1.2項の1）「ナス調味浅漬」を参照）してから，樽に放置して漬け上げることもできる．

(2) ダイコン

カクトゥギ，チョンガキムチの主材料であるが，この2つは日本人に人気がない．カクトゥギは，最近は中国輸入の「砂糖しぼりダイコン」でつくると売れる．日本では，ダイコンはペチュキムチの薬味の重要資材で，千六本に切って白菜漬に混ぜると，品質は向上する．ペチュキムチの漬込み空間に，ダイコンの大切りを漬け込むことは，韓国の冬の本格キムチでよく行われる．韓国・中国在来の硬い品種は日本人には合わず使えない．

(3) キュウリ・ナス

キュウリ・ナスは，日本では漬物用野菜として重要で，とくにキュウリのオイキムチはどこの韓国料理店にもあるが，韓国ではほとんど見ない．ナスのカジキムチは，韓国でも皆無である．最近，カットナスの色止め技術が完成したので，種々のカット野菜を混ぜた「醬キムチ」はおもしろい．

(4) トウガラシ

トウガラシは副材料を代表するもので，香辛料の域を越えて多用される．生の青トウガラシを使ったプッコチュキムチもあるが，主として赤くなったものを乾燥して使う．使用形態は，そのまま，輪切り，細・荒2種類の粉末，および糸切りと5つの形で市販されている．

韓国で使われるトウガラシは，「鷹の爪」と「大果群」の中間くらいの，比較的長大果であり，「鷹の爪」，「三鷹」に比べてカプサイシン含量は5分の1とあまり高くなく，辛味は弱い．そして，辛味以外に適度の甘味，旨味をもっている．

なお，トウガラシは意外に細菌，カビの汚染が多い．キッコーマンの気流殺菌機，川崎機工のお茶の葉用蒸気殺菌機などの使用がキムチの保存性を向上させる．ただし殺菌後，色が濃くなったり風味が落ちることがあるので，購入時によく相談する．

表3.8.4にトウガラシの品種間の辛味の比較を示す．同じトウガラシでも韓国種の5～13倍の差があるから，キムチにおけるトウガラシの選抜は最重点課題になる．

使用量は，ペチュキムチ10kg当たり300gが韓国人の適量で，これは同じトウガラシでの日本人の適量100gに比べ，3倍になる．

(5) 塩辛汁（ジョッカル）

塩辛汁は，韓国の漬物の調味料として必須のもので，5, 6月にカメに魚を塩漬して夏を越させ，熟成塩辛とする．材料は，高級なものとしてはイシモチ（シログチ），タチウオ，カキが，一般にはイワシ，アミが使われ，特殊なものとしてタラ，イカ，カツオがある．塩辛の製法は，魚の身も内臓も一緒にカメに入れ15～20%の食塩を加えてよくかき混ぜ，放置して自己消化させて，塩辛とする．使用時に水を入れて，食塩10%濃度まで希釈し，1～2時間煮沸後，布でこして静置し，澄んだ液を集める．

キムチ漬込み期の11～12月になると，韓国の百貨店，市場などで，秋に仕込んだ速成のチュジュという塩辛から本格物まで，たくさん並ぶ．韓国でも，家庭で塩辛をつくることが減り，購入時代に入った．

表3.8.4 トウガラシ品種間のカプサイシン量比較

品　種　名	カプサイシン量 (%)	辛　さ (スコービル単位*)
チ　リ	0.0058	900
レッドペッパー**	0.0588	10 000
アビシニアン	0.075	11 000
カイエンレッドペッパー	0.2360	40 000
メキシカン・ペキノス	0.260	40 000
バード・チリ	0.360	42 000
サンナム（インド）	0.330	49 000
栃木三鷹（日本）	0.300	55 000
バハマ（バハマ諸島）	0.510	75 000
モンバサ（アフリカ）	0.800	120 000
ウガンダ（アフリカ）	0.850	127 000

* スコービル単位：辛味を感じる最大希釈度，カプサイシン自身は $15\sim17\times10^6$ スコービル単位．
** 韓国トウガラシはここに属する（著者注）．
(V.S. Govindarajan: Food Taste Chemistry, pp.53-92, A.C.S.(1979))

ところで，コーデックスキムチ国際規格には，「発酵した水産物」を使うとあって，日本ではなじみが少ないため心配したが，その後，2.2.2項の1)「味覚資材」で述べた，日本人に向く色の淡い生臭さも少ない魚醬が，国内産として数社から紹介され，この問題は解決した．

(6) 薬味材料

薬味はヤンニョム（薬念）と呼ばれ，キムチの品格を左右する．野菜では，ニンニク，ショウガ，ネギ，ニラ，セリ，ダイコン，ニンジン，果物では，ナシ，リンゴ，ナツメ，動物質では，生魚，生エビ，生イカ・タコ，生貝，牛・豚・鳥肉まで薬味になる．そして最近では，塩辛から汁液をつくらないで，そのままをいきなり入れる省力化も目立っている．

このほか，高級キムチのポサムキムチでは，トッピングとしてシイタケ，マツタケ，クリ，松の実から，アワビ，アカガイも加えられる．カクトゥギには，カキ（貝）が使われる．変わったところでは，チョンガクというミルに似た海藻が海岸地方で薬味になる．

日本では，一夜漬，浅漬に砂糖を加えることは少ないが，韓国では，しばしば使われる．ナシをすりおろした汁は，甘味と風味が加わるので賞用され，砂糖はこの代用として位置づけられる．

もち米粉，小麦粉，かたくり粉は，薬味の増粘剤的にしばしば使われる．

薬味は，3％前後の食塩を加えて，味が混ざり合うようによく撹拌して使用する．

薬味は，野菜，果物，動物質をどう配合してもよいので，韓国では，それぞれの家庭の生活程度・習慣で組合せが増え，韓国キムチ1000種説も出てくる．実際は，ペチュキムチが非常に優れているので，ほかの漬物は育たず，韓国漬物はただ1種に帰結する．

日本人の嗜好に合せるには，薬味の配合は何でもよいが，主材料と薬味の合計量に対し，食塩2.5％，韓国産トウガラシ1％，ニンニク0.5％にすれば，キムチとしての風味は確保される．

2) **キムチ製造法**

前述したように，現在のわが国のキムチ（白菜を使ったペチュキムチ）は通称「浅漬キムチ」といわれるタレキムチと，野菜数種の薬味とタレを併用し

表 3.8.5　キムチの設計

	浅漬タイプ	本格タイプ
賞味期限設定	7日	14日
白菜の処理	刻み（幅3cm），塩素200ppm水洗浄後，水洗浄	
白菜の漬け方	1度漬 食塩2.5%散布，差し水2.5%食塩水20%量．冷蔵庫3日間，重石500kg，容器当たり200kg	2度漬 1回目：食塩2%散布，差し水2%食塩水30%量．重石500kg，容器当たり300kg，冷蔵庫2日間 2回目：食塩1%，グル曹0.2%混合物散布，差し水なし．重石500kg，容器当たり300kg，冷蔵庫2日間
歩留り，搾り	80%，白菜漬軽く水切り	75%，白菜漬軽圧搾
薬味の処理	水洗したネギを小口切りして白菜の3%量添加	千六本ダイコンを白菜重量の20%，小口切りネギ10%，細刻みニンジン4%を，合計の2%量の食塩と強く撹拌，塩漬
トウガラシの処理	殺菌済みの韓国産細粉を野菜＋タレの1%量使用	殺菌済みの韓国産細粉0.33%，荒びき0.67%使用
キムチタレの量	浅漬キムチタレを白菜漬の16%量	本格キムチタレを薬味混合塩漬，白菜漬合計の22%量
混合	キムチタレ，白菜漬をよく混合	キムチタレ，薬味混合塩漬，白菜漬をよく混合
熟成	場合によっては20°C以下の室温1日放置，プレ乳酸発酵後，袋詰め	場合によっては5°C冷蔵庫中3日間放置，プレ乳酸発酵後，カップ詰め
食塩	2.4%	2.4%

た通称「本格キムチ」の2つに分かれる．通称には問題はあるが，ここではそのまま使うことにする．

　浅漬キムチと本格キムチを製造する上での製品の設計を表 3.8.5 に示す．浅漬キムチは明るくお新香感覚の残っている軽快なものが好まれ，本格キムチはダイコン，ネギ，ニンジンの細刻み（中川食品の本格キムチは1×1×5cmの拍子木切りのダイコンを入れている）を野菜の25%くらい入れ，浅漬キムチが橙赤色のタレを使っているのに対して重々しい赤色のタレを使う．

(1)　浅漬キムチ（タレキムチ）のつくり方

　表 3.8.6 に浅漬キムチの配合例を示す．白菜を刻んで塩漬にしたものに浅漬キムチタレを混和すれば完成する．賞味期限は7日と短いが，かつてこの

表 3.8.6　浅漬キムチ配合例

```
白　菜（刻み幅 3cm）      540kg
食　塩（2.5%）           13.5kg
差し水（2.5%食塩水）     100kg
    漬込み　冷蔵庫 2 日間
    仕上がり　430kg（歩留り 80%，食塩 2%）
製　品　刻み白菜漬      310g
        細刻みネギ*      10g
        浅漬キムチタレ*  50g（白菜 100：タレ 16）
```

浅漬キムチタレ調味処方	白菜漬　430kg 分
	タ　レ　70kg

調味処方		食塩(kg)	グル曹(g)	糖(kg)	酸(g)
淡口味液	8.4L (10.3kg)	1.75	319		
シーベストスーパー	3.5L (4kg)	0.56	56		
グル曹	8.0kg		8 000		
グリシン	1.05kg				
果糖ブドウ糖液糖	17.5kg			17.5	
りんご酢(酢酸5%)	10.5L				525
乳酸	1.2L				1 200
アルコール	2.5L (2kg)				
すりおろしニンニク	2.5kg				
すりおろしショウガ	2.5kg				
粉トウガラシ	5kg				
リンゴピューレ	4L				
キサンタンガム	210g				
パプリカ色素**	140mL				
食塩	1.1kg	1.1			
(計)	70kg				
刻み白菜漬	430kg	8.6			
製造総量	500kg	12.0	8 375	17.5	1 725
最終成分		2.4%	1.7%	3.5%	0.35%

〔その他の最終成分〕　醤油類 2.4%，グリシン 0.21%，アルコール 0.5%，ニンニク 0.5%，ショウガ 0.5%，トウガラシ 1.0%，キサンタンガム 0.3%(対タレ)，色素 0.2%(対タレ)．
　＊　細刻みネギは計算せず，配合時に生のまま添加．
＊＊　パプリカ色素：漬色 OP-120（理研ビタミン製，色価 660）使用．

タイプのキムチで病原性大腸菌 O 157 の食中毒が出たことがあるので，賞味期限を過ぎても食べる消費者のいることを考えて衛生的につくりたい．白菜の洗浄，トウガラシの殺菌は必須である．7 日という短い賞味期限であるが，

それでも乳酸発酵の初期の代謝産物の炭酸ガスが多量に生じて，真空パックの小袋詰やカップ製品を膨張させることがある．この場合は包装前に20℃以下の室温に1日放置して炭酸ガスを放出させると被害は少ない．キムチは3cm幅に切った刻み物が多いが，4つ割り，6つ割り物も市販されている．この場合，白菜の白い茎の部分と葉の部分の漬かり具合が異なり，茎の部分がよく漬かっていないことがあるので注意する．

(2) 野菜数種の薬味とタレ併用のいわゆる本格キムチのつくり方

表 3.8.7に本格キムチの配合例を示す．簡単に言えば本格キムチタレに浅漬の千六本のダイコン，小口切りのネギ，細刻みニンジンを野菜漬の25%加えてタレをからませたものと思えばよいが，賞味期限が14日と長く，浅漬キムチのようにタレの浸透圧で野菜漬が脱水されて水でゆるくならず，重厚な色調をもち，細部は大きく異なる．

表 3.8.5のキムチの設計をよく見れば分かるはずだが，少し説明を加えると，保存性を上げるため白菜漬の重石を強くしたり，軽圧搾をかけて白菜を搾ること，醤油類，魚醤を多用してトウガラシ，パプリカの明るい色調に少し褐色を入れて重厚にすることが必要になる．ただ，醤油類，魚醤を多用しても食塩は2.5%以上にしてはいけない．本格キムチは賞味期限14日であるので，乳酸発酵による炭酸ガスの多量の発生で包装が膨張しやすい．この場合も20℃以下の室温に1日放置するか，5℃の冷蔵庫で3日放置しプレ発酵させて炭酸ガスを放出したものを容器に詰めたい．またカップ容器に詰めて販売することが多いが，その場合はプラスチック本体とふたのねじ込み部分から炭酸ガスを放出させることもある．

3.8.6 韓国産輸入キムチの問題点

韓国産輸入キムチは，2001年の輸入数量が21 887tに達して国内生産量の6.2%を占めている．しかし，前述したようにkg当たりのCIF単価は365円という安値で，量販店の目玉商品に位置づけられている．この単価では，キムチブームの1998〜99年にテレビ，週刊誌でいわれた「国産キムチより韓国キムチの品質は上位」説も説得力がない．**表 3.8.2**に輸入ペチュキムチ6社の製品を分析して試食してみたが，国産キムチの最高品質の中川食品や，

表 3.8.7 本格キムチ配合例

白　菜*(刻み幅 3cm)	300kg	漬上がり	240kg（歩留り 75%）
ダイコン*	56kg		48kg
ネ　ギ*	26kg		22kg
ニンジン*	12kg		10kg
(計)	394kg		320kg

製　品　刻み白菜漬	208g	
刻みダイコン漬	43g	⎫
刻みネギ漬	20g	⎬ タレと混合
刻みニンジン漬	9g	⎭
(計)	280g	
本格キムチタレ	60g	（白菜 100：タレ 22）

本格キムチタレ調味処方　　野菜漬　320kg 分
　　　　　　　　　　　　　タ　レ　70kg

調味処方		食塩(kg)	グル曹(g)	糖(kg)	酸(g)
淡口味液	10.5L (12.9kg)	2.18	399		
シーベストスーパー	5.6L (6.4kg)	0.9	90		
グル曹	5.6kg		5 600		
グリシン	1.1kg				
果糖ブドウ糖液糖	17.5kg			17.5	
りんご酢(酢酸 5%)	11.9L				595
乳　酸	1.4kg				1 400
アルコール	2L (1.6kg)				
すりおろしニンニク	1.95kg				
すりおろしショウガ	1.95kg				
粉トウガラシ	1.3kg				
荒びきトウガラシ	2.6kg				
リンゴピューレ	3.5L				
キサンタンガム	210g				
パプリカ色素**	140mL				
(計)	70kg				
野　菜　漬	320kg	6.4	480		
製造総量	390kg	9.48	6 569	17.5	1 995
最終成分		2.4%	1.7%	4.5%	0.5%

〔その他の最終成分〕　醬油類 4.1%，グリシン 0.28%，アルコール 0.5%，ニンニク 0.5%，ショウガ 0.9%，トウガラシ 1.0%，キサンタンガム 0.3%（対タレ），色素 0.2%（対タレ）．
　* 野菜類の仕上り塩度 2%．
　** パプリカ色素：漬色 OP-120（理研ビタミン製，色価 660）使用．

分析はしなかったが東海漬物，丸越の対面販売キムチなどと比べて，かなり見劣りがする．分析値を見て問題となるのは，

① 酸の値が全般に高すぎる．マスコミは，韓国キムチは自然の乳酸発酵の味が良いというが，実は日本への輸出にあたって品質安定のために酸を多くしているところがある．韓国産輸入キムチのびん詰は膨張することがないが，ソウルの新羅ホテル免税店やロッテデパートで購入したキムチは，前夜に買って日本国内に持ち帰ると，パンパンに容器が膨張している．わずか1日で，である．輸入キムチはこの膨張を避けるため，キムチ製造後，びん詰前，あるいはびん詰後にふたをあけたまま乳酸発酵をさせ，炭酸ガスを発散させてから，びん詰めするか，あるいはびんのふたを閉めている．要するに，プレ発酵工程が入っているのである．

② 分析値を見て分かるように，日本の本格キムチが白菜以外の野菜を20〜30％加えて風味を上げているのに対し，輸入キムチは4〜6％加えるにとどまっている．韓国の家庭漬キムチが，薬味として多くの野菜を入れるのに対して，この場合は365円/kgがネックになって入れられない．

③ **表3.8.1**と**表3.8.2**のグル曹分析値を見ると，国内産がすべて1％以上なのに対して，韓国産はすべて1％以下である．グル曹については詳しく説明しないと誤解をまねくので，「日本人にとってグル曹は旨くするために入れるのではなく，入れないと不味なのでやむなく入れている」と記すにとどめる．

韓国人は，乳酸発酵が好きではない．1970年代，キムチの乳酸発酵を抑える「キムチシジマ（キムチよ静かにせよ）」のPRが韓国マスコミで連日行われていた事実がある．韓国側は，価格を上げるように輸入業者に交渉して，3つの問題点を考慮して，良質の本場キムチを我々に見せてほしい．

3.8.7 21世紀キムチの展望

日本のキムチは，まだタレキムチの流れに固執している．キムチは，日本の漬物全生産量の30％を占めるに至ったが，現状の製品でさらにこれを伸ばすには，そろそろ品質競走に入らなければ無理が来よう．

この辺で，韓国の伝統的キムチ，あるいはそれを合理化した製品の製造に手をつける必要があろう．幸いにして，キムチに対する日本人の認識は高まり，高品質への欲求，キムチを冷麺の具材からキムチチゲなどの料理へ応用することも盛んになった．加えて，国内に水産物を使って安全なキムチが製造できる HACCP 対応の高度の衛生管理が可能な漬物工場も 10 指を越えるようになった．さらに加えて，資材メーカーの努力で，日本人に向く，色調の淡い，魚臭のない魚醬が数社から発売されるようになった．コーデックスのキムチ国際規格も，2001 年 7 月に批准された．キムチの発展の条件は整ったのである．

1） 韓国家庭漬本格キムチ

韓国の晩秋，キムジャンにつくられる家庭のペチュトンキムチの味は圧巻である．韓国では塩辛を使うが，日本では刺身になるイカを使う．韓国では薬念を加えるため，その中にもち米粉のかゆを添加するが，加えなくてもよい．**表 3.8.8** に韓国家庭漬本格キムチを日本人向きにアレンジしたものの製造処方を示す．白菜漬の漬上がりを見込んで薬味の材料を容器中に入れ，よく撹拌混合する．朝仕込むと夕刻にはよくなじむ．本漬は，白菜漬の葉茎の 1 枚 1 枚の間に薬味をはさみ，カメの中に詰める．冷蔵庫中熟成 1 昼夜で，白菜漬と薬味エキスがよく混和して食べ頃になる．

表 3.8.8 韓国家庭漬本格キムチ製造処方

白菜漬込み（24〜48 時間）	
生鮮白菜（4 つ割り）	20kg
食　塩	0.6kg
上 が り	16kg（塩度 2.5％）
薬味の製造	
ダイコン（千六本）	1.5kg
生イカ（千切り）	0.7kg
ネギ（小口切り）	0.4kg
ニラ（細刻み）	0.1kg
ニンジン（千六本）	0.2kg
砂　糖	0.4kg
粉トウガラシ	0.4kg
すりニンニク	0.1kg
すりショウガ	0.1kg
食　塩	0.1kg
上 が り	4kg（塩度 2.5％）
製造総量	20kg

2） ポサムキムチ

最高のペチュキムチであるポサムキムチは，国内工場でつくるべきものである．白菜漬，薬味，トッピングの 3 工程からなる．**表 3.8.9** に配合とスケジュールを，そして製造工程を**写真 3.8.3** に示す．

3） ジャン（醬）キムチ

朝鮮半島の漬物の中でペチュキムチ，

| 1 ドンブリに白菜の大葉5枚を広げる． | 3 包みこんだことろ |
|  2 中心にペチュキムチの輪切りか本格キムチを入れる．この上にトッピングをのせる． |  4 完成品 |

写真 3.8.3 ポサムキムチのつくり方

カクトゥギは日本の漬物市場に山のように並ぶし，韓国料理店でも常に見ることができる．しかし，朝鮮半島の3大漬物の1つであるトンチミーだけは漬物メーカーがつくったという話も聞かないし，国内の韓国料理店で見ることもまれである．

ただ，このスープキムチともいえるトンチミー系の中でジャンキムチだけは多少の研究を加えれば商品化が可能と思われ，著者がこれについて関心を示しているので漬物問屋の経営者や若干の漬物企業のオーナーも興味を持ち，すでに試作段階に入っている．これぞ21世紀のキムチと考え，製造法および将来の開発の方針を解説する．

ジャンキムチは韓国人もあまり知らないキムチで，つくり方の紹介も少なく，資料に載っていても液固率，塩度，醬油の使用量，具材配合もまちまちで，すぐにつくれる配合例はほとんどない．表 3.8.10 は著者が韓国滞在中に得た知識をもとに，韓国人間文化財の黄慧性氏の資料も参考にしながら試

表 3.8.9　宮廷風ポサムキムチの配合と製造スケジュール
(250g のもの 48 個分：総重量 12kg)

① 白 菜 漬　　上がり 12kg

白　菜(2つ割り)	14kg
食　塩(3.0%)	490g
差し水(水 3L, 食塩 90g)	

粗包み葉　6kg
　↓
下部カット
　↓
調製包み葉　4kg

② 薬　　味　　上がり 8kg

カット白菜漬*	4kg
ダイコン(千六本)	2kg
ネギ(小口切り)	170g
ニンジン	50g
生イカ(細刻み)	1kg
おろしニンニク	60g
おろしショウガ	60g
粉トウガラシ	120g
砂　糖	300g
食　塩**	240g

　＊　①の白菜漬の包み葉以外の部分を幅 1cm にカットする．
　＊＊　魚醬注入の場合．魚醬不使用のときは食塩 300g とする．

③ トッピング　　上がり 285g

刺身用タコ	150g
生グリスライス	100g
松の実	30g
糸トウガラシ	5g

④ 塩 辛 汁

シーベストスーパー(理研ビタミン，食塩 13.7%) の場合　200mL	

製造場所：冬期は工場内，その他は冷蔵庫を併用

日程	第 1 日	8 時	白菜漬込み
	第 2 日	8 時	上下入替え
	第 4 日	8 時 10 時 13 時 15 時 16 時	白菜漬漬上がり 薬味調製 包み込み トッピング作製 本漬
	第 5 日	13 時	完成
	可食期間	冷蔵庫中 5 日間	

作してみた配合である．淡口醬油10%，食塩1.9%，糖2%の成分値になっている．

つくり方は，①白菜，ダイコンを切ったものを容器に入れ，淡口醬油を加え弱く撹拌して3時間放置，②3時間後，白菜，ダイコンを取り出し，残った醬油は水，砂糖，グル曹を加え調味液を作製，③ふた付き容器に白菜以下の材料をすべて入れ，冷蔵庫で3日熟成，④液体，固体に分け，小袋にその割合で350gを入れリンガーで口を締めて0℃水浴中1時間冷却し，発泡スチロール容器に冷却剤とともに密封し出荷する．

以上が韓国に伝わるジャンキムチの製造法であるが，日本人の嗜好からみると，①淡口醬油10%使用でも浅漬としては色調が濃過ぎる．②食塩1.9%はトンチミーの1種として汁を飲むにはやや塩辛い．ちなみに日本人

表 3.8.10　ジャン(醬)キムチの配合

			食塩(g)	糖(g)
具材	白　　菜(2×3cm)	500g		30
	ダイコン(2×4×5cm短冊)	300g		
	カ　　ブ(スライス)	300g		
	ナ　　ス(色止め浅漬)	200g		
	ナ　　シ(イチョウ切り)	300g		
	ニ　　ラ(長さ3cm切り)	80g		
	セ　　リ(長さ3cm切り)	80g		
	シイタケ(薄切り)	50g		
	ニンニク(スライス)	30g		
	ショウガ(千切り)	30g		
	ク　　リ(スライス)	30g		
	松 の 実	10g		
	糸トウガラシ	0.5g		
	(計)	1 910g		
調味料	淡口醬油	300mL (355g)	56	30
	砂　　糖	30g		
	グル曹	5g		
	水	700g		
	(計)	1 090g		
製造総量		3kg	56	60
最終成分			1.9%	2%

が味噌汁，すまし汁，雑煮の汁を食べるときの塩度は0.7～0.8%が適塩である．

　トンチミーの発達した韓国でもジャンキムチは未発達の領域である．むしろ，わが国ではトンチミー，ジャンキムチの野菜刻み漬と汁の両者を食するというところを貫って，新しい形の漬物を開発すべきと考えている．

　ダイコン，キュウリ，カブ，カブの葉，セリ，ミョウガ，ショウガのほかに，最近，変色防止法の開発された色止め刻みナスを加えた刻み浅漬の混合に，日本人の「飲む」という嗜好に合った「注入液」を考えて，冷やして浅漬を食べ注入液を飲むというものである．醬油添加量，塩度，糖分，乳酸発酵の有無および美しい外観のための液固率の5つについて検討すれば，必ず美味なジャンキムチが誕生するであろう．

3.8.8　キムチルネッサンス―組立てキムチ

　朝鮮半島のキムチの特色の1つに，白菜の葉茎と葉茎の間に薬念（薬味）をはさみ込み，白菜と薬念の両者のエキスの熟成・融和を楽しむというものがある．これは，グル曹や天然調味料では出せない極めて優れた味であって，キムチを食べる最大の楽しみは，この熟成・融和の味を賞でることといっても過言ではない．

　しかし，薬味を白菜の葉茎の間にはさんでいくため，平均して薬味がはさまれず，葉の上部と白茎の最下部は薬味のない部分ができる．加えて，薬味のトウガラシによる赤い色調が白菜の緑の葉と混じって，日本人が見ると汚く見えることもある．

　この解決には，北海道の野菜と水産物のドッキング漬物の1つである「サケのはさみ漬」手法を応用した，組立てキムチが考えられる．著者はかつて，NHKテレビ「男の食彩」でこれを紹介し，その後，韓国のテレビの取材も受けた．美しい外観と，野菜と薬味の融和で得もいわれぬ味を示す．

　大型の64×38×8.8cmの「ばんじゅう」という容器に図3.8.1のように塩漬グリーンボールの葉（美化キャベツ），白菜漬，薬味を1層ずつ積み重ねていく．そして積み重ねたら，プラスチックの落としぶたと重石をして，0℃の冷蔵庫で熟成2日，完全に熟成したものをばんじゅうから取り出して

12×8×6cmくらいの大きさに切り,パックする.これにより,美しい立方体のキムチができる.これが組立てキムチ,すなわちファブリケーテッドキムチで,全く新しい形のキムチといえる.

上層と下層に敷かれたグリーンボールは,品質劣化の指標の役目をしており,美しい緑色が変色すれば,鮮度が低下したことが分かる.

衛生上の問題から,これは秋から晩春までの漬物と位置づけたい.組立てキムチの配合と工程を**表3.8.11**に示す.

塩漬グリーンボールの葉*
白　菜　漬
薬　　　味
白　菜　漬
薬　　　味
白　菜　漬
塩漬グリーンボールの葉

* グリーンボールは新鮮さの指標

図 3.8.1 組立てキムチ重層方法

表 3.8.11 組立てキムチの配合

容器:64×38×8.8cm ばんじゅう			
① 白　菜(2つ割り)	15kg	漬上がり 12kg	
食　塩(3%)	0.36kg	組立てキムチ用調製*	
差し水(3%食塩水)	3L		7kg
② グリーンボール(2つ割り)	5kg	漬上がり	4kg
食　塩(3%)	0.15kg	組立てキムチ用調製*	
差し水(3%食塩水)	5L		3kg
③ 薬　味		上がり	4kg
ダイコン(千六本)	1.7kg		
ネ　ギ(小口切り)	0.3kg		
ニンジン(千六本)	0.1kg		
刺身用イカ(細刻み)	0.7kg		
おろしニンニク	70g		
おろしショウガ	70g		
粉トウガラシ	0.14kg		
砂　糖	0.42kg		
魚　醬	0.28L (0.32kg)		
アルコール	0.14L (0.11kg)		
食　塩**	75g		
製　造　総　量			14kg

* 白菜・グリーンボールの切落としの一部を細切して,薬味に使ってもよい.
** 魚醬由来の食塩45gが加わる.

3.8.9 特記すべき科学—辛味の系統

ヨーロッパ人は肉食で，冷蔵庫の発明以前は肉の保存に苦労していた．腐敗の初期は，変敗臭をマスキングするためのスパイスが研究され，発達したであろうし，腐敗が進めば，湯がいて旨味成分を含む低分子化合物の腐敗物質を流して，蛋白質，油脂だけにし，スパイスを工夫したソース，ドレッシングをかけて，流れた旨味の代りをさせていた．狭い島国で，鮮度の比較的良い魚を食べていた日本人はスパイスにうとく，イギリスの1寒村ウースター村のソースを国を挙げて食べていると軽蔑されるが，日本ではスパイスは重要でなかったのである．

しかし，食生活の洋風化で味覚全体が低塩になってくると，食塩代替効果の辛味が要求され，そろそろトウガラシ，ワサビだけではどうかということになってきた．

辛味成分を一覧表化すると**表 3.8.12** のようにツーン（シャープ）からピリッ（ホット）まで多くのものが並ぶ．

ツーンと鼻に抜ける辛味は，ワサビ，カラシ，ダイコンなどのイソチオシアナート（カラシ油）と，ニンニク，タマネギ，ネギなどのスルフィドで，

表 3.8.12 辛味物質の系統

系　　統		野　菜	辛味物質
ツーン（シャープ）↑↓ピリッ（ホット）	カラシ油系	ワ サ ビ	アリルイソチオシアナート
		ダ イ コ ン	4-メチルチオ-3-ブテニルイソチオシアナート
		和 ガ ラ シ	アリルイソチオシアナート
		洋 ガ ラ シ	p-ヒドロキシベンジルイソチオシアナート
	チオエーテル系	ニ ン ニ ク	ジアリルジスルフィド
		タ マ ネ ギ	ジプロピルジスルフィド
		ラ ッ キ ョ ウ	ジメチルジスルフィド
	カルボニル系	シ ョ ウ ガ	ショウガオール
	酸アミド系	コ シ ョ ウ	ピペリン
		サ ン シ ョ ウ	サンショオール
		トウガラシ	カプサイシン

硫黄をもつ辛味である．そして，大部分が揮発性でワサビのように涙が出るので，食べられる量に限界がある．カラシ漬に使うカラシ粉には，黄色大粒のヒルタ種（シロガラシ），黄色中粒あるいは黒色中粒のユンセア種（オリエンタルイエロー），そして，黒褐色小粒のニグラ種（クロガラシ）がある．ユンセア種とニグラ種は，シニグリンという配糖体をもち，種子をつぶすと，酵素ミロシナーゼの働きで強い辛味のアリルイソチオシアナートが出来る．とくにアリルイソチオシアナートは，カラシ油とも呼ばれる．これに対し，ヒルタ種はシナルビンという配糖体をもち，酵素ミロシナーゼの働きによりp-ヒドロキシベンジルイソチオシアナートになる．この辛味は不揮発性で，弱い刺激はあるが鼻には抜けない．ユンセア種を和ガラシ，ヒルタ種とユンセア種を混ぜたものを洋ガラシという．カラシ漬はこの和ガラシと洋ガラシの両者を加えている．

　ショウガの辛味はジンゲロールという成分で，肝臓障害や制ガンに効くといわれている．このショウガを干すと，化学構造から水が1つとれて，ショウガオールになる．解熱，鎮咳，鎮痛には，ショウガオールがジンゲロールの数倍の効力をもつ．辛味はジンゲロールの方が強い．

　コショウは，まだ漬物には使われていない．サンショウの辛味はサンショオールで，これは漬物でなく佃煮原料である．サンショウを漬物に使うのは馴れずしだけで，キムチにも使わない．

　ピリッ（ホット）の辛味の中で最もよく使われるのは，トウガラシのカプサイシンである．これは不揮発性で，慣れればいくらでも食べられることは，「ボルツ」の30倍カレーで分かる．

　辛味には，このほかハーブがあるが，漬物への利用は少ない．

3.9　鉄砲漬

　鉄砲漬は，日本各地に伝わる巻物漬物の1つで歴史の新しいわりには比較的生産量の多いものである．

　巻物漬物には，シソやエゴマの葉でトウガラシ，ヤマゴボウ，ダイコンの外側を巻く「日光唐辛子」，「葉巻」，「山彦巻」のような延喜式漬物「荏裏」

に発する外巻と，岩手の「金婚漬」，三重の「養肝漬」のように，くり抜いたウリの中に各種塩漬野菜やシソの実を詰めた内巻がある．鉄砲漬は内巻で，孔を穿った圧搾シロウリに，トウガラシあるいシソ巻トウガラシを詰め，これを醤油漬にしたものである．シロウリの真ん中をくり抜いた状態が鉄砲の砲身に見立てられ，そこに詰めるトウガラシが弾丸になって鉄砲漬である．この漬物は，水郷潮来の旅館で，三重県出身の仲居さんが郷里の養肝漬をまねてつくったといわれる．これが隣県千葉に渡って，名産の醤油のよさと成田山新勝寺の土産品とされたことから人気が定着した．この種の漬物は，その形態から「印籠漬」とも呼ばれている．

　鉄砲漬は，開発初期の頃は，脱塩強圧搾したシロウリを，醸造醤油に少量のグル曹，砂糖を溶解した調味液に2度漬した比較的高塩の製品が多かった．しかし，最近の漬物では低塩化の影響で，古漬でも5％以下の製品が要望され，漬込み時の醸造醤油の使用量が制限されるため，香り，味が落ちるというジレンマが生じている．このため，一部では全く製造方針の異なる浅漬鉄砲漬に走り，また時には旨味増強のため，醸造醤油の一部を酸分解アミノ酸液に切り替えた製品も現れている．さらに，簡便化の要望も入れて，スライスして袋詰にしたものも見られる．

3.9.1　鉄砲漬の製品分析値

　鉄砲漬は，平袋に100〜250gの漬け上がったウリが入っている．製品分析値と遊離アミノ酸分析値を表3.9.1に示す．食塩は4.5〜6.5％と幅がある．官能検査では6％の川村佐平治商店の辛口・甘口両製品は，良質の醤油の香りで高塩感を消しており，6.5％の三橋哲郎商店の製品は，高窒素，高グル曹で塩カドを取っていて，味覚的問題はなかった．これは，伝統的な醸造醤油の2回漬手法の高塩を，慣れた調味技術で補った結果といえるが，健康的にたくさん食べてもらうには，やはり低塩が好ましいことは事実である．

　ここで，ちば醤油の「小舟漬」を見てみよう．食塩4.5％の低塩でありながら全窒素0.53％，全遊離アミノ酸2690mg/100g，グル曹0.94％とグル曹以外の旨味も強い．そして，遊離アミノ酸のアスパラギン酸204mg，ロイシン116mgを100g中に含み，典型的な醸造醤油，酸分解アミノ酸液併用を

3.9 鉄砲漬

表3.9.1 鉄砲漬の分析値

社名・商品名	ちば醬油 小舟漬	ちば醬油 磯小舟	川村佐平治商店 鉄砲不動漬辛口	川村佐平治商店 鉄砲不動漬甘口	鷹匠本店 金筒漬	翠屋本店 鉄砲漬	みつはし商店 鉄砲漬	三橋哲郎商店 鉄砲漬中辛
固体(g)	109	193	268	285	246	263	276	266
注入液(g)	17	11	47	75	28	20	28	28
固形物割合(%)	86	95	85	79	90	93	91	90
表示重量(g)	120	—	230	230	230	220	230	230
調味液屈糖値	19	21	25	27	28	11	22	17
食塩(%)	4.5	4.6	6.2	5.9	5.6	3.3	5.0	6.5
全窒素(%)	0.53	0.63	0.47	0.46	0.53	0.34	0.37	0.55
グル曹(%)	0.94	1.69	0.44	0.44	1.30	1.26	0.91	1.79
全糖(%)	4.8	5.0	5.6	7.5	9.8	0.4	7.8	2.2
酸(%)	0.47	0.48	0.38	0.41	0.25	0.29	0.16	0.19
内容物	ウリ 2個 32片	ウリ 126g ワカメ 67g	ウリ 250g シソ葉 18g	ウリ 267g シソ葉 19g	ウリ 233g シソ葉 13g	ウリ 247g シソ葉 16g	ウリ 261g シソ葉 14g	ウリ 255g シソ葉 11g
特記事項	スライス					サッカリン		
遊離アミノ酸(mg/100g)								
アスパラギン酸	204	238	34	54	128	52	110	83
スレオニン	84	85	84	85	76	38	55	57
セリン	115	121	113	115	102	47	71	77
グル曹	942	1 693	438	442	1 302	1 258	907	1 788
プロリン	255	291	223	239	204	114	114	151
グリシン	212	265	136	146	147	43	39	374
アラニン	226	302	265	256	210	83	70	395
バリン	98	87	115	111	107	59	77	85
メチオニン	20	15	24	26	25	14	18	18
イソロイシン	74	56	94	92	91	51	67	70
ロイシン	116	92	148	145	151	80	107	108
チロシン	17	16	19	24	30	16	21	21
フェニルアラニン	94	92	102	103	103	51	71	72
ヒスチジン	29	41	36	38	20	15	21	31
リジン	113	117	109	108	89	38	74	70
アルギニン	91	109	105	103	47	+	50	68
合計	2 690	3 620	2 045	2 087	2 832	1 957	1 872	3 468

示している．官能検査も色調が現代風に明るく，シソ風味が醬油香気を安定させている．

　醸造醬油の香りのよさは分かるが，アミノ酸液の併用を考える時期に来ているのではないだろうか．

全糖は 2.2〜9.8%でステビア併用例が多いが，官能的甘味度 5〜7%が適当と思われる．酸は 0.16〜0.48%で，甘味とのバランスを考えると 0.3〜0.5%がよい．

表 **3.9.1** を見ると，かなり分析値に差がある．このことは，購入者の鉄砲漬の風味への信頼感にマイナスに働く可能性もあるので，潮来，佐原，旭の業者で一応の成分規格を設けた方が好ましい．

3.9.2　鉄砲漬製造法

鉄砲漬の製造工程は第 2 章の**図 2.3.1** を参照されたい．それは，シロウリの塩蔵と鉄砲漬加工に分けられる．

塩蔵工程は，国内，海外原料を問わず，400〜600g のシロウリを開孔機のドリルを使って開孔し，1 押しは食塩 15%を使って，これを孔にすり込みながら塩漬し，塩蔵タンクで原料重量の 6 割重以上の強い重石をかける．2 押しは 72 時間後に掘り出して，食塩 10%を使って再びタンクに漬け，強い重石をして放置，塩蔵する．最終塩度 20%以上，歩留り 45%を目標にする．普通の塩蔵原料の 55〜60%から見て搾りは強い．

鉄砲漬加工は，掘り出した原木シロウリ（2 押し）を脱塩することから始まる．流水で食塩 2%まで脱塩し，孔にトウガラシもしくはシソ巻トウガラシを挿入する．40%まで圧搾したのち，調味液に浸漬する 1 段調味に入る．圧搾シロウリは，ナベトロにきれいに並べて調味液を注入し，比較的強い，同量以上の重石をする．たくあんでは，浸漬時の液固率は 1：2〜1：3 でよいが，鉄砲漬は 1：4 が多い．シロウリは原菜重量の 18%まで強く圧搾されているので，調味液とシロウリの水分の交換で復元して膨張する率はわずかである．

必ず冷蔵庫に収納し 72 時間後，同様の調味液を使って再漬込みをし，重石をして冷蔵庫で 144 時間放置，熟成させる．

熟成完了とともにナイロン/エバール/ポリエチレンの 3 層ラミネートフィルムに鉄砲漬のみを入れて真空包装し，80℃，20 分の加熱殺菌をして出荷する．

現在は簡便化の好まれる傾向が強いので 6〜8mm にスライスして包装す

ると喜ばれる．なお，鉄砲漬の2段調味の調味処方は第2章の**表 2.3.9**を参照されたい．

3.10 味 噌 漬

「漬物は昔の味に帰れ」とよくいわれる．添加物がたくさん使われているとか，なにか即席でじっくり仕上げられていない印象でこう言いたい気持ちはよく理解できる．しかし，漬物も他の食品同様に，昔の味に戻すのは無理．昔の漬物は明るさを好む現代嗜好(しこう)に合わない色調をしているし，食塩含有量を見ても，現代人には高塩でのどを通らない．第1，健康上も好ましくない．とくに，昔の味噌漬は食塩を20％も含み，これでは，刻んでお湯をいっぱいかけたお茶漬としてしか食べようがない．したがって，味噌漬の製法は大きく変わった．

『貞丈雑記(ていじょうざっき)』(1843年)によると，「香の物(こうのもの)」とは「ダイコンを味噌に漬けたものを指す」とあるように，味噌漬が「香の物」を代表していたことが分かる．この味噌漬がとくにこの20年来，大きく変わった理由は，日本人全体のグル曹の嗜好の変化にある．中華料理のグル曹大量使用により，広義のグル曹の閾値(いきち)が大になり「グル曹は食品を旨くするために入れるのではない，入れないと不味だからである」と変わった．戦前までは，味噌に漬けた味噌漬は日本人にとって旨かった．当時は，少量の旨味でも味の感受性が強く，味噌の香気尊重にウエイトがおかれ，評価されていた．ところが戦後，グル曹多用が味噌漬評価に絡んできた．

味噌は，味噌汁にして初めて旨いのであって，現代嗜好ではそれ自体は旨くない．大豆食品の醤油，味噌，納豆について発酵とか熟成というとき，それは無味の高分子物質の蛋白質(たんぱくしつ)が，旨味をもつ低分子のアミノ酸に加水分解されたことを意味する．そして，蛋白質を何％までアミノ酸に分解すればよいかという適量があって，これは「蛋白質利用率」と表現されている．酸分解アミノ酸液で100％，醤油で90％，味噌は60％，納豆は10％になる．醤油は直接食品にかけるので，利用率が上がるほど旨くなって好ましいが，味噌の場合は，あまり高すぎると味噌汁の味がしつこくなって，すぐ飽きられ

てしまう．要するに，グル曹による嗜好変化の起こった現代では，味噌漬は利用率の低い旨くない漬床（つけどこ）に漬けた漬物で，旨くなりようがない．

種々の意見はあるが，味噌だけの味噌漬をあきらめて，旨味をもつアミノ酸，グル曹を混ぜた味噌の床に野菜を漬け，味噌からは醸造香だけをもらい，味は別のもので強化するのがよいとの結論になった．これで味噌漬は存在を許されていることになる．

3.10.1 味噌漬の製品分析値

市販味噌漬の代表的製品の分析値を表 3.10.1 に示す．現在市販されている味噌漬は，分析値の表に示さなかったものも含めると，高口又四郎商店の 5 点の平均が，食塩 6.3%，グル曹 1.3%，全糖 13%，酸 0.46%，たむらやの 4 点の平均が，食塩 5.8%，グル曹 1.8%，全糖 19%，酸 0.47%である．製造上の困難さでいずれも食塩が高く，これを 5%に抑えたいほかは，消費者の嗜好を捉えた値といえよう．

3.10.2 味噌漬製造法

味噌漬の製造工程を図 3.10.1 に示す．

分析値の項で述べた 5%以下の塩度を目指すとすると，食塩 20%の塩蔵野菜をどこまで脱塩して漬込みをスタートするかが最大のポイントになる．

1) 野菜脱塩の度合い

味噌漬は 1 本物が多いので，完全脱塩はしにくいし，脱塩を強くして 2〜3%からスタートすると，冷蔵庫を使っても酸敗のおそれがある．実際には 4〜5%まで脱塩して，冷蔵庫中で加工をする．

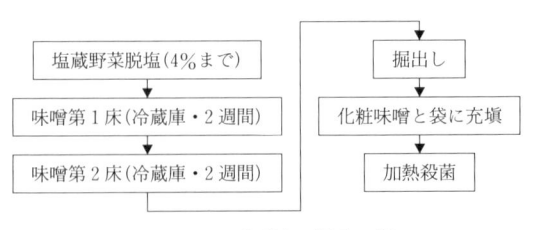

```
塩蔵野菜脱塩(4%まで) → 掘出し
      ↓                    ↑
味噌第1床(冷蔵庫・2週間)  化粧味噌と袋に充填
      ↓                    ↑
味噌第2床(冷蔵庫・2週間) → 加熱殺菌
```

図 3.10.1　味噌漬の製造工程

3.10 味噌漬

表 3.10.1 味噌漬の分析値

社名・商品名	高口又四郎商店	高口又四郎商店	高口又四郎商店	たむらや	たむらや	たむらや	岩下食品	丸昌稲垣
	大根	胡瓜	みょうが	大根	茄子	生姜	みそ漬生姜	茄子
固体(g)	195	163	85	299	282	297	147	240
注入液(g)	30	43	50	86	103	91	44	82
固形物割合(%)	87	79	63	78	73	77	77	75
調味液屈糖値	30	31	29	38	39	39	30	40
食塩(%)	5.8	6.5	6.6	5.5	5.7	6.1	5.5	7.5
グル曹(%)	1.3	1.5	1.2	1.7	1.8	1.9	1.2	1.7
全糖(%)	12.6	14.7	12.0	18.2	20.0	18.2	16.7	11.1
酸(%)	0.43	0.45	0.55	0.41	0.45	0.60	0.53	0.6
pH	4.2	4.3	4.2	4.9	4.5	4.4	—	4.5
個体数(個)	2	2	8	3	9	7		4
1個重量(g)	102	90	最大 20	105	最大 51	最大 93		69
	93	73	最小 5	101	最小 19	最小 18		60
			平均 11	83	平均 31	平均 43		56
								55
遊離アミノ酸 (mg/100g)								
アスパラギン酸	98	89	87	45	11	172	134	176
スレオニン	56	51	46	72	75	90	55	96
セリン	86	86	77	90	101	113	76	153
グル曹	1 339	1 511	1 182	1 734	1 757	1 860	1 232	1 740
プロリン	301	331	266	157	187	191	283	544
グリシン	107	117	146	52	59	63	139	340
アラニン	118	127	111	159	198	121	94	402
バリン	64	69	48	108	96	132	51	109
メチオニン	17	37	18	37	27	44	9	43
イソロイシン	35	40	32	86	85	106	32	71
ロイシン	89	93	83	140	138	170	64	163
チロシン	32	27	37	32	24	35	11	28
フェニルアラニン	73	71	73	116	112	135	65	134
ヒスチジン	30	31	25	20	11	21	21	40
リジン	53	48	51	105	92	127	56	88
アルギニン	69	64	66	88	57	93	69	106
合計	2 567	2 792	2 348	3 041	3 030	3 473	2 391	4 233

2) 味噌床の調味

　味噌床の1回漬替えになる。第1床は，味噌漬に美しい色調を与えるとともに，旨味，甘味と日本人の好む味噌醸造香を付ける工程になる。第2床は，

色以外の強化工程になる．必ず5℃以下の冷蔵庫を使う．漬込み日数は，1種の液漬であるから，第1床，第2床とも2週間あれば十分である．

3) 化粧味噌の選択

製品塩度は5％であり，一般の信州味噌，仙台味噌の塩度は12％である．信州味噌を水で2倍強に希釈すれば6％の塩度にはなるが，これではゆる過ぎる．化粧味噌の希釈は，味噌2：水1が限度である．ここは6％塩度の江戸味噌，西京味噌が好適になる．同じく6％塩度の美しい金山寺味噌を特注して使えば，さらによい．

4) 加熱殺菌

ショウガの加熱殺菌は変香と辛味増強があって好ましくないが，味噌漬では加熱殺菌は避けられない．味噌は熱伝導が悪く，醬油漬と同じ条件の加熱殺菌では，必ず酸敗，膨張する．80℃，30分はほしく，数種混合の大袋では，85℃，35分が必要になる．

表3.10.2に味噌漬の調味処方を示す．1回漬でないため，最大浸透値から味を推量するので，試作して食べて調整することになるが，分析すると最大浸透値の80％くらいが野菜にしみ込むことが多い．味噌床に2回漬け替えて，化粧味噌とともに袋詰めする味噌漬について解説した．製造ポイントは，完成品の塩度5％，糖分18％，グル曹1.8％の分析値が得られるように調味処方をつくること，淡口味液を製品塩度5％以上にならないギリギリの量まで使って，重厚な窒素系旨味で糖分の甘味が浮いてしまうのを防ぐこと，そして第1床に使う脱塩野菜は塩度4％の低塩から始まるので，注意深く冷蔵庫中で管理して野菜の中心部の酸敗を防ぐことである．

3.10.3 その他の味噌漬

昔ながらの，とはいかないが，お茶漬にして旨い味噌漬のような伝統性を重んじるものの要求もあって，そのようなものをつくり続ける企業もある．製造法は，2回漬，化粧味噌で樽取り，もしくは袋詰めするので，表3.10.2に示した床処方で大差ないが，塩分7％，糖分10％，グル曹1％くらいになる調味処方をつくる．窒素系旨味の淡口味液，赤味噌の使用量を増やせるので，旨味の乗った味噌漬にはなる．

3.10 味噌漬

表 3.10.2 味噌漬調味処方

第1床：冷蔵庫漬込み2週間

		食塩(kg)	グル曹(g)	糖(kg)	酸(g)
淡口味液	5L(6.2kg)	1.04	190	—	—
赤味噌	7.5kg	0.9	45	1.3	—
グル曹	565g		565		
砂糖	10kg			10	
氷酢酸	120mL				120
ソルビット液	2kg			0.8	
アルコール	0.5L(0.4kg)				
金茶色素	16g				
水	3.2L				
	30kg				
野菜(脱塩4%)	50kg	2.0			
(計)	80kg	3.94	800	12.1	120
		4.9%	1%	15.1%	0.15%

第2床：冷蔵庫漬込み2週間

		食塩(kg)	グル曹(g)	糖(kg)	酸(g)
淡口味液	5L(6.2kg)	1.04	190	—	—
赤味噌	3kg	0.35	18	0.5	—
グル曹	500g		500		
砂糖	10kg			10	
氷酢酸	120mL				120
ソルビット液	5kg			2	
アルコール	0.5L(0.4kg)				
水	4.78L				
	30kg				
第1床野菜	50kg	2.45	500	7.55	75
(計)	80kg	3.84	1 208	20.1	195
		4.8%	1.51%	25.1%	0.24%

化粧味噌

		食塩(kg)	グル曹(g)	糖(kg)	酸(g)
江戸味噌	8kg	0.48	32	2.2	—
グル曹	320g		320		
水	3.68L				
	12kg				
第2床野菜	50kg	2.45	755	12.6	120
(計)	62kg	2.78	1 107	14.8	120
最大浸透量		4.48%	1.79%	23.9%	0.19%
実質浸透量(×0.8)		3.58%	1.42%	19.1%	0.15%

このほか，味噌漬風という漬物もある．これは2種あって，1つは味噌を混ぜた淡口味液を主体とした調味液に金茶系色素を加えたものに，冷蔵庫中で3日ほど脱塩野菜を浸漬したのち，固体を取り出して，トレーにダイコン，ナス，キュウリ，ニンジンなど数種を美しくスライスして並べたものである．非殺菌のため，合成保存料ソルビン酸カリウム，アルコール，グリシンを使い，食塩も6%はほしい．

他の1つは，新ショウガで行われるもので，醬油漬であるが，これも金茶系色素を加えて味噌漬の感覚を出す．非殺菌のことが多く，前者と同じような資材で，腐敗，調味液の濁りを防ぎ，食塩は6%とする．**表3.10.3**にその調味処方を示す．

3.11 たまり漬

栃木県を中心にして，旨味，甘味の濃厚な「たまり漬」という1群の漬物がある．「たまり」というと名古屋を中心とした大豆を主原料とした，たまり醬油，たまり味噌がすぐ頭に浮かぶが，この製品は戦前から栃木に伝わる「振り分けたまり」にその名を発する．振り分けたまりは，大豆と米麴・食塩，または大豆と麦麴・食塩のいずれかを，味噌醸造に準じるが水を多くして仕込み，熟成後，上澄みは醬油，沈殿は味噌として使ったものである．このように振り分けることからこの名がある．栃木県食品工業指導所の職員が，この振り分けたまりに漬けた漬物を醸造業者に指導して，今日の隆盛をみている．

製法は前節で述べた味噌漬に準じて，**表3.10.2**の第1床，第2床に漬け込んだのち，化粧味噌をまぶすところを，代りに清澄なアミノ酸液主体の調味液を加えて，袋詰やびん詰にするところが異なっている．

ここで述べた製法は，味噌たまり漬で，このほか，4〜5%まで脱塩した野菜を，奈良漬の粕床に1回だけ漬け，酒粕の風味をのせたのち，**表3.10.2**の第1床のみ，あるいは1床，2床に漬け替えたものを，清澄な注入液とともに包装する方法もあり，これは粕たまり漬になる．脱塩を過度にした野菜を粕床に漬けるので酸敗しやすく，冷蔵庫でつくる．粕たまり漬は，香りも

表 3.10.3 味噌漬風新ショウガ調味処方（1回調味）

新ショウガ(食塩6%)　　52.5kg
調味液　　　　　　　　70kg
製造総量　　　　　　　122.5kg

調味処方		食塩(kg)	全窒素(g)	グル曹(g)	糖(kg)	酸(g)
淡口味液	9.8L (12.1kg)	2.0	294	372		
天然調味料	245g					
グル曹	1.1kg		81	1 100		
グリシン	245g		46			
70%ソルビット液	3.7kg				1.5	
クエン酸	368g					368
氷酢酸	368mL					368
アルコール	613mL (490g)					
ソルビン酸カリウム	41g					
金茶SN色素	12.3g					
食塩	2.2kg	2.2				
水	49.1L					
(計)	70kg					
野菜	52.5kg	3.15	53			
製造総量	122.5kg	7.35	488	1 472	1.5	736
最終成分		6%	0.4%	1.2%	1.2%	0.6%

良くたいそう美味である．ガーゼの袋に詰めて粕床に漬けるシソの実やシイタケなどは絶品である．

　味噌たまり漬，粕たまり漬ともラッキョウのみ製法が異なり，あらかじめ甘酢ラッキョウにしたものを床に漬ける．これは，ラッキョウは甘味の浸透が悪いからである．なお，ラッキョウたまり漬の中には，ラッキョウ漬の項で述べた，甘酢ラッキョウに醬油を加えるタイプもある．前者は重厚，後者は軽快な味になる．

3.12 発酵漬物

3.12.1 日本人とのかかわり

　中国の6世紀中頃の農書『斉民要術』は，酢漬を「発酵酢漬」と「調味酢漬」に分けている．古い順からいくと，烏梅汁（梅酢）にウリ・ミョウガ

を漬ける調味酢漬，次に野菜に発酵源として穀類を加えて塩漬し乳酸を生成させた発酵漬物，そして最後に，酢の発見以後に現れた，湯がいた菜に醸造酢を加えた調味酢漬になる．そして，この発酵漬物が，醸造酢発見以前の調理の酸味料として使われていた．

一方，わが国の乳酸発酵漬物の記録は，8世紀の天平年間の木簡に現れる．おびただしい「須須保利(すずほり)」，「葅(にらぎ)」などの漬物を示す文字が見られるが，10世紀の延長8年（930）進献の『延喜式』まで乳酸発酵をうたった判然としたものはない．ただ，8世紀の『写経司解(しゃきょうしげ)』（739年）から『延喜式』にかけて，その製造法の記述から，乳酸発酵が行われたであろうことは推定できる．

いずれにせよ，醬油，味噌，酒粕，甘味料の普及以前の野菜と食塩の混合の味覚に次ぐ最初の風味として，乳酸が尊重されたことは十分考えられる．そして，その後の醬油，未醬（味噌），糟(かす)の発見以後は，単純酸味の乳酸発酵漬物は飽きられ，京都のすぐき，しば漬，千枚漬，木曾のスンキなど，伝統を継承している京都や山の中の木曾のみに残ったのであろう．ただ，発酵により美しい色調をつくりだす各地の赤カブ漬，弱い酸味と特有の香気をつくるぬかみそ漬が，いつか加わったと考えられる．

乳酸発酵漬物がはっきり文献に現れるのは，元禄8年（1695）の『本朝食鑑(ほんちょうしょっかん)』の「すぐき」の記載であり，大田蜀山人(しょくさんじん)（1749～1823年）の「都よりすいな（酸菜）女を下されて東おとこの妻(き)（菜）とこそすめ」という，贈られたすぐきへの返礼歌もみられる．

中国に発した酸保存型漬物と塩保存型漬物は，前者はヨーロッパ，東南アジアで栄え，後者は日本，韓国（乳酸発酵のわずかに関与するキムチはあるが）で主流になっている．

このわが国の乳酸発酵漬物の低調は，戦後，さらに「乳酸発酵切捨て」により，その度合いを増し，今や，すぐき300t，生しば漬500tと，家庭におけるぬかみそ漬を除くと合計1 000t未満で，漬物の全生産量120万tの0.1％という僅少量である．すでに若年層は，乳酸発酵した白菜漬などを腐敗と判断し，直ちに廃棄するようになっている．

この乳酸発酵切捨てで，漬物は大きく発展した．乳酸発酵が嫌われた理由を挙げてみよう．第1に，中国，ヨーロッパでは料理の酸味料として使うと

いう重要な役目があるが，日本にはその需要がない．第2に，日本人の単純酸味嫌い．第3には，これが主因とみなせるが，日本人が漬物に望む明るい緑色が発酵で生成する酸によって失われ，黄褐色に変わること．第4に，発酵によって生成する酸による野菜組織の軟化．第5は，発酵熟成中に生成する各種化合物が，酢酸に巻き込まれて蒸発し我々の嗅覚に達し，それが酸味を含む悪臭と理解されること．最後の第6は，漬物が量産されてからは，発酵漬物の発酵が程よいところで止められないので，品質管理上，大規模製造に踏み切れないことである．平成13年7月に決まったキムチのコーデックス国際規格が，審議中に日韓の識者に不評だったのは，識者が乳酸発酵の進行度合いによるキムチの味覚の変遷をその魅力としたのに対し，規格は刻一刻と成分の変わるものは対象にできないとしたところにあった．

日本人は乳酸発酵漬物の良さを完全に忘れ去った．漬物の将来像は乳酸発酵切捨ておくべきであるが，発酵漬物の味も捨てがたい．何らかの形で，その復権を望みたいものである．

3.12.2 すぐき（酸茎）

慶長年間（1600年頃），京都上賀茂神社の神官が栽培加工し，門外不出の神社贈答品にしていた「酸茎」は，洛北深泥池（みぞろがいけ）周辺で8月中旬から9月中旬にかけて種子を播き，11月上旬から600g前後になった紡錘形の原菜を収穫し，漬物にする．すぐきの製造工程を図3.12.1に示す．

1） すぐきの製品分析値

すぐきは京都特産で，京都の企業が上賀茂周辺で原菜を栽培し製品化することが多い．また，若干量が滋賀の琵琶湖西岸でもつくられている．代表的製品の分析値を表3.12.1に示す．食塩2～3%，全糖1～3%，酸0.7～1.6%で，特徴的なことは，わが国で唯一の調味料無添加製品で，全企業がそれを守っていることである．

2） すぐき製造法

スグキ菜は9月上中旬に播き，11月上旬から1月中旬まで収穫されるが，歳暮販売を目的として11月中旬に収穫されることが多い．収穫後，面取りという根部（カブ）の皮むきをして（写真3.12.1），葉茎とともに4石

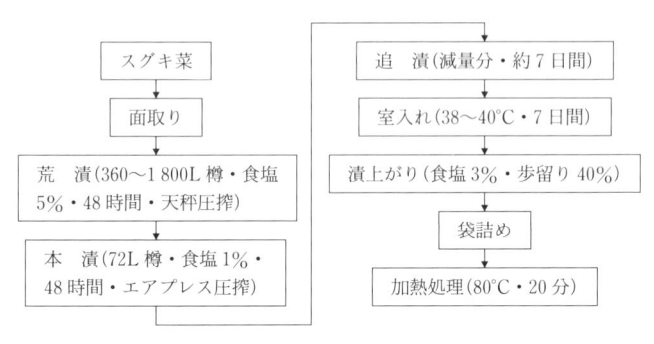

```
┌─────────────┐       ┌──────────────────────────┐
│  スグキ菜    │       │ 追 漬(減量分・約7日間) │
└──────┬──────┘       └────────────┬─────────────┘
       ▼                           ▼
┌─────────────┐       ┌──────────────────────────┐
│  面取り      │       │ 室入れ(38～40℃・7日間)  │
└──────┬──────┘       └────────────┬─────────────┘
       ▼                           ▼
┌────────────────────────┐ ┌──────────────────────────┐
│ 荒 漬(360～1 800L樽・食塩│ │漬上がり(食塩3%・歩留り40%)│
│ 5%・48時間・天秤圧搾)   │ └────────────┬─────────────┘
└──────┬─────────────────┘              ▼
       ▼                     ┌──────────────────┐
┌────────────────────────┐   │   袋詰め          │
│ 本 漬(72L樽・食塩1%・   │   └────────┬─────────┘
│ 48時間・エアプレス圧搾) │            ▼
└────────────────────────┘   ┌──────────────────────────┐
                              │ 加熱処理(80℃・20分)    │
                              └──────────────────────────┘
```

図 3.12.1　すぐきの製造工程

写真 3.12.1　スグキ菜の面取り作業

(720L)樽などの大樽に食塩5%を使って荒漬し，天秤重石をして1～2日間放置する．スグキ菜を取り出し，水洗後，4斗樽（72L容）で食塩1%を使って本漬に移る（**写真 3.12.2**）．本漬は，かつては荒漬同様の天秤圧搾だったが，今はコンプレッサー圧搾装置エアプレスを使い，210kg重の強圧搾をかける．途中，スグキ菜が沈下するので別の菜を追漬し，その後7日間漬ける，この荒漬，本漬の2工程でスグキ菜は強圧搾を受け，水が搾り出されて野菜の内容成分が濃縮される．

　歳暮などで急ぐものは，40℃の恒温室に樽を入れる「室入れ」工程7～10日を行い，酸生成1～1.5%で完了する．4月以降出しのものは，本漬後，重石を載せて室温熟成を4か月以上行う．

3.12 発酵漬物

表 3.12.1 すぐき分析値

社名・商品名	なり田	すぐきや六郎兵衛	大藤	西利	大安
	すぐき	すぐき	すぐき	すぐき	すぐき
全 重 量(g)	442	200	221	197	196
固 体(g)	439	183	192	193	168
注 入 液(g)	—	11	22	—	18
固形物割合(%)	100	94	90	100	90
表 示 重 量(g)	442	—	200	—	171
調味液屈糖値	16	10	12	11	13
食 塩(%)	2.3	2.9	2.7	3.3	2.8
グ ル 曹(%)	0.07	0.11	0.07	0.08	0.08
全 糖(%)	—	1.0	2.3	1.0	3.2
酸(%)	1.06	1.60	0.75	0.89	0.93
pH	—	3.6	3.9	—	3.8
遊離アミノ酸 (mg/100g)					
アスパラギン酸	28	23	20	13	21
スレオニン	72	99	107	65	60
セ リ ン	47	55	42	37	41
グ ル 曹	66	114	68	76	82
プ ロ リ ン	127	97	96	104	80
グ リ シ ン	40	50	39	41	36
ア ラ ニ ン	82	115	86	97	78
バ リ ン	52	65	50	49	51
メ チ オ ニ ン	15	20	13	12	17
イ ソ ロ イ シ ン	36	50	33	35	36
ロ イ シ ン	57	93	62	58	65
チ ロ シ ン	14	5	2	+	8
フェニルアラニン	36	60	44	39	39
ヒ ス チ ジ ン	4	8	16	14	13
リ ジ ン	46	51	54	54	42
ア ル ギ ニ ン	23	6	18	14	9
合 計	745	911	750	708	678

　この完成品をプラスチック小袋に包装し，80℃，20分の加熱処理をするか，樽ごと対面販売をする．

　すぐきは「酸茎」の字の示すように，乳酸発酵を目的とした原菜を使い，天秤もしくはエアプレスによる強圧（野菜重の3～6倍の重石重に相当）によってカブ中の糖分，アミノ酸を濃縮させて乳酸菌の生育を促進し，多量の酸

写真 3.12.2 すぐきの本漬

を生成させ室入れにより発酵を促進した，農産加工の知恵ともいえる伝統食品である．そして，日本有数の佳味を示すが，京都以外の人が「すぐき」をたくあんのように切ったのでは，日本人の単純酸味嫌いから，その良さはなかなか分かるまい．すぐきは，細刻みして少しのグル曹と醬油をかけることで「飯どろぼう」に変身する．

　このことを知らない人のために，刻んで調味したすぐきも各社から発売されている．「味すぐき」という商品名で売られていて，食塩3.8%，グル曹0.58%，酸1.28%で醬油の推定使用量は5%である．

3) すぐき風漬物の開発

　プロバイオティクスという言葉がしばしば登場し，これは「動物やヒトの腸内菌叢のバランスを改善することにより宿主に利益をもたらす生きた微生物，ならびにそれらの腸管内における増殖促進物質」と定義される．

　そして，その宿主の利益とは，腸管感染性下痢症予防，便秘改善，腸管ぜん動促進の直接的なものから，体の免疫力の増強によるガン細胞のサイズの減少，抗体の増強，免疫系調整の γ-インターフェロン産生，アレルギー発症の抑制が挙げられる．

　そして，乳酸発酵漬物の乳酸菌は，$L.\ plantarum$ が腸内に到達し，$L.\ brevis$ var. $coagulance$（通称ラブレ菌）のインターフェロン産生もあり，しかも漬物中の菌数は乳製品の10倍にも達する．

　しかし前述のように，漬物においては現代嗜好は乳酸発酵切捨てに動き，最も魅力的な「すぐき」でさえ，総生産量年間300〜500tである．スグキ菜の栽培増は急激には望めないが，よい具合に天秤圧搾に代るコンプレッサー圧搾のエアプレスの開発があって，各種ダイコンやカブのすぐき風漬物の製造が考えられる．

　著者のエアプレス使用による三浦ダイコン，早生大カブのすぐき風漬物の

製造は，好結果を得ている．プロバイオティクスとして，今後，乳酸発酵漬物および，すぐき風漬物の発売が期待される．

3.12.3 生しば漬

800年前，壇ノ浦で生き残った建礼門院が京都大原の寂光院に隠棲した際，村人がなぐさめるため献上したといわれる「しば漬」は，野菜を低塩で漬けて乳酸発酵させてつくる．しかし，塩蔵キュウリやナスを脱塩圧搾してつくった古漬に属する「しば漬風調味酢漬」の方が現在では知名度が上で，この貴重な乳酸発酵漬物を知る人は少ない．しば漬は，そのようなわけで京都大原の名物で「生しば漬」とも呼ばれる．しば漬の名称は，かつて大原の「土井志ば漬本舗」が登録していた．

1) しば漬製造法

ナス，キュウリをそれぞれ4割，シソの葉1割，ミョウガ，青トウガラシをそれぞれ0.5割の配合で適宜切断したものを，野菜の7％量の食塩を使って大樽に漬け込む．漬け込まれた野菜は3週間で中の糖分が乳酸発酵し，1.0〜1.5％の乳酸を生じて完成する．乳酸菌は，空気を嫌う弱い嫌気性菌に属するので，よく踏み込んで空気をいかに上手に断つことができるかが，製品良否のカギになる．よく出来ると，シソの色素が全体を紫赤色に染めて大変美しい．シソの葉を1割も使っているので香りが強く，刻んでグル曹，醤油を少しかけて食べると，これぞ漬物の感じがして飯が進む．

2) しば漬の調味漬化

すぐきと並ぶ2大乳酸発酵漬物のしば漬は，樽から出したときは食塩6％，乳酸1.5％で，旨味のグル曹は野菜由来の0.1％である．取り出したときは美しいが長く置くと色はさめ，生成した酸と強圧でグシャッとなって歯切れも悪化する．漬上がりの美しさを保つため全体を冷凍したり，ナスだけを冷凍しておいて必要時に解凍してキュウリなどをあとから加える方法も行われているが，完璧ではない．これが，プロバイオティクスとして健康性を持ちながら，年間生産量300tにとどまっている理由である．

何とか樽出しの鮮度感を出すべく，「しば漬」を原料として2次加工をするのが普通になっている．全体の2〜3％量の醤油，0.5％のグル曹になるよ

うに配合した調味液に漬けた「樽出し生しば漬」，刻んで同程度の味付けをした「刻みしば漬」，全体の15%量の醬油，1%のグル曹になるように配合した調味液に漬けた醬油色の「調味しば漬」がある．この中から大安の「生しば漬」の呈味成分を示すと，食塩3.7%，pH 3.4，酸1.5%，グル曹0.45%である．

2次加工は，最後に袋詰めして80℃，20分の加熱処理をすることが多いが，プロバイオティクスとしては生きた乳酸菌を提供することがベターなので，今後，浅漬感覚で非殺菌に徹する必要はあろう．

3.12.4　ぬかみそ漬

究極の新漬として「ぬかみそ漬」がある．浅漬企業にとって，良質のぬかみそ漬の市販は大きな夢である．ただ，ぬかみそ漬は弱い乳酸発酵漬物であるので，その良品の製造は至難である．ここでは，良質のぬか床の配合と，考えられる製造ポイントを述べてみよう．

家庭でぬかみそ漬をつくるなら，①毎日，面倒がらずにぬか床を撹拌する，②表 3.12.2，表 3.12.3 に示す春秋で6～8時間で漬け上がる水分55%，食塩8%のぬか床か，春秋で10～12時間で漬け上がる水分65%，食塩5%のぬか床の，それぞれの水分，塩分をそのまま長い間保てるかどうかに成功の秘訣がある．というのは，約2kgのぬか床をつくってキュウリ4本400g（床の20%）を漬けると，漬上がり時のぬか床からは，8gの食塩が減少，水40gが増加する．この減った食塩は，野菜を漬けるときに，野菜を濡らして食塩を塗りつけて漬ければ補えるが，野菜から浸出してきた水分は処置に困る．毎週1回，米ぬかを追加して浸出水を吸収させるか，スポンジで吸い取ることになる．

ここで，漬物工業の「ぬかみそ漬」への対応を見てみよう．一般の市販品は，調味浅漬のキュウリ，ダイコン，カブの1本物に調味ぬかをまぶしてトレーで売ることが多い．これでも若干の米ぬか由来の香りがついて，単なる調味浅漬より上位には来る．この漬物の21世紀の形は次のようになろう．ぬか床に野菜を数日漬けると，野菜が乳酸発酵を起こして乳酸1%前後に到達するとともに，発酵時に乳酸とともに生成した酢酸が「ぬかみそ香」を巻

表 3.12.2 水分 55%，食塩 8% の ぬか床

		水　分	食　塩
米ぬか	1kg	140g	
食塩	190g		190g
水	1 160mL	1 160g	
	2 350g	1 300g	190g
		55.3%	8.1%

表 3.12.3 水分 65%，食塩 5% の ぬか床

		水　分	食　塩
米ぬか	1kg	140g	
食塩	145g		145g
水	1 730mL	1 730g	
	2 875g	1 870g	145g
		65.0%	5.0%

き込んで揮発してくる．この状態になったぬか床に若干の調味をして，別につくった調味浅漬にまぶしてトレーで出荷する．この発酵ぬかの製造は，少し水分の多いゆるめのぬか床に漬物工場のクズ野菜を洗浄して漬ければよい．ポイントは，発酵中のまめな撹拌と，香りの生成後の酸化防止をどうするかにかかっている．

この「ぬかまぶし」の対極にあるのが，家庭用のエバラ「ぬか漬の素」に刺激されて市販の始まった協和発酵のぬか漬発酵エキス「ぬかしぼりS」，「ぬかしぼりY」である．四国の愛媛県宇和郡宇和町の松屋旅館の「ぬかみそ漬」（写真 3.12.3）を解析し，キー物質としてラクトン，プロピオン酸を得て，それを中心に開発したものである．ただ，この製品は，漬物製造直後は良い香りを残すが，市販までの時間経過で香りが酸化し，いわゆる撹拌をなまけた「ぬか床」に発生する不精香（イソバレリアン酸主体）になってしまう．

「ぬかみそ漬」の研究は古く，九州の精華女子短期大学の支倉さつき氏の一連の研究，森永製菓・今井正武氏の研究がある．今井氏は，川崎市在住（現在は移転か）の山本家に弘化2年（1845）以来伝わる「ぬかみそ漬」などを参照し，日本農芸化学会誌に3報の論文を発表したもので，「ぬかみそ漬」の熟成指標物質はオクタデカン酸オキシド，ヒドロキシオクタデカン酸の2つで，これにラクトンのノナン-1，

写真 3.12.3 愛媛県宇和町，松屋旅館のぬかみそ漬各種

4-オライド，ウンデカン-1,4-オライドが関与しているとしている．

以前から香気研究者の間には，発酵食品の香気製造は難しいという暗黙の了解がある．発酵乳製品の香気製造は，必ず乳を使って，酵素もしくは微生物処理したものでなければならないという．

この見地から考えると，結局，究極のぬかみそ漬は前述のぬかまぶし用ぬか床を大規模にやることで，

① 水分 65%，食塩 5% のぬか床をつくる．
② この床に曲がりキュウリ，サイズ不揃いのダイコン，その他，白菜など野菜残渣を漬け，回転プロペラを入れて時々撹拌，数日の乳酸発酵を行う．酸量 1% 以上になったら，固形物を集め搗砕（らいさい），遠心分離して「ぬか漬発酵エキス」を得る．
③ この発酵エキスを使って「ぬかみそ漬」類似物をつくる．
④ ぬか床再使用のため，再び水分 65%，食塩 5% になるよう，米ぬか，食塩を加えて調整．

となる．

3.12.5 ピクルス

昭和 46 年（1971）7 月 20 日，マクドナルドハンバーガー 1 号店が，銀座三越の 1 階に開店した．この日から，日本の立食い文化が始まった．併せて，1 個 80 円のハンバーガーの間に，1 切れのピクルスのスライスが入っていて，この日からピクルス文化も始まるはずであった（**写真 3.12.4**）．しかし，ハンバーガーの隆盛に比べて，ピクルスやサワークラウトというヨーロッパの漬物の発展は遅れている．デパートや量販店のびん・缶詰コーナーには，必ずピクルスが常置されていて，けっこう需要もあるし，家庭で漬ける人も多いが，なぜか一般受けするところにはいっていない．理由としては，ピクルスキュウリのふわっとした芯のない歯切れと，スイート，ディル，マスタード，レリッシュの代表的 4 種のピクルスともスパイス，ハーブが効いて，日本人になじまない点が挙げられる．ここでは，この発展途上で伸びの止まっているピクルスの製造法を解説する．

写真 3.12.4　ヨーロッパではおなじみの種々のピクルス

1) ピクルス用キュウリ

ピクルス用キュウリはシベリア型に属し，古くから山形県酒田の鵜渡河原キュウリ，大町キュウリの名で存在している．果実は短い楕円形で先半分は白色に近く，収穫の遅延で果実は褐色，マスクメロンに似た網模様を生じる．この特性は，アーリールシアン系と呼ばれる．青葉高氏は，この品種がピクルス加工に適するので酒田キュウリの名で全国に紹介し，寒河江の日東食品がその節成り性を上げたものを「最上」として登録した．さらに栃木の高原食品の原修氏は，節成り性を大きく高めた「桃源」を育種している．

サイズは，小さい方からミジット，ガーキンス，メディウム，ラージとなる．ミジットは 8〜20g，ガーキンスは 25〜30g である．コルニッションという表現もあるが，これはは小さいキュウリの意である．

2) ピクルスの分析値

市販のピクルス 8 点の分析値を**表 3.12.4** に示す．食塩は 1.5〜3.0% と低塩，酸は 0.47% と低いものから，猛烈に酸っぱい 2.35% まで幅広い．全糖は，スイートピクルスで 8.0〜12.9% である．遊離アミノ酸は，全量で 27〜108mg/100g と低く，旨味はスイート，ディルともに全く少ない．

こうしてみるとピクルスは，スイートが酸・糖・スパイス，ディルが酸・スパイスで味覚が構成されていることが分かる．

表 3.12.4　ピクルス分析値

社名・商品名・生産国	高原食品	高原食品	高原食品	讃陽食品	高原食品	ウィングエース	ウィングエース	アルカン
	スイートピクルス	スイートピクルス	刻みスイートピクルス	フレッシュパックスイート	ディルピクルス	キューネゲヴァルツガーキン	キューネコルニッション	マイリーコルニッション
	日 本	日 本	日 本	スリランカ	日 本	ドイツ	ドイツ	フランス
全　重　量(g)	747	1 002	1 335	416	982	581	573	344
固　　体(g)	288	607		143	562	226	205	209
注　入　液(g)	191	270		98	295	123	137	81
容　　量(g)	268	125		175	125	232	231	134
固形物割合(%)	60	69		59	66	65	60	72
容　　器	びん	缶	袋	びん	缶	びん	びん	びん
調味液比重	1.058	1.043	1.048	1.027	1.009	1.011	1.018	1.004
調味液屈糖値	18	14	17	11	4	7	8	6
食　塩(%)	2.4	3.0	2.4	1.5	1.8	1.6	1.8	2.5
グル曹(%)	0.016	0.012	0.009	0.025	0.01	0.016	0.029	0.015
全　糖(%)	12.9	8.9	12.5	8.0	1.6	4.0	4.2	0.5
酸*(%)	1.03	0.94	0.97	0.69	0.47	0.62	0.81	2.35
pH	3.0	3.0	3.1	3.8	3.2	3.9	3.9	3.3
本　数	7	16		9	28	8	23	27
平均重量(g)	41	38		16	20	28	9	8
遊離アミノ酸 (mg/100g)								
アスパラギン酸	1	1	1	4	1	3	9	5
スレオニン	3	2	2	1	1	7	11	3
セ リ ン	4	1	1	7	1	13	15	7
グル曹	16	12	9	25	10	16	29	15
プロリン	+	+	+	+	+	+	+	+
グリシン	4	2	4	4	1	8	2	3
アラニン	5	3	4	5	2	16	10	9
バ リ ン	4	2	2	3	1	2	5	3
メチオニン	2	1	1	1	2	1	+	1
イソロイシン	3	2	2	1	1	3	3	3
ロイシン	6	3	4	3	2	3	4	7
チロシン	+	1	+	2	+	3	3	4
フェニルアラニン	5	2	3	4	2	5	5	9
ヒスチジン	1	1	1	2	1	3	2	1
リ ジ ン	1	2	2	2	1	2	5	4
アルギニン	1	1	1	8	1	18	5	8
合　計	56	36	37	72	27	103	108	82
配合物(g)				ディルシード 2	ディルシード 2	薬味 6		タマネギ 7 ディルシード 1

* 酢酸換算．

3) ピクルス製造法

ヨーロッパのピクルスの場合，年間の短い期間だけピクルスキュウリが売られ，家庭で漬けて，その成果を客をよんでのパーティで競い合う．

(1) ピクルスキュウリの発酵と漬込み

ピクルスキュウリ10kgに16%食塩水10kgを加え，容器をプラスチックシートで覆い，キュウリを沈めて落としぶたをして，軽い重石を置く．このようにして，空気をできるだけ断って産膜酵母の発生を抑え，乳酸発酵させる．重石でキュウリをつぶさないようにするが，少々の圧しすぎはピクルスキュウリでは復元する．3か月以上の発酵で，乳酸換算1%の酸生成を目標にする．ピクルスキュウリの糖は少ないので，サワークラウトのように1.5%の酸をつくるのは難しい．

(2) スイートピクルスの調味

発酵が終わったら軽く洗浄して，**表3.12.5**の処方の調味液に浸し，冷蔵

表3.12.5 スイートピクルス調味処方

発酵ピクルスキュウリ	10kg
調味液	10kg
製造総量	20kg

		食塩(kg)	糖 (kg)	酸 (g)
砂　糖	2.6kg		2.6	
りんご酢(酢酸5%)	2.0L			100
クエン酸	50g			50
グル曹	6g			
オールスパイス	90g			
ベイリーブス	30g			
シナモン	20g			
クローブ	20g			
ディルシード	10g			
黒コショウ	10g			
トウガラシ粉	5g			
水	5.2L			
(計)	10kg			
発酵ピクルスキュウリ*	10kg	0.5		50
製造総量	20kg	0.5	2.6	200
最終成分		2.5%	13%	1%

* 流水にて食塩5%まで脱塩．

庫に 10 日間放置すると完成する．

(3) 加熱殺菌

プラスチック袋詰あるいは，びん詰にして，90℃，20 分の加熱殺菌をする．

(4) ピクルスのスパイス

家庭漬では，ピクリングスパイスが市販されているので，それを購入して使う．その内容は，マスコットフーズの製品は，マスタード，オールスパイス，コリアンダー，クローブ，シナモン，ベイリーブス（ローレル），ディルシードであり，S ＆ B 食品の製品は，マスタード，オールスパイス，コリアンダー，クローブ，シナモンにベイリーブス，赤トウガラシ，ジンジャー，黒コショウ，カルダモンである．このほか，マジョラム，バジル，タイム，ローストガーリックを使うこともある．

スイート，ディルを通じて以上に挙げたスパイスを混合するが，ポイントは，日本人の嗜好に合ったスパイス，日本人にはこれは避けたいというスパイスの両極のものを官能検査で探し出すことである．

3.12.6 サワークラウト

サワークラウトはヨーロッパを代表する漬物である．細刻みキャベツを 2.5％食塩で漬け込み，やや嫌気条件で 1.0～1.5％の乳酸を生成させたもので，普通，発酵終了後，缶詰，びん詰として加熱殺菌して販売する．アルザス風シュークルートやソーセージの添え物としてよく使われる．ヨーロッパでは，キャベツは乳酸発酵させるが，アカキャベツは酸味のある調味液に刻んだものを浸してつくることもある．

サワークラウトは生きた乳酸菌の給源であるので，ヨーロッパで加熱殺菌しないで浅漬を売るように，非殺菌製品としてプロバイオティクス効果を活かして，健康面で役立てたい漬物である．とくにタキイ種苗のルビーボールのようなアカキャベツを使うと，鮮やかな紫赤色になって価値が上がる．また，サワークラウトの揚がり水のサワークラウトジュースは，戦前のアメリカで飲料として大ブームを起こしたこともあって，アカキャベツのジュースは少し甘味を加えてやれば，すばらしい乳酸菌飲料になる．

1) サワークラウト製造法

春秋の日本の気温が，サワークラウトの発酵には最適である．冬はなかなか酸生成が進まず，夏の高温ではあっという間に発酵が進んでしまい，異常発酵のおそれがある．冬と夏は温度管理が必要になる．

大きなポリエチレンシートの上に細刻み（幅2mm）キャベツを置き，キャベツ重量の2.5%の食塩を散布してよく混合，もみ上げる．このキャベツをホウロウ容器に入れ，手で強く圧し潰する．図3.12.2のように，容器の空気を断つようにポリシートで覆い，落としぶた，重石を使ってポリシート内の空気を追い出す．そのまま，春秋で10〜14日間室温放置すると，1.0〜1.5%の乳酸を生じて発酵が終わる．

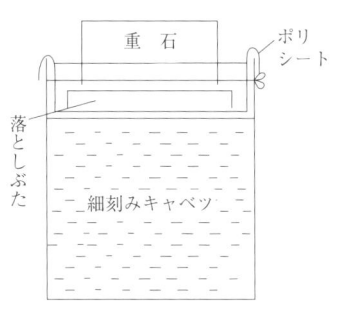

図 3.12.2 サワークラウトの製造法

製造ポイントは，キャベツを容器中に強く圧し潰することと，ポリシートで上手に細刻みキャベツ表面を空気から遮断することである．

2) サワークラウトジュース

ルビーボールの細刻みを上記方法で漬けて，発酵終了とともに液体・固体に分け，固体は漬物とし，液体は8%の砂糖，0.5%のクエン酸を加え，ジュースとしてそのまま売る．

3.12.7 特記すべき科学—乳酸発酵漬物の菌交代

乳酸発酵漬物の主体となる乳酸菌は *Lactobacillus plantarum* であるが，この菌が漬物中に生育して糖から約2分の1の重量の乳酸をつくるわけではない．野菜を塩漬にして細胞膜が破壊され両透膜になり細胞内液が外に出る頃から硝酸還元菌の *Pseudomonas* 属が生育しだし，野菜中の硝酸を亜硝酸に変える．昔の農芸化学の学生はアミノ態窒素分析のヴァン・スライク法をやっていて亜硝酸を生成させるガス分析のため亜硝酸のにおいに慣れており，白菜浅漬の初期の亜硝酸の発生を誰でも知っていた．雨が少なかったりハウス栽培では肥料の硝酸態窒素が流れずに土壌に蓄積され，白菜はその土壌から硝酸態窒素を生体に大量に吸い取る．この白菜を塩漬にすると硝酸還元菌

が硝酸を還元して強烈な亜硝酸臭を出してクレーム・返品になっても，今の学生はヴァン・スライク法を知らず亜硝酸のにおいを嗅いだことがないから原因が分からない．

　このようにして生成した亜硝酸は漬物中の腐敗細菌や野生酵母を殺して周囲を清浄にする．そこに乳酸球菌 *Leuconostoc mesenteroides* が生育し，乳酸を 0.1〜0.2％生成する．このへんで球菌は自己のつくった酸で徐々に生育が弱まり，ここで乳酸桿菌(かんきん) *L. plantarum* が増殖し発酵を完結する．この間いくつかの乳酸桿菌が併せて生育するが，主たるものは *L. brevis* である．この硝酸還元菌，乳酸球菌，乳酸桿菌の菌交代は，すぐき，スンキ，白菜漬，キムチなどの乳酸発酵漬物ではすべて同じである．

　この菌交代は清酒の生酛(きもと)（酒母），山卸(やまおろし)廃止酛(はいしもと)でもよく似ていて，硝酸還元菌として *Achromobacter*，*Hansenula* などが，乳酸球菌は *Leu. mesenteroides*，乳酸桿菌は *L. sake* が働くといわれている．

　以前，ある醸造研究者がこの清酒，漬物の菌交代の類似性に気付き，漬物で亜硝酸が発生するなら，その発生全盛期の浅漬を沢山食べれば，亜硝酸は動脈を拡張する性質があるので健康に役立つと提唱した．この現象は後に国立醸造試験場長として著名な山田正一氏により「健康漬」と命名されている．その後，20年ほど経った昭和50年代中頃から，亜硝酸を生成する浅漬はスジコ，イクラのようなジメチルアミンを多量に含むものと食べ合せると発ガン性の強いニトロソアミンを生じて問題だとの学説が出てきた．主役を亜硝酸に置くかジメチルアミンに置くかで考え方が変わるわけで，著者は当時「健康漬から胃ガンの主犯までの距離」と題して雑誌に書いた．

　チーズ・ヨーグルト，納豆，そして醸造食品の醤油，味噌，発酵酒には古くから純菌接種すなわちスターターの考え方がある．漬物ではどうであろうか．かつて京都の衛生研究所で，すぐきの純菌接種を行ったことがあるが，結果はすぐき様漬物が出来たが物足りない味であったという．菌交代をする発酵食品はややこしい．清酒の乳酸発酵にしてもスターターを接種するわけではないし，今はほとんどが乳酸発酵をやめて乳酸そのものを添加している．漬物のスターターは単独菌接種ではなく，EM菌のような団体菌接種にヒントがあるような気がするがどうであろうか．

3.13 水産物漬物

　水産物漬物は2つに大別できる．1つは，魚介類を酒粕，味噌，麹などに漬けたり，海藻とくにワカメの芯，メカブを醤油漬や酢漬にするという，材料に水産物だけを使ったもの．他の1つは，韓国の家庭漬キムチ，日本のサケのはさみ漬，ニシン漬，数の子・野菜醤油漬，そして「かぶらずし」を代表とする全国各地にあるいずし（飯ずし）の1群のような，水産物と野菜の混ざった漬物である．

　漬物用調味料は数多く発売されているが，野菜に水産物が混ざったときにつくられる，両エキスの混合の味をつくり出す調味料は，まだない．韓国の家庭漬キムチや北海道のサケのはさみ漬を食べると，この混合味がいかに魅力的であるかが分かる．ただ，水産物とくに魚介類の使用には，常に腸炎ビブリオ，ボツリヌス中毒の危険がつきまとう．食品の総合衛生管理システムであるHACCPを本当に実施できる選ばれた企業にのみに許される製品であることは疑いない．

　本節では数ある水産物漬物の中から，魚介類の粕漬・味噌漬・麹漬，サケのはさみ漬，かぶらずしの3点について解説する．

3.13.1　魚の粕漬・味噌漬・麹漬

　魚の粕漬などは，農産物漬物の領域外である．ただ，習慣的に佐賀県東松浦郡呼子町の「松浦漬」，および佐賀郡川副町の海産物粕漬製造業6社だけが，全日本漬物協同組合連合会の佐賀県組合に所属している．水産物の粕漬などはこのところ人気があって，量販店には，酒粕を塗りたくった赤魚，黒魚が並ぶ．しかし，粕取焼酎製造，魚粕漬量産と酒の融米造りによる酒粕量減少で酒粕不足をきたし，清酒を飲む韓国にまで酒粕の買付けが行われるようになっている．

　量販店の粕漬はさておき，東京には長い伝統の西京漬・粕漬の「味の浜藤」，江戸甘味噌漬の「浜の院の浜町漬」があった．そして，味の逸品として両者ゆずらず，お中元，お歳暮に重視されてきた．その後，量販店の赤魚の粕漬が多く見られる頃から，高級品への要望が高まり，大手の東洋水産の

粕漬への参入もあって，高価な製品の需要が増大していった．そして，名古屋の守口漬，奈良漬の高級品に長い経験のある大和屋守口漬本家が，系列企業として「鈴波」を開店して，美味な魚漬物は出揃ったのである．

1) 魚粕漬などの分析値

鈴波，味の浜藤，浜の院の製品と，量販店・デパート販売品の成分分析値を**表 3.13.1** に示す．銘品とされる企業は食塩 2.0〜3.6％の低塩，全糖 10.6〜16.0％と高甘味であるのに対し，量販店の製品は食塩 2.6％と低塩はよいとして，全糖 7.1％と低甘味，デパートは全糖 17.0％と高甘味だが，食塩 5.7％と高塩にすぎる．

分析値から，魚粕漬などは低塩・高甘味が望ましく，試食の結果も，量販店・デパートの製品は専門店に比べて大幅に風味が劣っていた．

2) 魚粕漬などの製造法

魚の粕漬などに使われる魚種は，鈴波の例を挙げると，数の子，タラコ，イカ，マダイ，カジキマグロ，クルマエビ，メダイ，キンメダイ，ギンザケ，ギンダラ，フグ，マナガツオ，アマダイ，ホタテ貝柱，サワラ，本サワラ，キングサーモンと 17 種を数える．

魚の粕漬などの製造は，工程から見ると，① 魚介類の塩漬，② 漬床の作製，③ 本漬の 3 つになる．

(1) 魚 の 塩 漬

原料魚の頭，内臓除去，水洗，3 枚おろしを行い，100〜150 g の切り身とする．貝類は，殻離し後，よく水洗する．ここで，蛋白変性と塩味付与のため，魚体重量の 4％の食塩を使って塩漬をする．重石は，歩留りが悪くなるので軽くする．塩漬日数は冷蔵庫で 2 日間．粕漬はこの 4％食塩散布でよいが，西京漬・味噌漬は，西京白味噌，江戸甘味噌とも少ないとはいえ食塩を 5〜6％含むので，魚体の 3％重の食塩を 3 枚おろしにした魚体にまぶして 3〜4 時間放置した後に切り身にする．塩漬は，このように塩漬 2 日間と塩をまぶして放置 3〜4 時間との 2 法があるが，製造品目の種類，魚体の大小で，使用食塩量，放置時間を調整する．ただし，高塩は避けたい．

(2) 漬床の作製

魚体重量の 20〜60％の漬床を使う．近頃は，製品糖分が 10〜15％と高い

3.13 水産物漬物

表 3.13.1 各種魚粕漬・味噌漬等分析値

企業名・魚名・種類	鈴波	味の浜藤	味の浜藤	味の浜藤	浜の院	量販店	デパート
	サワラ	紅鮭	紅鮭	紅鮭	真鱈	紅鮭	サーモン
	味醂粕漬	西京漬	粕漬	こうじ漬	江戸味噌漬	粕漬	西京漬
包装形態	特殊トレー	平袋	平袋	平袋	二重包装	平袋	平袋
魚体(g)	120	75	74	78	94	115	110
漬床(g)	45	3	2	3	11	30	50
食塩(%)	2.2	3.6	2.5	2.0	2.7	2.6	5.7
グル曹(%)	0.15	0.13	0.13	0.24	0.43	0.21	0.10
全糖(%)	15.6	12.9	12.1	16.0	10.6	7.1	17.0
アルコール(%)	5.1	2.3	3.0	1.4	1.2	2.7	2.8
酸(%)	0.21	0.21	0.24	0.15	0.19	0.20	0.19
遊離アミノ酸 (mg/100g)							
アスパラギン酸	101	54	100	46	60	83	32
スレオニン	66	89	62	47	94	62	17
セリン	63	56	65	40	57	55	30
グル曹	153	128	142	240	425	205	104
プロリン	79	61	75	40	69	49	32
グリシン	54	31	57	29	67	48	21
アラニン	99	84	133	73	98	121	43
バリン	67	57	62	49	70	63	33
メチオニン	20	17	27	27	22	27	14
イソロイシン	49	29	40	25	44	41	17
ロイシン	92	79	91	55	100	79	46
チロシン	67	70	95	37	103	61	41
フェニルアラニン	62	81	79	44	87	67	59
ヒスチジン	20	53	45	47	27	36	22
リジン	74	133	127	134	116	112	97
アルギニン	57	94	74	14	115	73	83
合計	1 123	1 116	1 274	947	1 554	1 182	691

ものが好まれるので，砂糖，液糖を酒粕に練り込む都合から，漬床の使用量，粘度のゆるさはともに上がっている．

　粕漬，みりん粕漬では，漬床の酒粕などの熟成と成分調整が必要である．清酒の搾り粕を2月に桶に踏み込む．搾り粕はアルコール6%，全糖2%とみて，これを使用時にアルコール10%，全糖25%までもっていきたい．このため，酒粕100kg当たり35%焼酎10Lを添加する．これでアルコール10%強の酒粕ができる．全糖は，砂糖，異性化液糖を酒粕10kg当たり

3.5 kg を練り込んでやる．これで，全糖は酒粕の自己消化で出来る4％の糖と合せて，約25％になる．この踏込み熟成は半年かかって8月に完了する．みりん粕漬は，みりん粕を同様に処理して，一般には酒粕と混合する．**表 3.13.2** に粕床の調味処方を示す．

西京漬，味噌漬は，西の西京白，東の江戸と白赤の代表的な甘味噌のいずれかを使い，それに焼酎，砂糖，調味料（アミノ酸）を練り合せて漬床をつくる．香りの向上には少量の酒粕を加えるとよい．製品の分析値を見ると，味の浜藤「紅鮭西京漬」，浜の院「真鱈味噌漬」がそれぞれグル曹0.13％，0.43％，全遊離アミノ酸1 116mg，1 554mg/100gで，野菜の味噌漬で人気の高口又四郎商店，たむらやの「大根」の，それぞれグル曹1.3％，1.7％，全遊離アミノ酸2 567mg，3 041mg/100gよりはるかに少ない（**表 3.10.1**）．魚の味噌漬は，旨味を抑える必要のあることを示している．

西京漬漬床の製品規格は，食塩3％，全糖10％，アルコール2％，グル曹0.4％あたりが適当である．**表 3.13.3** に調味処方を示す．

(3) 本　　漬

漬床が出来上がったら，漬込容器に，数の子，イクラなどは必ずガーゼで包んで，切り身粕漬ではガーゼを敷いて，魚体・漬床・魚体・漬床と，積み重ねて漬けていく．漬込みが終わったら，魚体の大小にもよるが5〜10日の冷蔵庫中熟成ののち取り出して，漬床付きで，あるいは漬床を削ぎ落として包装する．熟成には厳重な注意が必要で，衛生にはくれぐれも注意したい．

表 3.13.2　魚粕漬漬床調味処方

		食 塩(g)	砂 糖(g)	アルコール(mL)
魚切り身(食塩4％)	10kg	400		
みりん〔全　糖　40％／アルコール 14％〕	0.7kg (1kg)		280	98
異性化液糖	1.0kg		1 000	
酒　粕〔全　糖　25％／アルコール 10％〕	4.0kg		1 000	500
合　　　計	16.0kg	400	2 280	598
最終成分		2.5％	14.25％	3.7％

3.13 水産物漬物

表 3.13.3　魚西京漬漬床調味処方

	食　塩(g)	砂　糖(g)	アルコール(mL)	グル曹(g)
魚切り身(食塩3%)　　　　　　10kg	300			
西京白味噌 (食塩 5% / 全糖 35%)　2kg	100	700	18	
みりん (全 糖 40% / アルコール 14%)　0.7L (1kg)		280	98	
焼　酎(アルコール35%)　0.5L (0.48kg)			175	
異性化液糖　　　　　　　　0.5kg		500		
グル曹　　　　　　　　　　50g				50
合　　計　　　　　　　　14.03kg	400	1 480	291	50
最終成分	2.9%	10.5%	2.1%	0.36%

3.13.2　サケのはさみ漬

　北海道に，戦後誕生した野菜と魚の麹漬がある．原型は伝統のニシン漬にあると思われ，「えぞ御殿」，「北の浜っ子」，「石狩の浜」などの商品名で美味な漬物の代表として知られてきた．キャベツ，白菜の浅漬を大切りのまま，米麹をまきながら1枚ずつ大きな「ばんじゅう」というバット状の容器に積み上げ，ところどころにベニザケの薄い切り身をはさむ．厚さ10cmくらいに重ねて，軽く重石をして本漬し，48時間後，包丁で四角く切って売る．食塩1.5～2%の低塩に加えて，野菜とサケの旨味成分が混じり合って，日本の漬物で最高の味をつくり出す．

1)　サケのはさみ漬の分析値と配合

　サケのはさみ漬の成分，遊離アミノ酸分析値，およびベニザケ・野菜類の配合割合を**表 3.13.4**に示す．食塩1.9～2.2%のごく低塩，魚介類を含むので，消費期限を徹底して守る必要があることを示している．グル曹は0.2～1.8%と幅がある．魚介類と野菜のエキスが十分あるので，グル曹添加はどうか，と思わせるが，添加量が多いと旨くなる．配合は，ベニザケは9～11%とすべて10%を目標にしている．配合材料の種類は最大6種類，最少3種類，キャベツを含まないものもあるが，緑色の美しいグリーンボールを最下段に敷くと，その色がグリーンから黄緑色に変わるのを見て，可食性を確認できる．

第3章 漬物製造各論

表 3.13.4 サケのはさみ漬, ニシン漬分析値

企業名・商品名	藤幸食品 本造りえぞ御殿	ニセコ食品 オホーツク三昧	農協千歳市 はさみ漬	ピクルト 鮭物語	香貴 石狩の浜	藤幸食品 ジャンボにしん漬
固 体(g)	1 125	220	204	362	410	264
注 入 液(g)	200	82	112	27	129	74
固形物割合(%)	85	73	65	93	76	78
表示重量(g)	—	200	200	350	500	—
調味液比重	1.051	1.033	1.044	1.039	1.049	1.050
調味液屈糖値	12	9	12	10	12	13
食 塩(%)	2.0	1.9	2.0	2.0	2.2	2.0
グ ル 曹(%)	1.8	0.6	0.2	0.3	0.4	0.5
全 糖(%)	2.0	—	2.0	1.0	1.5	2.1
酸 (%)	0.15	0.2	0.2	0.5	0.3	0.2
白 菜(%)	62	51	86	—	86	—
キャベツ(%)	16	20	—	82	—	72
ベニザケ(%)	9	11	10	11	11	—
ダイコン(%)	9	12	—	2	—	14
ニンジン(%)	1	—	—	1	+	4
コ ン ブ(%)	3	4	4	—	3	—
そ の 他(%)	—	2	—	4	—	—
ニ シ ン(%)	—	—	—	—	—	10
遊離アミノ酸 (mg/100g)						
アスパラギン酸	31	11	26	16	33	6
スレオニン	50	98	68	21	81	16
セ リ ン	15	11	25	19	16	5
グ ル 曹	1 802	632	179	291	417	525
プ ロ リ ン	28	+	82	70	2	13
グ リ シ ン	11	6	26	10	37	2
ア ラ ニ ン	407	21	43	38	377	9
バ リ ン	12	12	18	18	12	5
メチオニン	17	5	7	6	6	2
イソロイシン	10	7	10	7	7	2
ロ イ シ ン	21	11	27	13	14	3
チ ロ シ ン	8	7	7	4	10	2
フェニルアラニン	14	13	19	13	16	3
ヒスチジン	9	8	15	17	9	2
リ ジ ン	35	18	18	19	18	3
アルギニン	21	19	24	5	29	3
合 計	2 491	879	594	567	1 084	601

2) サケのはさみ漬製造法

(1) 材料調製

ベニザケの酢じめ，野菜類の塩漬，調味液の作製，新しい米麹の用意からなる．

① ベニザケの酢じめ

冷凍ベニザケを購入し，解凍，スライス後，食塩10%を散布して5℃で7日間塩蔵，脱塩1時間後に，食酢と水の1：1液（最終酢酸1%）に冷蔵庫中で1昼夜浸漬する．

② 野菜類の塩漬

白菜，グリーンボールは塩度2.5%に仕上がる．グリーンボールは漬けにくいので立塩漬（たてしおづけ）とし，ダイコンはスライスして塩度2.5%に，ニンジンのみ生で千六本に切る．漬込みはすべて冷蔵庫中で行う．

③ 調味液の作製

表3.13.5の組成で調製する．

④ 米　麹

米麹は古くなると抗菌力が落ちるので，製麹（せいきく）したてのものを入手する．

(2) 積層方法

64×38×8.8cmのステンレス製のばんじゅう容器を準備する．表3.13.5は，このばんじゅう1個18kg分であるので，材料調製はその日の製造量をばん

表3.13.5　サケのはさみ漬配合と調味液組成

積層容器：64×38×8.8cm　18kg分

ベニザケ(酢じめ)	1.35kg	調味液		2.55kg
白菜漬*	9.3kg	グル曹		324g
グリーンボール漬*	2.25kg	ソルビット液		270g
ダイコン漬(スライス)*	1.8kg	氷酢酸		36g
ニンジン(生・千六本)	0.3kg	みりん		643mL (900g)
(計)	15kg	グリシン		54g
米　麹	0.45kg	食　塩**		75g
		水		891g

＊　野菜類の塩漬塩度2.5%．
＊＊　調味液・米麹のための食塩．
〔最終成分〕食塩2.4%，グル曹1.8%，糖分2.0%，アルコール0.5%，酸0.2%．

じゅう何個と決めて用意する．

　白菜，グリーンボール，ダイコン，ニンジン，ベニザケを計量し，ばんじゅう1個分の調味液に米麹を混和しておく．グリーンボール，白菜，米麹入り調味液，ベニザケ，ニンジン，ダイコン，米麹入り調味液の順に，ばんじゅうがいっぱいになるまで積層する．横から見て切断面が美しく見えるように積層するのは難しい．製造上，熟練を要する工程である．

　積層が終わったら，ばんじゅう一杯の大きさのプラスチック製の板をかぶせ，重石をして冷蔵庫中0°C，48時間の熟成をして，野菜，ベニザケ，調味液，米麹のエキスの混合を図る．この時の冷蔵庫温度は0°Cを厳守する．

(3) カッティング

　長辺を9つ，短辺を5つにカットすると，45個のサケのはさみ漬がとれる．7×8×7 cmに近い大きさで，1個が400 gになる．これをプラスチックフィルムで包んで，発泡スチロールの容器に入れて，冷蔵車で出荷する．消費期限は5日である．

(4) ニシン漬

　サケのはさみ漬の原型は，北海道のニシン漬にある．ニシン漬は，函館のような暖かい地方はダイコン100%，札幌ではダイコン70%，キャベツ30%，旭川では半々，稚内ではダイコン10%，キャベツ90%と，道内の冬の温度の低いところほどキャベツが多い．これは，キャベツは糖分が多いので乳酸発酵しやすいからで，逆に暖かい地方では，酸敗しやすいので発酵の遅いダイコンを多用するのである．表3.13.4に1点だけ，業者のつくったニシン漬の分析値を挙げておいた．ニシン漬作製の注意点は，使用する身欠ニシンに大腸菌の多いことである．

(a) 材　　料

　ダイコン3 kg，ニンジン100 g，米麹500 g，身欠ニシン500 g，食塩270 g，温湯200 mL．

(b) 製 造 法

① ダイコンは2～3日干し，5 mmの厚さの短冊切り，ニンジンは千六本切りとし，これらを，250 gの食塩をまいて2～3日塩漬する．

② 身欠ニシンは漬け込む12時間前に水に浸しておき，ザルに上げ，う

ろこを取ってダイコンに合せた大きさに切る．この水でふくれて700gになっているニシンに20gの食塩をまぶす．

③　米麹に温湯を絡めてしっとりさせる．

④　桶に①を並べ，②のニシン，③の米麹と漬けていく．最後は，ダイコンと米麹で蓋をする．重石をして，冷蔵庫中で2週間で食べられる．

3.13.3　かぶらずし

金沢の地方漬物「かぶらずし」は，加賀藩が将軍家に献上し続けた歴史が示すように，重厚な味がする．著者の岩波新書『新つけもの考』の漬物ベストテンの第1位はこれである．石川特産の「金沢青カブ」の輪切りに切り込みを入れた塩漬に，寒ブリの油の乗ったところをはさみ，米麹で本漬したものであるが，この熟成中に得もいわれぬ味をつくり出す．第1位に推したあと賛同の手紙を沢山いただいたので，日本漬物第1位は読者の支持を得たと思っている．ところが，このかぶらずしは「金沢でしか買えません」と金沢駅名店街に書いてあって，催事以外は東京での入手は困難である．加賀藩伝統のこの漬物がいまだに門外不出なのは，惜しんでもあまりある．

かぶらずしも，加賀から越前に入るとダイコンとニシンの組合せのダイコンずしへとぐっと大衆化し，魚の少ない飛騨に入ると，塩イカ，スルメ，サバとはさむ魚も下落し，ついには油揚げをはさむようになる．

1)　かぶらずしの製品分析値

かぶらずしの販売形態は，ポリエチレンに包んだ1個あるいは2個のばら売りから，箱に4個，化粧樽に10個と，種々ある．1個の平均は，カブ94g，ブリ13gの合計107gであった．

かぶらずしを4企業，ダイコンずしを1企業取り上げて分析した値を，**表3.13.6**に示す．食塩は2.5〜2.8%の低塩，全糖6.5〜10.0%，酸0.11〜0.46%で，グル曹は0.02〜0.2%である．遊離アミノ酸は，米麹にけっこう多く含まれているので，グル曹の少量添加に限っている．なお，全糖は砂糖・異性化液糖だけで十分の甘味を出すとカブが縮むという理由でステビアの使用例も見られるが，本来はこれは避けたい．なお，1例に変色防止のビタミンC，さらに1例にグリシンの添加が認められた．

表 3.13.6 かぶらずし分析値

社名・商品名	四十萬屋本舗 かぶら寿し	かばた かぶらずし	味の近岡屋 かぶらずし	丸西食品 かぶらずし	四十萬屋本舗 大根寿し
食　塩(%)	2.5	2.8	2.7	2.7	2.1
グ　ル　曹(%)	0.12	0.20	0.16	0.02	0.09
全　糖(%)	10.0	7.7	6.5	9.3	14.7
酸*(%)	0.46	0.28	0.32	0.11	0.25
カ　ブ(g)	245(84)**	370(89)	175(96)	246(85)	ダイコン 122
魚(g)	45(16)**	47(11)	8(4)	43(15)	38
米麹・ニンジン(g)	65	75	20	70	45
個　体　数(個)	3	4	2	2	
遊離アミノ酸 (mg/100g)					
アスパラギン酸	12	14	15	33	22
スレオニン	55	18	95	50	42
セリン	21	14	16	23	25
グル曹	118	197	162	19	88
プロリン	+	+	+	+	+
グリシン	13	11	12	137	35
アラニン	50	32	37	41	62
バリン	22	15	18	30	41
メチオニン	7	4	4	14	11
イソロイシン	8	6	7	16	20
ロイシン	21	14	14	35	32
チロシン	12	11	11	31	5
フェニルアラニン	18	14	15	31	26
ヒスチジン	42	42	36	56	12
リジン	31	19	21	32	36
アルギニン	33	15	6	46	27
合　計	463	426	469	594	484

* 乳酸換算.
** ( )内はカブとブリの%.

2) かぶらずし製造法

(1) 原料カブの栽培

　球形に近い偏円形の直径 10〜12cm，根重 600g 前後の金沢青カブを栽培する．石川県石川郡野々市町を中心に，金沢市に及ぶ 20ha でつくられている．

　播種は 9 月上旬，収穫は 11 月中旬から 12 月中旬，収量は 1a 当たり

300kg である．したがって，石川県の推定収穫量は 500～600t である．収穫したカブは，早生大カブなどよりやや硬く，皮のところに苦味をもつ．

(2) カブとブリの処理

収穫したカブは，上下を切り落として，厚さ1寸（約3cm）くらいに切り，その真ん中に横に包丁で切り目を入れる．皮の苦味を尊重して，皮はむかない．このカブ重量の4%の食塩を用いて塩漬する．重石をして，塩漬約1週間．なお，ブリは紅色の濃いものがよい．ブリの大きさは油の乗った切り身にするか，さっぱりした味の切り身にするか企業の好みで選ぶ．3枚におろした大きな切り身を塩漬する．食塩はブリの切り身の10%を使い，5℃以下，7日間の塩漬とする．

(3) 米麹の処理

米麹1.5L（白米825g使用）に米飯2500g（白米1125gを炊飯）を混ぜ，これに温湯1.5～2Lを加え，55℃の室で12時間糖化させて，やや硬めの甘酒をつくり，その中に細切した塩漬ニンジンを練り合せる．以前は，ニンジンは加賀藩にちなんで梅花状に型抜きしたが，市販品は細刻みを使う．甘酒とニンジンの混ざったものは，カブ・ブリの2割くらいを用意し，本漬の寸前に混合する．

(4) 本　　漬

塩漬カブは取り出してよく水洗，水を切る．塩漬ブリは切り身を注意深くスライスし，1時間ほど脱塩して，1%の酸溶液（食酢100mLに水300mLを混ぜる）を用い5℃以上で24時間の酢じめをする．カブの切り目に酢じめしたブリをはさみ，本漬する．本漬は，甘味，酸味のバランスとカブの苦味の消えかかったときを見て，さらに野菜とブリのエキスの混和など，すべての熟成を待って市販する．普通5日から7日の熟成である．

(5) ダイコンずし

ダイコンずしは，ダイコン漬に縦に切り目を入れ，その切り目にニシンを入れたものである．**表3.13.6**の「大根寿し」は，ダイコン122g，ニシン38g，麹・ニンジン45gの配合で，食塩2.1%，全糖14.7%，ステビアを含む官能的甘味度は17%，乳酸換算の酸0.25%，遊離アミノ酸は，グル曹0.09%，全遊離アミノ酸484mg/100gで，これは添加はないと思われる．

※金沢青カブについては，金沢市泉2丁目の松下種苗店（電話番号 076-243-4060）で「金沢青丸」の名で種子を販売している．

3.13.4 新しい水産物漬物

　魚介類と野菜のエキスの混じりあった漬物は，エキスが混和して調味料では出せない味覚をつくる．衛生面の注意，HACCPの実行を経て新製品を開発すれば，日本人に新しい味覚を提供でき，食生活の幸福を感じさせられるであろう．キムチの項目で述べた「組立てキムチ」は，白菜・キャベツの塩漬にまんべんなく水産物を含む薬味（薬念）をはさむことができるし，この原型といえる韓国の家庭漬本格キムチやポサムキムチすら，まだ日本では売られていない．

　　※輸入ポサムキムチはあるが，製造後，袋詰めしたり，500g容カップ詰にすると，離水して不味になる．ポサムキムチは国内工場でつくり，対面販売もしくは限られた消費期限内に食べるべき製品である．

　考えられる新しい水産漬物を2つ挙げてみよう．

1）　ニシンべったら漬

　北海道のニシン漬は，函館から北上して稚内に至るまで，少しでも寒い地方のほうが旨い．これは前に述べたように，北に行くほどダイコンの割合が減ってキャベツが増えるからである．ニシン漬は，内地ではキャベツの多いほど好まれるが，その理由はニシン漬のダイコンの良さが内地の人々は理解できないところにある．

　この解決策としては，上品な甘味をもたせた麹漬をべったら漬の最高の味覚（浅草の天長商店くらいの製品）に仕上げて切断し，上質の身欠きニシンをべったら漬の10％くらい混ぜてつくる．

2）　組立てかぶらずし

　金沢のかぶらずしが門外不出で，東京で入手困難ならば，前述の金沢青カブの塩漬をサケのはさみ漬に使うばんじゅう容器に並べ，酢じめをした寒ブリの切り身と交互に積層する．このとき，米麹を上手に硬い甘酒状にしたものも混ぜて，かぶらずし状にする．7×7×7cmの300gの大きさにカッティングして，ポリエチレンフィルムでパックして販売する．

3.13.5 すしの話

(財)日本発酵機構余呉研究所は，滋賀の琵琶湖の北に位置して，日本のすしのルーツである馴れずしの産地にある．研究所自体は，平成5年5月から13年1月までのわずか7年間でその歴史を閉じ，滋賀県庁に吸収合併されたが，小泉武夫所長はじめ，北滋賀の人々のこのすしのルーツにかける情熱や試作品の試食を通じて，種々勉強させていただいた．すしを知ることは，漬物新製品開発にも役立つことも多いと考え，すしについて概説する．

1) 米飯と魚介類のすし

最初のすしは，滋賀の「鮒ずし」のように米飯と魚を混ぜる馴れずしとして現れている．「鮒ずし」の例はゲンゴロウブナという大型のフナを塩漬1か月，別にすし飯をつくっておいて，盛夏，塩抜きをしたフナと交互に積み上げ，落としぶたをして強い重石をする．乳酸発酵して熟成するが，200gのフナで半年，1kgの超大型では味が乗るまで2年かかる．

この最初のすしの形は，魚が米飯の乳酸発酵で強い香りをもち，たいそう旨くなっているが，熟成の時間がかかりすぎる．そこで，飯が酸っぱくなって魚の酸味が少し乗ったとき食べるのが「生馴れ」である．生馴れは奈良，和歌山のサバ，サンマを使ったものが著名である．

鮒ずしの製法は927年の『延喜式』に，生馴れは1473年の『蜷川親元日記』に見られる．

2) 米麹と魚介類のすし

魚，塩，米飯を使うすしはまだるっこい．米飯のでんぷんがよく糖化している米麹を使えば乳酸発酵が早く，魚の変化を，早く出来た酸が抑えてすっきりした味に仕上がるだろう．これは，米麹の開発とともに誰でも考えるところである．第2のすしは，魚，塩，米麹を原料として起こってくる．秋田の「ハタハタ全ずし」など，米麹の使用頻度の高い，東北，北陸に見られる．

3) 米麹と魚介類と生ぐさ臭マスキング剤のすし

人の欲望は強い．米飯，そして米麹，魚，塩を使った第1，第2のすしは，発酵状態もよく旨い．しかし，魚の生ぐさ臭，乳酸発酵臭にはなかなかなじめない．そこで，第3のすしが生まれる．1つは会津のサケやニシンのすし漬のようにサンショウや，熊本八代の「ねまりずし」のようにショウガ，ユ

ズのような香辛性植物を加える例．他の１つは，栃木県河内郡羽黒村（現在の上河内町）の「アユのくされずし」のように細刻みしたダイコンを混ぜたり，前述のかぶらずしのように，カブの間にはさんで野菜の香気で臭気をマスキングしたものである．中国雲南省昆明で見たすしは，ガラス製の泡菜(パオツァイ)ガメに塩，米飯，漬菜を混ぜたところに，魚または畜肉，あるいは漬菜をそれぞれ混ぜる，3種混合の乳酸発酵ずしであった．野菜と野菜を混ぜるすしは珍しい．現在の発酵ずしは，この第3の臭いをマスキングするものが多い．

4) 早ずし

このようにして，発酵ずしが全国でつくられていたが，乳酸発酵の乳酸に代って食酢を混ぜる「早ずし」が誕生し，ボートの形をしていることからバッテラと呼ばれた姿ずし，棒ずし，箱ずしが続き，ついに現在の握りずし，ちらしずし，稲荷(いなり)ずしに至るのである．

第4章　漬物工業における新製品開発

4.1　売れる漬物新製品の開発

　定番漬物というものがある．長い年月をかけて消費者に認知され固定した漬物で，たくあん，梅干，ワサビ漬，キムチなど20種ほどがあって，量販店の棚に常に並んでいる．このなかには，従来は家庭漬であったのに，最近の家庭環境の変化で家庭漬から市販漬物に変わった白菜漬，ダイコン・キュウリ・ナス・カブの浅漬などの1群もある．そして，カレーライスの福神漬，すしの甘酢ショウガ，焼きそば・お好み焼きの紅ショウガのように，他の食品を巻き込んで安定しているものもある．

　逆に，気のつかない間に現れて定番漬物になりかかっている漬物も10種を数える．戦後の漬物開発で革命的ともいえる出現をしたものに，「浅漬の素」，「新ショウガ」がある．浅漬の素は昔から種々のものがあったが，エバラ開発のものは食塩9％，水あめなどの甘味料8％という強い浸透圧で，30分で漬け上がるところが新しい．また岩下食品が開発した「新生姜」は，塩蔵原料を使う古漬でありながら古漬の必須工程である塩蔵野菜の脱塩をしない．これまで誰も考えなかった「低温で塩漬し低温で貯える」という方法なので脱塩しないですみ，ショウガのもつフレッシュ感をそのまま残したものである．新漬と古漬の間に位置する前例のない製品なので，塩蔵浅漬と名づけた．浅漬の素の最盛期は100億円，浅漬換算5万tを数え，新ショウガも40億円の出荷金額となった．

　この2つの革命的新製品に続くのが，片山食品の各種ニンニク漬と米山食品のカリカリ小梅である．ニンニク漬は，以前から醤油漬はあったが，片山食品は「みそかつお」，「しそかつお」，「南高梅ニンニク」と，ニンニクに各種風味をしみ込ませたものをまぶす新しい形を産み出した．たとえば，「南

高梅ニンニク」はニンニクの薬食と南高梅干の薬食の二重効果があって，その意味でもよく売れた．カリカリ小梅は，5月下旬の完熟前の硬い梅をカルシウムを使って硬化させ，紅白2粒を，小袋にあめを入れたようにつくり，珍味業界をスタート点として大量に売った．

このほか，刻みダイコンとかつお節を配して低塩高旨味，高甘味で売った，やまうの「どんど漬」に代表されるかつおダイコン，浅漬ダイコンを液糖に浸して脱水した新進の「砂糖しぼり大根」，これを刻んで他の野菜と混ぜた秋本食品の「あとひき大根」，白菜・キャベツ・ベニザケなどを米麹を使って重ね漬した藤幸食品の「鮭のはさみ漬」，青トウガラシが塩蔵脱塩しても風味・辛味を残すところを利用したピリ辛漬物である東海漬物の「男の味」などが話題を集めた新製品群である．

漬物新製品は，それではなぜ必要なのか．第1の理由は，消費者が常に新しいものを求める食生活向上性による．人間は新天地開拓志向が強く，旅行，建物から衣類・食物まで新しさを追求する．第2の理由は，人間の嗜好の疲れ，すなわち「飽き」，言い換えれば同一食品の習慣疲労がある．食品は加工食品的感覚の高グル曹，高イノシン酸，高糖質は早期に飽きがくる．インスタントラーメンが常にモデルチェンジを繰り返し，「お茶漬の素」が新タイプの開発に追われたり，味覚を少しずつ変える必要に迫られるのが，これである．第3の理由は，生産者側にある．キュウリ刻み醬油漬，福神漬などの定番漬物では量販店の棚のシェアが決まっていて，キュウリ刻み醬油漬では東海漬物の「キューちゃん」が90%を占有，福神漬では東海漬物，やまう，八幡屋，新進，菜華がそのほとんどを占有する．そこで，量販店に食い込むには強い新製品をもって参入を図るのが早道で，岐阜のカネカ食品の「釜めし三合」や岐阜漬物の「山菜雑炊の素」など，手持ちの漬物用原材料を，発想の転換で漬物以外の形にして成功した．ここまでいかなくても，量販店のバイヤーも新製品を求めているので，良い新製品の開発は他の製品の売り込みにも有利になる．

4.1.1 開発を考える前に

漬物新製品の開発は難しい．かつて，ネパールの無塩漬物グンドルックに

ついて当時の東京農業大学の小崎道雄教授が研究し学会発表したあと，漬物関係の講習会で，数名の講師が新製品開発に関連してこれを取り上げた．しかし，無塩漬物は日本の木曾にスンキがあり，これとても東海漬物が1度，商品化を試みただけで，量不足で発展し得ないのに，単にもの珍しさだけのネパールのダイコンの葉の漬物が食習慣の異なる日本では売れるとは思われず，無責任な思いつきの製品紹介に感じた．小崎教授は，グンドルックの微生物群を学問的に調べたのであって，日本での普及まで考えての紹介ではなかったはずである．

　食品の開発とは厳格なもので，時代的背景，習慣の変化，健康に対するそのときの考え方の流れなどを総合して，さらにそのときの食品全般を通しての傾向を把握しないかぎり，成果は考えられない．これがときとして，時代の要求の機の熟する前に発表して失敗する，タイミングの捉え方にもつながる．

　このため，漬物新製品開発は漬物を十分知って，十分愛した人がその経験を生かして行うべきものであって，概して学者がこの新製品開発を講演しても，無残なものになるのは経験不足に帰結する．漬物業界には，「社長のつくる新製品」という言葉がある．たとえば，ヨネヤマ食品の「花小梅」，岩下食品の「新生姜」，片山食品の「野沢菜昆布」と，社長の開発製品が何十億円の売上げになることは多い．経営者は，「経験，勘，コツ，経理」の4Kに明るい．要するに，新製品の売行きの見通しの眼が正しいのである．したがって，従業員に新製品開発を託するならば，この「4K」の訓練が必要になる．

　開発の方向には主要なものが3つある．1つは，製造工程の改変である．低塩漬物になったがゆえに，冷蔵庫を使った干したくあんをつくり，周年でこれまでの4月出したくあんの味を保証し，「史上最高の味」を提供し続けているのはこれである．2つには，使用資材の変換である．簡単なものでは，甘酢ラッキョウの調味料溶解を水から赤ワインに変えて，「ワインラッキョウ」をつくるというもの．3つには，新しい野菜を使っての新製品である．しかし，誰でも考えるこの新野菜の使用の成功率はきわめて低い．消費者の頭には，漬物用野菜として認知したいくつかがあって，それ以外の参入には

臆病なくらいの拒絶がある．ニンジンは味噌漬やもろみ漬としては美味だが独立した漬物にならず，たとえば，村おこし加工の大分の玖珠農協の「吉四六漬」のようにダイコン，キュウリとの3本セットでなら売れる．海外から入る乾燥赤タマネギの「緋猩々」は，しば漬タイプの漬物にすると美味だが売れず，埼玉で試作したネギの醬油漬は焼き鳥のネギマ（マグロではない）のネギのように旨いがだめ．このほか，カボチャ，カリフラワー，ブロッコリー，クレソン，タマネギ，トマトから中国野菜まで，すべてだめであった．戦後の漬物の発展のなかでも成功した新野菜は，ゴボウ，ワカメの芯，ステムレタス（茎レタス）の山クラゲの3種だけで，わずかにつくられているのがピーマンとセロリの2種という淋しさである．ただ，日本全国の新製品開発研究会や村おこし研究会に行くと，いまだに主役はトマトとタマネギである．

　以上の3つが，新製品開発の方法であるが，最近の傾向として，これに加えて健康，機能性，薬食を感じさせる何かが背景に流れていることが重要で，これがあると消費者も受け入れやすいようである．ただ，ニンジンジュースの全盛でも未だにニンジン漬物はない．

　次に，今挙げた3つの事柄について詳しく述べていきたい．

4.1.2　製造工程の改変による新製品

　製造工程の大幅改変によって生まれる新製品は，漬物の場合とくに顕著で，開発の60%はこれが占める．

　この理由は野菜という判然たる形のあるものを使っているためで，パン・菓子のように小麦粉を，またキャンデーやあめ菓子のように砂糖と水あめを原料とする食品では，原料が形をなしていないので形の変化をつけやすいが，形ある野菜を原料とする漬物では，工程の改変くらいしか手がない．漬物の新製品が，製菓業ほど派手な出現を見ないのはこのためで，漬物新製品には限界を感じる．

1)　切断形態・方法の変化

　漬物は一般に整然と切ることが多く，たとえばラッキョウは軸に対し直角に切る．大型ラッキョウと花ラッキョウは両端を切りつめて太鼓型に，中型

は首の長い田舎切りに，と一応の常識はある．

　また，「さくら漬」のようにダイコンを長さ 4cm に大切りにしたのち縦に薄切りし，さらに縦に 4～5 個に切り分けると，ダイコンの維管束を美しく見せて，輪切りにして 5～6 個に切り分けて維管束や繊維が縮んで汚く見えるのに差をつける，外観重視の切り方もある．

　この切り方を，整然と切らずに乱雑に大切り，小切り，斜め切りと切ることが新製品になることもある．新潟の片山食品の古漬醤油漬の「胡瓜キムチ」は，この手法で人気があった．

　切断方法では，わざと切れ味の悪いガラスの切片で切る方法もある．秋田の「ナタワリガッコ」がこれで，ささくれ立った切り口が調味液の浸透性を上げるとともに感触をよくする．

　以上は，切り方の形態や方向の変化であるが，最近は，これまで切らずに販売していた漬物を切った製品にして成功する例が多い．これは，野菜類には細胞内の繊維の並び方に方向性があったり，食物繊維含有量の差，すなわち硬さの違いがあって切り方で美味・不味が決まるのに，消費者がそのことを知らないところに立脚する．加えて，単身家庭などでは包丁・まな板もないところが多く，簡便化で喜ばれる．

　鹿児島の山川漬は，削ぐように切って三杯酢に漬けて食べると旨いが，鹿児島以外の人はその食べ方を知らない．25 年くらい前に，山川漬を薄切りにして甘い調味液に浸して，九州名産の胴回り 30cm もの太い孟宗竹の壺に入れて売って，全国に広がった．いわゆる「つぼ漬」の誕生で，山川漬自体，大きな壺に漬けるところから「壺漬」といわれていたので，「つぼ漬」は受け入れやすい名づけであった．

　福岡県瀬高の「三池高菜」を使った「古高菜漬」も，食物繊維が硬いので叩くように 1～2mm に切ると旨い．これも，近頃の切って油炒めした製品の販売普及で，細切物の袋入りがよく売れるようになった．

　やや退潮の見られる「カリカリ大梅」も，細刻みしておにぎりの芯として売れてきたし，鉄砲漬もきれいにスライスしたものが登場した．同様に，味噌漬も 4 種類くらいを洗ってスライスしてトレー詰にしたものが好評である．

2) 冷蔵庫・チラーによる低温下漬がもたらす脱塩の回避

干したくあん，塩押したくあん，カリカリ梅は，低温下漬で食塩含有量をそのまま加工できる状態にして漬けておき，塩抜きしないで製品化することが可能なので，野菜のもつ遊離アミノ酸，有機酸，糖質，香気成分を脱塩で流失させない風味豊かな製品が得られる．

調味浅漬，菜漬は，漬物業界の抱えている問題の1つだが，原菜のもつ素材の味が，食塩代替効果（遊離アミノ酸の食塩代替効果など）を示し，「低塩味ボケ」を起こさないためによく売れるというのがある．しかし，調味浅漬，菜漬はその原料の大部分が生食とバッティングを起こし価格が不安定で，白菜漬など，ときによっては製造して売れば売るほど，赤字が増すこともある．

このため，漬物工業全体を通じ，価格の安定した漬物原料として海外から入ってくる塩蔵品を使い，「浅漬タイプ」の明るい，素材の味の豊かな製品をつくることができることを望んでいる．そして，この塩蔵原料を脱塩・圧搾した古漬は，塩蔵時，製造工程の圧搾時と2度の圧しで食物繊維が濃縮されていて，健康上きわめて効果的な漬物でもある．これをもう少し売れる形にできないか，要するに，古漬の新漬化の可能性である．

岩下食品の「新生姜」は，浅漬風と銘打っているとおり，この種の製品，「塩蔵浅漬」の第1号である．ショウガと青トウガラシの2種の野菜は，塩蔵・脱塩してもかなり風味が残る．「新生姜」は，そのショウガの軟化栽培物の低塩塩蔵品を脱塩しないのだから，強いショウガの風味を感じ，とくに夏に食べた爽快さは喜ばれる．

梅干も，年1回収穫のため高塩20%で塩蔵しているものを脱塩して，8～12%の調味梅干に加工しているが，脱塩時に梅の風味や健康成分が流失する．梅干こそは，アルコール，食酢などで漬込み初期の防腐をして，それを干して保存可能な最低塩度にもっていく工夫をすべきである．梅干は，6月漬込みから干すまでの間が15%以下の低塩だと酵母が発生しやすいので，その間をアルコールなり，食酢で保存性を高めるのである．そして，このアルコールなり，食酢による防腐性の補助をしたうえで，乾燥期まで冷蔵庫におくことである．

3) 乳酸発酵の導入

　乳酸発酵漬物は，現在はほとんどない．発酵で生成する酢酸は緑のクロロフィルをフェオフィチン化して黄褐色にして鮮度感をなくし，この酢酸が，乳酸発酵で出来る種々の成分を包み込んで揮発し，発酵臭を感じさせる．また，乳酸菌によって包装漬物の注入液が濁って明るさを欠く．このような多くの欠点があるため，漬物業界は30年以上前に乳酸発酵を切り捨てた．3分の1世紀の切捨ての間に発酵は腐敗とみなされ，家庭漬白菜で乳酸が出来れば旨いのに，今の若年層は捨ててしまう．

　漬物を発酵食品と位置づける日本人は，学者を含めて極めて多い．しかし，京漬物のすぐき，発酵しば漬の合計でも1 000t，漬物全生産量の0.1%しかないことは知られていない．漬物業界もその復権を狙って，ときどき乳酸発酵漬物を開発する．

　キャベツを細切して，2.5%の食塩とともに空気が遮断されるようにポリシートで覆って強い重石をしておくと，春・秋では約10日で乳酸発酵が完了したサワークラウトができる．従来はここで販売して，日本人の単純酸味嫌いのため，失敗した．ここで，サワークラウト2に対し，別につくった調味液1の割合で混合する．調味液組成は，淡口醬油2%，グル曹1.5%，砂糖2%，食塩1%でつくる．一晩放置した後に，袋に調味液とともに入れ，リンガーで止めて浅漬的に売る．できるだけ緑の部分の少ないキャベツを使うと，乳酸によるクロロフィルのフェオフィチンへの劣化が目立たず，明るくてよい．これにアカキャベツのルビーボールなどの種類を使うと，さらによい．加熱殺菌せずに売れば，腸に到達する乳酸菌 *Lactobacillus plantarum* が生きていて健康的である．発酵後の残液はサワークラウトジュースで，アカキャベツでつくったものは九州で健康飲料として発売されている．

　ぬかみそ漬を，水分65%，食塩4%の低塩湿潤状態の条件のぬか床でつくり，野菜を20°Cでときどき撹拌しながら漬ける．こうすると，ダイコンの場合1.5%以上の乳酸を生成する．これを，サワークラウトで述べたような調味液に一晩浸漬し，包装する．調味液を加えての袋詰でも，野菜だけのトレーでも，いずれも野菜が自分でつくった酸とぬか床香と窒素系旨味が合致して極めておいしい．ダイコン，キュウリ，キャベツあたりを組み合せてもキ

ュウリ,ダイコンの葉は黄緑色になるが,良い.キャベツ,ダイコンの葉は細切して食べるよう,切り方を袋に記載する.

　このほか,漬菜類も,できるだけクロロフィルの少ない白いものを選ぶと,外観のよい乳酸発酵漬物が得られる.高知の東洋園芸が「杓子菜(シャクシナ)」を発売しているし,以前は長崎に大阪白菜系統の「唐人菜(トウジンナ)(長崎白菜(シロナ))」の発酵漬物があった.

4) 菜漬の辛味の混合

　漬物調味で,種々の甘味曲線の異なる糖を混ぜると良い甘味が得られるとか,種々の有機酸を混ぜた酸味は酢漬の商品差別化に役立つと,資材業者は説明する.実際には,それほどの差は出ないのだが.似たことのようであるが,菜漬は品種ごとに辛味成分イソチオシアナート,すなわち辛味の構成が異なり,混ぜ合せると絶妙な風味を示す.

　山形の「おみ漬」の人気は上昇しているが,これは青菜(セイサイ)の強い辛味のアリルカラシ油とダイコンの特有の辛味4-メチルチオ-3-ブテニルカラシ油の混和が大きい.このような視点で,白菜と野沢菜の組合せ,広島菜とカラシ菜の組合せなど,いくつかの漬菜刻み漬の発想が浮かぶ.アブラナ科植物のカラシ油の種類と分布については,3.2.4項「特記すべき科学」を参照してほしい.

5) 野沢菜漬,カラシ菜漬のノリ,その他の増粘漬物

　春になると,山潮菜(ヤマシオナ)の塩漬が福岡から全国に出荷される.山潮菜はカラシ菜に属し,高菜とも近い関係にあるが,抽薹(チュウダイ)(とう立ち)が早いので茎が立ち上がったときに採取し,葉だけでなく徒長した軸も食べる.9月から10月に播いて年内に穫るものは,並みの葉カラシ菜にすぎないが,11月から2月に播き3月から4月に穫るものは,とう立ちして山潮菜の特徴である粘りが強く,2〜3%の塩度の浅漬にすると実に旨い.とう立ちの軸も含めて2〜3cmに切って,辛味と粘りのトロ,別名ノリを楽しみ,美しい緑をめでる.

　「ノリの出た野沢菜漬」という言葉がある.2〜3回霜にあたった野沢菜を漬けると,茎の表皮が霜で少しやられて溶けて,トロっとした状態になる.山梨の富士山麓の野沢菜にこのトロっとした感触,ノリが多い.山潮菜漬や野沢菜漬のノリの出た味を1度食べると,決して忘れられない.山潮菜,カ

ラシ菜，野沢菜や，今はやりの「三重なばな」，「オータムポエム」などの茎の長い菜花を，霧状に散水して冷蔵庫に入れて強制的にノリを出すのは，試す価値のある実験である．まだ一般消費者はノリを知らないので，PRの必要はあるが，1度食べればノリつきの菜漬に嗜好は移る．

このノリのような粘性は日本人の好むところで，粘性をもつ食品も納豆，ジュンサイ，オクラ，ヤマイモ，ワカメのメカブと数多い．漬物でも，コンブや増粘剤の補助を得て粘性をもたせると，喜ばれる漬物ができる．千枚漬，松前漬がこの例であるが，新潟・片山食品の「野沢菜昆布」は，野沢菜の細刻みとコンブの薄味の醬油漬で粘性をもたせて，野沢菜の刻み漬では最高の味を示した．その後，山形の「蔵王菜こんぶ」，滋賀の「京水菜こんぶ」と類似製品が続いた．

最も新しいマルハチの新製品「だし」もこの傾向の製品で，山形の郷土料理にヒントを得て，ナス，キュウリ，ミョウガ，タケノコなどを細かい賽の目に切り，ナメコを配して醬油漬にしたものである．本来は冷奴や飯の上にのせて食べたものであるが，酒の肴にもよい．新しい粘性漬物である．

このほか，東京の小松菜はトロ味のある漬物になるし，モロヘイヤを40%の湯で短時間ブランチングしたものを塩漬にして，これを切って漬菜の刻み漬に加えると，増粘剤なしで粘った製品をつくることができる．

6) 生（なま）感覚の導入

調味浅漬，菜漬は新鮮な生感覚で人気がある．古漬といわれる調味漬は，プラスチック小袋と加熱殺菌で賞味期限の延長と低塩化に成功したが，欠点は，加熱殺菌で味が劣化することである．とくに，ショウガ，シソの葉と資材の味噌の香りの劣化は著しい．

この解決策として，コールドチェーンを使った袋詰たくあんや調味漬の非殺菌製品が売れ始めた．とくに「干したくあん」は，冷蔵庫漬込みと組み合せるとフレッシュ感も出せる．問題は変敗だけであるので，衛生管理が進めば賞味期限を短くして，この種の漬物は増えるであろう．

7) 包装形態，量目の変化

2×4cmの袋に紅白2個のカリカリ小梅を入れた個装品が出て以来，干したくあん，ゴボウ醬油漬，小ナスなどの同様の個装品の小袋を大袋に10個

ほど入れて，菓子や珍味感覚で売ることがはやり，成田空港では海外で食べる漬物としての需要も高いという．カリカリ小梅はこの2粒のヒットで，一時6000t以上の製造があった．包装を平袋から巾着(きんちゃく)に変えると，陳列棚が最上段から浅漬の平場のショーケースに移り，売れ始めたというのはよく聞く話である．ラッキョウは袋中に液入りが普通だが，別に液を飲むわけではないから，酸化による変香，変色が防げるなら注入液は不要である．この液なしの真空包装のラッキョウ甘酢漬も見るようになった．

また，普通200g容のカップ詰のキムチを700gの大型カップで売ったり，300gの梅干のカップ詰を納豆のカップ様の小型容器に50g入れて売るなど，量目の変化の新製品もある．さらに液固率を変えたり，縦横のサイズを変更して目先を変えたり，はては，開封後の冷蔵庫保存の便利を考えてチャックを着けたり二重包装にしたりする．外観の見栄えとボリューム感，そして簡便性と，包装は重要である．

8) 圧搾率の上昇

塩蔵原料を脱塩，圧搾して調味漬をつくるときの圧搾率は，普通40％まで，圧(お)すと割れるおそれのあるキュウリ1本漬で70％までとなっている．山形の櫛引(くしびき)農工連は，村おこしの老舗(しにせ)として知られる工場だが，ここでは50％まで圧した「しなべきうり」という強い歯切れの製品をつくっている．しば漬風調味酢漬も，強く30％に圧搾すると良い物性になるが，コストを考えどこも40％で止めている．強く圧してミョウガを多くすると必ず売れるのだが，どこもやらないので，不思議にこの製品のシェアの高いメーカーはまだない．

最近，コンプレッサーを使って強く圧搾できる「エアプレス」という機械が開発されたので，強圧が容易になった．圧しを強くした新製品の開発が期待できる．

なお，食品用には京都大学・林力丸教授開発の高圧加工があって，明治屋の「マイ・ジャム」で知られているが，漬物では2，3の研究はあったにもかかわらず市販品はまだない．

9) 超 浅 漬

調味液に生野菜を投入してから数時間で売る超浅漬は，札幌の「こうせ

ん」の山際昭吉社長の開発で，キムチ風とか四川風という，やや濃厚で辛味を有する調味液に，ナス，キュウリ，アスパラガス，セロリなどを個々に未明に投入し，量販店，デパートでその日の開店時に売る．「浅漬の素」の企業型というところだが，調味液の複雑な味と歯切れでよく売れた．しかし，その後，八幡屋が種々の野菜を使って売ったが，間もなく中止，その後続はない．八幡屋の場合は，価格設定の段階での失敗と思える．

　消費者は浅漬とみると，無意識のうちに一番ポピュラーな白菜漬，野沢菜漬の価格と比較する．それも，味覚量を食塩で換算して，高い安いを判断して購入可否を決める．野沢菜漬300gが200円とすると，食塩量は2.5%だから7.5g，食塩1gが25円になる．25円がリーズナブルプライスになる．八幡屋の製品は，食塩1g 60円であった．

4.1.3 使用資材で変化をつける新製品

　野菜や水産物，あるいは調味資材，着色資材などの変化や組合せの変更による新製品も多く，開発の30%をこれが占めると思われる．

1) 着色の変化

　2つの考え方がある．合成着色料を使って福神漬を赤く着色していたものを，新しい製品として，黄色4号を増して橙赤に変えて「カレー福神漬」として売る場合が1つ．他の1つは，合成着色料をやめて天然着色料のクロシンとアカダイコン色素の組合せか，パプリカ色素単用で着色するという，合成から天然への移行である．この場合は生協関係，農水省の指導で切替え要求のあるJAS製品で，目下大手の企業を中心に全面的移行が始まっている．着色の変化は，合成着色料使用時は種々の色調がつくれて比較的簡単にできた新製品開発の変化であったが，天然着色料は実際に使えるものが少なく色の変化が出しにくい．前者の例では，しば漬風調味酢漬は一般に紫赤色であるが，黄色く着色した「神大寺漬(じんだいじづけ)」というヒット商品が出たことがある．

2) 味覚の向上，濃厚化

　漬物は，調味浅漬，菜漬では素材の味を生かした淡白な味が好まれてきた．また調味漬も，どちらかというと軽快な味が多い．こういうときに京都丹波の濃厚調味の浅漬や，前橋たむらやの強い旨味の味噌漬が出ると予想外の人

気を示す．濃厚調味とは，低塩×全窒素×糖類で決まり，これをやや多めのグル曹と酸で調整した味である．栃木のたまり漬のような土産品中心では，食塩5％，全窒素0.8％，グル曹2％，糖分20％あたりの強い味が喜ばれる．土産品は一過性で継続性がないので飽きが来ないから，濃厚味が売れる．

　漬物の調味で残された領域は，野菜のホスファターゼで分解されてしまうイノシン酸，グアニル酸という核酸関連物質の添加である．グル曹の単用とイノシン酸などとの併用では，比べると味覚の質が異なる．漬物加熱機が，今も使われている味噌殺菌機と同時に発売され，その後，袋詰め時に武田薬品のカプセルでイノシン酸を保護したものを入れ溶解前に加熱殺菌をするもの，茶由来のポリフェノールでホスファターゼを阻害してイノシン酸を添加するものと種々試みられたが，成功例はない．現在，pH 3でホスファターゼが働かなくなることを使って梅干に，また85℃30分の加熱でホスファターゼが失活するのを利用して惣菜タイプの漬物のメンマ，搾菜(ザーサイ)や各種中華風漬物，キノコ漬物，たくあんに，それぞれイノシン酸添加を行っている．添加量は以前は0.02％といわれたが，納豆のタレの0.5～0.7％添加による成功以来，0.5％添加が増えている．

3) かつお節の添加

　かつお節を漬物に添加すると，味覚が向上する．すでに，「かつお梅」，「かつおダイコン」，「みそかつおニンニク」，「かつおたくあん」が発売され，漬物の1分野をなしている．とくに，ダイコン漬やたくあんでは，甘味15％，グル曹2％の条件でかつお節を加えると良い味をつくる．たくあんにグル曹を加えるときは，0.5％以下が適量で，それ以上はグル曹味が目立ってうるさい．ところが，かつお節を加えてあると，イノシン酸の分解物の無味のイノシンあるいはヒポキサンチンがグル曹と相乗効果を示すためか，大量添加でもうるさくない．味覚化学の不思議である．

　かつお節添加は，キュウリの漬物には，今考えられる製品では合わない．

4) 高級資材

　赤のクッキングワインを使ったワインラッキョウは，ブドウ色素0.1％，アカキャベツ色素0.3％の添加で鮮明な色を示し，ワインの味と合って旨い．ハチミツも漬物の甘味料として，ニンニク，ラッキョウなどで健康を売り物

につくられている．高級感のある資材の使用は，消費者を引きつける．

5) 健康資材

福神漬製造に際し，「鉄骨飲料」に入っているクエン酸鉄とコウジ酸を加えると美しい赤色になる．発色という化学反応を使った着色の第1号であるが，コウジ酸の安全性の確認が遅れていて，実現していない．オリゴ糖はビフィズス菌の生育を促進するとのことで，岐阜漬物が「釜飯の素」に添加して売った．オリゴ糖，食物繊維は健康資材であるが，漬物は小袋中の固体だけを食べて液を捨てるので，これらの資材の添加はもったいない．釜飯の素のように，調味液も加えて炊飯するものに限って使えるので，あとは「山菜雑炊の素」くらいである．ただ，健康資材は漬物にとって魅力的ではある．

6) 水産物との混合

新潟県の漬物出荷金額は全国6位であるが，これには山海漬，数の子・野菜醤油漬，イカキムチなどの水産物漬物の存在が大きい．漬物の味覚は，野菜素材の味が一番，次いで醤油，グル曹，砂糖，酸でほぼ構成される．これで悪くはないが，同一波長の味覚から脱することはできない．ここに水産物由来の味を混合すると，味覚は大きく変わる．市販キムチにイカの細刻みを混ぜてみると，その効果はすぐ分かる．この味は，現在のいかなる調味料をもってしても出せない．本格キムチ，ニシン漬，サケのはさみ漬，かぶらずしと，漬物の味覚上位のものは，水産物の入ったものが多い．衛生の完備した選ばれた工場のみに許された製品であるが，将来性は大きい．

7) 食塩の選択

同じ漬物でも，食塩の品質を変えることで1つの新製品になる．食塩には，日本たばこ産業の特級精製塩から並塩までと，自然塩と称する特殊用塩の，にがり添加の「天塩」，「伯方の塩」などの2種に大別できる．「自然塩使用」と記載すると，味覚，健康面でよい印象を与えるためか，市販漬物でよく見る．ただ，自然塩を使ってつくった漬物と精製塩でつくった漬物との味の官能検査では，訓練されたパネルでもその差は認められなかった．

食塩の選択は，市販漬物がすべて調味されている現在では，自然塩のもつ共存成分の旨味はその味に埋没してしまい，トマトやゆで卵にふりかけたとき判定できるよさは表に出てこない．ただ，自然塩は健康面での種々の効果

は考えられるので，それを生かした新製品はあり得る．

4.1.4 新しい野菜を使った新製品

漬物用野菜として消費者がいくつか認知している野菜以外の新しい野菜は，どのように味がよくても漬物にしては売れない．たとえば，認知外の健康野菜のニンジンにしても，ダイコン，キュウリとの組合せで若干売れる以外は，1県を挙げてニンジン漬物の産地形成をして，官民挙げて販売努力をしなければ売れない．これに対し，最近，新品種が多く開発された菜の花の場合，山形でサカタのタネのオータムポエム（アスパラ菜）を「雪花菜（ゆきはなな）」の名称で売って成功した例がある．認知外の野菜でも認知野菜に関連づけて売れば，うまくいく例である．この手の開発は全体の10%くらいか．

1) 各地の在来野菜

東北の秋田・岩手には，在来高菜の芭蕉菜（バショウナ）がある．奥の細道300年で大いに売る環境はあったが，県の漬物組合の動きがにぶく，不発に終わった．おもしろいのは，前述の三重なばなやオータムポエムのような茎の長い菜の花が売れるところから，葉柄と茎を食べ，葉を捨てる大分の久住（くじゅう）高菜，京都の木津，三重長島，滋賀竜王町でつくられる「タネサキ」の加工で，味はすばらしいのでネーミングのよさが手伝えば売れる．日本3大漬菜の1つだった山東菜（サントウサイ）も復活させたい野菜で，白菜漬よりグリーンの葉の部分の多いこと，食物繊維が白菜より多いこと，味覚も良いことから，大型商材になり得る．

ダイコンでは東京の亀戸（かめいど）ダイコンの浅漬がよい．亀戸で住民や料亭のPRの動きもある．茎は純白で葉は緑，小型紡錘形の可憐なもので，4月の短期間だけ市場に出るので，もう少し作型を研究すれば周年の調味浅漬，ぬか漬で喜ばれる．

本来は村おこし・一村一品運動の漬物の領域に入る各地の特産野菜も，漬物企業が掘り出して新製品としていくのがよい．タキイ種苗の『園芸新知識』に「地方野菜を訪ねて」の連載もあるし，農文協などからも専門書が出ているので，調べるとヒントが得られよう．

2) 認知野菜との混合

消費者に漬物用野菜として新しい野菜を認知させるのは難しい．ニンジン

はキュウリ，ダイコン，カブの調味浅漬や味噌漬のトレー容器の中に同居させるなどして，知名度を上げていく．またサヤエンドウ，タケノコなども袋詰味噌漬の中にダイコン，キュウリなどと一緒に入れておいて，旨いものだとの認識を増やしていく．なかなか認知野菜にならなくても，消費者は目先が変わって喜んでくれるので，種々の野菜を混ぜるのも1つの方法で，奈良漬の名産地の愛知では，樽詰の中にヒョウタン，トウモロコシの3cmくらいの若いものが入っているのもこれである．

4.1.5 健康を織り込んだ漬物新製品

　健康資材については前述した．このほか，最近では種々の健康に良いといわれる野菜が，消費者に知れ渡ってきた．梅干，ニンニクなどを主体に薬膳，漢方などの植物，たとえばクコ，松の実，サンザシ，キクラゲなどを混ぜた新製品をつくり得る．また韓国のチョウセンニンジン，トドック，トラジ（キキョウ）の3種のサポニンの薬理効果も捨てがたい．

4.1.6 新製品開発のまとめ

　漬物新製品開発を系統立てて説明した．誰もが考える，新しい野菜を使っての新製品はほとんどなく，工程変更，資材変更の2つを常に考えればよいことになる．そして，健康と「明るさ・美しさ」，「注入液の清澄性」，「フレッシュ・アンド・フルーティ」を思い浮かべる．経営者の4K「経験，勘，コツ，経理」が新製品誕生のバックにあって，「社長の作る新製品」の言葉ができた．

　経験の浅い技術者には，毎日，生まれてくる漬物および周辺の調理食品の新製品を見て，それが消費者に受け入れられるかどうかをノートに記帳しておくことをすすめる．時代の先取りという言葉があるが，この先取りが早すぎても遅すぎてもだめ．このようなことの記帳の結果を，半年，1年の単位で見ていくと自分の新製品を見る目が正しかったかどうかも分かり，その修正も可能になる．

4.2 漬物既存製品の能力開発

　新製品開発の考え方を述べてきた．開発された新製品は，企業内の検討ののち，量販店のバイヤーなり卸売業者の判断を得て，店頭に並ぶ．そこで消費者に好評で返り注文が多ければ，製造企業も本腰を入れてその商品を育成していき，やがて定番商品にまで到達するものもある．しかし，漬物業界を見ても，出荷金額 30 億円以上になる新製品は 5 年に 1 つ，10 億円以上が 3 年に 1 つ，5 億円以上が年に 1 つ出るか出ないかの低い確率である．

　したがって，新製品開発と同じ力の入れ方で既存の定番製品の見直しをして市場占有率を上昇させ，たとえば 5 億円以上の売上げ増があれば，全業界で年に 1 つあるかないかのヒット新製品の 5 億円に相当するのだから，得策である．そして，この例は多い．

4.2.1 「自社のその製品はその分野で国内最高製品」といえるか

　自社のそれぞれの種類別の製品が，その種類として国内最高製品と自他ともに認める企業は，いくつあろうか．キュウリ刻み漬の東海漬物の「キューちゃん」，ニンニク漬の片山食品，ワサビ漬の田丸屋あたりは異存はないところか．ひとくちに国内最高製品といっても，難しい．要は，最高の品質と自負できる製品を出荷できればよいことになる．そのために，常に怠らずに「並列比較」を行うことをすすめる．

　たとえば，ナスの調味浅漬では愛知の三井食品，山形余目（あまるめ）のマルハチ，栃木喜連川（きつれがわ）の荒井食品，東京の八幡屋の 4 社が業界内の評価が高い．自社製品の位置づけはと思えば，自社の中ナス，長ナス，小型長ナス，小ナス，水ナス，カット物の比較したいものを集めて，並べて比較するのである．この比較の難しさはテクニックではなく，遠隔地の企業の製品の入手が困難なことで，これだけの理由で簡単に改善できるものを放棄してしまう．営業部員の努力で集めてもらうか，東京，名古屋，大阪などの大都市の量販店やデパートの集結地で購入する．

　比較すべきサンプルが揃ったならば，経営者，技術者が集まって，① 外観として漬物の色調の劣化，注入液の清澄度，② 固形物割合は購入意欲を

そそるか，③賞味期限と表示が自社製品と著しく違わないか，の3つを比較する．次いで，開封して液体と固体に分けて正しい固形物割合を，そして液の屈折糖度計示度を測る．次に食塩，酸を測り，屈折糖度計の読みと，この値から推定のおおよその糖分を出す．

次は官能検査で，皿に同じ温度条件，切り方で盛り，歯切れ，塩味・旨味・甘味・酸味の量，および味のバランスの良否，味のしまりと低塩味ボケ・水っぽさの有無，辛味の度合いをみる．香りについては，皿で嗅ぎ，食べてみて古漬臭，変敗臭の有無，そしてのどごし時の異臭を嗅ぎ分ける．このほか，漬かり具合とアクのもつ苦味，渋味，添加物の溶解後の異臭も調べる．できれば，経営者は与える影響が大きいから黙って検査する．検査は第1回は話し合わないで記録用紙に列記して，終わったら第2回に入り，今度は意見を出し合って検討する．第1回は，項目別の5点法（優良，良，普通，可，不良）で採点してもよい．

キムチの並列比較の例を示すと次のとおりである．①総合的外観，②色調（本格物，浅漬として），③粘性，④旨味，⑤甘味，⑥辛味（韓国産トウガラシの粉末と荒びきの割合），⑦酸味（適度の発酵），⑧白菜の漬かり具合（絞り方，あまり乾燥しない），⑨薬味の量，⑩薬味の調製と白菜の切り方のバランス．

この並列比較は極めて効果が大きいので，労をいとわず実施することをすすめたい．意外とこれをやっているところが少なく，したがって，自社製品の客観的評価が全くない企業が多い．

4.2.2　使用資材の洗い直し

並列比較して，同じような味覚で色調が悪かったり，異臭がある場合，原料の悪いケースを除き，たいていは変質した資材を使っている．とくに，醬油，酸分解アミノ酸液，みりんについては，納入日時を記録して買いすぎないようにする．醬油は本来の色調は赤色だが，たいていの漬物工場では黒色になっている．みりん，調味清酒，調味ワインも変色，褐変，酸化が多いので，ときどきチェックして鮮度の良いものを使う．天然調味料も古くなると，とくにカツオ系のものの香りの酸化していることが多い．並列比較して，ど

こか漠然と他社より劣るときは，原料不良と資材劣化をまず考える．

4.3　村おこし・一村一品運動の漬物加工

　農の崩壊が言われて久しい．1979年11月，大分県の平松守彦知事によって提唱された「村おこし・一村一品運動」は，農村活性化を女性の満足度の充足による女性の和に求めた一面があって，最も遅れていた女性の進出による農の回復に一応の成果のあったことは認めてよいと思う．

　ただ，この運動の展開を見るとき，努力のわりには効果未だしの感がする．村おこし・一村一品運動についての研究発表，討論などは農政関係者の間に多く行われているが，結果についての考察は，成功という点で好意的なものが多い．果たしてそうであろうか．討論の最大の弱さは，解析について対象を見据えたものがなく，表面に出た数字で話が進んでしまう点である．

　漬物を，ある集落でつくって農業振興の奨励事業になったとしよう．この場合，漬物の味，色，香り，歯切れ，そして品位が，日本の市場を流れる平均的漬物に比べての位置づけはどうか，保存性はどうか，そして販売価格は適正か，などが成果についての討論にならなければならない．製造ができて，その漬物を食べることができたという点のみが前面に出て，高品質の同種の漬物製品と比較した例は皆無である．まして，事業の利益がという点になると全くふれられず，あたかも利益は不要，人が集まってつくる和だけで運動の目的達成，というところに基準を置いたのでは，女性の地位向上も，農村活性化もむなしいものになる．

　生産品の産直や農林産資源の食品加工などの具体的事項についての実際の体験なき人々の集まりによる空疎な見解，意見により，1つの事業として発足してしまう．たとえば，食品加工によるわずかの利益に「加工品の完成」という喜びを重ね合せて，あたかも成功と判定している例があまりに多い．この種の運動の究極の目的は，産直においては生鮮物流通業との，食品加工では食品工業との競争に打ち勝って初めて，成功といえるのである．

　農村女性が自分で得る給与は，あまりに少ないか皆無ということは指摘され続けてきた．村おこし・一村一品運動の農産加工は，利益の分け前が自分

名儀の口座に入り，自由に使えなくては，この種の運動は完成しない．

これまで，この種の運動の発展を阻害してきた点は，ここにある．農産加工で利益を上げ給与を得ているところも多く，「自分名儀の口座に入れて自分のために使っている」喜びをもつ女性も多い．ただ，全体に対するこの種の成功例の割合は極めて低い．

著者がこれまで取り組んできた，この種の運動の成功への進路を解説してみよう．

4.3.1 村おこし・一村一品運動の農産加工ではどのようなものをつくるか

この運動の成否の第1の要素は，農産加工でつくる品目を園芸食品とか酒とか大分類で決め，さらに園芸食品なら果汁，ジャム，糖果という小分類を確定することにある．あまりに一般化しているものは，既存の食品工業の牙城は崩せないし，特殊すぎるものでも知名度がなく成功しにくい．計画立案段階で，じっくり検討を加える必要がある．

品目としては，一部に林業由来の曲げ物，木彫り，家具などの木工品があるが，大部分は加工食品を考えることになる．

加工食品中の生ハムや水産ねり製品，川魚甘露煮，塩干品，塩辛・魚醬などの動物蛋白質含有食品は，常に食中毒に注意を払う必要があって，信頼できる技術者を置ける規模に拡大しなければならない．そこで，農産加工が中心になって，菓子，麺類，食酢，ワイン・焼酎の酒類，園芸食品，味噌，漬物あたりが考慮の対象になる．ただし，ワイン・焼酎・地ビールなど酒類は，酒税法の壁がある．製造免許をもつ工場への委託か，第3セクターで免許を取って，ということになるが，免許を取るには，必ず黒字になることとか最低製造量がかなり多いことが必要など困難が伴い，うまくいく例は少ない．その他のものも，大企業のシェアが高いとか，輸入品が安く入っているなど，いろいろ難しい．

結局，家庭でいつもつくっている漬物に対象が落ち着くことになるのは仕方がないことであり，事実，漬物加工には漬物メーカーが製造していない抜け道的な製品がかなりあって，他の食品より成功の可能性は大きい．

4.3.2 漬物を選択して,さて何をつくるか

　漬物をつくると決めても,どんな漬物を主体につくっていくかで,また悩む.漬物で成功する率は高いとしても,客観的に見て,成功しているのは秋田県浅舞婦人漬物研究会,山形県羽黒農協,櫛引農工連,京都府乙訓農協,福井県三里浜特産農協,大分県玖珠農協,宮崎県田野農協など,10指に満たない.これらは,味噌漬,ナス調味浅漬,キュウリ醬油1本漬,甘酢ラッキョウ,もろみ漬,干したくあんと柱になる製品をもち,その知名度を上げて安定した経営に入っている.何をつくるかが重視される証拠になっている団体ともいえよう.

　大別して,塩蔵原料の販売と完成品の製造の2つになり,さらに完成品がいくつかに分かれる.

1) 塩蔵野菜の製造

　調味漬やたくあん,調味梅干の1次原料である周年貯蔵の塩蔵品をつくるというもので,完成品をつくるわけではないので単純でおもしろ味は少ないが,安定度は高い.これまで,キュウリ,ラッキョウ,ショウガを中心として中国に産地がシフトしたので,おもしろ味が減ったが,2002年4月から漬物の全種類の原料原産国表示が義務づけられたので,「京漬物」,「信州野沢菜」など産地名を売り物にするものは海外塩蔵の輸入品が使いにくくなる.京都の業者も国内原料の確保に努力しているので,品目の選択によってはおもしろい.同一野菜の沢山とれる地域に向く.原則として,大手漬物企業と契約し,技術指導を受けてつくり,すべてを納入する.単協が総力を挙げて当たるものであろう.10t（2×2×3m）や30t（3×3×4m）のコンクリート製タンク（漬込槽）を何本も用意して,ダイコン,キュウリ,ラッキョウなどを漬ける.同じダイコンでも,製造品目により,干したくあん,塩押したくあん,さくら漬と適種がかなり違うので,契約会社からこの辺の指導を受けて始める.

2) 調味浅漬の製造

　大量生産でかなりの利益を上げようというのには向かないが,漬物工業より優位に立って製造できるので,集落内で3,4人で始めるのには適している.ナス,キュウリ,カブ,ダイコンの1本物とか刻みの浅漬や,白菜漬・

キムチが主要品目である．漬物工業より優位に立てるのは，
① 漬物工業が量販店に納入するときは周年契約で，その野菜の主要収穫期でなくても工面して納める必要がある．村おこし漬物では最盛期の野菜で収穫ローテーションを立てて製造できる．
② 浅漬は鮮度が生命であるが，漬物工業では，製造から店頭に並ぶのに時間がかかり，劣化しやすい．村おこし漬物では，つくってすぐに並べて売れる利点がある．

ただし，同一集落内とか町村内に，人の出入りの多いアンテナショップや地場産センターをもつとか，通勤帰りの人の通る道脇に店が出せるとかの立地条件がカギになる．

晩秋のカブの千枚漬や，冬のイカ入りキムチなど，品目の展開は広い．

3) 菜漬の製造

白菜漬を除く漬菜類の加工では，都市近郊で取り上げて都市に出荷しないと売れない．調味浅漬を，町村内で種類の変化をつけて売るのとは対照的である．東北の「芭蕉菜」，九州の「山潮菜」，「唐人菜」など，漬物工業の手掛けていない優れた漬菜が国内に散在しているし，「野沢菜」，「広島菜」，「高菜」の日本3大漬菜も全国どこでも栽培できるので，思わぬ成功を収めることも考えられる．菜漬の良い点は，原料が白菜やダイコンと異なり生食に適さないので，収穫の豊凶が価格にあまりひびかず，原菜を集めやすいことである．漬菜は丸物の塩漬出荷のほか，漬菜とキュウリ，漬菜・ダイコン・ニンジンなどの刻みを混ぜ合せたものもあり，種々の製品が考えられる．

4) 調味漬の製造

塩蔵原料を流水脱塩，圧搾してつくる調味漬には，醤油漬と酢漬がある．山形の櫛引農工連の「しなべきうり（キュウリ丸物の醤油漬）」や三里浜特産農協のラッキョウ漬のように，大規模に数億円を売って成功しているところは，この古漬ともいわれる調味漬である．コンクリートのタンクや4斗樽を何本か用意して塩蔵品をつくるところから始まり，脱塩，圧搾，調味液浸漬を経て，小袋包装し加熱処理して出荷する．塩押しや干したくあんの袋詰や樽取りの対面販売もここに入る．

5) 土産用漬物の製造

地場産センター，駅，ドライブイン，ゴルフ場や旅館などを通じて販売する土産用漬物は，アイディアがよければ高価に売れるので成功する．品目は，味噌漬，たまり漬，粕たまり漬が有利で，低塩5〜6％で甘口の旨味を強くすれば人気になろう．その他，甘酢ラッキョウ，たまりラッキョウ，赤ワインラッキョウの3点セットの箱入りもおもしろい．温泉地があれば，ワサビ漬，山海漬も有力．さらに，今の梅干がすべて脱塩して調味する調味梅干になっているのを逆手にとって，梅を塩漬にして土用に乾燥しただけの「何もしない梅干」が喜ばれる．これは焼酎のお湯割りに入れると，グル曹が入っていないので悪酔いしない．塩分が心配の人向きに，小梅干を甲州最小，竜峡小梅でつくることができる．このほか，山菜，キノコなどの季節には，釜飯の素，雑炊の素，山菜サラダも，この土産品として売ることができる．

4.3.3　営業許可と環境保全条例

村おこし農産加工の漬物製造にあたっては，届出だけで営業許可が必要なかったが，都道府県によっては条例で許可が要るところがあるので，その県の保健所や町村役場に問い合せる必要はある．加えて，各市町村で環境保全条例を設けているところも増えたので，市町村の担当者に会って以下について詳細を聞く．項目として，揚水施設，騒音，悪臭，焼却施設，排水で，とくに排水は，1日の平均排水量10m^{3}以上のところでは排水施設を必要とすることが多い．

4.3.4　売上げ目標金額と設備

売上金額は，集落で金を出し合って店を出す場合は売値の大部分が手に入るが，どこかに頼って販売してもらうとなると，手に入る金は販売価格の50〜60％である．50％と考えておけば間違いはない．それでも上手にやれば，荒利は2割は出るとされている．

さて，売上げ目標金額であるが，500万円，1000万円，2000万円と，参加する人数で決まってくるわけだが，基本的には設備にどのくらいの資金が使えるかにかかってくる．塩蔵原料を使って古漬をつくる場合は，塩蔵品漬

込容器が必要だが，熟成までに4日〜4週間かかるのでその間に漬けておく容器の数も多くなるし，冷蔵庫も大型になる．加えて，加熱殺菌機も必要なので，町村単位で資金を集めて，少なくとも5000万円以上の出荷金額の規模にしないと難しい．

集落の人達が数人集まって加工をする場合は，漬込容器の回転も速く，機械も小袋の口を締めるリンガー1つあればすむ調味浅漬，菜漬に限定される．

1) 売上金額500万円

集落の人が2〜3人集まって，漬物の腐りやすい夏を避けて農閑期の10月から翌年3月までの半年，試験的にやってみるのに手頃な金額である．この半年の経験で見通しが立ったら，規模を大きくしていく．この試験製造に向くのは，衛生に注意してのイカ入りキムチである．まだ漬物業者がつくっていないので，関心を集めるし，すばらしく美味なので，人々の注目を浴びるであろう．半年，実働130日として，1日4万円，250円で出荷，売値500円のキムチを160個，1個350gとして約60kgをつくることになる．白菜を6つ割りにしてつくるので，大型2.5kgのもの30個を漬ける．漬込み量は本漬時に4斗樽1本に当たる．プラスチック製のふた付き4斗樽の天樽（天昇電気製）を使う．だいたいこの程度の量をつくると出荷金額500万円に相当する．設備としては，白菜漬込み用4斗樽の天樽3本，本漬用天樽2本，薬味撹拌桶1個と袋の口を封じる機械のリンガー1台，そして樽の入る3.3m²の冷蔵室がほしい．

2) 売上金額2000万円

周年，野菜の出回りに応じて，キュウリ，ナス，カブ，白菜などの丸物や，キュウリ，ナス，ダイコン，カブなどのミックスの調味浅漬をつくり，時に千筋京菜や山潮菜などの漬菜で季節感を出す．都市近郊の団地を近くにもつ農村に最適である．実働日数250日として1日の出荷金額8万円，直売で200円，委託して売ってもらうと100円．袋数に直すと，前者で400個，後者では800個になる．すべて固体300g入りに統一して，1日に，前者で120kg（天樽2本），後者で240kg（天樽4本）になる．製品は，小袋中に固体300gに注入液300gを入れて，袋の口をリンガーで締めて売る．

この程度の製造量では，3人でまかなえる．必要器具は，野菜漬込み用お

よび注入液調製用の4斗の天樽16本とナベトロ容器1t容2本，袋の口を締めるリンガーと，野菜の混合浅漬をつくるなら切断機が必要．加えて，10m²くらいの冷蔵室がほしい．

3) 売上金額1億円

やや高級な味噌漬とたまり漬を交互につくり，それぞれの嗜好に合った土地に出荷する．ダイコン，ナス，ショウガ，キュウリやキノコの味噌漬，1袋300gを200円で出荷する．売値は400円．250日製造するとして1日の出荷金額40万円，袋数に直すと2000袋，製造量600kgになる．毎日，1tナベトロと呼ばれる容器1本を仕込むこととなる．味噌漬は，2回漬の後，袋詰めするので，脱塩野菜を漬け込んでから熟成までに1か月かかる．したがって，冷蔵室中に1tナベトロが常に20本入って熟成されていることになる．

必要器具は塩蔵野菜の年間必要量が150tにも達するので，10tあるいは30t容のコンクリート漬込槽が，その分必要になる．機械としては，切断機，脱塩装置，圧搾機，調味液溶解容器，本漬用1tナベトロ20本，真空包装機，それと加熱殺菌機が必要になる．加えて，1tナベトロ20本が2段積みで入る33m²以上の冷蔵室とフォークリフトがほしい．さらに，排水処理施設もほしい．

この金額の出荷量は，もう本格的なものに入り，村おこし・一村一品運動の漬物加工で実際に動いているものを見れば，全国の20位あたりになろう．製造量の参考に示した．

4.3.5 製造技術の習得方法

村おこし漬物加工も，多品目を，それぞれ2斗樽（36L），4斗樽（72L）あたりでつくっているうちは，集落の漬物自慢の主婦の指導でつくればよい．しかし，これが年間1000万円の出荷金額を製造するとなると，販売上から「美しく明るい」，「保存性が高く腐りにくい」，「漬物会社と同程度の味覚をつくる」，「ときどき新製品を開発する」といったことが重要になり，それぞれについて若干の勉強をする必要が出てくる．

さらに，2000万円もつくるとなれば，漬物製造技術は上記の4項目に

「食塩の定量」という分析技術が加わる．

技術を習得するやり方として，次の方法をおすすめする．
① 近くにある農業改良センターの生活改良普及員の人に相談する．
② 地方自治体の食品指導所，食品試験場，農村加工センターの技師の人に相談する．この場合，問合せ先が漬物加工に詳しくなくても，大抵の県に技術アドバイザー制度というのがあるので，技師の人を通じて技術アドバイザーの助言が得られる．食塩の分析などは，技師の人がすぐ教えてくれる．
③ 食品加工の本や雑誌を読む．本書は，村おこし・一村一品漬物製造を意識して書いているので，熟読すれば，かなりのことは分かるはずである．
④ 資材業者に技術の提供を受ける．味の素，協和発酵，理研ビタミンのような大手漬物用調味料，添加物業者をはじめ，各地にある資材業者は漬物の製造技術や種々の情報をもっている．資材購入は避けられないので，安いところばかり探して買うより，親切な業者と長く付き合うことが必要である．

4.3.6 加工が始まって発生する問題点

あちこちの，この種の漬物加工場を見てきたが，挫折する例がたくさんある．始まってから発生する問題点を挙げてみよう．

1) 販売の困難

市町村のアンテナショップで売っているうちはよいのだが，3 000万円の年商あたりから，販売の難しさに苦しめられる．漬物業界の取引は複雑で，少し量がまとまれば量販店，問屋，市場などに頼るとか，仲間取引，協力工場などといった売り方も出てくる．流通の大筋を知ることも大変であるが，価格などで硬直した考え方にとどまっていたのでは，一般に先に進みにくい．誠実さと柔軟な頭で相手に接することで道が開ける．

2) 製造の難しさ

農村で自家用に良いものをつくっていた経験は重要だが，今の漬物製造は低塩化後の保存性の問題で，その経験が役立たないことが多い．低塩製造で

チラー，冷蔵庫，製品冷却装置は常識だし，加熱殺菌装置の導入もあって，製造量の少ないうちは経費がかかりすぎる．前述のように，塩蔵野菜を脱塩してつくる古漬は，加熱殺菌装置や脱塩の水使用量が多く，排水処理施設が必要なので，漬物加工に参入したばかりの頃は，なるべく避けたい．それでも，床面積3.3m²くらいの冷蔵室は，ぜひほしい．

3) 他地域の原料の購入，純正食品という2つの問題

やや軌道に乗ると，農協，経済連などを通じて自分のテリトリーでの野菜の購入だけでは，必要量が確保できなかったり，価格で採算が取れなくなることが出てくる．海外原料を輸入して成功している例もあるが，本末転倒との意見も聞かれる．今後，漬物には原料原産国表示が義務になるので，それも含めてどうするかを決めたい．ただ，自分のテリトリーの野菜だけでやっていたのでは，大きくならないことは事実である．

また，野菜と食塩だけで食品添加物無添加の漬物を販売する純正路線を，一般にこの種の漬物加工では取りたがるが，グル曹をカットすると，販売するに足る漬物は普通つくれない．前述のイカ入りキムチとか京都のすぐき以外で，純正路線は取りにくい．この辺は，他の村おこし漬物加工製品や漬物専業工場の製品の実情を調べて，正しい判断を下すべきである．純正食品の言葉の魅力にひかれて失敗する例は，漬物工業だけでなく，全食品工業を通じて多い．

4) 指導者の活力が漬物工業のオーナーに並べるか

漬物工業は戦後発生した食品工業といってもよく，現在の経営者は創業者の誇りにあふれ，エネルギッシュである．これに対して，農協や経済連の加工を指導する人々は，熱意はあるが，オーナー企業の経営者としては，専業の度合いも含めて，活力は弱いような気がする．漬物は，野菜を扱うので傷みが早く，仕事はスピードを要求される．臨機応変の処置が，前者にとれて後者にとれない点は，一刻を争う良原料の買付けや急な新製品の発売で，この点で後れをとる．

また，村おこし農産加工の指導者に交代の多いことも問題の1つである．農協などの役員は選挙で選ばれ，責任者の総入替えもあるし，これが技術者にまで及べば，致命的な品質低下を起こすことも多い．

漬物関連の文献

1. 単 行 本

　漬物に関しての科学的な解説や一般分析，遊離アミノ酸分析を通じて品質を議論した本は，まだない．製造法の全般について書かれたものも 2, 3 にとどまり，単行本の大部分は全般的な漬物の歴史，分類，個々の特徴の説明を加えた一般書の範囲のものになっている．しかし，これまで漬物の学術書が少なかったので，この種の一般書が，製造の合理化，新製品の開発などに役立ってきた．主要なものを以下に列記する．

1) 学 術 書
　　三好英晃：漬物加工要説，食品研究社（1981）
　　小川敏男：漬物製造学，光琳（1989）
　　松野　弘：漬物綜典，食品通信社（1959）

2) 啓 蒙 書
　　小川敏男：漬物と日本人，NHK 選書（1998）
　　小泉武夫：漬物大全，平凡社新書（2000）
　　宮尾茂雄：漬物入門，日本食糧新聞社（2000）
　　前田安彦：新つけもの考，岩波新書（1987）
　　前田安彦：日本人と漬物，漫画社（1996）

3) 漬 物 一 般
　　藤沢重秋：現代漬物づくり入門，食料新聞社（1996）
　　佐竹秀雄：漬物—漬け方，売り方，施設の作り方，農文協（1999）
　　笠間治三郎：実地研究，漬物の漬け方，泰文館（1954）
　　柳原敏雄：漬物風土記，東日本編，西日本編，中公文庫（1995）
　　鎌田政明：漬物屋さんの書いた漬物の本，三水社（1989）
　　三角　寛：つけもの大学，文芸社（1969）
　　京都府立総合資料館：京都の漬物，白川書院（1973）
　　河野友美：漬け物，新食品事業 8，真珠書院（1991）
　　真下五一：漬物風物記，東京書房（1972）

4) キムチ，梅干など各論
　　家永泰光：キムチ文化と風土，古今書院（1987）
　　槙　浩史：韓国名菜ものがたり，鎌倉書房（1987）
　　有岡利幸：梅干（ものと人間の文化史），法政大学出版局（2001）
　　針塚藤重：あざやか浅漬け直伝，創森社（1997）

5) 野菜，スパイス，その他
　　小崎道雄編著：乳酸発酵の文化譜，中央法規（1996）

岩井和夫，渡辺達夫編：トウガラシ―辛味の科学，幸書房（2000）
青葉　高：日本の野菜（全2冊），八坂書房（1983）
漬物の衛生規範，日本食品衛生協会（1981）
農林水産省：農産物漬物の日本農林規格，日本JAS協会（1998）

2. 学術論文

漬物の論文が欧米の学会誌に載ることは，ほとんどない．欧文で書かれたものも日本農芸化学会誌に2，3見られるだけである．学会誌としては日本農芸化学会誌，日本食品科学工学会誌（旧日本食品工業学会誌），日本栄養・食糧学会誌が主たるものである．

本書の執筆にあたって，これら学会誌からの引用は少なかった．その理由として，漬物研究者の数が少ないことと，戦後，漬物は家庭漬から工場のつくる加工・調味食品に代ったため，食品工業としての歴史が浅く，研究テーマが探しにくかったことに由来する．

ここでは代表的研究者の論文を挙げるにとどめ，その他，実学的見地から著者の資料を紹介することとする．

○今井正武：加工食品に見る伝統食品の課題―漬物の場合，伝統食品の研究，No.14, 34 (1994)

今井氏は森永製菓研究所において，ぬかみそ漬の熟成香気の研究を行い，熟成指標脂肪酸がオクタデカン酸オキシド，ヒドロキシオクタデカン酸であるとした．

○宇田　靖：アブラナ科野菜の塩漬加工に伴う芥子油およびその関連化合物と生理活性，食生活研究, **15**, 9 (1994)

宇田氏は，宇都宮大学農学部教授でアブラナ科野菜の含硫化合物の研究を行っている．とくに，ダイコンの4-メチルチオ-3-ブテニルカラシ油とその反応生成物の抗菌性，抗変異原性の報告で知られる．

○小沢好夫：Isolation and identification of a noble β-carboline derivative in salted radish roots, *Raphanus sativus* L., *Agric. Biol. Chem.*, **54** (5), 1241 (1990)

小沢氏は，群馬福祉大学教授でアブラナ科野菜の含硫化合物の研究を行い，とくにたくあんの黄色色素生成機構の研究の評価は高い．

○乙黒親男：小梅漬の硬度と組織構造に及ぼすカルシウム化合物の影響，日本食品工業学会誌, **40** (8), 552 (1993)

乙黒氏は，山梨県工業技術センター研究員で長く甲州小梅漬の硬さ生成の研究を

行っている．

○金子憲太郎：梅漬原料としての果物採取時期と各成分，とくに有機酸との関係，日本栄養・食糧学会誌, **42** (2), 179 (1989)
　金子氏は，元郡山女子大学教授で2001年から日本獣医畜産大学教授．漬物の歯切れと植物体成分の関係の研究で知られる．

○支倉さつき：ぬか味噌漬におけるビタミン B_1 の移行とその組織化学的検索，家政学雑誌, **31** (4), 252 (1980)
　支倉氏は，元福岡女子大学教授で，わが国で最も古くから漬物を科学的に調べた研究者である．とくに，ぬかみそ漬の研究は内容が高い．

○前田安彦：Volatile in distillates of processed radish of Japanese origine, *Agric. Biol. Chem.*, **42** (9), 1989 (1978)
　前田が日本農芸化学会欧文誌に発表したこの論文は，欧文で発表されたわが国最初の漬物に関する論文である．

○宮尾茂雄：漬物の微生物学の進歩，日本醸造協会誌, **82** (1), 41 (1987)
　宮尾氏は，東京都立食品技術センター研究員で，漬物に関する微生物の研究の第一人者．漬物変敗制御の研究も多い．

　以上の著者について，各種サーチエンジンの著者検索などでも論文一覧を知ることができる．

前田安彦関連漬物資料一覧

1. 論　　文

○前田, A. Kjœr, 小沢, 宇田：Volatiles in distillates of processed radish of Japanese and Kenyan origine, *Agric. Biol. Chem.*, **42** (9), 1715 (1978)
○前田, 小沢, 宇田：Volatile hydrolysis products of glucosinolates occurring in leaves and seeds from two varieties of artificial *Brassica napus*, *Agric. Biol. Chem.*, **46** (12), 3097 (1982)
○前田, 宇田：Volatile constituents occurring in autolyzed leaves of three cruciferous vegetables, *Agric. Biol. Chem.*, **50** (1), 205 (1986)
○前田, 小沢, 宇田, 大島, 斉藤：Formations of yellow pigments by the reactions of 4-methylthio-3-butenyl isothiocyanate with L-ascorbic acid and some dihydroxyphenolic compounds, *Agric. Biol. Chem.*, **54** (3), 605 (1990)

〇前田，小沢，宇田：アブラナ科植物の生鮮物および塩漬の揮発性イソチオシアナートについて，日本農芸化学会誌，**53** (8), 261 (1979)
〇前田，宇田，小沢：中国から導入されたアブラナ科野菜の揮発性イソチオシアナート，日本農芸化学会誌，**56** (11), 1057 (1982)
〇前田：漬物の化学と製造技術の体系化，日本栄養・食糧学会誌，**47** (4), 257 (1994)
〇前田，宇田，井川，石橋：Volatile constituents of processed Takana (Takana-zuke) and their changes during cold storage，日本食品工業学会誌，**31** (6), 371 (1984)
〇前田，宇田，鈴木：Volatiles constituents of pickled curciferous vegetables, *Brassica campestris* var. *rapifera* and *B. campestris* var. *pekinensis* (Nozawana-zuke and Hiroshimana-zuke)，日本食品工業学会誌，**35** (5), 352 (1988)
〇前田，宇田，矢部，末木，鈴木：大根及び高菜の浅漬のpH，色調，揮発性芥子油とその関連揮発性成分におよぼすアスコルビン酸ナトリウムの影響，日本食品工業学会誌，**38** (1), 55 (1991)
〇前田，宇田，鈴木：Off-flavours constituents generated in pickled Nozawana (*Brassica campestris* L. var. *rapifera*) leaves during early pickling process，日本食品工業学会誌，**39** (2), 200 (1992)
〇前田，宇田，松岡，熊耳，島：Stability and antimicrobial property of 4-methylthio-3-butenyl isothiocyanate, the pungent principle in radish，日本食品工業学会誌，**40** (10), 743 (1993)

2. **著　　書**
　　初学者のための食品分析法，弘学出版（1975）編著
　　新漬物処方全覧，食品研究社（1985）共著
　　そうざい・漬物工業，食品と科学社（1985）共著
　　漬物の科学と健康，漫画社（1989）共著
　　野沢菜，銀河書房（1990）共著
　　伝統食品の智恵，柴田書店（1993）共著
　　キムチ（沈菜），食品研究社（1999）共著

3. **資　　料**
〇現在の漬物の製造法と製品呈味について，宇大農学部学術報告，**9** (2), 99 (1971)
〇韓国漬物の種類とその製造法，宇大農学部学術報告，**9** (3), 83 (1971)
〇漬物品質の市販可能域に関する実験的考察，宇大農学部学術報告，**11** (1), 27 (1980)

○漬物総合事典
  Ⅰ．菜漬，フードリサーチ，98号，2 (1995)
  Ⅱ．漬物工業への新規加入，フードリサーチ，99号，2 (1995)
  Ⅲ．調味漬（古漬），フードリサーチ，100号，2 (1995)
  Ⅳ．たくあん，フードリサーチ，101号，12 (1995)
  Ⅴ．漬物工業における品質管理，フードリサーチ，102号，12 (1995)
  Ⅵ．キムチ，フードリサーチ，103号，14 (1995)
  Ⅶ．新製品開発，フードリサーチ，104号，20 (1995)
  Ⅷ．調味浅漬，フードリサーチ，105号，32 (1995)
  Ⅸ．漬物工業における研究室の運営，フードリサーチ，106号，32 (1995)
  Ⅹ．漬物工業における社員教育，フードリサーチ，110号，40 (1996)

○漬物診断
  第1回　東海漬物製造「キューちゃん」，月刊食品，**24** (5), 16 (1980)
  第2回　コミヤ味工「玉黄金らっきょう」，月刊食品，**24** (6), 47 (1980)
  第3回　八幡屋「カレーライス福神漬」，月刊食品，**24** (7), 48 (1980)
  第4回　岩下食品工業「しそ桜」，月刊食品，**24** (8), 24 (1980)
  第5回　やまうの漬物「若なす」，月刊食品，**24** (10), 18 (1980)
  第6回　いちふく「福たかな」，月刊食品，**24** (11), 20 (1980)
  第7回　新進食料「磯ふくべ」，月刊食品，**24** (12), 18 (1980)
  第8回　東海漬物製造「味キムチ」，月刊食品，**25** (1), 60 (1981)
  第9回　八幡屋「しば風味」，月刊食品，**25** (2), 60 (1981)
  第10回　野津漬物「青しその実」，月刊食品，**25** (4), 18 (1981)
  第11回　塩野「東京一本漬」，月刊食品，**25** (6), 24 (1981)
  第12回　小倉食品「かつお一本漬」，月刊食品，**25** (7), 56 (1981)
  第13回　中園久太郎商店「つぼ漬」，月刊食品，**25** (10), 18 (1981)
  第14回　新進食料「きのこ風味」，月刊食品，**25** (11), 26 (1981)
  第15回　カネカ食品「釜めし三合」，月刊食品，**27** (1), 46 (1983)
  第16回　野崎漬物「手作りつぼ漬」，月刊食品，**27** (4), 41 (1983)
  第17回　岐阜漬物「鮭雑炊の素」，月刊食品，**27** (7), 41 (1983)
  第18回　山義食品「無添加たくあん」，月刊食品，**27** (11), 39 (1983)
  第19回　片山食品「無添加たまりニンニク」，月刊食品，**28** (5), 20 (1984)
  第20回　道本食品「無添加乾燥たくあん造本漬」，月刊食品，**28** (11), 27 (1984)

○新漬物診断
  第1回　岩下食品「あさ漬風新生姜」，フードリサーチ，507号，24 (1997)
  第2回　東海漬物「男の味業務用」，フードリサーチ，508号，21 (1997)
  第3回　すが野「早掘り里ごぼう」，フードリサーチ，509号，28 (1997)

第 4 回　田丸屋本店「わさび漬」, フードリサーチ, 510 号, 34 (1997)
第 5 回　高口又四郎商店「みそ漬」, フードリサーチ, 511 号, 34 (1998)
第 6 回　やまへい「野沢菜漬」, フードリサーチ, 513 号, 2 (1998)
第 7 回　秋本食品「あとひき大根」, フードリサーチ, 514 号, 24 (1998)
第 8 回　中川食品「マイルドソウルキムチ」, フードリサーチ, 515 号, 24 (1998)
第 9 回　ちば醬油「小舟漬（低塩鉄砲漬）」, フードリサーチ, 516 号, 18 (1998)
第 10 回　片山食品「みそかつおニンニク(新)」, フードリサーチ, 517 号, 28 (1998)
第 11 回　忠勇「なら漬」, フードリサーチ, 519 号, 26 (1998)
第 12 回　梅屋「調味梅干・味覚物語」, フードリサーチ, 520 号, 36 (1998)
第 13 回　野崎漬物「たくあん・漁師仕込み」, フードリサーチ, 521 号, 36 (1998)
第 14 回　道本食品「セレクト日向(ひなた)漬」, フードリサーチ, 522 号, 40 (1998)
第 15 回　藤幸食品「本造りえぞ御殿」, フードリサーチ, 523 号, 40 (1999)
第 16 回　丸越「あっさり漬」, フードリサーチ, 524 号, 46 (1999)
第 17 回　天長商店「べったら漬」, フードリサーチ, 525 号, 48 (1999)
第 18 回　三和漬物食品「たかはたおみづけ」, フードリサーチ, 526 号, 48 (1999)
第 19 回　大安「千枚漬」, フードリサーチ, 527 号, 20 (1999)
第 20 回　味の素「味蔵」, フードリサーチ, 528 号, 20 (1999)
第 21 回　新進「カレー福神漬」, フードリサーチ, 529 号, 38 (1999)
第 22 回　増子「特選数の子山海漬」, フードリサーチ, 530 号, 36 (1999)
第 23 回　荒井食品「なす太くん」, フードリサーチ, 531 号, 32 (1999)
第 24 回　猫島商店「広島菜漬」, フードリサーチ, 532 号, 24 (1999)
第 25 回　高原食品「ピクルス」, フードリサーチ, 533 号, 16 (1999)
第 26 回　マルハチ「雪ん娘」, フードリサーチ, 534 号, 16 (1999)
第 27 回　四十萬谷本舗「かぶら寿し」, フードリサーチ, 535 号, 34 (2000)
第 28 回　鈴波「鮮魚味醂粕漬」, フードリサーチ, 536 号, 30 (2000)
第 29 回　いちふく「福たかな（新）」, フードリサーチ, 537 号, 18 (2000)
○韓国漬物調査と日本キムチの将来, 月刊食品, **21** (3), 59 (1977)
○漬物は高塩度食品に分類されるか, 月刊食品, **25** (8), 18 (1981)
○漬物における健康食品志向度, 月刊食品, **26** (1), 50 (1982)
○健康漬から胃ガンの主犯までの距離 N-ニトロソアミドをどう理解するか, 月刊食品, **27** (8), 44 (1983)
○漬物におけるグルタミン酸ソーダの重要性とその安全性批判への対応, 月刊食品,

27 (12), 42 (1983)
○低塩・健康志向における市販可能な漬物新製品開発，月刊食品，28 (1), 63 (1984)
○調味発酵漬物の商品化の展望，月刊食品，28 (4), 8 (1984)
○業務用漬物の実態と問題点，月刊食品，28 (7), 36 (1984)
○漬物製造における現在解決不可能な8つの問題点，月刊食品，28 (11), 10 (1984)
○水産物・畜肉を加えた野菜漬物製造技術，特にボツリヌス中毒防止にむけて，月刊食品，28 (11), 54 (1984)
○ステビオサイドの漬物への利用，ニューフードインダストリー，18 (5), 19 (1976)
○漬物の包装形態とその調味方法（その1）調味漬，ニューフードインダストリー，19 (10), 25 (1977)
○漬物の包装形態とその調味方法（その2）たくあん，ニューフードインダストリー，19 (12), 41 (1977)
○大根を原料とする漬物の加工と将来の展望，ジャパンフードサイエンス，(12), 31 (1981)
○浅漬をとりまく要素と今後の方向，ジャパンフードサイエンス，(10), 58 (1993)
○たくあんの衰退と今後の対策，ジャパンフードサイエンス，(3), 27 (1994)
○成長著しい「キムチ」の動向と調味技術，ジャパンフードサイエンス，(9), 23 (1997)
○アントシアン色素含有食品の品質評価，食品と開発，19 (6), 27 (1984)
○漬物新製品のための6つのポイントとその味覚，食品と開発，21 (7), 60 (1986)
○漬物の「発酵・熟成」の問題点，食品と開発，22 (1), 50 (1987)
○漬物のグル曹添加量低減の試み―核酸系調味料添加技術，食品と開発，22 (6), 30 (1987)
○伝統への回帰傾向を示す「新しい漬物」，食品と開発，23 (1), 42 (1988)
○乳清ミネラルバランス塩を使った漬物の開発，食品と開発，24 (1), 65 (1989)
○漬物製造における冷却装置の有効利用，食品と開発，24 (11), 48 (1989)
○調味浅漬の現状解析とこれからの展望，食品と開発，27 (6), 19 (1992)
○漬物類のHACCP，食品と開発，28 (5), 17 (1993)
○漬物の味覚・発酵・変色に及ぼす「食塩の品質」の影響，食品と開発，31 (10), 12 (1996)

4. 報　告　書
○塩と漬物―梅漬物の現状と問題点，ソルトサイエンス研究財団助成研究報告集，平成元年度 229 (1991)
○塩と漬物―漬物低塩化の現状解析と適塩ガイドラインの設定，ソルトサイエンス研究財団助成研究報告集，平成2年度 329 (1992)

○漬物の味覚，発酵，変色に対する食塩の影響 1, ソルトサイエンス研究財団助成研究報告集，プロジェクト研究：共存成分を異にする食塩の食品科学的研究，平成3年度 151 (1993)
○漬物の味覚，発酵，変色に対する食塩の影響 2, ソルトサイエンス研究財団助成研究報告集，プロジェクト研究：共存成分を異にする食塩の食品科学的研究，平成4年度 180 (1994)
○農山村における地域資源の循環的利用構造に関する研究（村おこしの漬物），文部省科学研究費（平成5～7年度）補助金研究成果報告書 120 (1996)
○乳酸菌を利用した新しいタイプの発酵漬物の開発，(財)日本発酵機構余呉研究所委託業務報告書（1997）

索　　引

ア　行

赤ジソ	34, 215
赤ワイン	54
浅漬	97
浅漬キムチ	270
――つくり方	277
――配合例	278
浅漬の素	112
アスパラ菜	137
阿蘇高菜	136
圧搾	60
圧搾野菜	61
圧搾率の上昇	338
アホエン	17
甘酢ショウガ	190
――調味処方	191
――食物繊維	188
――調味規格・調味処方	66
――調味処方	65
アミグダリン	16
γ-アミノ酪酸→GABA（ギャバ）	
アリシン	17
S-アルキルシステインスルホキシド	17
アルコール	54
添加量（福神漬）	65
アントシアニン	83
――変色	84
硫黄化合物	20, 186, 248
異性化液糖	50
イソチオシアナート	145, 288
一夜漬	98
一村一品運動の漬物加工	346
1丁	184, 232

1丁漬たくあん	232
――配合剤	234
いぶりたくあん	243
印籠漬	290
魚醬油→魚醬	
淡口醬油	43
烏梅（汁）	2, 212, 299
梅	
――の青酸	15
――品種	213
梅酢たくあん	239
梅漬	220
梅干	213, 334
――抗菌性	15
――製造法	213
――分析値	216, 217
液漬たくあん	228, 243
荏裏（えづつみ）	4, 289
エリスリトール	52
延喜式	2, 300
塩蔵	33, 146
赤ジソ	34
カリカリ小梅	37
――規格設定	38
キノコ	36, 170
キュウリ	33
塩蔵浅漬	6, 38, 191, 334
山菜	171
シソの実	37
ショウガ	35
シロウリ	35
ダイコン	34
ナス	33

364　索　引

ナタマメ	36	かつお節の添加	340
ニンニク	35	カトキムチ	264
葉トウガラシ	36	金沢青カブ	323
ヤマゴボウ	34	加熱殺菌	58,78,128,238,296
ラッキョウ	35	カプサイシン	275,289
レンコン	37	──機能性	21
塩蔵原料（野菜）	32,348	かぶたくあん	241
──圧搾	60	カブ調味浅漬	110
──使用漬物	148	カブ菜の種類	117
──脱塩	60	かぶらずし	323
──復元（圧搾野菜）	60	──製造法	324
塩蔵ダイコン	195	──分析値	323,324
塩度	33	釜飯の素	176
		──製造法	176
オイカクトゥギ	266	亀戸ダイコン	342
追塩	37,222	カラシ粉	211,289
オイシンゴンジー	268	カラシ菜	135
オイソバキ（オイキムチ）	266	──分類	125
お新香	6,26,98	カラシ菜漬	135
おみ（近江）漬	132,336	──ノリ（トロ）	336
製造法	132	カラシ油	211,289
──調味処方	133	辛味物質の系統	288
──分析値	134	ガリ→甘酢ショウガ	
オリゴ糖	51	カリカリ梅	221
		──分析値	223
カ　行		カリカリ大梅	333
海外塩蔵原料	73	カリカリ小梅	37,221
核酸系調味料	46	──調味処方	224
カクトゥギ	265	カロテノイド	83
──分析値（砂糖しぼりタイプ）	273	──安定性	84
カジキムチ	266	環境保全条例	350
粕たまり漬	298	韓国家庭漬本格キムチ	282
粕漬	199	韓国漬物	7
糟漬	3,199	──種類	260
数の子山海漬	209	寒咲ちりめん	136
──配合	212	乾燥	82
かつお梅	219	乾燥白ふすま	243
──製造法	220	乾燥たくあん	229,232
──調味処方	221	──脱気	238
──分析値	219	──調味処方	237
かつおたくあん	238,243	──分析値	234

索　引　365

——分析値（普通たくあん）	235	組立てキムチ	286
——分析値（変則たくあん）	236	——配合	287
官能検査	345	グリーンボール漬	110
官能的甘味度	235	β-グルコシダーゼ	16
甘味資材	50	グル曹（グルタミン酸ナトリウム）	46
甘味料	50	クロロフィル	83
——甘味度	51	——黄緑化	84
刻み浅漬	111	化粧味噌	296
——分析値	112	減塩醬油	43
刻みしば漬	306	健康資材	341
刻み菜漬分析値	134	ケンニップジャンアチ	269
キシリトール	52	原木	228, 229
キトサン	81		
キノコ	36	硬化梅漬製造法	222
キノコ・山菜漬	168	高級資材	340
——製造法	173	高酸度食酢	54
——分析値	170, 171	合成着色料	56, 149, 339
——遊離アミノ酸分析値	172	酵素的褐変	84, 85
キノコ漬	168	香料	56
——調味処方（淡口調味漬）	175	コク味資材	48
——調味処方（濃厚醬油漬）	176	コトルベキキムチ	264
キムチ	259	ゴボウ	34, 164
——製造法	272, 276	米ぬか	8
——製品設計	277	糊料	56
——分析値	270		
GABA（ギャバ）	23	**サ　行**	
キュウリ	33, 266, 274, 309	西京漬	318
キュウリ1本漬	153	在来野菜	342
——調味処方（強圧搾・濃厚調味）	157	蔵王菜	124
——調味処方（低塩）	156	魚粕漬	315
——分析値	155	——製造法	316
キュウリ刻み醬油漬	151	——漬床調味処方	318
——調味処方	154	——漬床の作製	316
——分析値	155	——分析値	316, 317
キュウリ調味浅漬	110	魚麴漬	315
魚醬	46, 261	——分析値	317
——呈味成分	47	魚西京漬	318
		——漬床調味処方	319
九住高菜	136	魚味噌漬	315
組立てかぶらずし	326	——分析値	317

さくら漬	195	——調味処方	160
——調味処方	196	湿潤剤	82
酒粕	199, 315	4斗樽	184, 232
サケのはさみ漬	88, 319	しば漬	197, 305
——製造法	321	——製造法	305
——配合と調味液組成	321	——調味漬化	305
——分析値	320	しば漬風調味酢漬	196
——分析値と配合	319	——調味処方（グル曹タイプ）	197
搾菜（ザーサイ）	136	——調味処方（醬油・グル曹併用）	198
サッカリン	53, 190, 236	シヘクキムチ	269
砂糖	50	シメジ	174
砂糖しぼりダイコン	101	ジャンアチ	269
——製造法	103	ジャンキムチ	268, 282
——調味処方	105	——配合	285
——分析値	104	ショウガ	23, 35, 289
サワークラウト	312, 335	聖護院大カブ	107
——製造法	313	聖護院ダイコン	242
サワークラウトジュース	313, 335	消費期限	59, 75
山海漬	208	上干したくあん	236
——製造法	210	賞味期限	59, 75
——分析値	209, 210	醬油	41, 43
酸化防止剤	82	——呈味成分	42
山菜漬→キノコ・山菜漬		醬油たくあん	243
山東菜	139	醬油漬	44, 146
酸分解アミノ酸液	43	食塩	9
——呈味成分	45	——選択	341
酸味資材	53	——添加量（福神漬）	65
		食酢	53
塩押したくあん	229, 239	——分析値	55
——分析値	241, 242	食物繊維	14, 164, 188
塩押し本漬	239	シロウリ	35, 202, 290, 292
塩辛汁	261, 262, 275	ジンゲロール	289
塩切れ現象	104, 240	——の制ガン性	23
塩出し	6, 148	シンゴンジー	267
塩漬	2	新ショウガ	191, 298
色素製剤の性質	254	——製造法	193
自社規格作成	60	——着色料	194
シソの実	37	——調味処方	194
シソの実調味酢漬	158	——分析値	192, 193
——調味処方	161	新高菜漬	125, 126
シソの実漬	158	——分析値	129

新漬	6, 26, 98	ダイコン浅漬分析値	106
新漬たくあん	239	ダイコンずし	325
──呈味成分	58	ダイコン漬	
浸透圧	82	──辛味成分の変化	114
		──におい関連化合物	115
水産物漬物	315	高菜	123
四葉（すうよう）系キュウリ	151	高菜漬	123
すぐき（酸茎）	301	──製造法	126
──製造法	301	──分析値	128
──分析値	301, 303	たくあん	26, 226
スグキ菜	301	──黄色色素	255
すぐき風漬物の開発	304	──種類	229
すしの変遷	327	──製造工程	230
須須保利（すずほり）	4, 116	──噛む効果	23
酢漬	186	たくあん漬の素	237
ステビア	52, 235	──におい関連化合物	115
ステムレタス	181	脱塩	60
		脱気（たくあん）	115, 238
青菜	124, 132	脱酸素剤	82
製造総量	60, 184	立塩漬	7, 261, 274
整味資材	54	たまり漬	199, 298
斉民要術	1, 212, 299	たまりラッキョウ	66
千筋京菜	140	樽出し生しば漬	306
全窒素の配分（福神漬）	63	樽取り本漬	243
千枚漬	105	タレキムチ	269
──製造法	107		
──調味処方	108	チアミンラウリル硫酸塩	57
──分析値	108, 109	窒素系資材の成分値	184
		中国梅干	226
総合衛生管理製造過程	86	中国漬物	7
ソルビトール（ソルビット）	52, 56	注入液の濁り	75
ソルビン酸カリウム	56, 79	超浅漬	338
タ 行		調味浅漬	98, 306, 334, 348
		調味梅漬	220
ダイコン	34, 265, 267, 274	調味梅干	88, 215, 334
──黄変（反応）	85, 255	──製造法	216
──辛味成分	114	──調味処方	219
──乾燥具合	233	──変敗防止	218
──栽培状況	245, 247	調味液	60
──ぬか漬	233, 241	調味キムチ	160
──品種選定	229	──調味処方	162

調味資材	43	つぼ漬	237,333
調味しば漬	306	低塩下漬	38
調味処方作成	60,183	低塩味ボケ	21,334
調味漬	26,146,186,199,349	低温下漬	234,240,334
調理済み具材型釜飯の素	179	呈味資材	46
チョンガキムチ	265	呈味成分数値化	58,183
		鉄砲漬	66,289
漬かる原理	24	——製造法	292
搗（つき）	4	——製造工程	67
漬菜	116	——調味処方	68
——イソチオシアナートの分布	146	——分析値	290,291
——品種	142	天然色素	250
——フレーバーの変化（塩漬）	147	天然着色料	56,149,250,339
——海外生産	67	天然調味料	48
——機能性	12,25	——成分値	184
——系譜	6	——呈味成分	49
——健康性	12,25		
——香気酸化	86	糖アルコール	52
——色素選定と使用量	253	トウガラシ	21,274,289
——食塩含有量	10,11	トウガン	269
——食物繊維含量	14	糖の配分（福神漬）	64
——食欲増進効果	13	トガキムチ	269
——新製品の開発	329	ときわ系キュウリ	153
——水産物との混合	341	ドブ漬梅	220
——生産量	26	トンチミー	266,267
——切断形態・方法の変化	332		
——着色の変化	339	ナ 行	
——低温製造	81	——冷却装置	144
——生感覚の導入	337	ナス	33,266,274
——歯切れ	7	——圧搾復元率	157
——品質劣化	75,79	——色止め（カットナス）	101
——分類	25,26	ナス1本漬	154
——変色	83	——調味処方	158
——変敗	78,80	ナス調味浅漬	98
——変敗制御法	78	——製造法	99
——包装形態の変化	337	——調味処方	101
——味覚の向上・濃厚化	339	——分析値	100,102
——量目の変化	337	ナタマメ	36
漬物工業	5	菜漬	116,334,349
——品質管理	31	——辛味成分	145
包みキムチ→ポサムキムチ			

——辛味の混合	336		——調味処方	120
菜の花漬	136		——ノリ（トロ）	119,336
ナバクキムチ	267		——分析値	119,121
ナベトロ	38		——葉緑素の確保	141
生しば漬（しば漬）	305			
奈良漬	199		**ハ 行**	
——製造法	202		梅肉エキス	225
——分析値	200,201		——抗菌性	16
南高梅	214		パキムチ	264
南高梅ニンニク	168		白菜	261,272
			白菜漬	137
ニシン漬	322		——製造法	138
——分析値	320		——調味処方	139
ニシンべったら漬	326		——分析値	139,140
乳酸菌	24,304,313,335		HACCP（ハセップ）	31,86
乳酸発酵	75,137,300		——サケのはさみ漬	88
——導入	335		——調味梅干	88
乳酸発酵漬物	7,26,300		バツキムチ	269
——菌交代	313		発酵漬物	2,299
苨（にらぎ）	3		葉トウガラシ	36
ニンニク	17,35		花ラッキョウ	187
ニンニク漬	164		早漬たくあん	101,243
——製造法	166		早漬樽取り	243
——分析値	167		——調味処方	244
			ハルナキムチ	264
ぬか漬	226		ばんじゅう	286,319
ぬか漬発酵エキス	307			
ぬか床の調製	306		pH低下	82
ぬかみそ漬	306,335		美化資材	54
			ピクリングスパイス	312
ネギ属野菜			ピクルス	308
——抗菌性	17		——製造法	311
——催涙性	18		——調味処方（スイート）	311
——臭気物質	19		——分析値	309,310
			非酵素的褐変	83,85
濃厚調味浅漬	111		醤漬（ひしおづけ）	3
——分析値	113		日野菜カブ	195
野沢菜	117		氷酢酸	53
——栽培の産地移動	141,143		広島菜漬	120
野沢菜漬	117		——製造法	122
——製造法	118		——調味処方	123

――分析値	124	変則乾燥たくあん	236,238
		変則塩押したくあん	241
復元	60	変敗制御法	78
福神漬	149		
――調味規格	63	包装資材	57,83
――調味処方	61,65	防腐資材	56
――配合	63	ポサムキムチ	262,282
――分析値	150,151,152	――配合（宮廷風）	284
――遊離アミノ酸分析値	152	干したくあん→乾燥たくあん	
プチュキムチ	264	ホバクキムチ	269
プッコチュキムチ	264	本格キムチ	270
ブリ	325	――つくり方	279
古高菜漬	125,126,333	――配合例	280
――刻み分析値	131	ボンバクキムチ	264
――調味処方（高塩・低旨味）	128		
――調味処方（低塩・高旨味）	127	マ　行	
――分析値	130		
古漬	6,26,148,334	マニュアル作成（海外工場）	69,70
古漬香	145	三池高菜	125,126
――呈味成分	59	味覚資材	43
古広島菜漬	123	水あめ	50
――刻み分析値	131	味噌	45,293
		みそかつおニンニク	
並列比較	185,344	――製造法	166
ペキムチ	263	――調味処方	169
ペチュキムチ	261	味噌たまり漬	298
――分析値（韓国産）	272	味噌漬	45,199,293
――分析値（国産）	271	――製造法	294
ペチュトンチミー	268	――調味処方	297
べったら漬	244	――分析値	294,295
――製造法	245	味噌漬風新ショウガ	298
――調味処方	247,248	――調味処方	299
――分析値	245,246	味噌床	199
別添調味液型釜飯の素	176	――調味	295
――製造ポイント	177	ミナリキムチ	264
――調味処方・具材配合	180	壬生菜	140
――分析値	177,178	土産用漬物	350
――遊離アミノ酸分析値	179	みりん	41
ベニザケ	321	――成分	41
紅ショウガ	189		
――調味処方	190	無臭ニンニク	17,165

ムルキムチ	267	
メロン調味浅漬	110	
モリアザミ	163	
守口漬	200, 204	

ヤ 行

薬味（薬念）	261, 262, 276
野菜	31, 60
——品種	32
——復元	62
野菜刻み調味浅漬	111
山形青菜	124, 126
山川漬	230, 333
山クラゲ	181
ヤマゴボウ	34
——規格	39
——食物繊維	164
ヤマゴボウ醬油漬	163
——調味処方	165
山潮菜	135, 336
ヤングペチュポムリ	263
ヤンニョム→薬味	
遊離アミノ酸分析値	185
養肝漬	290
葉緑素→クロロフィル	

ラ 行

ラッキョウ	35, 299
ラッキョウ漬	186
——製造法	188
冷凍漬物	121
レンコン	37

ワ 行

ワインラッキョウ	66
ワサビ漬	205
——製造法	206
——配合	207
——分析値	205, 206
——遊離アミノ酸分析値	207

【著者紹介】
前田安彦（まえだ・やすひこ）
　　　　1931 年　東京都生まれ．
　　　　1951 年　宇都宮大学農林専門学校農芸化学科卒業．
　　　　1953 年　東京大学農学部給費研究生終了．
　1953〜1962 年　東京大学農学部文部技官，文部教官・助手を歴任．
　1962〜1996 年　宇都宮大学農学部文部教官・講師，助教授，教授を歴任．
　　　　　　　　この間，1975 年から 1 年間，文部省派遣在外研究員としてデンマーク工業大学にて有機化学を研究．1993 年「漬物の化学と製造技術の体系化」で日本栄養・食糧学会・学術奨励金受賞．
　　　　1996 年　定年により退官．
　　　　現　在　宇都宮大学名誉教授，全日本漬物協同組合連合会常任顧問，全国漬物検査協会理事・顧問．
〈公的活動〉農林水産省 JAS 専門委員，放送大学講師，日本発酵機構余呉研究所研究理事を歴任．
〈主な著書〉『新つけもの考』（岩波書店），『日本人と漬物』（全漬連），『体にじわりと効く薬食のすすめ』（講談社），『伝統食品の知恵』（共著・柴田書店）

漬　物　学 ── その化学と製造技術

2002 年 11 月 30 日　初版第 1 刷発行

　　　　　　　　　　　著　者　前　田　安　彦
　　　　　　　　　　　発行者　桑　野　知　章
　　　　　　　　　　　発行所　株式会社　幸 (さいわい) 書 房
　　　　　　　　　〒 101-0051　東京都千代田区神田神保町 1-25
　　　　　　　　　　　Phone 03(3292)3061　Fax 03(3292)3064
Printed in Japan Ⓒ　　　振替口座　00110-6-51894 番
　　　　　　　　　　　　　　　　　　印刷：平文社

本書を引用または転載する場合は必ず出所を明記して下さい．
万一，落丁，乱丁等がございましたらご連絡下さい．お取り替え致します．
URL：http://www.saiwaishobo.co.jp
　　　　　　　ISBN 4-7821-0218-6 C 3058

調味処方作成のための資材成分値

表1 窒素系資材の成分値 (g/100mL)

		食塩	全窒素	グル曹	還元糖
濃口醬油	平均値	16.5	1.6	1.2	3.3
淡口醬油*	〃	18.8	1.2	1.2	4.2
たまり醬油	〃	16.5	2.0	1.3	5.8
再仕込醬油	〃	14.3	2.1	1.7	10.6
白醬油	〃	17.7	0.5	1.2	15.9
減塩醬油	〃	9.1	1.6	1.4	3.1
味蔵	味の素	18.9	1.7	2.2	
淡口味液	〃	20.8	3.0	3.8	比重1.23
アミシン	新進	16.9	2.4	5.4	
シーベストスーパー	理研ビタミン	16.1	2.3	1.6	比重1.15
信州味噌	平均値	12.0	1.7	0.6	17.0
江戸味噌	〃	6.0	1.4	0.4	27.0

* 淡口醬油：比重1.185

表2 野菜の復元

	40%圧搾（脱塩前）	復元後	復元率
ダイコン	100 (250)	237.5	95%
キュウリ	100 (250)	212.5	85%
ナス	100 (250)	350	140%

調味処方作成のための資材成分値

表3 天然調味料の成分値 (g/100g)

	製造会社	形態	食塩	全窒素	グル曹
アジメート	味の素	粉末	7.3	5.7	7.3
アジメート	〃	顆粒	5.6	6.4	32.0
アミリッチBR	〃	粉末	24.0	5.6	38.7
プロアミTF	〃	〃	26.5	5.3	33.4
AM協和RB	協和発酵	〃	25.0	5.1	39.7
エキストラート	旭フーズ	顆粒	9.5	6.0	45.8
グル曹*				7.5	100.0
グリシン				18.7	

* グル曹＝グルタミン酸×1.27

表4 甘味料の甘味度

砂　　　　糖	100	水あめ (DE 50)	30
ブドウ糖果糖液糖*	100	17%カンゾウ製品	4 000
果糖ブドウ糖液糖*	100	50%ステビア	10 000
ハ　チ　ミ　ツ	70	サッカリン	20 000
ブ　ド　ウ　糖	60	アスパルテーム	20 000
70%ソルビット液	40	本　み　り　ん	40

* 異性化液糖は使用％, 温度で甘味度が異なる.